Comportements humains & management

Frédérique Alexandre-Bailly, ESCP-EAP

Denis Bourgeois, HEC Management

Jean-Pierre Gruère, ESCP-EAP

Nathalie Raulet-Croset, IAE, Paris I

Christine Roland-Lévy, Université René Descartes Paris V

PEARSON
Education

ISBN : 2-7440-7006-8

Table des matières

Introduction

Ce livre s'adresse en priorité aux étudiants en formation initiale et continue qui se destinent à exercer des responsabilités d'encadrement et de direction dans les organisations. Il vise à les éclairer et leur donner les outils pour comprendre le comportement des individus au travail, afin de pouvoir faire face aux problèmes humains qu'ils vont rencontrer. Mais cet ouvrage sera également utile aux personnes qui entretiennent des liens professionnels avec une organisation (les consultants d'entreprises par exemple), ainsi qu'à toute personne désireuse de faire le point sur sa pratique managériale et d'acquérir une culture organisationnelle en explorant les principaux fondements théoriques issus des recherches actuelles.

Choix méthodologiques

Nous entendons par « organisation » toute forme d'action collective. Cela concerne les entreprises, les administrations publiques et les associations. Pour étudier au mieux les phénomènes organisationnels, nous avons fait un certain nombre de choix.

Trois niveaux d'étude

Nous avons opté pour une approche plurielle qui met en perspective plusieurs lectures de la même réalité organisationnelle. En effet, les situations dans une organisation ne sont compréhensibles que par l'analyse des différents niveaux de réalité qui interfèrent en permanence. Pour chaque cas évoqué, ces niveaux se combinent et exercent une influence :

- Le niveau des individus. Les individus agissent dans leur singularité à la fois de raisonnement, d'intelligence, de sentiments et d'émotions.
- Le niveau des groupes. Les individus agissent en interaction, avec les mécanismes psychosociologiques inhérents au fait que des individus se côtoient.
- Le niveau de l'organisation. Les individus agissent ensemble, concrètement, dans des structures définies.

En toile de fond, nous ajouterons l'univers social et culturel dans lequel cette organisation est insérée. Les influences de ces niveaux se combinent et se renforcent mutuellement de façon systémique.

Une présentation thématique

Nous avons adopté une approche thématique. Les sujets abordés sont fondamentaux et très actuels : la communication, la motivation, la coopération et le conflit, le leadership, l'autonomie et la délégation, le changement. Chacun est étudié sous l'angle des trois niveaux d'analyse — individu, groupe, organisation — et de leur interaction.

Une approche pluridisciplinaire

Nous sollicitons dans cet ouvrage les principales disciplines qui traitent du fonctionnement des comportements humains et qui vont donc nous permettre d'étudier et de mieux comprendre la réalité organisationnelle. Parmi elles, citons :

- La psychologie (subdivisée en de nombreux sous-ensembles théoriques). Elle vise le niveau de l'individu et des relations interindividuelles.

- La psychologie sociale (mais aussi l'anthropologie, la sociologie, l'économie, chacune subdivisée en branches diverses). Elle s'intéresse à l'homme social.
- La sociologie des organisations. Elle étudie l'impact des systèmes et des structures sur le comportement des acteurs sociaux.

Les « théories de l'organisation », qui sont dédiées à la connaissance des organisations et de leur fonctionnement, puisent leurs concepts dans ces grandes disciplines pour les appliquer à leur objet en les combinant avec d'autres éléments théoriques qui sont issus plus spécifiquement des disciplines du management ou de la gestion. Ces théories de l'organisation sont parfois dénommées *organization studies*, *administrative science* ou encore *organizational behavior* (lorsqu'elles associent le concept d'organisation à celui de comportement). Cette dernière discipline, l'*organizational behavior*, s'est constituée en corps de savoir — à la fois théorique et pratique — aux États-Unis, dans les années 1960. Elle se caractérise par « son souci d'efficacité organisationnelle, sa volonté de changement, son inspiration majoritairement behavioriste et positiviste, son caractère appliqué et pluridisciplinaire, la diversité de ses méthodes et des contextes organisationnels étudiés et enfin par l'hétérogénéité de son corpus théorique » (Lorsch, Cooper & Robertson, Staw & Cummings, 1987).

Selon leurs auteurs, ces théories s'attachent plus à l'étude de l'un ou l'autre des niveaux (psychologique, sociologique ou socio-organisationnel). Elles peuvent aussi se rattacher à une discipline de référence (Gestion des ressources humaines, Systèmes d'information, Gestion de la production, Contrôle de gestion, Administration, etc.).

Dans cet ouvrage, nous avons choisi de nous inspirer des contributions héritées des spécialistes américains tout en puisant dans nos traditions culturelles européennes. Nous empruntons à chacune les concepts qui nous paraissent les plus pertinents, sachant que les deux traditions culturelles ne se recouvrent pas toujours. Chacun des thèmes est abordé selon différents regards. À objets multiformes, investigations multiformes ; l'étudiant comme le praticien doivent se confronter à la complexité croissante des systèmes et en tirer le meilleur parti.

Le complexe, le vrai et le pertinent

Une situation complexe est par exemple celle où l'on doit prendre des décisions sans connaître tous les éléments nécessaires à cette prise de décision. (C'est le cas le plus fréquent dans le domaine du management.) Il est alors impossible de prévoir tous les effets que vont avoir ces choix. Une autre situation complexe est celle qui nous confronte à des dilemmes. Dans ce cas, à défaut de pouvoir supprimer le flou, il faut tenter d'en baliser les contours et s'exercer à réduire l'incertitude. Pour cela, le meilleur conseil à suivre pour le manager est le fameux adage de Socrate : « Connais-toi toi-même, et tu connaîtras l'univers et les dieux. » En effet, une bonne part de la complexité, des doutes et du flou se trouve en chacun de nous. Un second moyen pour réduire l'incertitude est d'enrichir intellectuellement ses capacités de compréhension de ce qui se passe autour de soi. C'est l'objectif que nous proposons au lecteur de cet ouvrage, en mettant à sa disposition des méthodes de raisonnement et des grilles d'analyse. Car, face à la complexité, des questions pertinentes permettent à chacun, dans l'univers toujours singulier où il évolue, d'entreprendre sa propre démarche. Il s'agit donc d'apprendre à se poser les bonnes questions et d'apprendre à y répondre.

Lorsqu'on évoque l'art du management, on fait souvent référence au « bon sens » qui guide intuitivement l'action du manager et qu'on différencie d'une « approche scientifique » des problèmes managériaux. Chaque manager se construit une compréhension empirique de ce qui se passe autour de lui dans l'organisation. Il est généralement aidé en cela par d'autres personnes et la construction intersubjective devient alors collective. Pour réussir, il est important d'avoir de bonnes intuitions et de formuler des jugements perspicaces en mobilisant son expérience. Dans un monde incertain, il est utile d'avoir du « flair » et de l'intuition. Ces qualités sont d'ailleurs reconnues à de nombreuses grandes figures du monde des affaires.

Il reste cependant un large champ ouvert au raisonnement logique et de nombreux praticiens, issus des universités ou des *business-schools*, ont la volonté de développer une approche rationnelle et scientifique du management. La « rationalité scientifique », issue des sciences humaines appliquées au management, est toutefois différente de celle qui prévaut dans les sciences de la matière. Ces dernières se fondent en effet sur un certain nombre de principes tels que l'observation, la formulation d'hypothèses, l'administration de preuves, la supposition d'une réalité indépendante du sujet, l'objectivité reconnue au chercheur. Lorsqu'on étudie l'organisation, on ne peut fournir que des présomptions de preuves tant est grande la complexité des phénomènes. Il est difficile d'attribuer précisément un effet à une cause ou un ensemble de causes. Chacun se forge sa propre vision de la réalité, souvent différente de celle des autres. De plus, chercheur et observateur sont toujours impliqués d'une manière ou d'une autre dans la situation étudiée.

Vouloir étendre *stricto sensu* les méthodes scientifiques utilisées pour les sciences de la matière à des objets tels que l'organisation paraît donc irréaliste. Mais peut-on tout de même parler de science ? Oui, si l'on décide, comme nous le faisons dans cet ouvrage, que les méthodes scientifiques doivent s'adapter à la complexité de l'objet qu'elles étudient. Nous nous inscrivons ici dans le courant des sciences humaines et non dans celui des sciences de la matière.

« L'entreprise de connaissance » que représentent les théories de l'organisation vise plus à dire ce qui est pertinent (objectifs rapportés aux moyens) que ce qui est vrai. Plutôt que des preuves, elle recherche une confrontation de ses énoncés à des situations réelles en la soumettant au jugement subjectif des individus. Elle admet la difficulté fondamentale de la non-séparation entre le chercheur et son objet, mais s'attache à l'élucider et ainsi à en limiter les effets. Les énoncés qu'elle propose ont donc toujours la forme d'hypothèses. Leur seule fin est de permettre à des acteurs en situation réelle de faire face à leurs difficultés de façon satisfaisante.

Ceci suppose, comme pour les autres sciences, un dialogue entre les chercheurs et avec les praticiens. Entre l'éprouvette et la boule de cristal, il existe une troisième voie. Cette approche, à laquelle nous souscrivons, s'inscrit en effet dans la lignée de l'épistémologie interprétative, née à la fin du XIXe siècle en Allemagne (Dilthey, 1947 ; Weber, 1992) et reprise depuis lors sous différentes formes par une large partie des sciences humaines, en particulier en Europe. Son postulat est que la compréhension des phénomènes humains est nécessairement le fait de constructions interprétatives et subjectives.

L'éthique et le management

Progresser dans sa compréhension de l'organisation, comme cet ouvrage incite à le faire, aidera un manager à parvenir à ses fins. Ceci pose un problème éthique qu'il convient de mentionner même si nous ne prétendons pas le résoudre. Toutes les fins, fussent-elles celles des managers, ne sont pas nécessairement recevables. Nous ne ferons du manager ni un héros, sorte de parangon de vertu, ni un démon manipulateur des temps modernes, comme il apparaît parfois dans des débats trop simplistes. Nous le considérerons comme un être humain capable aussi bien de respecter une éthique que de céder parfois à des tentations ou des pressions. Notre rôle en l'occurrence consiste à présenter des connaissances et à signaler les implications éthiques de telle ou telle décision.

La structure de l'ouvrage

Ce livre est conçu en deux parties. La première, à travers trois chapitres, présente des grilles de compréhension pour chaque niveau d'étude retenu (individu, groupe, organisation). Dans les deux premiers chapitres sont exposées, de façon synthétique et illustrée, les principales théories utiles à la compréhension des dimensions individuelles et collectives qui interagissent dans les organisations. Dans le troisième chapitre, un cas permet d'illustrer la façon d'utiliser les théories présentées pour analyser l'action managériale et en tirer le meilleur profit.

La deuxième partie est consacrée à des développements thématiques et organisée en six chapitres. Elle explore successivement, dans le cadre de l'organisation, les phénomènes de communication (chapitre 4), de motivation (chapitre 5), de coopération et de conflit (chapitre 6), de pouvoir et de leadership (chapitre 7), d'autonomie et de délégation (chapitre 8), de changement (chapitre 9). Les références théoriques sont assorties d'exemples tirés de la vie sociale et professionnelle. En conclusion, une réflexion sur la construction du savoir managérial permet de resituer à la fois le contenu et la démarche retenus dans ce livre.

Mode d'emploi

Pour faciliter le repérage du lecteur, cet ouvrage comprend plusieurs rubriques :

- Au début de chaque chapitre sont présentés les objectifs, ainsi que les concepts clés qui regroupent les définitions, l'historique des notions et les problèmes terminologiques.
- Tout au long de l'ouvrage, le lecteur trouvera des encadrés explicatifs : les encadrés « Étude » (présentation de notions complémentaires) et les encadrés « Application » (exemples pratiques).
- À l'issue de chaque chapitre, une figure ou un tableau récapitulatif synthétisent les connaissances passées en revue.
- Des exercices et des cas d'application, à la fin des chapitres 4 à 9, permettent de mettre en pratique les notions étudiées.

Chapitre 1

Les comportements individuels et collectifs

Objectifs du chapitre

À l'issue de ce chapitre, vous devriez être capable de :

- **comprendre les notions de base en sciences humaines et sociales qui sont utiles pour analyser un comportement humain ;**
- **décrire les composantes de la personnalité et de l'identité et leurs relations avec le comportement ;**
- **décrire quelques mécanismes fondamentaux du champ social ;**
- **présenter des éléments de définition du groupe et de sa dynamique.**

L'individualisation des politiques de gestion constitue une tendance forte depuis une dizaine d'années. Les individus ont plus de libertés dans leur travail et plus de choix qu'auparavant pour conduire leur carrière. Ils sont également davantage sollicités pour leurs performances spécifiques. Afin d'être en mesure de comprendre et de prévoir si possible leurs comportements, nous allons nous pencher sur le fonctionnement de la personnalité et sur son lien avec le comportement.

L'exploration de certains principes fondamentaux de fonctionnement du comportement humain sera entreprise. Il ne s'agit pas de faire ici un exposé exhaustif de la question, mais de repérer ce qui, dans le corpus dégagé par les sciences humaines, pourra nous être utile pour analyser les attitudes et les comportements des individus confrontés à leur propre motivation, à leur rapport au pouvoir, à leur aptitude à coopérer et à changer, etc. Autant de thèmes qui seront évoqués dans les chapitres suivants.

Pour comprendre l'origine des attitudes et des comportements des individus, il convient d'analyser la structure de la personnalité. À partir d'éléments héréditaires, celle-ci se construit au fil du temps, au gré des interactions avec autrui. À la croisée de ses appartenances multiples, l'individu évolue dans la société à travers des groupes qui influencent ses itinéraires et qu'il est invité à influencer en retour en position d'acteur plus que d'agent déterminé par son environnement. C'est pourquoi ce chapitre propose d'aborder dans un premier temps l'étude de l'individu en soi, puis celle des influences sociales sur l'individu.

Dans ce chapitre, nous aborderons donc successivement :

- les différentes disciplines que l'on peut mobiliser pour étudier l'individu ;

— les notions de personnalité et d'identité ;

— quelques éléments de fonctionnement du champ social en général ;

— quelques éléments relatifs aux groupes et à leur dynamique.

1. Les différents angles d'approche de l'individu

Il existe plusieurs façons d'aborder l'analyse des attitudes et des comportements individuels. Nous passerons en revue les disciplines mobilisables à cet effet.

L'être humain relève de deux composantes fondamentales, l'une héréditaire et l'autre sociale :

- D'une part, il dispose d'un corps, d'un cœur et d'un esprit. Il est le fruit de ce qui relève de ses appartenances biologiques et de ses capacités rationnelles très développées par rapport aux espèces animales.
- D'autre part, c'est un être social, qui ne peut vivre et se développer qu'en société, par et pour les autres, d'où la nécessité d'étudier les différentes formes de groupes dans lesquelles l'individu se positionne.

Trois grands champs disciplinaires — la biologie, la psychologie et la sociologie — peuvent être mobilisés pour une bonne compréhension de l'être humain. L'exemple suivant met en perspective ces trois modes de compréhension d'une même réalité.

Monsieur Yves Zoari arrive ce matin-là à 7 h 30 au bureau. Il est visiblement préoccupé. Patron d'une unité opérationnelle, à 15 heures, il doit remettre son plan d'action stratégique annuel à son directeur de division. Or, il n'a toujours pas eu connaissance des prévisions de ventes promises par son responsable commercial.

Madame Laetitia Limon, lorsqu'elle arrive à 8 heures comme d'habitude, apercevant de la lumière dans le bureau de son patron, s'inquiète un peu. Elle s'empresse de lui faire du café. Puis se plonge dans la lecture de ses mails.

À 9 heures arrive monsieur Luc Lantier, le responsable informatique, qui a rendez-vous avec monsieur Zoari depuis une semaine pour parler du mauvais fonctionnement du réseau informatique et envisager des solutions. À 9 h 15, le ton monte dans le bureau et monsieur Lantier en sort, dépité. Madame Limon s'inquiète de plus en plus et accumule les erreurs de frappe.

Selon l'éducation, la perspicacité et les préoccupations de la personne qui analyse cette situation, elle peut en donner des lectures et des explications totalement différentes, mais complémentaires :

- Une lecture biologique invite à penser tout simplement que monsieur Zoari a mal dormi et qu'il n'est pas en état de mener correctement une réunion ce matin. Cette explication est difficilement isolable des influences du psychologique et du social, puisqu'il y a fort à parier que le manque de sommeil de monsieur Zoari provient de son stress, lui-même provoqué par la nécessité de remettre un rapport ce jour-là.
- Une lecture psychologique portera sur l'inquiétude croissante de madame Limon. Cette personne est sans doute de nature inquiète, ce qui relève de la structure de sa personnalité. Son inquiétude peut ensuite avoir un impact non seulement sur son

travail, mais aussi sur ses relations avec les autres et sur le discours qu'elle pourra leur tenir. Ainsi, elle pourra par exemple prévenir les visiteurs de la colère de son patron et les inquiéter à leur tour, au lieu de calmer le jeu.

- Une lecture sociologique orientera son attention vers le fait qu'il existe des différences culturelles entre le groupe des informaticiens et celui des managers opérationnels, qui gênent leur communication. De plus, il peut exister un rapport de force entre les informaticiens, qui détiennent le réseau d'information, et les managers, qui voudraient le maîtriser davantage. Enfin, il peut y avoir concurrence pour l'obtention de budgets entre le service de monsieur Zoari et les services informatiques. Ces raisons sociologiques font que les deux acteurs ne peuvent travailler ensemble de façon harmonieuse.

D'une façon générale, nous dirons que l'individu est un être bio-psycho-social. C'est-à-dire que l'on peut le comprendre en référence à trois champs d'analyse différents.

Nous étudierons ainsi :

— le champ biologique ;

— le champ psychologique ;

— le champ social.

1.1 Le champ biologique

Les comportements s'expliquent en partie par les besoins à la fois biologiques et physiologiques du corps humain.

Dans notre exemple précédent, le manque de sommeil est un fait biologique qui peut expliquer en partie la mauvaise humeur de monsieur Zoari, de même que la faim qui se fait sentir lors des réunions de fin de matinée et qui peut nuire à leur efficacité. Les premières études sur la productivité se sont intéressées à la fatigue au travail et aux moyens de la diminuer. Aujourd'hui, l'ergonomie, qui est la science du travail, se charge de dessiner des postes de travail qui évitent les mauvaises postures, sources de maladies professionnelles. Ainsi, les fauteuils des opérateurs informatiques aident à limiter le mal de dos, les écrans sont conçus pour éviter les lésions oculaires, les rotations sur des postes difficiles permettent aux muscles de se détendre, etc.

Le fait de prendre en compte le biologique permet ainsi le plus souvent d'éviter des accidents, des maladies, mais aussi d'améliorer la productivité, ne serait-ce qu'en limitant l'absentéisme pour cause de maladie.

Dans l'analyse d'une situation organisationnelle, ce niveau est souvent négligé, alors qu'il est une préoccupation permanente de tout un chacun. Il est parfois plus efficace de proposer une semaine de congés à un salarié épuisé que de tenter de résoudre les problèmes relationnels qu'on lui suppose.

Mais cela ne signifie pas pour autant que ces problèmes n'existent pas. Il est donc nécessaire de disposer d'autres niveaux d'analyse du comportement humain.

1.2 Le champ psychologique

Face à une situation problématique et complexe, la tendance spontanée est souvent d'attribuer la responsabilité du problème à un individu dont la personnalité paraît défaillante ou inadaptée. C'est ce qu'on appelle « l'erreur fondamentale d'attribution » en psychologie. Elle consiste à survaloriser les contraintes internes (c'est-à-dire les causes psychologiques : on attribue la faute à l'individu) par rapport aux contraintes externes (on attribue la faute au système). Cette erreur fait qu'on sous-estime l'importance des contraintes externes, pourtant jugées décisives par l'individu considéré, et qu'on maximise la responsabilité personnelle de cet individu. On retrouve ce mécanisme dans le phénomène du bouc émissaire, à qui l'on attribue l'entière responsabilité d'un événement alors que des causes extérieures multiples peuvent être invoquées pour l'expliquer. Cette erreur témoigne de l'attribution courante d'explications « psychologisantes » au comportement humain.

Nous proposons ici de donner une définition générale de la psychologie, de nous concentrer sur son découpage entre le normal et le pathologique, avant de passer en revue les principaux courants psychologiques auxquels nous nous référerons dans ce manuel.

1.2.1 *Définition*

La psychologie est un outil puissant pour appréhender le comportement humain. C'est une discipline scientifique qui vise à comprendre le fonctionnement général de la « psyché ». Elle comporte un volet théorique qui permet d'expliquer les mécanismes qui produisent la personnalité, les attitudes, les comportements, etc., et un volet clinique doté de méthodes diverses qui s'efforcent de soigner les différentes pathologies qui provoquent de la souffrance et empêchent un individu de vivre normalement. Dans la vie courante et professionnelle, chacun fait preuve d'un minimum de psychologie empirique, en essayant par exemple de prévoir et de comprendre le comportement de ses proches, de ses collègues, de sa hiérarchie, et aussi, le cas échéant, d'interpréter ses propres attitudes. Il est important de connaître quelques concepts clés de la psychologie pour mieux comprendre les attitudes et les comportements. Nous reviendrons en détail dans la deuxième section sur les concepts centraux de personnalité et d'identité. Nous donnons ici quelques éléments qui permettent de se situer dans le champ disciplinaire très vaste qu'est la psychologie aujourd'hui.

1.2.2 *La notion de norme*

Un axe fondamental de la psychologie est le continuum qui existe entre le normal et le pathologique, sans qu'une frontière précise puisse être tracée. La psychologie nous donne à comprendre ce qu'est un fonctionnement normal et nous dote des moyens de repérer et de tenter de soigner ce qui relève du pathologique. Mais il est important de souligner que chaque individu présente des variations plus ou moins fortes par rapport à la norme, sans pour autant pouvoir être qualifié de malade.

Les normes sont des modèles de conduite qui se réfèrent à des valeurs et qui sont sanctionnés socialement. Elles reflètent l'état des mœurs et des lois. Elles s'appliquent à une société ou à un sous-ensemble (profession, organisation). Le respect des normes autorise une variance. La transgression des normes mène à la déviance. (Voir la section 4.3.1

de ce chapitre, qui traite de la comparaison sociale, avec un volet spécifique sur la norme et le conformisme.)

Le concept de norme renvoie à « ce qui est conforme à la règle », « ce qui sert de modèle », « ce qui se situe dans un juste milieu » ; il peut relever à la fois d'une définition statistique, d'une référence idéale, ou d'une convention sociale et culturelle, plus ou moins formalisée.

Dans la mesure où le normal relève en partie d'une convention, un manager peut se poser la question de savoir dans quel cadre s'inscrivent les normes de comportement, réelles, souhaitables, et prescrites, chez ses employés ; et comment les faire évoluer positivement, à la fois pour les intéressés et pour l'entreprise.

1.2.3 Les différentes écoles en psychologie

La psychologie est constituée d'une multitude de sous-disciplines, chacune s'attelant à un domaine différent en faisant appel à une méthodologie spécifique. On peut citer, par exemple, la psychologie de l'enfant, la psychologie du travail, la psychologie du sport, etc.

Elle est aussi traversée par plusieurs courants théoriques qui présentent des conceptions différentes du fonctionnement de la personne humaine. Voici quelques-uns des principaux courants.

Le behaviorisme

Le behaviorisme repose sur deux idées fondamentales :

- La psychologie se veut une science du comportement qui ne se préoccupe que des conduites observables et mesurables, non des états mentaux des sujets.
- La base des conduites humaines est le conditionnement, c'est-à-dire l'apprentissage par association entre un stimulus et une réponse.

Le behaviorisme a eu une influence déterminante sur la psychologie, des années 1930 aux années 1960. John B. Watson en est le chef de file. Le Russe Ivan Pavlov, les Américains E. L. Thorndike, C. L. Hull et B. F. Skinner en furent les principaux représentants.

Le behaviorisme nous permet d'insister sur les déterminants extérieurs de notre comportement et sur des mécanismes centraux du fonctionnement et de l'apprentissage humain. Cependant il est souvent insuffisant pour expliquer l'ensemble d'un mécanisme dans la mesure où il ne rend pas compte de l'irréductibilité du sujet ni des possibilités d'autonomie de l'individu.

La psychologie cognitive

Cette approche nouvelle, qui s'inscrit dans la tradition behavioriste, envisage les faits psychiques comme des dispositifs de traitement de l'information. Le fonctionnement de la pensée ressemble à celui d'un programme informatique construit à la fois sur des calculs, des symboles et des déductions logiques. Elle a souvent été dénommée : « l'algèbre de la pensée ». Cependant, après quelques désillusions, la priorité pour les cognitivistes dans les années 1980, n'est plus de se préoccuper uniquement de la formalisation des activités mentales : la pensée naturelle est désormais considérée comme un instrument d'adaptation à un monde complexe et changeant. L'expérience prouve que, dans nos expériences d'acquisition, nous construisons des représentations contextualisées, spécifiques aux situations, simples et faciles à utiliser, en d'autres termes : « cognitivement économiques ».

Le cognitivisme nous sert à comprendre les fonctionnements mentaux des sujets, leurs façons de recevoir et de traiter l'information. Il permet d'éclairer nombre de comportements apparemment problématiques, en analysant le simple fonctionnement de la cognition, plutôt qu'en invoquant la mauvaise volonté des acteurs sociaux ou leur manque de compétences.

La psychanalyse

La psychanalyse fut créée par Sigmund Freud en 1896. Elle est à la fois une méthode d'analyse (des rêves, des troubles mentaux, etc.), une théorie du psychisme et une thérapie. En tant que théorie du psychisme, elle s'intéresse aux pulsions (principalement d'ordre sexuel), et à la structuration de la personnalité en trois instances : le ça, le surmoi et le moi (voir section 2.1.2). En tant que thérapie, elle prétend traiter les névroses par une cure destinée à révéler au sujet les sources inconscientes de ses conflits psychiques. La découverte de l'inconscient constitue le fait majeur qui a révolutionné la compréhension de l'esprit humain aux yeux des psychanalystes. Ceux-ci attachent beaucoup d'importance à l'histoire de la personne, et, en particulier, à tout ce qui s'est joué dans sa prime enfance. Plusieurs disciples de Freud, tels que Carl Gustav Jung, célèbre pour ses études sur les types psychologiques et l'exploration des archétypes culturels, ou Alfred Adler, inventeur des notions de complexes d'infériorité et de supériorité dans ses recherches sur la compensation psychique, ont développé des notions théoriques s'inspirant des découvertes de Freud sur l'inconscient.

La psychanalyse nous donne des outils pour comprendre ce qui ne relève pas des comportements conscients ou contrôlés par les sujets. Elle est ainsi utile à l'analyse profonde des comportements d'un individu donné.

La Gestalt theory

La *Gestalt theory* est née en Allemagne dans les années 1920 grâce aux travaux de M. Wertheimer, K. Koffka et W. Kölher. La perception visuelle obéit à des lois de perception qui organisent les données de l'environnement à partir de formes élémentaires très prégnantes appelées « bonnes formes ». Les partisans de la *Gestalt theory* pensent que, dans tout acte mental, le sens émerge de la perception de la totalité de la situation et passe donc inaperçu si l'on se contente de décomposer et d'additionner les éléments qui composent l'acte en question. Le tout est plus que la somme de ses parties. La restauration d'une personnalité perturbée est fondée sur ce principe.

La *Gestalt theory* est utilisée dans l'étude du comportement organisationnel pour comprendre la façon fragmentaire ou unifiée dont les acteurs sociaux perçoivent le monde qui les entoure, et pour connaître les conséquences de leurs perceptions sur leurs affects et leurs cognitions.

La psychologie sociale

C'est l'étude des interactions entre individus, entre l'individu et la société, entre les processus mentaux et leur dimension sociale dans la vie courante. Les principaux thèmes de la psychologie sociale tournent autour de l'identité, de l'influence, de l'autorité, de la communication, des croyances et de la dynamique des groupes. La psychologie sociale se situe à l'intersection entre la psychologie, en se focalisant sur l'individu dans un contexte social, et la sociologie. Certains aspects spécifiques abordés en psychologie sociale sont aussi du ressort de la sociologie, abordant par exemple, dans une perspectives plus sociétale, l'étude des grands groupes et des institutions.

1.3 Le champ social

L'homme est un animal social. Sa croissance s'incarne dans le champ social. Ses comportements trouvent écho auprès de ses semblables dans des processus interactifs.

Ainsi les sciences du social permettent-elles aussi de comprendre le comportement d'une personne, dans la mesure où elles démontent les mécanismes sociaux qui mènent l'individu à adopter tel comportement ou telle attitude. C'est pourquoi nous consacrons les troisièmes et quatrièmes sections de ce chapitre aux mécanismes qui relèvent du champ social.

Parmi les disciplines classiques, on distingue l'ethnologie (étude scientifique des ethnies et de leurs spécificités), l'anthropologie (étude scientifique de l'être humain, de ses caractéristiques physiques mais aussi culturelles, à travers les croyances, les institutions, les traditions, etc.) et la sociologie (étude scientifique des sociétés et des faits sociaux). Toutes trois sont des sciences des phénomènes sociaux. Elles décrivent et analysent des groupes de tous ordres. Elles développent également un volet théorique visant à rendre compte des phénomènes du social en général. Les deux premières de ces disciplines (l'ethnologie et l'anthropologie) sont nées de l'étude de populations dites « primitives », à l'époque coloniale. Depuis, ces disciplines se sont intéressées aussi aux sociétés occidentales, mais en conservant la même approche, c'est-à-dire celle d'un observateur qui viendrait de l'extérieur de la société étudiée, sans en partager aucun des repères culturels. La sociologie, quant à elle, est née d'études de groupes au sein des sociétés occidentales ; elle s'est ensuite développée un peu partout dans le monde, mais en conservant le plus souvent son caractère d'étude de groupes par des chercheurs locaux.

La sociologie s'intéresse à différents objets (famille, école, banlieues, etc.). Un de ces objets est le monde des organisations. La sociologie qui étudie les organisations est elle-même composée d'écoles diverses qui se positionnent différemment vis-à-vis de quelques grandes questions. Celles-ci s'articulent autour de deux grands thèmes (Burrell et Morgan, 1979) :

- la nature des sciences sociales d'abord, avec un débat entre une position « positiviste », recherchant des preuves, si possible quantitatives, et une position « interprétative », qui considère comme illusoire de vouloir transposer aux sciences de l'homme les exigences d'objectivité des sciences de la matière ;
- la nature de la société ensuite, avec un débat entre une position qui considère la société comme un ensemble ordonné et une autre, appelée « critique », qui la considère comme un lieu de luttes, de rapports de force et de désordre.

Les positions adoptées sur ces grandes questions permettent de distinguer quatre types de sociologie :

- La sociologie fonctionnaliste est à la fois positiviste et empreinte d'une vision de la société comme ensemble ordonné. Auguste Comte, Émile Durkheim, Talcott Parsons figurent parmi les sociologues qui ont posé les bases de ce courant, qui est le plus ancien.
- La sociologie interprétative, comme son nom l'indique, adopte une posture épistémologique interprétative. Comme la précédente, elle envisage la société comme un ensemble ordonné. Georg Simmel, Max Weber ont produit les bases fondatrices de cette approche. L'encadré 1.1 évoque certains travaux sur l'activité sociale et la rationalité des acteurs.
- La sociologie radicale structuraliste est d'essence positiviste, mais elle insiste, dans ses analyses, sur les conflits et les divergences qui traversent les sociétés. C'est Karl Marx qui posa les bases de cette approche. Bon nombre des travaux de Pierre Bourdieu s'inscrivent également dans ce cadre.
- La sociologie radicale humaniste, comme la précédente, insiste sur les conflits et les divergences qui traversent les sociétés, mais elle procède de façon interprétative. L'École de Francfort fait figure de fondatrice avec des auteurs comme Adorno ou Horkheimer. L'approche des phénomènes sociaux par Michel Foucault est également à situer ici, bien que ce dernier soit un philosophe.

La connaissance de cette typologie permet de comprendre pourquoi certains auteurs, du fait de leur appartenance à une école donnée, ont des positions différentes sur les sujets abordés dans ce manuel. Nous mobiliserons des auteurs des quatre courants, sans préférence, en fonction de ce qu'ils nous apportent sur chaque thème.

Dans les organisations, la rationalité des employés est limitée par des facteurs contextuels (incertitude, urgence, complexité, rôle, divergence des objectifs), mais également par des caractéristiques individuelles (capacités cognitives, dispositions sociales, intelligence de la situation, émotions). Par ailleurs, du fait du pouvoir qu'ils possèdent, ils ont bien souvent les moyens de ne pas se comporter de manière rationnelle du point de vue de ceux qui les managent.

Nous pouvons à présent entrer dans les détails de la personnalité, de l'identité, et dans l'analyse de leurs liens avec les attitudes et les comportements, en mobilisant des concepts appartenant aux différentes sciences évoquées jusque-là.

Les limites de la rationalité instrumentale

Un individu peut paraître irrationnel à un observateur alors qu'il est parfaitement rationnel de son propre point de vue. Selon Weber (1995), il existe plusieurs sortes de rationalité. « L'activité sociale » peut être déterminée de quatre façons : rationnelle en finalité (rationalité instrumentale), rationnelle en valeur, de façon affectuelle (c'est-à-dire régie par des émotions, des passions et des sentiments) et de façon traditionnelle (obéissant aux habitudes ou aux coutumes sociales).

Il souligne que les actions humaines sont généralement teintées de ces diverses orientations, ne découlant que rarement d'une seule. Ainsi, un comportement mû par une rationalité en valeur peut paraître irrationnel si l'on raisonne en fonction d'une rationalité en finalité et *vice versa*. Une vision plurielle s'impose.

Des travaux plus récents ont montré que la rationalité instrumentale, communément admise, est souvent imparfaite. Les capacités cognitives limitées de l'individu et le manque de temps ne lui permettent pas d'appréhender la réalité dans toute sa complexité et l'obligent à la simplifier, parfois à l'extrême, pour pouvoir agir. Comme le suggère H. Simon (1983), chacun s'imagine adopter un comportement « synoptique maximisateur » où il maîtrise les causes et les effets de ses décisions en optimisant son intérêt, alors même qu'il se comporte le plus souvent en « séquentiel satisfacteur », c'est-à-dire qu'il procède par séquences et s'arrête lorsqu'il trouve un compromis satisfaisant pour résoudre le problème posé. Simon propose le concept de « rationalité limitée » pour caractériser ce phénomène.

Mais la rationalité de l'individu est aussi socialement façonnée et limitée par un ensemble de facteurs tels que ses origines, sa position sociale, sa dynamique de carrière, ses expériences. L'habitus, selon P. Bourdieu, pré-structure la vision du monde et les comportements, car le système de préférences de chacun, ce qu'il croit et ce à quoi il attache de la valeur, reste étroitement tributaire de ses appartenances sociales et culturelles.

Ses émotions ne l'empêchent pas toujours d'être rationnel, mais limitent l'éventail des solutions envisageables. Elles conduisent l'individu à écarter telle ou telle alternative pour des raisons de coût psychologique excessif. Mais elles offrent aussi d'importantes ressources pour l'action. Elles sont en effet des mises en garde intuitives qui, dès le départ, permettent de circonscrire le champ de la décision en valorisant certaines options tout en en éliminant d'autres.

Sans l'effet restrictif de ses émotions, l'individu serait incapable de prendre une décision tant l'afflux d'alternatives possibles pourrait être important. Et, faute d'un système de préférences propre permettant une hiérarchisation et un choix, l'embarras du choix risquerait de paralyser l'action.

Résumé

- La diversité des champs disciplinaires (biologie, psychologie, sociologie) conduit, à travers un ensemble de théories, à l'explication plurielle des comportements individuels dans les organisations.
- Pour un manager qui doit souvent procéder au diagnostic des activités humaines dans un cadre de référence, social ou professionnel, donné, la notion de norme sociale est très importante.
- La rationalité instrumentale, communément invoquée dans le management des organisations, connaît des limites. Le concept de rationalité limitée des acteurs souligne l'importance des facteurs contextuels et personnels dans les stratégies qu'ils développent.

2. La personnalité, l'identité et les comportements

Il existe plusieurs façons de rendre compte de ce que sont la personnalité et l'identité. Quelles que soient les divergences théoriques rencontrées, on constate un lien entre la structure d'une personnalité, l'identité de la personne et les comportements qu'elle met en avant.

2.1 La personnalité

Pour définir la personnalité, les manuels font allusion à une vingtaine de typologies et de théories différentes : par exemple, celles de Carl Jung, de Sigmund Freud, de R. B. Cattell, de H. J. Eysenck ou de W. Sheldon. Chaque typologie renvoie à une problématique particulière. Nous présenterons d'abord des concepts généraux, avant de faire un gros plan sur la structure de la personnalité selon la psychanalyse freudienne.

2.1.1 Concepts généraux

« La personnalité correspond aux "caractéristiques" qui expliquent les schémas habituels de comportement d'une personne » (Pervin, 1984).

Cette définition met en valeur le lien qui existe entre la psychologie d'une personne et son comportement, de préférence à l'impact des circonstances extérieures. Mais, souvent, ce sont les contraintes externes, matérielles ou sociales, qui obligent les individus à se comporter d'une certaine façon.

La personnalité reflète globalement les caractéristiques individuelles dont sont issus des modèles cohérents de comportement. Dans la vie des organisations, les individus, acteurs sociaux, cherchent à saisir ces modèles comportementaux qui entrent en interaction avec ceux d'autrui. Pour Salvador Maddi (1980), « la personnalité est un ensemble de caractéristiques et de tendances qui détermine les points communs et les différences du comportement psychologique — pensées, sentiments et actions — des gens, comportement qui présente une continuité dans le temps et ne peut être aisément attribué aux seules pressions sociales et biologiques du moment ».

Les théories de la personnalité font souvent référence à la fois aux éléments qui nous sont communs et aux facteurs qui distinguent une personne d'une autre. Essayer de comprendre la personnalité d'un individu, c'est donc essayer de comprendre ce que celui-ci possède en commun avec d'autres et ce qui le différencie. Pour le manager, cela signifie que chaque subordonné est unique et peut réagir ou ne pas réagir de la même manière que les autres face aux difficultés, aux éloges, aux critiques, aux augmentations de salaire et aux injonctions diverses.

Enfin, la personnalité, définie sous cet angle, suppose une stabilité et une continuité dans le temps. Normalement, il ne se produit pas de changements majeurs soudains dans une personnalité — les plus grands bouleversements survenant au cours de la petite enfance —, mais elle connaît une certaine évolution tout au long de la vie. La personnalité subit l'influence de l'expérience. Les individus apprennent de nouvelles manières de se conduire et peuvent modifier les modèles de comportement qui étaient précédemment les leurs. On parle alors de socialisation, voire de re-socialisations successives. (Voir la section 3.5 sur la socialisation.) Par exemple, les nouveaux employés sont souvent influencés d'une façon significative par les exigences du milieu dans lequel ils sont amenés à travailler. Leur personnalité peut changer quelque peu sous l'effet des rapports personnels qui existent au sein de l'organisation.

Quand les individus peuvent choisir librement leur mode d'action, c'est-à-dire lorsque les contraintes qui pèsent sur eux sont minimes, leur personnalité jouit des meilleures conditions pour se révéler. En revanche, sous la contrainte externe, qui produit des répercussions internes, l'expression de la personnalité se trouve entravée et perd de sa force et de sa distinction.

Si pressions et circonstances nous obligent à agir de manière identique à ceux qui sont autour de nous, notre personnalité s'exprimera moins par nos actions elles-mêmes que par le style qu'elle parviendra à leur conférer.

De nombreux facteurs, tels que l'âge, le sexe, l'appartenance culturelle, l'éducation, les compétences, l'expérience professionnelle, le milieu social, s'entremêlent dans la construction de la personnalité. Et tous ces facteurs se conjuguent de manière spécifique et singulière en chaque être humain. Les fondements génétiques du développement de la personnalité sont vérifiés par les études comparatives menées sur les vrais jumeaux (homozygotes). Leurs traits de personnalité sont toujours très similaires, même en cas de séparation précoce, contrairement aux faux jumeaux (hétérozygotes).

Des chercheurs en psychologie de l'évolution ont proposé récemment le modèle des cinq facteurs bipolaires, les *big five* : cinq dimensions de la personnalité qui émergent de la plupart des études psychométriques. Ces dimensions permettent d'interpréter les différences individuelles de la personnalité en jouant sur les variations des cinq attributs qui ont marqué l'évolution de l'espèce humaine dans sa tentative d'adaptation permanente à l'environnement (voir encadré 1.2).

Étude 1.2

Les cinq dimensions de la personnalité, selon Nigel Nicholson (1997)

La stabilité émotionnelle

Les émotions nous donnent des antennes pour identifier les opportunités et les dangers éventuels de la vie courante. Elles procèdent souvent d'une transformation de nos états physiologiques en « ressenti psychologique » (certains psychanalystes ont évoqué la « psychogénisation des afférences sensorielles »). Lorsque les situations que nous affrontons sont « extrêmes », agréables ou désagréables, nos réponses émotionnelles puisent dans le patrimoine physiologique commun de l'humanité. Si les situations ont un caractère plus habituel, les réactions des uns et des autres sont beaucoup plus différenciées. Certains restent très flegmatiques, d'autres réagissent avec excès.

L'extraversion

Nous sommes le siège de deux impulsions contradictoires : aller vers les autres, et nous en éloigner pour développer notre autonomie. Selon les travaux de C. G. Jung, pour les personnes les plus spontanément tournées vers les autres et vers la vie de groupe, les extravertis, c'est le monde extérieur qui apporte les expériences les plus essentielles à leur équilibre. Les introvertis, tournés vers leur monde intérieur, préfèrent quant à eux l'univers de la réflexion, des ambiances intimes, et un cercle plus limité d'interlocuteurs.

L'ouverture d'esprit

La découverte du monde, dès l'enfance, est pour chacun de nous une nécessité et généralement un plaisir. Certains s'y lancent intensément, stimulés par leurs impulsions créatrices. Ils manifestent des attitudes d'ouverture, vis-à-vis des autres quels qu'ils soient, et vis-à-vis du monde extérieur. D'autres préfèrent le familier, la tradition et les valeurs conservatrices.

L'agréabilité

Notre vie durant, nous sommes tiraillés entre des phénomènes de coopération et des phénomènes de compétition. Certains font confiance à autrui et attirent souvent en retour la sympathie de leur entourage. D'autres imaginent le monde comme une jungle, et exercent en tout état de cause leur sens critique, leur méfiance et leur cynisme.

La conscience

Être en adéquation avec soi-même suppose une certaine connaissance de soi, de ses tendances à l'effort et au plaisir, de son patrimoine intellectuel et affectif. La conscience de nos capacités et les opportunités qu'elles permettent de saisir nous appartiennent en propre et éclairent notre action.

2.1.2 Structure de la personnalité dans la psychanalyse freudienne

La psychanalyse nous fournit un modèle de compréhension de la personnalité riche d'enseignements sur le comportement humain. La personnalité est constituée de trois instances :

- **Le ça.** C'est le siège des pulsions dont les deux principales sont Éros, la pulsion de vie, et Thanatos, la pulsion de mort. Il est totalement inconscient.
- **Le surmoi.** C'est l'instance morale (la loi des parents intériorisée), celle des interdits et des prescriptions. Il est partiellement conscient.
- **Le moi.** C'est l'instance qui nous représente dans le monde, celle qui pilote également les deux autres. Il est en majorité conscient.

À ces trois instances, il faut ajouter l'idéal du moi, sorte de modèle supérieur intériorisé, auquel il essaie de se conformer.

Une personnalité est équilibrée quand elle trouve un équilibre acceptable entre les trois instances et la réalité qui les entoure. Elle peut être durablement — on dit plutôt structurellement — équilibrée ou déséquilibrée. En effet, la personnalité se constitue progressivement, au fur et à mesure de la croissance de l'enfant, en suivant un certain nombre d'étapes. Si une étape se passe mal, la personnalité en garde des traces permanentes, plus ou moins dommageables.

L'équilibre n'est pas une constante acquise une fois pour toutes. Les instances sont en perpétuel déséquilibre et, lorsque le moi ne parvient pas à rétablir l'équilibre simplement, à combattre les pulsions du ça, il met en place des mécanismes de défense.

Il est important de connaître et de repérer ces mécanismes, car ils sont la source de nombre de comportements apparemment « dysfonctionnels ». Quand on a compris qu'un acte est issu d'un mécanisme de défense, on peut sécuriser la personne et éviter ainsi qu'elle n'adopte un comportement, qui, dans le cadre d'une organisation, pourrait être non souhaitable.

Voici, parmi les mécanismes de défense décrits par Freud (1920) et sa fille Anna (1946), trois mécanismes qui sont intéressants pour l'analyse du comportement des individus dans l'organisation :

- Le refoulement, qui est le principal mécanisme de défense, consiste à rejeter dans l'inconscient ce qui est insupportable à la conscience. Il s'agit d'oublis qui peuvent sembler incroyables tant la force de ce mécanisme est puissante.
- Le déplacement consiste à déporter un sentiment ou un affect d'une personne ou d'un objet vers un autre. Il est fréquent, par exemple, de détester quelqu'un par pur déplacement, simplement parce que le fait de haïr la véritable personne qui est en cause (un proche, en général) est absolument insupportable. Lors de relations difficiles entre deux personnes, s'il n'y a aucune raison apparente à l'existence d'une haine farouche, il peut être intéressant d'envisager l'hypothèse du déplacement.
- La projection consiste à attribuer à un autre ses propres affects. Si un individu n'aime pas son supérieur hiérarchique et si cela lui est insupportable, il peut projeter ce sentiment sur le supérieur et croire que celui-ci ne l'aime pas. Cela va justifier un comportement hostile en retour, mais en toute bonne foi. La projection est aussi un

mécanisme qui perturbe l'objectivité du jugement dans toutes sortes d'interactions, notamment lors des entretiens de recrutement. Le recruteur a tendance à projeter sur le candidat des sentiments qui lui sont propres. Par exemple, si un candidat fait de la planche à voile et que le recruteur aime ce sport, il aura un *a priori* favorable.

Un type de personnalité précis est associé à des mécanismes de défense précis, si bien que l'on s'aperçoit vite que la même personne a tendance à user des mêmes mécanismes dans diverses occasions. Avoir repéré les mécanismes de défense les plus utilisés et le type de personnalité de quelqu'un permet de savoir comment le comprendre, mais cela ne donne pas tous les éléments pour saisir à qui l'on a affaire. Pour cela, il faut analyser le concept d'identité.

2.2 L'identité

L'identité est un concept distinct de celui de personnalité dans la mesure où il n'est pas utilisé dans les mêmes circonstances. La personnalité sert à cerner les caractéristiques de la personne de l'extérieur, tandis que l'identité concerne la manière dont la personne elle-même se définit et se reconnaît.

2.2.1 Éléments de définition

La constitution de l'identité relève d'une différenciation par rapport aux autres et d'une « conservation du même » par-delà l'évolution historique. Au fur et à mesure de son histoire, l'individu constitue et confirme son identité, faite de multiples éléments

- des éléments corporels, biologiques et physiologiques qui relèvent de l'espèce humaine, et qui conditionnent ses apparences, ses potentialités physiques, intellectuelles ;
- des éléments culturels historiques : origines, histoire, système de valeurs, motivation, intérêts ;
- des éléments factuels : les compétences particulières, des aptitudes, des connaissances.

L'identité se développe tout au long de la vie, elle n'est pas constituée une fois pour toutes. Elle est issue non seulement de la personnalité mais aussi des interactions sociales (Erikson, 1950). Elle est confortée ou modifiée par l'image que lui renvoient les autres. Ainsi, l'organisation est un lieu où l'identité s'exprime, mais où elle continue fortement à se constituer (Sainsaulieu, 1977). En effet, le travail est un acte de projection de soi qui permet d'en savoir plus sur ses réactions, ses goûts, mais surtout sur l'image que l'on donne.

2.2.2 L'identité sociale

L'identité sociale d'un individu est liée à la reconnaissance qu'il a d'appartenir à un groupe. Cette appartenance à un groupe implique une situation émotionnelle et évaluative. Tajfel (1972) souligne que l'identité sociale est « la connaissance individuelle que le sujet a du fait qu'il appartient à certains groupes sociaux, avec, en même temps, les significations émotionnelles et les valeurs que ces appartenances de groupe impliquent chez lui ».

L'appartenance à un groupe donne les points de repère qui permettent à l'individu de s'y référer, de se comparer et de valider ses modes de pensée, ses attitudes et ses opinions. La norme personnelle est alors fonction de la norme sociale et recouvre ce que l'entourage estime qu'il est bien de faire ; elle est pondérée par le désir qu'a l'individu de suivre la norme du groupe.

L'identité professionnelle n'est qu'un cas particulier de l'identité sociale (Dubar, 1991). Selon les personnes, elle se constitue plutôt autour d'un métier ou d'une organisation donnée. Aujourd'hui, on dit que l'identité professionnelle est en crise dans la mesure où les organisations ne peuvent plus promettre d'identité stable et où les métiers sont moins durables qu'auparavant.

2.3 Attitudes et comportements

La connaissance, même approximative, de la structure de la personnalité et des appartenances identitaires d'un individu permet de prévoir les attitudes et les comportements qui s'y rattachent. Connaître l'attitude d'un individu envers l'art contemporain, la peine de mort ou telle marque de lessive, c'est pouvoir prédire comment il va réagir à de multiples situations impliquant divers aspects de son environnement. La compréhension du lien qui unit attitudes et comportements est fondamentale pour les managers attentifs aux réactions de leurs collaborateurs.

2.3.1 Eléments de définition

L'attitude se définit comme un état mental prédisposant à agir d'une certaine manière, face à un objet particulier. Il s'agit d'une construction hypothétique, élaborée pour rendre compte d'une structure relativement stable chez l'individu, relevant de sa personnalité et de son identité.

Elle repose sur trois composantes structurelles qui interfèrent :

- Une composante, cognitive, renvoie aux perceptions, aux croyances, aux représentations d'un individu concernant des « objets » au sens large, qui peuvent comprendre aussi bien des situations que des personnes. Elle correspond à une expérience privée reposant sur un substrat neurobiologique.
- Une deuxième composante, affective, concerne les phénomènes socio-émotionnels éprouvés en réponse aux stimuli internes et externes. Ils s'expriment par une attraction ou un rejet : j'aime ou je n'aime pas, je suis pour ou je suis contre.
- Une dernière composante, opératoire, souvent décrite comme une prédisposition à l'action, correspond à une intention d'agir, un signe avant-coureur de nos comportements, le moteur qui donne une direction aux actions menées.

L'attitude assume quatre fonctions essentielles : épistémique (ou de connaissance), adaptative (d'ajustement social), expressive (expression des valeurs) et de défense de soi.

Les attitudes d'une personne ne sont pas identifiables par autrui *a priori*. Il faut une conduite de détour pour les appréhender ou un instrument pour les mesurer (échelles d'attitudes).

Le concept de comportement, au sens large, renvoie aux activités d'un organisme qui peuvent être observées par un autre organisme, ou enregistrées par les instruments d'un expérimentateur. Pour l'école behavioriste, le comportement d'un individu s'inscrit dans un schéma « stimulus-réponse ». Il est le résultat des réponses que l'individu a apprises sous l'influence de stimuli variés. C'est le fruit à la fois des contraintes extérieures fortuites et des renforcements provoqués par l'éducation (avec les multiples conditionnements sociaux qui l'accompagnent).

2.3.2 Les relations entre attitudes et comportements

Si l'individu est cohérent, son attitude (qui sert de stimulus) et son comportement (qui correspond à la réponse) se situent dans une relation de cause à effet directe que l'on peut prévoir. Mais seules les fortes personnalités (héroïques) font ce qu'elles disent et disent ce qu'elles font en toute occasion, au risque d'affronter les tensions qu'elles ne manquent pas de rencontrer ou même de susciter auprès de leurs interlocuteurs moins structurés et plus contradictoires.

Pour évoquer le destin de gens plus ordinaires, prenons l'exemple d'un individu qui croit aux vertus stimulantes du café, qui aime le café, qui affirme son goût prononcé pour cette boisson, et qui en consomme fréquemment. On a affaire à un « bon consommateur », entièrement acquis au produit et prévisible en ce qui concerne son comportement relatif à cet univers particulier. Mais cette chaîne logique peut être contrariée, obligeant l'individu à infléchir son comportement volontaire, à en adopter un autre sensiblement modifié, sous l'effet par exemple de contraintes matérielles ou économiques, ou même sociales telles que les convenances, la peur du jugement d'autrui, la crainte de déplaire à ses interlocuteurs.

Le comportement ainsi détourné ne traduit pas fidèlement les valeurs ou les croyances profondes qui sous-tendent les attitudes de la personne. Celle-ci, sous l'effet des contraintes, les dissimule.

L. Festinger (1957) émet l'hypothèse que l'individu, tiraillé par ses contradictions entre attitudes et comportements, se trouve souvent en état de « dissonance cognitive », alors même qu'il aspire à la « consonance », et au confort d'un état cohérent et non conflictuel. Pour rétablir la consonance, il a tendance à modifier implicitement ses attitudes pour les mettre en conformité *a posteriori* avec ses comportements. (Les changements d'attitudes et de comportements feront l'objet d'un développement ultérieur dans le chapitre sur le changement, chapitre 9, section 3.1.2).

On constate, à travers tous les éléments décrits précédemment, qu'une connaissance psychologique élémentaire est nécessaire au manager dans toutes ses activités. Elle n'est pourtant pas suffisante : le manager doit aussi être capable de comprendre les phénomènes sociaux, et tout spécialement les données en rapport avec le fonctionnement des individus au sein des groupes.

Résumé

- L'exploration successive des liens entre les concepts de personnalité et de comportement d'une part, puis des liens entre l'identité et le comportement d'autre part permet de mettre en rapport personnalité et identité comme deux modes d'influence privilégiés du comportement.
- Il existe des relations mécaniques et systémiques entre les attitudes des individus — leurs dispositions à agir — et les comportements manifestés dans la réalité. L'attitude

commande jusqu'à un certain point le comportement, mais l'adoption d'un comportement peut en retour modifier presque mécaniquement l'attitude.

3. Quelques éléments fondamentaux du social

Sans entrer dans le débat entre holisme (réflexion portant sur la société comme étant un tout, indépendant des individus qui la composent) et individualisme (où la société est la simple somme des individus), il est à présent clair que l'individu se constitue en grande partie par ses interactions sociales. Il est donc nécessaire d'analyser quelques mécanismes fondamentaux du champ social. Ce dernier se manifeste à la fois sous la forme de sociétés (par exemple, la société occidentale, la société française) ou sous forme de groupes, plus restreints et plus clairement délimités (par exemple, un club, une organisation, une amicale d'anciens élèves). Les mécanismes que nous allons décrire dans cette section concernent l'ensemble de ces formes du social. Nous nous concentrerons dans la section suivante sur ce qui est spécifique aux groupes.

Nous traiterons successivement :

- du lien social et de la socialisation ;
- des phénomènes de hiérarchie et de domination ;
- des phénomènes culturels et moraux.

3.1 Le lien social et la socialisation

Un groupe ou une société ne peuvent fonctionner que si des éléments fondamentaux créent un lien entre les individus membres. Pour entrer en société, ou devenir membre d'un groupe, l'individu passe par une phase de socialisation qui lui permet de revêtir les caractéristiques de cette société ou de ce groupe.

Le concept de socialisation recouvre un champ extrêmement vaste qui se caractérise par son interdisciplinarité ; c'est la convergence de trois perspectives complémentaires — la sociologie, l'anthropologie culturelle et la psychologie — qui a permis la construction et l'élaboration de ce concept.

Quelle que soit la perspective, la socialisation s'explique traditionnellement par deux types d'analyses qui s'opposent : d'une part, celle du conditionnement, qui considère l'individu comme passif, et, d'autre part, celle où l'individu est actif, en interaction avec son milieu social.

La première conception présente la socialisation presque comme du dressage. Dans un processus coercitif unilatéral, l'individu est assujetti aux déterminismes sociaux l'amenant à intérioriser les valeurs et les normes de la société. Les études sur la socialisation sont bien souvent comparatives : il s'agit de comparer les valeurs des sujets avec celles des membres d'un même groupe. Lorsque les auteurs trouvent une corrélation, ils ont tendance à conclure à une action causale mécanique des structures sociales sur l'intériorisation des valeurs.

À ce paradigme du conditionnement, on oppose celui des interactions, largement utilisé par Piaget (1932 ; 1947). La socialisation dépend d'une part du développement des structures cognitives, d'autre part de la nature du système d'interactions dans lequel l'individu est inséré. Ainsi, dans la perspective de la psychologie cognitiviste, Piaget insiste sur le caractère progressif de la socialisation de la pensée, sous l'effet de la coopération et de la discussion.

D'une façon générale, en psychologie sociale, la socialisation comporte trois types de fonctions : elle permet l'apprentissage des rôles, elle conduit le processus d'enculturation et elle est un moyen d'acquisition du contrôle des pulsions (Levine, 1943).

Certains sociologues ont décrit la socialisation comme quelque chose de nettement plus contraignant. Processus d'assimilation des individus aux groupes (Sutherland et Woodward, 1937) la socialisation a trois fonctions principales : elle est un processus de transmission des valeurs, elle est une standardisation des personnalités et, enfin, elle a une fonction adaptatrice. La transmission des valeurs, des modèles et des connaissances du milieu social auquel on appartient débute à la naissance et se poursuit tout au long de la vie. Le processus d'adaptation, au sein d'un groupe ou d'une société, correspond alors à une acceptation des valeurs, de l'idéologie et des croyances du groupe ; cette acceptation permet d'interpréter le monde selon une certaine forme de personnalité culturelle.

Ces trois fonctions montrent à quel point la socialisation pèse sur la formation de la personne . Être conscient de ce phénomène permet de comprendre des attitudes et des comportements propres à l'appartenance à certains groupes. Il est donc important que le manager sache à quels groupes appartiennent ses coéquipiers, de façon à pouvoir interpréter leurs comportements.

3.2 Hiérarchie, domination, pouvoir

Dans toutes les sociétés, il existe une hiérarchie, aussi rudimentaire soit-elle : tous les membres d'une société ne sont pas égaux sur tous les plans.

D'une part, ils ne participent pas avec un poids égal aux décisions collectives. Même dans une société démocratique idéale, qui proclame l'égalité des citoyens, des responsabilités de décision sont confiées à certains individus chargés d'exercer un pouvoir, et ce pour des raisons tout simplement pratiques : tout le monde ne peut pas discuter de tout tout le temps. C'est une des raisons pour lesquelles il existe une hiérarchie dans les organisations (à part quelques exceptions dans des organisations de très petite taille).

D'autre part, cette hiérarchie des pouvoirs se double d'une hiérarchie de rang. Les individus appartiennent à des catégories sociales plus ou moins élevées dans une échelle de prestige et bénéficient de ce fait de prérogatives. Cette notion de rang est parfois très codifiée (les castes en Inde, les catégories sociales de l'Ancien Régime en France, la place des femmes dans de nombreuses sociétés) ; elle est parfois plus implicite et floue — le phénomène est néanmoins opérant. On en trouve des exemples dans les sociétés occidentales, malgré leur prétention égalitaire. Dans les organisations, par exemple, les postes élevés dans la hiérarchie bénéficient très souvent non seulement de pouvoirs de décision plus grands mais aussi de marques distinctives de leur « rang » (par exemple, un bureau plus grand, une cantine spéciale) et de salaires plus élevés.

Ces phénomènes peuvent être envisagés très différemment selon que l'on se place dans une vision de la société et du social comme un ensemble ordonné ou comme un lieu de conflit.

Dans la première perspective, la hiérarchie est un instrument d'harmonie sociale. Elle permet à chacun d'occuper sa place sans avoir à la chercher ; elle subordonne l'individu à l'ordre social, lequel lui rend en retour une sécurité matérielle et affective. Telle est la thèse défendue par exemple par l'anthropologue Louis Dumont (1967). Dans le cadre d'une organisation occidentale moderne, la hiérarchie, fondée sur le mérite et les compétences, est vue par de nombreux auteurs de la littérature managériale comme ce qui permet un fonctionnement rationnel et optimal.

Dans la perspective inverse, cette hiérarchie est un instrument de domination. En effet, la répartition du pouvoir n'est pas dictée seulement par des considérations pratiques et objectives, mais par la lutte entre groupes pour s'assurer la meilleure vie possible. Selon le bon mot de Woody Allen : « La hiérarchie, c'est bien surtout quand on est au-dessus »… Les approches radicales en sociologie (voir section 1.3) se sont employées à démonter les mécanismes de cette domination, y compris dans les sociétés occidentales se réclamant de la démocratie. Marx, bien sûr, fut un précurseur avec ses notions de classes et de lutte des classes, mais nous avons vu qu'il existe d'autres pensées dans le même paradigme général. Ces approches ont également inspiré des travaux sur les organisations. Nous aurons l'occasion de nous y intéresser, notamment au chapitre 7, consacré aux notions liées au pouvoir.

3.3 La culture et les représentations sociales

Le concept de culture a été développé en anthropologie et en sociologie pour rendre compte des systèmes de valeurs, des croyances, des éléments de modes de vie communs aux membres d'une société ou d'un groupe. Cette culture exprime une vision spécifique du monde, composée d'opinions et de valeurs qui permettent d'assurer une maîtrise cognitive de l'environnement en servant de référentiel pour les actes et les conduites à tenir en toutes circonstances. Ce phénomène de culture est général ; toutes les sociétés ont une culture. Cette notion a ensuite été étendue à des groupes plus restreints, par exemple une organisation (voir chapitre 2, section 2.2). Dans ces contextes, la culture peut couvrir des champs moins vastes et être moins prégnante.

Les représentations que se construisent les individus sur le monde qui les entoure ne peuvent se comprendre sans référence à la culture ou aux cultures dans lesquelles ils baignent.

Le concept de « représentation collective » est dû à Durkheim (1898), qui s'y référait essentiellement pour la différencier des représentations individuelles. Il appliquait cette notion aux sociétés traditionnelles, immuables et quelque peu statiques. Il lui attribuait aussi des caractéristiques contraignantes et préétablies, qui ne permettent pas de cerner les pensées évolutives des sociétés contemporaines.

Moscovici a ensuite développé le concept de « représentation sociale », qui établit une passerelle entre l'individu et le social. « Les représentations sont partagées par un grand nombre de personnes, transmises d'une génération à la suivante et imposées à chacun de nous sans notre assentiment conscient » (Moscovici, 1986). Les représentations sont sociales parce qu'elles sont partagées et communes à un groupe donné ; c'est cette dimension sociale qui leur attribue une place spécifique fondée sur des systèmes de rapports sociaux. Il s'agit d'une construction collective, composée de connaissances partagées, qui définissent un consensus au sein d'une société ou d'un groupe. La représentation sociale, comme forme de connaissance dite « de sens commun », se caractérise par les propriétés suivantes : elle est socialement élaborée et partagée ; elle a une visée pratique d'organisation, de maîtrise de l'environnement (matériel, social, idéel) et d'orientation des conduites et communications ; enfin, elle concourt à l'établissement d'une vision de la réalité commune à un ensemble social (groupe) ou culturel donné. Sa spécificité tient au fait qu'elle est générée et transmise au cours d'échanges sociaux, devenant une partie de la vie collective.

Résumé

- L'individu se définit et se développe à la croisée de ses appartenances multiples à une ou des sociétés et à des groupes de taille et d'importance différentes, et le processus de socialisation commande en grande partie ses modes d'adaptation aux contextes social et professionnel.
- Les sociétés et les groupes se dotent le plus souvent d'une hiérarchie ; celle-ci peut être vue comme un instrument d'harmonie sociale ou de domination. Elle constitue un bon indicateur de la distribution du pouvoir dans un système organisé. Elle permet d'appréhender les degrés de liberté accordés aux individus dans l'organisation.
- La culture ou l'idéologie influent fortement sur les valeurs et les croyances des individus. Leur impact pèse sur la destinée des individus au travail.
- Les représentations sociales sont des produits culturels ; elles constituent des constructions collectives qui contribuent à organiser les conduites et à orienter les communications.

4. La dynamique des groupes

Les traits fondamentaux du champ social qui viennent d'être exposés sont souvent très présents dans les groupes, ce qui donne à ces derniers une spécificité par rapport à des sociétés au sens large. Il est particulièrement pertinent de s'y intéresser car les organisations sont des groupes, elles-mêmes composées de groupes plus restreints (par exemple, équipes d'opérateurs, comités de direction, équipes de projets, commandos, commissions d'enquête, etc.).

Depuis le milieu des années 1950, on a assisté à un véritable engouement pour l'étude de la dynamique des groupes. Sous l'influence du courant des relations humaines appliquées non seulement à l'entreprise, mais aussi à la pédagogie active, le groupe est devenu un véritable laboratoire de changement, qu'il s'agisse de politique, de religion, de production industrielle ou de formation, sans oublier les psychothérapies de groupe qui ont commencé à se développer à cette époque.

Le système d'interdépendance, propre à un groupe à un moment donné, explique le fonctionnement du groupe et sa conduite, c'est-à-dire aussi bien le fonctionnement interne que l'action sur la réalité extérieure. C'est cela qu'on nomme, à partir de l'expression de Kurt Lewin, utilisée dès 1944, la « dynamique du groupe ». Ainsi, pour Lewin (1951), le comportement d'une personne est à la fois fonction des caractéristiques de la personne et des caractéristiques de son environnement social. C'est la complémentarité entre l'individu, le groupe et le milieu qui constitue « l'espace de vie » des personnes.

Dans cette perspective, le groupe est conçu comme un tout dynamique ; cette « totalité dynamique groupale » possède des propriétés spécifiques. La principale est liée à l'évolution du groupe en fonction de la réalité environnante, qui est elle-même évolutive. Le groupe est en effet intégré dans un champ social ayant des propriétés dynamiques ; il est donc en interaction avec l'entourage. Cet élément est particulièrement important dans la question des changements de représentations sociales (voir C. Guimelli, 1989) et de l'introduction de nouvelles pratiques (voir K. Lewin, 1943).

Nous aborderons donc successivement :

— la définition d'un groupe et l'exemple de types classiques de groupes ;

— la distinction fondamentale entre groupes primaires et secondaires ;

— une réflexion sur les rôles respectifs et interactifs des groupes de référence et des groupes d'appartenance.

4.1 Définition et typologie

Un groupe est un collectif rassemblant des personnes qui se définissent comme étant membres de ce groupe. Ainsi, c'est le sentiment d'appartenance qui lie l'individu à un ou plusieurs groupes, qui lie les membres du groupe entre eux, jouant ainsi un rôle essentiel et médiateur entre les individus. Un groupe n'est pas une simple juxtaposition d'individus, mais bien un collectif, le principe de groupement étant fondé sur un rapport, symbolique ou réel, dans lequel se tissent des communautés d'actions et de pensées qui orientent les conduites des membres du groupe. Il ne s'agit pas seulement d'actions concrètes, mais aussi d'une forme mentale, à travers laquelle se structurent les identités personnelles et collectives.

Il existe plusieurs sortes de groupes que l'on peut caractériser en fonction de différents paramètres. On peut retenir par exemple leur taille, leur durée de vie et leurs modes de fonctionnement. Quelques types classiques de groupe sont souvent distingués dans les études sur les groupes :

- Les foules, qui réunissent un grand nombre de personnes, sur une courte durée. Les individus y sont isolés et ont des motivations personnelles.
- Les bandes, qui regroupent un nombre limité de personnes, sur une durée plus longue, et qui se retrouvent par affinités. L'évolution en bande permet de réduire la tension psychique due à la nécessité de s'adapter aux normes sociales extérieures. Lorsqu'elle devient durable, on parle de groupe primaire.
- On parle de groupements à propos de personnes qui se réunissent régulièrement, pour promouvoir une cause ou des objectifs communs.

Des phénomènes de bande ou de groupement se retrouvent fréquemment dans les organisations. Mais identifier un type de groupe ne suffit pas pour déduire le sens que tel individu va conférer à la situation du fait de son appartenance. La distinction entre groupe primaire et groupe secondaire permet d'explorer ce phénomène.

4.2 Les groupes primaires et secondaires

4.2.1 Groupe primaire

Le groupe primaire, aussi appelé groupe restreint, est le groupe le plus étudié par les psychologues sociaux. Il s'agit de petits groupes dans lesquels chacun a une perception individualisée de chacun des autres ; chacun est identifié et perçu par chacun des autres membres du groupe ; de nombreux échanges interindividuels ont lieu.

Au sein de ces groupes, les relations affectives peuvent être intenses (sympathie ou antipathie) et donner naissance à des sous-groupes en fonction des affinités. Ces groupes se caractérisent par une forte interdépendance des membres et par des sentiments de solidarité ; on parle alors d'une union morale entre les membres du groupe, qui peuvent se soutenir même s'ils sont à l'extérieur du groupe. Muzafer Sherif (1953) a introduit la notion d'*in group* pour parler de son propre groupe et d'*out group* à propos des groupes extérieurs au sien. Le groupe partage une idéologie commune, des représentations, des normes, des croyances, et peut établir des rites et des coutumes qui lui sont propres. Au sein des groupes restreints, on discerne habituellement une différenciation des rôles de chacun des membres.

Toutes ces caractéristiques ne sont pas nécessairement présentes en même temps dans tous les groupes primaires, mais elles constituent la base d'identification et de définition de ces groupes. Les auteurs introduisent des nuances, chacun insistant davantage sur une dimension. C'est l'interaction et les relations entre les individus qui sont essentielles aux membres du groupe primaire.

4.2.2 Groupe secondaire

C'est le sociologue américain C. H. Cooley qui a introduit la distinction entre groupe primaire et groupe secondaire (1909). Selon lui, le groupe primaire implique « une certaine fusion des individualités en un tout commun, de sorte que la vie commune et le but du groupe deviennent la vie et le but de chacun », alors que le groupe secondaire est institué afin d'atteindre des actions communes. Ces groupes sont plus structurés que les autres types de groupes décrits précédemment. Enfin, et surtout, ils sont fondés sur des actions communes planifiées et organisées.

Une organisation est nécessairement un groupe secondaire (voir chapitre 2). Toutefois, l'organisation dans son entier ou des sous-groupes en son sein peuvent fréquemment comporter des caractéristiques de groupes primaires (liens affectifs entre les membres).

4.3 Les groupes de référence et les groupes d'appartenance

Une dernière distinction est utile à notre propos : les individus membres d'un groupe s'identifient et se réfèrent à un ou plusieurs groupes. En psychologie sociale, on différencie les groupes de référence des groupes d'appartenance.

4.3.1 Groupes de référence et comparaison sociale

Parler de groupes de référence implique le plus souvent des groupes concrets auxquels on appartient déjà ou auxquels on aimerait appartenir ; ces groupes servent de référence ou encore de modèle, qui guide les modes de pensée et d'action de l'individu qui s'y réfère. Ainsi, les groupes de référence sont les groupes auxquels « l'individu se rattache personnellement en tant que membre actuel ou auxquels il aspire à se rattacher psychologiquement ; ou, en d'autres termes, ceux auxquels il s'identifie ou désire s'identifier » (M. Sherif, 1956).

On peut distinguer les groupes de référence « actifs », qui sont source de normes de jugement menant à des conduites spécifiques, des groupes de référence « passifs », qui permettent essentiellement de se reconnaître comme faisant partie du groupe par opposition à d'autres groupes différents (voir Jodelet, 1994). Prenons l'exemple d'un étudiant d'une école de commerce ; son appartenance au groupe des étudiants de cette école constitue une référence « passive », car il en fait partie, et il peut s'y référer à l'extérieur de ce groupe, se comparer par exemple à d'autres étudiants d'autres écoles comparables ou différentes. Ce même étudiant peut, au sein de son école, participer à la création d'une junior entreprise : le groupe composé des autres étudiants actifs dans cette junior entreprise constitue alors pour lui une référence « active », car les autres membres de ce groupe ont des idées sur la façon de concevoir cette entreprise, des objectifs et des buts communs visant à la concrétisation de ce projet à réaliser ensemble.

Les groupes de référence ont plusieurs fonctions essentielles :

- une fonction évaluative de comparaison sociale, qui donne à l'individu des éléments pour évaluer son propre groupe de référence en le comparant à d'autres groupes ;
- une fonction normative, qui permet aux individus d'accepter de partager les normes du groupe de référence, en s'y conformant ;
- une fonction protectrice, qui défend les individus contre l'influence et la pression sociales, en intégrant l'idée de consensus.

Fonction évaluative et de comparaison sociale

La première fonction d'un groupe de référence se fonde sur la comparaison sociale : on aimerait appartenir, ou on croit qu'on appartient, plutôt à un groupe donné qu'à un autre, et cela se fait en comparant différents groupes, en faisant appel à une forme d'auto-évaluation : je suis comme ceux-ci et non comme ceux-là…

Ce processus de comparaison sociale intervient, d'après Festinger (1971), chaque fois que l'individu a des difficultés à s'évaluer, et chaque fois qu'il se trouve dans l'incertitude quant à ses capacités et ses opinions. Cette incertitude engendre des problèmes affectifs, liés à l'estime de soi, au besoin d'affiliation sociale, à une recherche de reconnaissance sociale, et des problèmes cognitifs, liés à une recherche de cohérence. Les processus de comparaison sociale permettent de réduire cette incertitude ; ainsi, quand on manque de critères objectifs d'évaluation, c'est en se comparant aux autres qu'on parvient à réduire cette incertitude. Réduction de l'incertitude et affirmation de soi semblent constituer les deux fonctions essentielles qui interviennent dans les processus d'influence.

Fonction normative et conformisme

La fonction normative permet aux individus d'intégrer les normes du groupe de référence. Selon Sherif (1965), une norme est « une échelle de référence, ou d'évaluation, qui définit une marge de comportements, attitudes et opinions, permis et répréhensibles ». Cette fonction normative renvoie au processus selon lequel l'individu adhère aux modèles, aux valeurs et aux normes d'un groupe qui lui sert de référent. Pour rester membre de ce groupe, ou pour pouvoir l'intégrer, l'individu cherche à s'en approcher le plus possible en adaptant ses façons d'être à celles du groupe.

La notion de conformisme, voire de soumission, découle de cette fonction normative. En effet, en voulant se rapprocher de son groupe de référence, l'individu tend à se conformer aux normes du groupe. Le conformisme est l'une des modalités clés de l'influence sociale et se manifeste par le fait qu'un individu modifie ses attitudes, ses opinions et ses comportements pour être en harmonie avec ceux du groupe dans lequel il est inséré ou de celui qu'il voudrait rejoindre. Le conformisme entraîne l'acceptation par les autres membres du groupe. Si nous nous conformons à l'avis des autres membres du groupe, c'est aussi que nous ressentons que le savoir qu'ils détiennent pourra nous être utile. Pour être intégré au groupe, on peut aller jusqu'à se soumettre aux pressions du groupe (voir chapitre 7, section 1.2, sur la soumission).

La notion d'influence est primordiale pour pouvoir découvrir comment les individus fonctionnent les uns avec les autres. Pour G. Allport (1968), il est fort utile de « comprendre et d'expliquer comment les pensées, les sentiments, les comportements moteurs des êtres humains sont influencés par un autrui réel, imaginaire ou implicite » ; on cherche ainsi à mieux saisir « comment ils peuvent influencer également cet autrui réel, imaginaire ou implicite ». Les processus d'influence renvoient à des situations où le comportement d'un ou de plusieurs individus se modifie en fonction du comportement d'un autre ou de plusieurs autres individus, à l'égard d'un objet considéré, sans que le comportement de ce ou de ces individus prenne la forme d'un ordre ni ne s'insère dans une négociation ouverte et explicite. L'influence constitue alors une forme spécifique d'autorité qui n'est pas perçue comme telle par les êtres influencés.

Un cas particulier reste à évoquer : il s'agit d'une modalité d'influence sociale spécifique à la création d'un nouveau groupe. Dans ce cas, il y a création de normes, de façon progressive, à partir de l'influence réciproque des membres du groupe en interaction. On parle dans ce cas précis de « normalisation », celle-ci renvoyant à la constitution de normes de groupe et à la formation d'un système normatif visant à faire pression sur chacun des membres du groupe, qui devront s'y conformer. Tout groupe en formation passe par une phase de normalisation.

Fonction protectrice et consensus

La fonction protectrice des groupes de référence, comme son nom l'indique, joue un rôle de défenseur de l'individu contre l'influence et la pression sociales. Il y a protection, car on sait à quoi s'attendre quant aux comportements de l'ensemble des membres du groupe : ils sont prévisibles. L'environnement social est stable et cette stabilité renforce la cohésion du groupe. On parle alors de consensus ; ce consensus sera rassurant, efficace et positif, tant que l'on se sentira bien intégré au groupe.

Ainsi, l'accord ou le consensus qui s'établissent entre les individus au sein d'un groupe servent à valider les opinions et les jugements, tout en réduisant les incertitudes ; cela satisfait le besoin que les perceptions propres et la compréhension de la réalité correspondent à la réalité acceptée par les autres membres du groupe. D'autre part, l'accord ou le consensus servent à accroître son estime de soi, car on perçoit que ses actions et ses jugements sont reconnus par autrui, et qu'on pense ou agit comme les autres membres du groupe.

Hyman (1942) remarque que les individus se réfèrent aussi parfois à des groupes auxquels ils n'appartiennent pas objectivement ; en effet, les personnes peuvent avoir un statut subjectif (qu'elles pensent ou estiment avoir) distinct du statut objectif réel. On peut ainsi se référer à un groupe dans lequel on aimerait être (l'ancien étudiant aimerait peut-être encore avoir ce statut d'étudiant) ou se référer à un groupe qu'on aimerait pouvoir intégrer mais auquel on n'appartient pas ; il s'agit alors d'un groupe idéal qu'on souhaite rejoindre, d'un but à atteindre, de personnes à qui l'on voudrait ressembler.

Les groupes de référence sont donc bien des groupes psychologiques, qui revêtent une importance subjective particulière pour les personnes.

4.3.2 Groupes d'appartenance

Parler de groupe d'appartenance sous-entend que l'on fait réellement partie de ce groupe, qu'on y est intégré. Lorsqu'on appartient à un groupe, le plus souvent, on s'y référera ; la plupart des groupes d'appartenance sont donc aussi des groupes de référence.

Un même groupe peut passer de groupe d'appartenance à groupe de référence, et inversement. Ainsi, un ancien étudiant appartient réellement au groupe des anciens élèves de son école ; lorsqu'il y a des réunions d'anciens élèves, il appartient bien à la promotion *x* et peut s'y référer ; il a des souvenirs communs à d'autres membres de cette promotion, des histoires partagées avec son groupe d'appartenance. Mais, en dehors de ce contexte particulier des réunions d'anciens élèves de « son école », il peut très bien préférer oublier (faire abstraction du fait) qu'il a été formé dans cette école (et pas dans une autre)… Ainsi, dans certains cas, on appartient à des groupes par hasard ou par la force des choses, et on ne s'y réfère pas ou peu ; dans d'autres, en fonction du contexte, on ne souhaite pas s'y référer, ce qui explique que l'on choisisse alors aussi des groupes de référence autres, en faisant abstraction de son ou ses groupes d'appartenance objectifs.

L'impact des groupes sur le développement de l'individu est fondamental. L'individu se trouve tributaire, sa vie durant, de ses appartenances et de ses références multiples. La cohérence et l'équilibre identitaire de son univers personnel dépendent dans une large mesure des régulations sociales opérées au sein des groupes. Le déficit tout comme l'excès d'intégration sociale générés par ces groupes d'appartenance et de référence ont des répercussions existentielles, souvent problématiques pour les individus qui y sont exposés. À cet égard, il importe de garder à l'esprit que les organisations peuvent être fréquemment amenées à jouer le rôle de groupe d'appartenance ou de groupe de référence auprès de leurs collaborateurs.

La compatibilité plus ou moins grande entre les différents groupes de référence et d'appartenance qui régissent la destinée d'un individu donné peut donc entraîner des conséquences variées sur ses comportements sociaux. Changer de groupes sera parfois une issue recherchée par certains pour éviter les contradictions externes, effectuer des gains de cohérence interne et se stabiliser sur de nouvelles bases. La dynamique des groupes agit de façon systémique sur l'équilibre et l'harmonie potentielle de ses membres.

L'exploration des modes de fonctionnement des groupes permet de se donner un volet spécifique de compréhension du fonctionnement des individus dans les organisations : on peut en effet les comprendre non seulement à partir de leur personnalité, en fonction des différents groupes auxquels ils appartiennent ou se réfèrent, mais aussi en fonction de leurs références sociétales.

Résumé

- La définition des groupes prend en compte en priorité le sentiment d'appartenance qui relie les membres les uns aux autres, avec ou sans perspective d'action commune.
- Les variables pertinentes pour différencier les groupes entre eux concernent le plus souvent leur taille, leur durée de vie et leur mode de fonctionnement.
- La distinction entre groupe primaire et groupe secondaire met l'accent sur la concentration plus ou moins forte des liens entre les membres.
- Appartenir à un groupe est un gage d'ancrage dans la réalité. Se référer à un groupe concerne une dimension identitaire, symbolique et normative. L'individu gère sa vie durant les recouvrements partiels ou totaux de ces deux types d'allégeances. Il peut aussi ressentir les malaises consécutifs à leurs non-recouvrements ou à leur antagonisme.

Conclusion

Ainsi, la compréhension fine des comportements humains dans les organisations va passer par des lectures plurielles et par l'exploration d'une même réalité sous différents angles. Les conduites de l'individu peuvent être éclairées, de façon systémique, à l'aide de références théoriques pertinentes et variées : la biologie, la psychologie et la sociologie, par exemple, sont mises fréquemment à contribution pour décrire et interpréter les comportements humains.

C'est la rationalité des acteurs qui donne sens à la réalité complexe des interactions sociales et professionnelles. Bien qu'imaginée optimale par la plupart d'entre eux, cette rationalité se présente dans les faits comme limitée, à la fois par des facteurs individuels spécifiques et par des facteurs contextuels.

La personnalité et l'identité des individus imprègnent leurs faisceaux d'attitudes. Elles contribuent à rendre prévisibles leurs comportements. Une bonne cohérence entre attitudes et comportements favorise la crédibilité personnelle des managers. L'exploration du lien social et du processus de socialisation éclaire avec force la compréhension globale des comportements individuels, insérés dans des groupes multiples.

Un phénomène social notable dans la construction de la personnalité réside dans l'appartenance des individus à divers groupes. Ainsi, les différents éléments que nous avons passés en revue se positionnent différemment en fonction de l'échelle des groupes auxquels appartient ou se réfère l'individu : la famille, les groupes d'amis, la classe sociale, les collègues de la même entreprise, les membres d'une équipe sportive ou de travail, etc. L'identité, les attitudes se constituent à travers l'appartenance à ces différents groupes.

Chapitre 2

L'organisation

Objectifs du chapitre

À l'issue de ce chapitre, vous devriez être capable de :

- **donner une définition de la notion d'organisation ;**
- **identifier les spécificités que le contexte de l'organisation entraîne pour le comportement humain ;**
- **comprendre le fonctionnement d'une organisation comme un système et en décrire les divers éléments ;**
- **citer divers types d'organisation ;**
- **décrire les grandes approches théoriques qui en ont été proposées à ce jour.**

Nous allons étudier comment le comportement humain est affecté par le contexte d'une organisation. Ce qui a été présenté dans le chapitre précédent nous servira, mais le contexte d'une organisation amène à prendre en compte également de nouveaux aspects. Après avoir défini ce que nous entendons par organisation, nous expliciterons en quoi le contexte de l'organisation pose des problèmes spécifiques, qui ne se rencontrent pas dans d'autres groupes. Puis nous regarderons comment fonctionne une organisation, en la considérant comme un système formé par l'interaction de divers éléments.

L'approche de l'organisation utilisée ici n'est pas la seule possible ; afin de compléter cette étude, nous passerons en revue les grandes approches théoriques de l'organisation déjà proposées par le passé, qui peuvent être plus ou moins convergentes avec la nôtre. Enfin, nous étudierons trois typologies connues d'organisations, produites à différents moments du XXe siècle et mettant en évidence l'évolution des organisations tout au long de cette période.

Dans ce chapitre, nous aborderons donc successivement :

- les difficultés spécifiques qui se posent dans l'organisation en matière de relations humaines ;
- un modèle permettant de comprendre le fonctionnement de l'organisation du point de vue humain ;
- quelques grandes approches théoriques de l'organisation ;
- trois typologies d'organisation.

Concepts clés

Une organisation est un groupe d'êtres humains ; à ce titre, on y retrouve des mécanismes de comportement décrits au chapitre précédent. Mais l'organisation comporte une particularité qui la distingue d'autres groupes comme une famille, un village ou un cercle d'amis : elle est créée pour mener à bien des actions, en vue d'atteindre un ou plusieurs buts, auxquels les membres de l'organisation sont supposés concourir. Certes, les membres d'une famille, d'un village ou d'un cercle d'amis peuvent de temps en temps mener des actions en commun ; ces groupes fonctionnent alors temporairement comme des organisations, mais les actions qu'ils mènent ne constituent pas leur raison d'être permanente. Il n'est pas nécessaire qu'il y ait action en commun orientée vers un but pour qu'une famille, un village ou un cercle d'amis existent. Dans l'organisation, au contraire, l'action en commun et les buts visés sont les conditions mêmes de l'existence du groupe.

DÉFINITION

Une organisation est un groupe humain structuré par une ou des actions communes.

Cette définition appelle quelques précisions.

Les membres sont supposés concourir aux buts de l'organisation, mais leur contribution peut être difficile à évaluer : il arrive que certains membres agissent à l'encontre des buts officiels et explicites de l'organisation. Ce n'est donc pas la contribution effective et sans faille de tous qui est requise pour qu'il existe une organisation, mais le fait que les membres admettent tous qu'ils sont censés apporter leur contribution.

L'existence d'une organisation n'est pas liée au nombre de ses membres. Il existe des organisations comprenant deux personnes, d'autres plusieurs centaines de milliers. Évidemment, en fonction du nombre, certains comportements peuvent différer.

L'action menée par l'organisation peut être matérielle (production industrielle) ou immatérielle (promotion d'une cause).

Les buts affichés peuvent être lucratifs (société commerciale) ou non (association à but non lucratif, administration publique). L'entreprise est une forme très répandue d'organisation, mais elle n'est pas la seule.

Une organisation n'a pas nécessairement besoin de posséder un nom et des statuts juridiques. Ainsi, de nombreux bénévoles participent au Téléthon ; ils contribuent bien à une organisation, caractérisée par une action commune, mais ils ne sont pas membres d'une même entité officiellement déclarée.

La délimitation de l'organisation (qui en fait partie ?) n'est pas toujours évidente et elle n'est pas nécessairement confondue avec un périmètre juridique. Même quand celui-ci est clair, outre les salariés, peuvent être membres des bénévoles ou du personnel détaché par des entreprises sous-traitantes. À partir de quand sont-ils considérés comme membres de l'organisation ? Cela est en partie affaire d'estimation et de point de vue envisagé. Ainsi, quand il s'agit de suivre la sécurité du personnel et de comptabiliser le nombre d'accidents du travail, de nombreux sites industriels ou grands chantiers incluent dans leurs effectifs le personnel des sous-traitants travaillant sur place.

1. Les difficultés de l'organisation en matière de relations humaines

En matière de relations humaines, les difficultés spécifiques à l'organisation tiennent à sa double nature : elle est orientée vers l'action, l'atteinte de résultats pratiques, et elle est en même temps, comme tout groupe humain, un lieu de création de lien social. Ces deux aspects sont présents en permanence et intimement mêlés.

Cela entraîne deux types de conséquences, que nous allons envisager tour à tour dans deux sections :

— le renforcement fréquent de l'empreinte du groupe social sur les individus ;

— l'apparition de spécificités liées à l'action collective.

1.1 Le renforcement fréquent de l'empreinte du groupe social

Certains groupes suscitent chez leurs membres une forte implication. C'est fréquemment le cas avec les organisations, dont certaines disposent même d'atouts spécifiques à cet effet, au moins pour certains de leurs membres. En particulier, les collaborateurs de bon nombre d'organisations y passent la majeure partie de leur temps, et en retirent l'essentiel de leurs revenus. Heureux ou malheureux, un tel investissement concret laisse rarement indifférents les intéressés.

Pour se sentir exister, les individus éprouvent le besoin du regard réel ou imaginaire des autres. Tout ensemble social peut jouer un rôle de ce point de vue (voir chapitre 1, section 2.2.2), mais l'organisation, parce qu'elle ouvre l'accès à l'action avec d'autres, est particulièrement efficace à cet égard. Ainsi, dans le monde contemporain, le travail est un puissant moyen de construction de leur identité par les individus (voir notamment Sainsaulieu, 1977, sur l'identité au travail). L'organisation est pourvoyeuse de statut social. Elle attribue des places sur une échelle de responsabilité et de hiérarchie, et, bien souvent, sur une échelle de prestige. Elle permet aux individus d'agir avec une puissance bien supérieure à celle à laquelle ils pourraient prétendre en agissant seuls. Quand, de surcroît, l'organisation est connue, ses collaborateurs peuvent se sentir investis du prestige de leur organisation. Une variante de ce phénomène se rencontre quand l'identité des individus se bâtit à partir de l'appartenance à un groupe plus restreint à l'intérieur de l'organisation : une équipe, une catégorie de collaborateurs (par exemple, les agents de maîtrise), dont les membres partagent à la fois des compétences, des intérêts et des valeurs.

Dans tous les cas, le phénomène est le même : l'individu puise dans son appartenance à l'organisation, ou à un sous-ensemble de celle-ci, des raisons de se rassurer sur sa propre valeur en tant qu'être humain et en tant que professionnel. Ce phénomène peut expliquer les difficultés que rencontrent certains au moment où ils arrivent à la retraite : privés désormais de la relation à leur organisation et de l'identité qu'elle leur procurait, ils ont le sentiment de « n'être plus personne ». D'autres mécanismes peuvent aussi stimuler le besoin d'appartenance : recherche d'une autorité protectrice, d'une mère nourricière. En contrepartie, si les collaborateurs s'impliquent, leur personnalité est en partie façonnée par les normes et les valeurs que l'organisation leur impose.

Il en résulte que certaines organisations laissent une puissante empreinte sur les individus. Quelques-unes deviennent même de véritables institutions, qui se maintiennent dans le temps, se renouvellent en inculquant un style et des valeurs directrices stables à des générations successives de collaborateurs. Certes, ces organisations ne sont en définitive que ce qu'en font leurs membres, mais la force des sentiments mis en jeu leur donne une existence qui paraît dépasser les individus. Certains observateurs ont même défendu la thèse que, depuis les années 80, l'entreprise était devenue une institution, façonnant les esprits autant que les églises, l'armée ou la famille avaient pu le faire auparavant (Sainsaulieu *et al.*, 1990). Bien entendu, cette empreinte de l'organisation sur les individus est variable. D'autre part, les individus ne retirent pas toujours des organisations auxquelles ils se consacrent l'identité ou la protection qu'ils recherchent. Tous les cas de figure se rencontrent ; les insatisfactions plus ou moins grandes qui en résultent font souvent des organisations des univers traversés de tensions liées à la dynamique du groupe social qu'elles forment.

1.2 Les spécificités liées à l'action collective

La dimension de l'action collective introduit une complexité supplémentaire par rapport à celle qui a trait à la nature d'ensemble social de l'organisation. En effet, l'action collective nécessite que les membres de l'organisation, d'une manière ou d'une autre, fassent des choix qui, souvent, ne vont pas de soi. D'où des difficultés, des tensions et des malaises. On peut citer en particulier les choix relatifs aux sujets suivants.

1.2.1 Le partage du travail

Il existe beaucoup de façons de partager le travail, surtout quand l'organisation compte de nombreux membres. Ce partage, ou division du travail, est une des raisons d'être de l'organisation (voir encadré 2.1), mais sa mise en œuvre est délicate, sujette à de fréquentes modifications au sein de la plupart des organisations. Doit-on spécialiser étroitement les postes de travail ou, au contraire, maintenir une polyvalence des collaborateurs ? Doit-on distinguer des postes de travail uniquement chargés de l'exécution et d'autres uniquement chargés de la conception ? Doit-on mettre en place des échelons hiérarchiques, et combien ? Doit-on diviser les grands sous-groupes de l'organisation en fonction de la nature de leur mission (vente, production, etc.), du territoire géographique, des marchés éventuels auxquels l'organisation s'adresse ? Doit-on donner à ces divisions ou départements (*business units*) des responsabilités globales, c'est-à-dire regroupant toutes les fonctions de l'organisation ? Comment assurer la coordination et la communication entre les divers membres de l'organisation ?

Une première approche consiste à se demander ce qui est le plus efficace, sans se soucier des préférences des individus ; ce fut le cas notamment du taylorisme (voir section 3.1). Une autre est de se demander ce qui est le plus motivant pour les individus. Ces deux critères sont évidemment importants ; le problème, c'est qu'ils ne sont pas nécessairement convergents. Qui plus est, ni l'un ni l'autre ne permettent de dégager des solutions exemptes d'inconvénients, du fait de la complexité des problèmes et de la variété des individus.

En outre, la division du travail pose des problèmes sur le plan des relations humaines. Tout d'abord, des individus ou des sous-groupes de l'organisation peuvent être chargés de missions antagonistes (par exemple, développer l'activité pour les uns, limiter les risques financiers pour les autres). Ensuite, la division du travail peut être un facteur d'incompréhension entre individus, chacun détenant des informations et des compétences différentes. Enfin, elle peut conduire à la création de clans au sein de l'organisation (les vendeurs, les comptables, la maintenance, etc.), c'est-à-dire de sous-groupes entretenant leurs propres normes de conduite, leur propre identité, en opposition ou en repli par rapport au reste de l'organisation. Il n'empêche qu'il faut bien partager le travail... Il faut donc vivre avec les inconvénients et essayer de les limiter.

1.2.2 Le partage des décisions et du pouvoir

Il en va de même pour le partage des décisions ; il est inévitable, et nécessairement imparfait. Dans l'action commune, de multiples décisions doivent être prises, depuis les plus basiques (par exemple, avec quels mots accueillir un client qui se présente au comptoir ?) jusqu'aux plus stratégiques (quelle production développer ou abandonner ?). Les réponses sont variées ; pour ne citer que les extrêmes, il est des organisations où tous les employés travaillant au comptoir d'accueil doivent prononcer les mots qui ont été décidés par un comité d'experts et où une seule personne décide des productions qui vont être développées ou abandonnées. À l'inverse, il en existe d'autres où les employés du comptoir disent ce qu'ils jugent adapté — ils ont même conçu la disposition du comptoir — et la décision d'abandonner une production se fait en assemblée générale des employés. Il existe de nombreuses autres formes de partage des décisions plus nuancées. De plus, comme nous le verrons plus loin (chapitre 7), le pouvoir de décision n'est pas seulement formel ; une chose est de disposer d'un pouvoir théorique de décision, conféré par un règlement ou un titre, autre chose est de le mettre en œuvre concrètement.

On se doute que la question peut facilement poser des problèmes. Comme pour le partage du travail, il est possible de rechercher la formule la plus efficace, rapide, adaptée aux compétences de ceux qui décident ; il est également possible de s'interroger sur la formule qui permettra la meilleure adhésion des membres de l'organisation. Là encore, la solution idéale n'existe pas. Les insatisfactions et les conflits autour du partage des décisions sont d'autant plus sensibles qu'ils sont liés à une autre question cruciale : le partage des avantages et des inconvénients du travail en commun.

1.2.3 Le partage des avantages et des inconvénients du travail commun

Le plus souvent, l'organisation retire des avantages de son action, financiers (les profits et les plus-values d'une entreprise) ou symboliques (renommée, popularité, etc.). En même temps, contribuer à une organisation peut présenter des risques en cas de difficultés : des pertes financières pour un actionnaire d'entreprise privée, une perte de l'emploi et de la source de revenus principale pour un salarié, etc. Comment répartir les fruits et les risques du travail commun ? La question est complexe. Chacun contribue à sa façon au travail commun (finances, travail, influence), et pas toujours avec la même intensité, sans que cela soit facilement mesurable. Les rétributions sont, elles aussi, composites : revenus financiers, plus-values, satisfactions symboliques, accumulation de compétence, employabilité, protection vis-à-vis des risques. Comment équilibrer ces contributions et ces rétributions disparates et parfois mal connues à l'avance ? De nombreuses théories politiques (cf., au XXe siècle, le débat entre marxisme et capitalisme) se sont attelées au problème sans que la question soit aujourd'hui tranchée. En Occident, les rapports de force ont façonné le modèle capitaliste actuel pour ce qui concerne les entreprises privées, bien qu'on constate, au XXe siècle, une tendance à la limitation des risques encourus par les salariés. Toutefois, dans les faits, chaque organisation est traversée par ce débat et ces rapports de force, en ce qui concerne l'aspect matériel autant que l'aspect symbolique.

1.2.4 Le partage des responsabilités

Quand il y a action en relation avec des tiers, il y a le plus souvent responsabilité de l'organisation vis-à-vis de ces tiers, ou de certains d'entre eux au moins, en particulier les actionnaires. Il y a également responsabilité de l'organisation vis-à-vis de ses collaborateurs (hygiène et sécurité dans le travail, respect des engagements pris). Se pose alors la question du partage des responsabilités parmi les membres de l'organisation. On pourrait penser que la réponse à cette question est liée aux précédentes, c'est-à-dire au partage du travail, des décisions et des fruits du travail commun. Ce n'est vrai qu'en partie. D'une part ces partages sont souvent trop complexes pour qu'une solution évidente se dégage, d'autre part de nombreux acteurs sont tentés de découpler à leur avantage pouvoir de décision et responsabilité ou encore part dans les fruits du travail et responsabilité.

Bon nombre d'organisations ont fortement limité la responsabilité de la plupart de leurs collaborateurs. Cela signifie que ces derniers encourent peu de risques en cas de travail insuffisant, sauf faute grave ; leurs performances jouent peu sur leur rémunération, leur carrière. Ces organisations limitent le report de leur responsabilité sur leurs collaborateurs aux strates supérieures de la hiérarchie. Ce report ne se fait pas à l'identique mais sous forme d'un système de sanction-récompense ; par exemple, si l'organisation a perdu de l'argent, ces collaborateurs ne seront pas tenus de le rembourser, mais ils ne toucheront pas de prime ou seront licenciés. Seuls un ou quelques individus au sommet endossent directement les responsabilités de l'organisation ; cela est en général régi par la loi, tant sur le plan pénal que financier. On retrouve le plus souvent ces trois catégories dans les organisations : responsabilité très limitée, responsabilité transférée sous forme de sanction-récompense, et responsabilité directement assumée. Le dosage entre ces catégories, le degré d'impact du système de sanction-récompense et ses formes varient suivant les organisations, et font l'objet de débats et parfois de conflits.

Une autre question est de savoir si cette responsabilisation est appliquée individuellement ou collectivement. La responsabilisation individuelle permet le plus souvent une forte mobilisation des individus ; elle est la plus claire et la plus facile à mettre en œuvre. Elle possède cependant l'inconvénient de donner aux individus la tentation de privilégier leurs intérêts propres et les missions sur lesquelles ils sont responsabilisés, au détriment de la coopération avec les autres collaborateurs et de l'intérêt plus général de l'organisation. La responsabilisation collective, pour l'ensemble des membres ou pour des sous-groupes, permet d'échapper à cet inconvénient, mais présente le risque inverse, celui de favoriser une implication très inégale des membres.

1.2.5 Le partage du contrôle

L'action collective implique des contrôles. Contrôle des résultats souhaités, des méthodes employées, du respect des règles communes. Le partage du contrôle, et les questions qu'il pose, constitue une facette de la division du travail évoquée précédemment, mais il comporte une forte implication dans le partage du pouvoir.

D'une part, ces contrôles peuvent être plus ou moins nombreux et stricts. D'autre part, se pose la question de leur répartition, tant vis-à-vis de ceux qui sont contrôlés que de ceux qui contrôlent. En particulier, jusqu'où doivent aller l'autocontrôle, celui que chaque collaborateur exerce sur son travail, et la confiance qui lui est accordée ? Jusqu'où, à l'inverse, doivent porter les contrôles effectués par d'autres ? Ici encore, la question fait l'objet de débats, d'interrogations et parfois de conflits dans les organisations.

Tous ces dilemmes, toutes ces tensions, tous ces problèmes sans solution simple ni définitive structurent à la fois les comportements des individus au sein de l'organisation et l'action de ses dirigeants. Ils constituent les difficultés spécifiques des organisations… et la raison d'être du métier de manager.

Résumé

- Des difficultés spécifiques naissent, en matière de relations humaines, du contexte de l'organisation.
- Ces difficultés tiennent au fait que l'organisation est souvent un lieu de fort investissement et d'enjeux importants, matériels et symboliques, pour les individus.
- Elles proviennent également de ce que l'action collective impose des choix délicats et des dilemmes qui sont facilement source de tensions.

2. Le système organisationnel et ses éléments

Comment les organisations affrontent-elles les difficultés que nous venons de passer en revue ? Les réponses sont très variables, comme en témoigne la grande diversité des organisations. Néanmoins, il existe une base de fonctionnement commune à toutes les organisations, car les mêmes défis fondamentaux sont posés à toute organisation. Nous caractériserons cette logique commune sous la forme d'un modèle.

— Tout d'abord, nous partirons de l'idée que, pour faire face aux défis et aux dilemmes que nous avons évoqués, l'organisation ne peut ressembler à une machine au fonctionnement bien huilé et prévisible ; c'est un lieu d'incohérence partielle et d'ambiguïtés. En même temps, elle doit nécessairement tendre à un minimum de cohérence et de clarté. Elle se situe donc entre ordre et désordre.

— Nous proposerons ensuite une modélisation de l'organisation comme un système formé de trois éléments en interaction, que nous nommerons sphères et que nous décrirons. Cette modélisation permettra de rendre compte de cet état intermédiaire entre ordre et désordre.

— Enfin, nous compléterons la description de ce modèle en envisageant les influences que ce système de trois sphères reçoit de son environnement.

Étude 2.1

Pourquoi existe-t-il des organisations ?

Certaines tâches nécessitent d'être faites à plusieurs. Un exemple classique est l'obélisque de la Concorde, à Paris, qui a été dressé en une journée par cinquante hommes, mais qui ne l'aurait pas été par un seul homme pendant cinquante jours.

Selon Adam Smith, économiste du XVIIIe siècle, la division du travail procure d'autres avantages que la simple addition de forces de travail. Il prenait l'exemple d'une manufacture d'épingles (1776, 1881 pour une traduction française) et constatait que la production par ouvrier était nettement supérieure quand les ouvriers se partageaient les différentes étapes du travail que si chaque ouvrier fabriquait de son côté des épingles du début à la fin.

Toutefois, rien n'empêcherait en théorie que la manufacture d'épingles embauche toutes les heures ou toutes les demi-journées les ouvriers dont elle a besoin et les congédie ensuite. Il n'y aurait alors que des organisations très éphémères, et un vaste et permanent marché de main-d'œuvre. Puisque nous sommes dans une société régie par les lois du marché, pourquoi ce dernier fait-il place si souvent à des formes de collaboration plus stables ?

On peut répondre que d'autres lois que celles du marché sont à l'œuvre ; les individus ont besoin de lien social, et les organisations, comme nous l'avons vu, n'ont pas qu'une simple fonction pratique ou économique. D'autre part, l'économiste Coase (1937, 1987 pour une traduction française) a montré que, d'un simple point de vue pratique, l'existence des organisations était logique. En effet, passer des transactions avec des personnes dont on a besoin présente un coût (temps, information, risque et, au final, argent). Il peut être intéressant, dans certains cas au moins, de passer un contrat de plus long terme, moins coûteux que des transactions répétées. C'est donc l'appréciation des coûts de transaction qui conduit un entrepreneur à recourir à la forme d'une organisation ou, au contraire, à de simples transactions sur un marché.

2.1 Entre ordre et désordre

Face à tous les défis et dilemmes qui se présentent à elles, soulignons pour commencer que les organisations ne réussissent jamais totalement. Sur le plan des relations humaines, aucune n'évite les tensions et les frustrations, même celles où les membres se sentent plutôt bien. L'organisation procure des satisfactions à ses membres, mais l'action en commun ne va jamais sans compromis ou concessions plus ou moins bien vécus : elle est un lieu de frustrations. L'organisation ne vit que parce que les individus ont la capacité de les supporter. Dans les cas heureux, elles sont compensées par les satisfactions et la dynamique du groupe ; dans les cas malheureux, il s'ensuit des souffrances et des maladies (voir, par exemple, Dejours, 1998, sa description de la souffrance dans le monde du travail).

L'organisation possède une caractéristique qui lui permet de faire face aux défis : elle est un lieu d'ambivalence et d'un minimum d'incohérence, que ce soit au niveau de chaque individu ou au niveau de l'ensemble des individus. Comment, en effet, se sort-on d'un dilemme quand on dirige une organisation ? Au mieux, en se fixant un cap, une position à tenir sur le curseur (par exemple, entre responsabilisation collective et responsabilisation des individus). Comme cette position comporte des inconvénients et n'est pas adaptée à toutes les situations, on admet des variations, des entorses plus ou moins importantes à la ligne de conduite, en procédant par essais pragmatiques. La rationalité limitée que déploient ordinairement les membres d'une organisation (voir chapitre 1, section 1.3) les conduit à se contenter de ce qui « marche », sans toujours savoir pourquoi ni se soucier de la cohérence de tout ce qu'ils font. L'ambivalence du psychisme humain facilite en outre le vécu de ces situations. Par exemple, un individu peut être à la fois demandeur de protection, de fusion dans un groupe, et demandeur de différenciation, d'affirmation de lui-même. Il peut ainsi s'adapter aux éventuelles ambiguïtés de son organisation sur ce plan : celle-ci peut être très responsabilisante sur certains points et nettement moins sur d'autres. Le même individu pourra donc passer, dans la même organisation, de situations où il fait appel à sa maturité d'adulte autonome à d'autres où il peut se laisser aller à la facilité, se reposer sur les autres et fuir ses responsabilités. Pas plus qu'ils ne sont totalement rationnels, les individus sont rarement totalement clairs et exempts de contradictions dans tout ce qu'ils font. Le plus souvent, ils ne s'en rendent d'ailleurs pas compte, faute de prendre le temps d'y réfléchir ou parce que leurs défenses inconscientes sont à l'œuvre. Paradoxalement, cela aide les organisations à fonctionner au jour le jour puisque les individus sont de ce fait capables de tolérer, voire d'apprécier, l'ambivalence et l'incohérence partielles dans lesquelles ces organisations les font vivre.

Pourtant, si l'organisation n'était que désordre, incohérence et ambiguïté, elle ne pourrait pas survivre. Pour reprendre l'expression d'Atlan (1979), elle se situe, comme le vivant, entre le cristal et la fumée ; le cristal, c'est l'ordre, mais aussi la rigidité ; la fumée, c'est le désordre, mais aussi le flou, l'inconsistance. Aucun de ces deux états ne permet la vie. Pour se développer, les molécules du vivant ont besoin d'une structure intermédiaire qui ne soit ni l'ordre parfait ni le chaos complet.

Dans son acception la plus courante, le travail du manager consiste précisément à apporter et renforcer cette part d'ordre et de cohérence, c'est évident. Mais ce serait une illusion de croire que, s'il y a du désordre, de l'incohérence et de l'ambiguïté, il s'agit d'une anomalie. Ce qui précède suggère que ces phénomènes ne sont ni évitables ni systématiquement négatifs. Le manager peut espérer réduire l'ampleur de ces phénomènes, mais il doit savoir qu'il mène un combat sans fin.

2.2 Trois sphères en interaction

Nous décrirons ici l'organisation comme un système, c'est-à-dire comme un ensemble d'éléments en interaction. Plus précisément, nous distinguerons trois éléments, que nous nommerons sphères : les dispositifs organisationnels, la culture et les jeux individuels. L'existence de ces sphères découle de la nature de l'organisation, des problèmes spécifiques et des défis qui se posent à elle, tels qu'ils ont été exposés précédemment. Le jeu entre les sphères permet l'état intermédiaire entre ordre et désordre, cohésion et dispersion, qui caractérise l'organisation.

D'une part, les organisations ont besoin d'assurer la cohérence pratique des actions de chacun de leurs membres ; d'autre part, comme tout groupe, elles ont également besoin de préserver leur cohésion sociale. On trouve donc deux sphères dont une fonction essentielle est d'apporter en partie cet ordre, cette cohérence d'ensemble.

2.2.1 Les dispositifs organisationnels

Un ensemble de dispositifs, que nous nommerons dispositifs organisationnels, est conçu pour assurer la cohérence des actions de chacun en vue de l'atteinte des buts de l'organisation. On trouve dans cet ensemble :

- des règles concrètes, définissant la façon dont sont partagés le travail (organigrammes, fiches de poste, procédures, plannings), les décisions, le mode de répartition des fruits du travail commun, les responsabilités et les contrôles, précisant les modes opératoires ;
- des outils de management de la performance : objectifs, système de sanction-récompense ;
- des outils de GRH (Gestion des ressources humaines) : méthodes de recrutement et de gestion des effectifs et des compétences, règles d'évolution des carrières, système de rémunération ;
- des installations (machines et outils de production, locaux et utilisation de l'espace) ;
- des systèmes d'information.

Tous ces dispositifs forment le gros des outils de management. Toutefois, ces dispositifs ne suffiraient pas à garantir la convergence des actions de chacun. La sphère suivante est également nécessaire.

2.2.2 La culture

Il existe ensuite une culture de l'organisation, c'est-à-dire un ensemble de valeurs, de représentations et de mécanismes psychiques partagés par les membres ou, du moins, compatibles avec chacun d'eux. Cet ensemble sert de ciment au groupe ; il est ce qui le fait tenir en tant que groupe et lui procure une base de mode de vie en commun. Sur le plan concret, il permet que ses membres se mettent assez vite d'accord sur les points essentiels de leur travail et agissent de façon relativement cohérente, au moins dans certaines situations, sans qu'il y ait besoin de les contrôler et de leur donner des instructions à tous les instants.

Le concept de culture a été développé en anthropologie pour rendre compte du mode de vie, des valeurs et des croyances de tribus ou d'ethnies. Son importation dans le champ de la théorie des organisations est relativement récente ; elle a donné lieu à des définitions nombreuses mais relativement convergentes (voir notamment Schein, 1985 ; Thévenet, 1993).

Les valeurs et les représentations s'appliquent principalement à quatre domaines :

- la raison d'être de l'organisation et son utilité, son histoire, ses grandes options stratégiques ;

- le type de relation considérée comme normale entre l'organisation et ses membres, la légitimité des sources d'autorité qui s'imposent aux membres, les modes de partage des décisions, des fruits du travail, des responsabilités et du contrôle ;
- le travail : ce qu'est un bon travail, comment il doit être divisé, organisé et conduit, les qualités d'un bon professionnel et l'échelle de prestige entre les divers métiers pratiqués dans l'organisation, l'éthique professionnelle reconnue comme légitime ;
- la vie du groupe social, sa communication interne, ce qui est équitable ou non, approprié ou non dans les relations entre individus ou entre strates hiérarchiques, les qualités qui rendent une personne estimable et le degré acceptable d'écart par rapport aux normes communes.

Ces valeurs et ces représentations s'expriment également au travers de multiples codes (spécificités de langage, façons de s'adresser la parole, de se vêtir, de décorer un lieu de travail), de rites sociaux (par exemple, des fêtes, des cérémonies), de savoir-vivre (par exemple, ce qu'il est correct de se dire, la façon de traiter les désaccords).

Les mécanismes psychiques communément mis en œuvre chez les individus dans leur participation à l'organisation font écho à la fonction psychique du groupe (voir chapitre 1, section 4.3.1). Ce dernier peut bénéficier de l'adhésion de ses membres parce qu'il leur procure une identité ou un sentiment de protection ou encore parce qu'ils y trouvent un ordre, un garde-fou contre leurs propres pulsions. Mais une organisation peut aussi susciter un travail de maturation psychique chez ses membres, *via* la confrontation au réel et à leurs propres vulnérabilités. Ces mécanismes, quand ils sont très répandus parmi les membres de l'organisation, expliquent en partie la prédominance de certaines valeurs et représentations.

La nature de l'influence qu'exerce la culture de l'organisation sur les individus, son caractère bénéfique ou nuisible, font l'objet de débats (voir encadré 2.2).

Ces deux sphères, dispositifs organisationnels et culture, sont en interaction. Les valeurs, les représentations et les mécanismes psychiques communs rendent acceptables ou non telle manière de travailler et de décider, telle façon de répartir les responsabilités ou les fruits du travail commun. À l'inverse, la façon de partager le travail, les décisions, et l'ensemble des dispositifs organisationnels contribuent à la longue à façonner la culture de l'organisation.

Il est à noter également que ces deux sphères sont le résultat de l'action quotidienne des membres de l'organisation, mais que ce résultat n'est pas toujours bien maîtrisé par eux. Cela vaut pour tous les membres et, en particulier, pour les dirigeants de l'organisation. Ces derniers ont un pouvoir marqué sur les dispositifs organisationnels mais leur influence sur la culture est à la fois plus indirecte et moins immédiate. Certes, bon nombre d'organisations sont en partie le reflet de leurs dirigeants, mais le phénomène n'est pas nécessairement volontaire ni même satisfaisant pour ces derniers. Voir, par exemple, le cas d'application à la fin du chapitre 6.

Par ailleurs, ces deux sphères ne remplissent jamais complètement leur rôle. En effet, d'une part le travail de façonnement des comportements par l'organisation a ses limites, que ce soit à travers la culture ou les dispositifs organisationnels : les individus sont en effet pris dans une tension entre le dévouement à l'organisation et la poursuite de leurs seuls intérêts personnels.

Étude 2.2

Culture ou emprise ?

Le pouvoir de conditionnement de la culture d'une organisation n'a pas été sans susciter des débats quant à son bien-fondé. À partir du moment où le partage des fruits du travail commun est jugé inéquitable, tout élément de la culture visant à perpétuer l'organisation telle qu'elle est peut en effet être suspecté de favoriser, volontairement ou non, cet état de choses. Le concept d'idéologie, largement développé notamment par Marx et Foucault, a été appliqué aux organisations (courant de la *critical theory* anglo-saxonne, notamment Alvesson, 1987 ; Alvesson et Willmott, 1992). Une idéologie est un ensemble de valeurs et de représentations assurant la reproduction d'un état des rapports sociaux et qui est intériorisé par tous comme allant de soi, même par ceux qui sont défavorisés par la configuration de ces rapports sociaux. De ce point de vue, l'effort de dirigeants pour influer sur la culture de leur organisation peut être interprété comme une tentative de renforcer l'emprise idéologique sur ses membres en vue d'accroître leur implication.

Le concept de discours, inspiré de Foucault, a été utilisé pour dépeindre dans les organisations les représentations à caractère fortement idéologique, le plus souvent incluses dans la voix officielle de la direction de l'organisation (voir notamment Keenoy *et al.*, 1997)

Le concept d'aliénation, proposé par Marx, a été appliqué à l'étude d'organisations avec un accent mis sur les mécanismes psychiques inconscients. On trouve de tels travaux en particulier chez les psychosociologues français (notamment Pagès *et al.*, 1979 ; Enriquez, 1989 ; Aubert et Gaulejac, 1991). Ils dépeignent l'emprise de plus en plus fréquente de l'organisation sur les individus, qui deviennent psychiquement dépendants de leur appartenance à ces organisations. C'est dans les organisations exigeant une forte implication de leurs membres que ces phénomènes sont mis en évidence.

D'autre part, le contenu de ces deux sphères n'est pas parfait, il peut comporter des contradictions internes, plaçant les membres de l'organisation en porte-à-faux.

2.2.3 Les jeux individuels

Il existe une troisième sphère, la sphère des jeux individuels. Les individus n'adhèrent souvent que partiellement aux buts de l'organisation ou, autrement dit, les buts de chacun ne convergent que partiellement. Ils ne souscrivent pas tous à toutes les valeurs et croyances en vigueur dans l'organisation. Ils respectent rarement toutes les règles édictées au sein de cette dernière. Plus encore, il existe toujours des membres de l'organisation qui ne se satisfont pas de la façon dont sont partagés le travail, les décisions, les fruits du travail commun, les responsabilités, les contrôles ; il y a donc toujours autour des règles qui régissent ces partages des luttes plus ou moins ouvertes pour les modifier formellement ou dans les faits. On ne peut donc comprendre une organisation en regardant seulement sa culture et ses dispositifs organisationnels. Il faut également comprendre comment ceux-ci sont façonnés par les jeux, conscients ou non, des individus ou des sous-groupes en vue de mieux faire valoir leurs propres valeurs et intérêts. Ces derniers peuvent être liés à la préservation de l'emploi et du revenu, au gain d'argent supplémentaire (primes, promotion), au confort et aux conditions de travail, au statut social et aux distinctions symboliques, voire à la réduction du temps consacré à l'organisation pour pouvoir le passer à autre chose. Les sous-groupes défendant leurs intérêts catégoriels avant ceux de l'organisation sont une variante de ces jeux.

Jeux individuels et jeux de pouvoir

Ces jeux peuvent être assimilés à des jeux de pouvoir, dans la mesure où les individus ou les sous-groupes sont à la fois en concurrence et dépendants les uns des autres pour obtenir les ressources convoitées et où ils n'y parviennent que par leur capacité à modeler le comportement des autres. Ainsi que l'expriment Michel Crozier et Erhard Friedberg (1977), deux des principaux théoriciens de ces phénomènes : « Le jeu pour nous est bien plus qu'une image. C'est un mécanisme réel, grâce auquel les hommes organisent et structurent leurs relations de pouvoir, leur imposent des règles, tout en laissant, en même temps, à ces relations — ainsi qu'aux hommes — une grande liberté. » Crozier et Friedberg décrivent les diverses ressources que les acteurs peuvent mobiliser, indépendamment des prérogatives classiques de la hiérarchie, et utiliser pour maximiser leur pouvoir : l'expertise quand elle est difficilement remplaçable, le contrôle de relations importantes avec l'environnement, la détention d'informations, la capacité d'appliquer (ou non) les règles de l'organisation. Ces éléments ne sont pas des ressources en eux-mêmes mais parce qu'ils permettent de contrôler des incertitudes préoccupantes pour d'autres acteurs. Par exemple, une expertise pointue permet de limiter les risques de panne d'une machine dont l'arrêt coûterait très cher ; celui qui la détient, même s'il est ouvrier en bas de l'échelle hiérarchique, détient alors plus de pouvoir réel que son chef, dans la mesure surtout où il peut ne pas mobiliser cette expertise, où il ne la mobilisera qu'en fonction de sa bonne volonté, qui reste en partie imprévisible pour ceux qui ont besoin de lui (voir chapitre 7, section 3.1). À titre d'illustration, l'encadré 2.3 offre quelques exemples de jeux individuels classiques.

Il convient de souligner que les jeux individuels ne sont pas toujours négatifs ni nuisibles pour l'organisation. Ils sont parfois une aide dans le fonctionnement quotidien. Un exemple classique est celui des arrangements entre l'encadrement de proximité (agents de maîtrise) et les employés. Il s'établit fréquemment entre eux une sorte de donnant-donnant : l'encadrement est accommodant sur certains points, voire admet de petites entorses aux règles prescrites, en échange de la bonne volonté des employés pour faire face aux aléas de la production ; par exemple, des employés accepteront de rester plus tard un soir, pour compenser la panne d'une machine dans la journée, mais, un autre jour, leur chef fermera les yeux en cas de telle ou telle insuffisance dans leur travail ou s'ils allongent leur temps de pause.

Les jeux individuels dans leur rapport avec les deux autres sphères

La culture et les dispositifs organisationnels rendent admissibles et possibles, ou au contraire empêchent, dans une organisation donnée, certains jeux individuels.

Étude 2.3

Quelques exemples de jeux individuels dans l'organisation

Mintzberg (1986) donne une liste de comportements typiques de ce qui est désigné ici par jeux individuels. Ils sont effectivement assez fréquents dans les organisations.

L'un des jeux les plus courants est le jeu de l'insoumission ; il conduit les subordonnés à ne pas obéir aux règles et aux ordres, ou à les arranger d'une manière satisfaisante pour eux. Ce jeu appelle chez les supérieurs des jeux pour contrer l'insoumission, c'est-à-dire des stratégies visant à dissuader les collaborateurs de désobéir. Les organisations sont parcourues par de multiples relations « du chat et de la souris », chaque protagoniste rivalisant d'astuce.

Une autre catégorie de jeux est liée à la recherche de maximisation de leurs pouvoirs par les acteurs. Il peut s'agir d'alliances entre membres de l'organisation : des membres, de niveaux hiérarchiques différents ou identiques, échangent des faveurs, de l'information et des services, pour obtenir des avantages qu'ils convoitent et renforcer leur position de pouvoir dans l'organisation. Les jeux autour des budgets sont également classiques. Chaque responsable d'un budget le négocie périodiquement avec ses supérieurs ; il existe de nombreuses ruses, proches de la manipulation et du marchandage, pour maximiser les moyens alloués.

Il existe enfin des jeux liés à la compétition entre individus ou sous-groupes en vue d'obtenir un poste ou des ressources particulières. Chaque protagoniste essaie alors de promouvoir ses propres chances, souvent en nuisant à ses compétiteurs. Les « luttes de palais », les querelles entre « baronnies » peuvent parfois devenir très acerbes.

En même temps, les jeux individuels sont le plus souvent causés par des discordances, soit à l'intérieur de la sphère culturelle ou de celle des dispositifs organisationnels, soit entre ces deux sphères.

Les discordances à l'intérieur de la sphère culturelle ne sont pas rares. La source la plus fréquente en est la disparité des catégories d'individus. Suivant les niveaux hiérarchiques, les métiers exercés au sein de l'organisation, existeront des cultures de sous-groupes qui ne seront qu'en partie cohérentes entre elles. On trouvera généralement des points communs et des divergences. Mais une même organisation ou un même sous-groupe peut également vivre dans l'incohérence culturelle, par exemple entre les valeurs relatives au travail et les valeurs relatives à la vie sociale. Cela est certes inconfortable, mais de nombreuses organisations vivent dans ce genre d'inconfort.

Il en va de même à l'intérieur de la sphère des dispositifs organisationnels. Par exemple, les systèmes de sanctions-récompenses peuvent ne pas correspondre aux objectifs prescrits, les outils de production peuvent ne pas être adaptés aux moyens alloués pour les utiliser.

Quant aux discordances entre les deux sphères, elles adviennent assez facilement. Souvent, les dispositifs organisationnels changent plus vite que les éléments de la culture. Cela est spécialement vrai à notre époque de changements technologiques et économiques rapides. Nous revenons plus en détail sur ce point au chapitre 9.

On retrouve ce système de trois sphères en interaction dans toutes les organisations, même si, bien entendu, le contenu ou le poids de chacune peuvent varier grandement. Elles découlent directement des spécificités de l'organisation. La figure 2.1 résume cette logique.

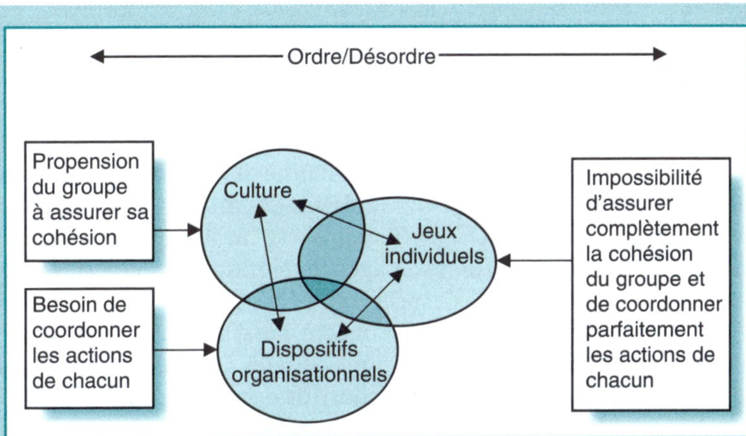

Figure 2.1. L'organisation comme système de trois sphères.

Ce modèle de l'organisation possède des liens de parenté avec d'autres proposés par le passé. On peut citer notamment ceux de Roethlisberger et Dickson (1939), Fombrun (1986), Piotet et Sainsaulieu (1994), Detrie *et al.* (1997). Leur point commun est de raisonner sous forme de système de domaines distincts mais en interaction, prenant en compte à la fois les aspects pratique et humain de l'organisation.

2.3 L'influence de l'environnement

Comment sont déterminés les contenus des trois sphères à l'œuvre dans toute organisation ? Il existe un débat sur le déterminisme dans les sciences sociales, qui a connu son apogée dans la seconde moitié du XXe siècle mais qui est loin d'être clos. En d'autres termes, les phénomènes sociaux sont-ils déterminés par des paramètres qui dépassent les acteurs concernés (facteurs macroéconomiques, par exemple), ou ces acteurs ont-ils une part de liberté, les phénomènes sociaux n'étant que la résultante de multiples choix individuels ? Les recherches sur les organisations ont, elles aussi, été traversées par ce débat. La position la plus fréquente aujourd'hui est celle d'un déterminisme limité. Les organisations sont en partie façonnées par leur environnement économique et social, mais ce déterminisme n'est pas total, les organisations réservent toujours une part d'inattendu et de variété, due à leurs propres membres.

2.3.1 Sur la sphère des dispositifs organisationnels

De nombreuses études ont été menées sur le sujet. Elles se sont attachées à repérer les divers facteurs de contingence et la nature de leur influence sur les organisations. La synthèse la plus connue de ces travaux a été réalisée par Mintzberg (1982). Les éléments de l'environnement qui sont généralement considérés comme les plus influents sont l'état du marché et le type de valeur produite pour les bénéficiaires, ainsi que l'état de la technologie. On peut y inclure également la taille de l'organisation. Il est évident que les dispositifs organisationnels ne sont pas les mêmes dans un cabinet d'avocat que chez un constructeur automobile, bien qu'il soit clair que l'informatique a révolutionné les modes opératoires, chez l'un comme chez l'autre.

Dans le premier cas, le producteur de base (l'avocat) est un travailleur hautement qualifié, à qui une large autonomie est laissée pour mener à bien son dossier. Dans le second, le producteur de base (l'opérateur) est moins qualifié, il doit s'insérer dans un processus de production très précis et codifié qui lui laisse des marges de manœuvre réduites. Toutefois, le déterminisme issu de ces éléments est limité. D'une part, ces facteurs jouent plus sur le partage du travail et son agencement que sur le partage des fruits de ce travail, qui reste hautement lié aux aspects culturels. D'autre part, les facteurs culturels jouent également dans la marge de liberté laissée aux organisations pour se mouvoir au milieu des contraintes économiques qui les affectent. Il en résulte que l'on trouvera toujours des différences dans les dispositifs organisationnels entre les cabinets d'avocats comme entre les constructeurs automobiles…

2.3.2 Sur la sphère de la culture

Une première source d'influence externe est la culture du pays, de la région ou de l'ethnie dans laquelle se trouve l'organisation. Des recherches menées essentiellement depuis vingt ans l'ont mise en évidence. La recherche de Hofstede (1980) fut la première d'envergure dans ce domaine ; elle est restée fameuse. Hofstede a fait remplir un questionnaire à 116 000 employés d'une multinationale américaine installée dans 72 pays. Il a pu dégager quatre domaines où les valeurs des collaborateurs différaient significativement en fonction de leur nationalité : l'individualisme, la relation à la hiérarchie, l'aversion à l'incertitude, et ce qu'il nomme le caractère masculin ou féminin des valeurs dominantes (ambition, challenge d'un côté, coopération, sécurité de l'autre). D'autres travaux ont suivi et confirmé l'existence de ces influences nationales, même s'ils ont varié dans leurs résultats précis (voir notamment, chapitre 7 section 3.2.2 ; D'Iribarne, 1989). Il résulte de ces travaux, par exemple, que l'on peut s'attendre, si l'on entre dans une entreprise française, à des rapports hiérarchiques plus formels que dans une entreprise néerlandaise, sans même connaître au préalable ces deux entreprises. Cela peut être vrai. Toutefois, ce raisonnement a ses limites, que la variété des comportements dans les entreprises françaises et néerlandaises met en évidence. On peut plus volontiers parler d'influence que de déterminisme. Le phénomène n'est pas circonscrit aux pays. En France, par exemple, des différences de comportement peuvent être constatées dans la même entreprise d'une région à l'autre, ou bien entre une grande ville et une zone rurale.

Une autre source d'influence sur la culture est le milieu professionnel de l'organisation. On peut par exemple observer des points culturels communs entre la plupart des cabinets d'avocats ou entre la plupart des constructeurs automobiles ; le registre de langage, les qualités qui font l'excellence d'un individu aux yeux des collaborateurs seront plus proches entre deux cabinets d'avocats de pays différents qu'entre un cabinet d'avocat et un constructeur automobile d'un même pays.

Des différences existent également entre générations d'un même pays ou d'un même métier. L'important est de reconnaître que la façon dont les gens ont été éduqués, les bases de la vie en société qu'ils ont apprises se retrouvent dans leur manière de travailler ensemble. L'évolution des organisations occidentales depuis les années 1980 est en partie à mettre en relation avec de grandes évolutions macrosociales contemporaines : perte d'influence d'institutions majeures comme l'État, l'armée ou les églises, délitage de la famille traditionnelle (voir chapitre 7, section 3.2.3). Il s'ensuit dans les organisations un affaiblissement du statut hiérarchique, une moins grande fidélité des jeunes employés, voire des organisations moins formelles.

D'où vient alors cette mesure de liberté, cette irréductibilité aux déterminismes ? D'une part, de la multiplicité de ces sources d'influence et de leurs contradictions éventuelles, laissant aux intéressés le loisir de faire des choix. D'autre part, elle provient de l'histoire de l'organisation, de sa taille et de son âge, des événements qu'elle a vécus et qui ont marqué ses membres. Enfin, elle peut venir des propres singularités des membres, et, en particulier, de celles du fondateur ou du leader quand il y en a un.

2.3.3 Sur la sphère des jeux individuels

Les jeux individuels que se permettent les acteurs sont ceux qui sont acceptables dans leur univers culturel. Les influences macrosociales sur cet univers, mentionnées précédemment, s'exercent donc également à ce niveau.

La propension plus ou moins grande des individus à adhérer à un groupe social, à s'y dévouer, leur capacité à transgresser les règles établies sont en grande partie façonnées par les divers milieux sociaux auxquels ils appartiennent et ont appartenu. On ne peut pas parler, ici non plus, de déterminisme strict de l'existence et de la forme des jeux individuels, mais au moins d'influences externes. Ces influences viennent compléter ou amender la dynamique interne de l'organisation.

À l'issue de ces considérations sur le déterminisme partiel au sein de l'organisation, la logique de fonctionnement de cette dernière peut être représentée par la figure 2.2 (voir en fin de ce chapitre).

Résumé

- L'organisation se forme en réponse aux difficultés intrinsèques et aux dilemmes qui se posent à elle.
- Ceux-ci la conduisent à se construire dans un compromis entre ordre et désordre.
- On peut représenter l'organisation comme un système de trois sphères en interaction : deux visent à assurer sa cohésion (les dispositifs organisationnels et la culture) et une troisième renforce l'imperfection de cette cohésion (les jeux individuels).

- Ces trois sphères subissent une influence de l'environnement économique et social de l'organisation. Cette influence n'est pas un déterminisme absolu ; les individus au sein de l'organisation conservent une marge de liberté pour façonner son fonctionnement.

3. Quelques grandes approches théoriques de l'organisation

La façon dont l'organisation est présentée dans ce livre, sous forme d'un système de trois sphères, est différente de la façon dont d'autres l'ont présentée ou la présenteraient aujourd'hui. Sans entrer dans les détails, nous mentionnerons plus bas quelques grandes approches théoriques de l'organisation. Cet aperçu montrera comment la pensée sur l'organisation a évolué, et il donnera au novice des pistes pour enrichir son regard sur les organisations.

Nous présenterons successivement :

— les approches centrées sur la sphère des dispositifs organisationnels ;

— les approches prenant en compte les dispositifs organisationnels et la culture ;

— les approches prenant en compte les trois sphères (dispositifs organisationnels, culture, jeux individuels).

3.1 Les approches centrées sur la sphère des dispositifs organisationnels

Les organisations existent depuis la nuit des temps, mais la littérature à leur sujet n'a commencé à devenir abondante qu'au début du XXe siècle. À cette époque les travaux furent le plus souvent écrits pour répondre à la question : comment manager une organisation ? Ils ont constitué les premières pièces de ce que l'on nomme aujourd'hui la « littérature managériale », dont le but n'est pas de produire de la théorie sur les organisations mais des conseils pratiques. Pour autant, ces livres s'appuient sur une représentation de ce qu'est une organisation et de la façon dont elle fonctionne, même si cette représentation est le plus souvent implicite.

L'homme qui a laissé le plus de traces, parmi ces précurseurs, est l'Américain Frederick Taylor. Ouvrier, puis ingénieur, puis consultant, ses principaux ouvrages datent du début du XXe siècle (voir notamment *Direction scientifique des entreprises*, 1911, 1971 pour une traduction française). Sa ligne directrice est la rationalisation des méthodes de production. Ses moyens sont une étude « scientifique » des postes de travail, une codification minutieuse des pratiques optimales, une séparation des fonctions de conception et d'exécution de façon à ce que les ouvriers ne fassent que bien appliquer les méthodes optimales mises au point, une sélection et une formation elles aussi rationnelles des ouvriers, et enfin un contrôle rigoureux de la bonne exécution du travail prescrit. L'organisation selon Taylor est avant tout une sphère de dispositifs organisationnels qu'il s'agit d'agencer le plus rationnellement possible. Il considère que la motivation des ouvriers au travail est assurée s'ils sont équitablement rémunérés. Il sait bien que les jeux individuels sont fréquents dans les usines. Il le déplore et entend y mettre fin par ses méthodes, en faisant gagner de l'argent à l'entreprise, argent que devront se répartir ensuite équitablement patrons et employés. En d'autres termes, Taylor est conscient qu'il existe d'autres sphères, mais, dans sa représentation de l'organisation, elles ne sont pas opérantes si la sphère des dispositifs organisationnels est correctement traitée. Aujourd'hui encore, l'esprit sinon la lettre des méthodes de production de Taylor sont encore souvent présents ; ses recommandations sur le partage équitable des gains se sont, elles, perdues dans l'oubli. À la même époque naissaient aux États-Unis les chaînes de production ; Taylor n'en fut pas l'inventeur mais elles procédaient du même souci de rationaliser la sphère productive.

Puis les représentations sur les organisations se sont enrichies ; en réaction à la vague du management scientifique incarnée par le taylorisme, les deux autres sphères de notre modèle ont été de plus en plus étudiées.

Parmi les approches considérant les organisations essentiellement comme un ensemble de dispositifs organisationnels, citons-en une autre, plus récente (seconde moitié du XXe siècle), qui s'inspire de la diffusion de la notion de système dans la pensée scientifique (voir section 3.2) et de la notion de sélection, dérivée de celle proposée par Darwin. Il s'agit d'expliquer les dispositifs organisationnels (structures, méthodes de travail, technologie) d'après des paramètres de l'environnement, principalement technico-économiques. Nous avons abordé cette question précédemment (section 2.3). Les travaux dont il est question sont issus de plusieurs courants ; leur dénominateur commun est qu'ils cherchent à comprendre la façon dont l'environnement conditionne ou façonne les formes pratiques de l'organisation, en partant du principe que les organisations qui survivent sont celles qui ont réussi un minimum d'adaptation à cet environnement et que les autres disparaissent. Parmi ces courants, il convient de citer celui de la théorie de la contingence, avec Burns et Stalker (1961) et Woodward (1965) comme travaux fondateurs, et Mintzberg (1982) comme synthèse, sur laquelle nous revenons à la section 4.2. Sont également à mentionner celui de l'écologie des populations (Hannan et Freeman, 1977) et celui de l'économie évolutionniste, *evolutionary economics* (Nelson et Winter, 1982).

3.2 Les approches prenant en compte les sphères des dispositifs organisationnels et de la culture

Max Weber fut un précurseur dans la prise en compte de la sphère culturelle pour l'étude des organisations (1922, 1995 pour une traduction française). Il a notamment produit une description du type d'organisation dominant durant une bonne partie du XXe siècle, sur laquelle nous reviendrons à la section 4.1.

Des chercheurs et enseignants de Harvard, entre les deux guerres, en particulier Roethlisberger et Dickson (1939), ont mis en évidence et commencé à modéliser les deux autres sphères, celle des valeurs et des sentiments d'une part, celle des jeux individuels de l'autre. Toutefois, la mouvance à laquelle ils sont pour la plupart rattachés, dite École des relations humaines, a surtout mis l'accent sur la première. On lui doit d'avoir souligné l'importance des valeurs et des sentiments, d'avoir montré qu'à trop les négliger on ruinait tous les efforts de rationalisation du travail, que ce dernier ne pouvait se faire au détriment des hommes (voir revue de ce courant et références au chapitre 5). D'où un plaidoyer pour un management et des méthodes de travail prenant en compte le bien-être moral des employés.

Ces travaux théoriques ont été complétés par ceux du Tavistock Institute, centre de recherche et d'intervention londonien, précurseur dans l'introduction d'une réflexion psychanalytique sur les organisations. Ses travaux (Jaques, 1955 ; Trist et Murray, 1990) ont étudié les mécanismes psychiques à l'œuvre chez les membres de diverses organisations. Une autre branche de cet institut (Trist et Bamforth, 1951 ; Trist, 1982) a développé la représentation de l'organisation comme un système socio-technique, c'est-à-dire comme une interaction entre la sphère technique de la production et la sphère sociale, montrant les multiples rapports entre elles.

D'une manière plus générale, la prise en compte de domaines différents et de leurs interactions a été stimulée par la diffusion de la notion de système, popularisée au début de la seconde moitié du XXe siècle (Bertalanffy, 1973). Cette notion a inspiré les travaux ci-dessus et, plus généralement, a conduit à dépasser les approches par trop mécanistes qui avaient marqué le début du siècle.

Cette intégration de ce que nous avons nommé la sphère de la culture a été largement faite dans la littérature managériale de la seconde moitié du XXe siècle. Les écrits les plus connus, tels ceux de Drucker (1954 ; 1993), Peters et Waterman (1983), véhiculent une représentation de l'organisation avec deux sphères. Notre troisième sphère, les jeux individuels, continue à y être traitée comme une anomalie, qui doit disparaître si le management agit correctement vis-à-vis des dispositifs organisationnels et de la culture. Cette conception est souvent partagée ; elle caractérise ce que certains ont dénommé NATO (*North American Theory of Organization*), mais elle est fréquente aussi en Europe.

C'est à partir des années 1980 que se sont développées les études plus spécifiquement centrées sur la culture d'entreprise, soit pour comprendre ce qu'elle est, soit pour analyser l'influence des cultures nationales ou ethniques (voir précédemment section 2.3).

C'est également à cette époque que s'est développée une approche insistant sur la composante cognitive de la culture d'une organisation, c'est-à-dire les concepts, les raisonnements, les façons de traiter l'information qui lui sont propres. Cette composante cognitive est vue comme un puissant levier de management. La notion clé, qui caractérise ces travaux, est celle d'apprentissage organisationnel (Argyris et Schön, 1978 ; Senge, 1990 ; voir chapitre 9, section 1.4). Dans cette perspective cognitive, on peut également mentionner les recherches autour de la notion d'*enactment*, développée notamment par Weick (1969) : face à la masse énorme de données qui les entoure, les acteurs catégorisent, créent des schémas d'analyse, et donc construisent une représentation de leur environnement, qui n'est pas une donnée.

3.3 Les approches prenant en compte les trois sphères

À la différence des précédentes, ces approches voient l'organisation comme un lieu de tensions et de conflits, d'à-peu-près et de désordre partiel. Ces phénomènes ne sont plus considérés comme des anomalies mais comme des propriétés inhérentes aux organisations. Cette perspective ne condamne pas pour autant les efforts des membres de l'organisation tendant à apporter plus d'harmonie ; elle vise au contraire à éclairer leurs analyses. La troisième sphère de notre modèle de fonctionnement, celle des jeux individuels, est alors prise en compte à part entière. Ces approches contribuent à complexifier la description du fonctionnement de l'organisation ; certaines sont nées au milieu du XXe siècle, mais leur développement est plutôt une caractéristique de la fin du siècle.

Un premier courant de recherche s'est attaché aux stratégies que déploient les membres des organisations en vue de poursuivre, à l'intérieur d'une organisation, leurs propres intérêts ; ce courant s'est parfois intéressé aux bureaucraties (Merton, 1965) ou aux organisations en général (Simon, 1957). Parmi les travaux les plus représentatifs et conceptuels de ce courant, il convient de citer Crozier (1963), Crozier et Friedberg (1977) et l'école française dite « de la sociologie des organisations » à laquelle ils ont donné naissance. Selon cette école, l'organisation peut être vue comme une arène stratégique où chaque membre joue en fonction de ses propres buts. C'est à elle que l'on doit une théorisation des jeux (voir précédemment section 2.2). Les travaux de Sainsaulieu (voir notamment section 4.3) s'attachent à établir un lien étroit entre les jeux individuels et la sphère culturelle de l'organisation.

À la même époque, Simon (1957) avait contribué à cette complexification de l'approche des organisations. D'une part, il avait souligné que les membres d'une organisation n'agissent pas en faisant un usage plein et entier de leur raison dans les décisions qu'ils doivent prendre. Par facilité, pragmatisme ou manque de temps, ils se contentent d'une « rationalité limitée » (voir chapitre 1, section 1.3). D'autres travaux, poursuivant cette approche, ont exploré l'idée d'une rationalité « locale » des acteurs, fonction de leur environnement proche (March, 1978, 1991 pour une traduction française), leurs comportements étant pour beaucoup déterminés par les champs de jugement et d'évaluation portés sur eux localement (Riveline, 1991), et notamment par l'ensemble des outils et instruments de gestion porteurs de ces jugements (Berry, 1983 ; voir chapitre 9, section 1.1.2). Cela pointait une autre faiblesse des approches purement rationalistes et mécanistes de l'organisation et, en même temps, ouvrait la voie à une prise en compte plus facile des incohérences, dans le regard sur les organisations. Dans la même mouvance, Cohen *et al.* (1972) ont développé le *garbage can model*, ou modèle de la poubelle, en vertu duquel, dans les organisations, les décisions ne se prennent pas après un examen rationnel et complet du problème qui se pose, mais, dans l'esprit de la rationalité limitée des acteurs, en appliquant des solutions disponibles, même si elles n'ont pas été pensées pour le problème en question. Toutefois, ce désordre relatif de l'organisation se situe plus sur le plan cognitif que sur le plan social.

À partir des années 1980 se sont développés des travaux sur l'organisation caractérisés par ce que Julienne Brabet nomme le modèle de la « gestion des contradictions ». Ils envisagent l'organisation comme un carrefour complexe d'ambitions et de jeux disparates, de logiques contradictoires (Brabet, 1993 ; Bouchiki, 1998). Ils s'appuient en fait sur les courants qui viennent d'être cités pour rompre clairement avec un modèle de l'organisation où ces contradictions sont considérées comme accidentelles, provisoires, anormales. Dans ces approches, le manager devient donc celui qui gère les contradictions, sans pouvoir espérer les éliminer.

Enfin, il convient de mentionner ici un courant assez vaste, qui se distingue des précédents en ce qu'il introduit une notion de domination et, de ce fait, ajoute une dimension critique à l'approche des organisations. On peut définir ainsi la domination : le fait que les membres de l'organisation, en vertu d'une dissymétrie de pouvoir, sont le plus souvent, consciemment ou non, contraints et leurrés par cette dernière.

Paradoxalement, ce n'est pas du marxisme orthodoxe que proviennent le gros de ces critiques qui visent pourtant préférentiellement les entreprises ; sans doute l'attirance des révolutionnaires russes pour les idées de Taylor, la propension des régimes socialistes de la période soviétique à générer des bureaucraties pesantes expliquent-elles le peu de sensibilité du marxisme orthodoxe à une critique des organisations. Les racines théoriques de ces critiques sont plutôt à chercher du côté de l'école de Francfort (notamment Horckheimer et Adorno, 1947 ; Marcuse, 1964) et de Michel Foucault (notamment 1966 ; 1969 ; 1975). Ces auteurs ont en effet renouvelé la façon de penser la combinaison des mécanismes économiques et culturels de domination à l'œuvre dans la société. L'école critique anglaise et anglo-saxonne (*critical theory*) en a été largement inspirée. La psychosociologie française a produit des travaux très convergents à partir d'une forte influence de la psychanalyse (à propos de ces deux courants, voir également l'encadré 2.2 précédemment). D'autres travaux français des vingt dernières années ont également développé le thème de la domination avec un point de départ sociologique (notamment Borzeix et Linhart, 1988 ; Boltanski et Chiapello, 1999 ; Courpasson, 2000).

Résumé

- Les approches théoriques de l'organisation sont nombreuses et diverses.
- Elles diffèrent notamment par leur insistance variable sur l'une ou l'autre des trois sphères que nous avons définies dans ce chapitre.
- Elles se différencient également en approches non critiques et approches critiques, les dernières s'attachant à décrire des phénomènes de domination au sein des organisations.

4. Quelques types d'organisation

Que l'on étudie les insectes, les nuages ou les étoiles, toute construction de connaissance amène à établir des typologies… L'organisation, en tant que sujet d'étude, n'échappe pas à cette règle. Plusieurs des approches théoriques évoquées au chapitre précédent ont permis de dresser des typologies d'organisations. Du fait des multiples choix qui s'offrent aux organisations, du fait également de la possibilité d'incohérence partielle entre ces choix, il n'en existe pas deux identiques, même à taille égale et de même activité. Par contre, comme l'incohérence n'est que partielle, il est possible de dégager des types d'organisation. Nous faisons appel ici à la notion d'idéal type, proposée par Weber (1904, 1992 pour une traduction française). Un type d'organisation, ou idéal type selon Weber, est une organisation qui n'existe jamais exactement comme telle dans la réalité, mais avec laquelle beaucoup d'organisations ont de nombreux points communs. C'est une construction de l'esprit effectuée de manière logique, en assemblant les divers éléments de l'organisation de façon cohérente. Derrière la diversité infinie des organisations, il est ainsi possible de dégager quelques grands types. Cela peut présenter un intérêt quand on cherche à comprendre le fonctionnement d'une organisation donnée. Si l'on rencontre un certain nombre de traits caractéristiques d'un type d'organisation identifié, alors on peut faire l'hypothèse que d'autres traits, non observés ceux-là, sont aussi présents. Bien entendu, ce ne sera qu'une hypothèse, du fait du caractère seulement indicatif de ces types, mais elle permettra d'orienter les recherches et, au moins, de se donner des chances de gagner du temps dans l'analyse.

Ce qui suit ne constitue pas un catalogue exhaustif des typologies qui ont pu être établies ; nous en aborderons trois bien connues qui nous paraissent éclairantes pour illustrer les concepts qui viennent d'être présentés ainsi que pour comprendre l'évolution des organisations durant le XXe siècle et leurs réalités d'aujourd'hui :

— La première est un exemple de typologie se fondant sur des paramètres culturels, même si elle s'étend ensuite aux dispositifs organisationnels. Elle peut être considérée comme l'ancêtre de toutes les autres ; en même temps, elle dépeint le type dominant d'organisation d'une bonne partie du XXe siècle.

— La deuxième est un exemple de typologie se fondant sur des éléments liés aux dispositifs organisationnels.

— La troisième, la plus récente, est mixte, fondée sur la culture, les dispositifs organisationnels, les jeux individuels ; elle permet de faire le point sur l'évolution du type dominant décrit dans la première typologie.

4.1 L'organisation moderne et la bureaucratie (Weber)

La première typologie d'organisations a été produite au début du XXe siècle par Weber (1922, 1995 pour une traduction française). Certains de ses aspects datent, mais d'autres sont toujours d'actualité. Weber est parti de la sphère culturelle, et, plus précisément, de la source de légitimité de l'autorité exercée sur les membres de l'organisation et admise par eux. De ce point de départ, il a déduit des caractéristiques débordant sur la sphère des dispositifs organisationnels. Il y a, selon lui, trois sources de légitimité :

- La légitimité traditionnelle, en vertu de laquelle l'autorité est dévolue à une ou des personnes occupant une position dans la société. La tradition fixe ces positions, et les droits et les devoirs de chacun. Le chef, un roi par exemple, exerce cette fonction du fait de sa position et non de sa personne.
- La légitimité charismatique, en vertu de laquelle l'autorité est dévolue à une personne hors du commun, historiquement pour des raisons religieuses, plus tard pour ses qualités extraordinaires. L'autorité est alors dévolue à une personne, et non à une position dans la société.
- La légitimité rationnelle-légale, en vertu de laquelle l'autorité appartient à celui ou ceux qui sont chargés de faire appliquer les règles en vigueur. Ici, l'autorité est attribuée à une position et non à une personne ; ce qui change par rapport à la légitimité traditionnelle est que le ou les titulaires de l'autorité ne sont pas désignés par une tradition (par exemple, leur naissance, la position de leurs parents) mais en vertu de leurs mérites, déterminés rationnellement en fonction de la tâche à remplir. Les règles, elles aussi, sont déterminées rationnellement, en fonction des missions de l'organisation. Autre différence par rapport aux deux autres sources de légitimité : ceux qui subissent l'autorité ne la subissent pas dans toute leur personne et dans tous les domaines de leur vie (comme le sujet d'un monarque ou le disciple d'un chef religieux), mais seulement dans les domaines qui sont régis par les règles, et dans les limites de celles-ci.

Pour Weber, le monde moderne se caractérisait par la diffusion rapide et la prédominance de la légitimité rationnelle-légale dans les organisations, ce qui marquait une rupture avec les périodes antérieures, dominées par les deux autres sources de légitimité. Sur ce point, son analyse reste d'actualité. Les organisations occidentales contemporaines continuent de mettre en œuvre, en principe, ce type de légitimité. Le contrat de travail salarié introduit un lien de subordination de l'individu à l'entreprise, mais seulement pendant la durée de son travail, et pour l'objet du contrat. Un patron n'a pas le droit de s'immiscer dans la vie privée de son employé, ce que pouvait aisément faire, il y a un siècle ou deux, un châtelain avec son domestique. Cependant, la tentation demeure toujours de revenir à l'un ou l'autre système de légitimité ou, du moins, de bénéficier de leurs avantages. L'on a déjà vu des patrons de grandes entreprises faire nommer leur fils à leur succession alors qu'ils n'en contrôlaient pas le capital (mais ils avaient soin de souligner que leur fils devait cette nomination à ses mérites personnels, légitimité rationnelle-légale oblige). Il existe aujourd'hui encore des leaders charismatiques et certaines organisations essaient de jouer sur ce registre pour susciter une très grande implication de leurs membres.

Weber a appelé **bureaucratie** cette organisation fondée sur la légitimité rationnelle-légale. Cet idéal type d'organisation, étroitement associé à l'ère moderne, possédait selon lui les caractéristiques suivantes :

- une prédominance de règles écrites ;
- une délégation de l'autorité en cascade le long de la hiérarchie ;
- une certaine impersonnalité des relations, les collaborateurs devant faire abstraction de leurs états d'âme personnels pour bien tenir leur rôle ;
- des nominations et des promotions en fonction des mérites et des compétences des individus ;
- une sécurité de l'emploi, garantissant l'indépendance d'esprit du collaborateur et une fréquente possibilité de carrière à vie.

Weber a donné une description cohérente de deux des trois sphères de notre modèle : la sphère culturelle, première dans son esprit, et celle des dispositifs organisationnels. Il a simplement oublié la troisième, celle des jeux individuels. D'autres auteurs se sont chargés de compléter ce tableau (voir notamment Crozier, 1963 ; Merton, 1965). Ils ont montré que ces organisations offrant des raisons de s'impliquer relativement pauvres et responsabilisant peu les employés étaient un terrain d'élection tout désigné pour des jeux individuels : défense d'intérêts catégoriels, luttes de pouvoir, fuite des responsabilités. C'est cet aspect qui vaut aujourd'hui au mot bureaucratie sa connotation péjorative. Celle-ci est bien entendu plus ou moins justifiée selon les organisations ; comme nous l'avons vu, un type ne rend compte de la réalité que de manière approximative.

Mais, si ces auteurs ont complété le travail de Weber, la plupart des chercheurs ont admis que, jusqu'aux années 1980, le type bureaucratique pouvait être considéré comme un type dominant des organisations occidentales, au moins pour ce qui concernait les organismes publics et les grandes organisations privées.

Depuis les années 1980, le monde a changé. Le monde social d'une part : le déclin des grandes institutions sociales, la crise des sources de légitimité, et notamment de la légitimité rationnelle-légale (Laufer et Paradeise, 1982), amènent d'autres façons de penser la relation entre l'individu et l'entreprise. Le monde économique d'autre part, avec la fin des « trente glorieuses », le poids accru du client, la globalisation et l'explosion des technologies de l'information. Sommes-nous pour autant entrés dans une ère post-bureaucratique ? Si oui, existe-t-il un nouveau type dominant ? Le débat reste ouvert ; l'évolution des organisations est aujourd'hui sans doute trop disparate pour qu'on puisse apporter une réponse tranchée.

4.2 Les cinq configurations structurelles de Mintzberg

Mintzberg (1982) a proposé une typologie qui découlait de sa synthèse des travaux sur les facteurs de contingence façonnant les structures des organisations. Son travail touche donc essentiellement la sphère des dispositifs organisationnels. Il identifie cinq mécanismes de coordination mis en œuvre au sein des organisations :

- l'ajustement mutuel (quand les membres de l'organisation se coordonnent de façon informelle en se concertant directement) ;
- la supervision directe d'un supérieur hiérarchique sur les collaborateurs ;
- la standardisation des procédés, c'est-à-dire la mise en règle formelle des processus de travail ;
- la standardisation des résultats, c'est-à-dire l'imposition de résultats à atteindre ;
- la standardisation des qualifications, c'est-à-dire le recours à des personnes ayant suivi une formation bien spécifiée pour accomplir un travail (ce qui dispense alors de standardiser les procédés ou les résultats).

Puis il décrit cinq types, appelés « configurations structurelles », qui se caractérisent par la prédominance d'un de ces mécanismes de coordination. À chacune de ces configurations correspondent à la fois des formes d'organisation préférentielles, des acteurs internes clés (dirigeants, cadres opérationnels, etc.) et des caractéristiques de l'environnement favorisant leur émergence. Ces cinq configurations sont :

- **La structure simple**, fondée sur la supervision directe. Elle est généralement de petite taille et dominée par son dirigeant.
- **La bureaucratie mécaniste**, fondée sur la standardisation des procédés. Elle est généralement ancienne, de grande taille, et elle se caractérise par la formalisation poussée du travail, le poids des experts techniques. Les grandes unités de production industrielle utilisant une main-d'œuvre peu qualifiée en sont des exemples classiques.
- **La bureaucratie professionnelle**, fondée sur la standardisation des qualifications. À l'inverse de la précédente, elle se caractérise par une certaine décentralisation en faveur des opérationnels (ceux qui font le travail effectif) ; ceux-ci sont qualifiés (les professeurs d'une université, les médecins d'un hôpital) et disposent d'un pouvoir fort.
- **La bureaucratie divisionnalisée**, fondée sur la standardisation des résultats. Il s'agit d'une forme voisine de l'une ou l'autre des deux précédentes, généralement de grande

taille, découpée en unités auxquelles une certaine autonomie est accordée. Le contrôle de ces unités s'effectue par le moyen d'objectifs à atteindre.

- **L'adhocratie**, fondée sur l'ajustement mutuel. Cette forme est décrite comme émergente et à la mode à l'époque. Elle est rendue nécessaire dans des environnements complexes, changeants, où la standardisation n'est pas efficace. Les décisions y sont décentralisées, la formalisation du travail y est peu poussée.

Bien qu'écrite il y a plus de vingt ans, cette typologie est souvent utilisée pour qualifier des organisations. Elle repose en effet sur les critères relativement intemporels que sont les mécanismes de coordination.

Parue au tournant des années 1980, elle confirme le caractère toujours dominant du type bureaucratique dans les organisations de grande taille, même si elle en propose plusieurs variantes.

4.3 Les mondes sociaux de l'entreprise (Sainsaulieu et son équipe)

Sainsaulieu et son équipe (Francfort *et al.*, 1995) ont étudié 81 établissements, appartenant à des organismes publics et des entreprises privées de tous secteurs, en France. L'étude a duré 7 ans, de la fin des années 1980 au milieu des années 1990. Les chercheurs ont observé à la fois ce que nous avons nommé les aspects culturels, les dispositifs organisationnels et les jeux individuels. Ils concluent à une assez grande disparité des organisations ; ils n'identifient pas un type dominant mais cinq. Chacun de ces types offre une façon de s'adapter aux profonds changements que la plupart des organisations sont obligées d'affronter aujourd'hui. Ce sont cinq façons de sortir ou non du type bureaucratique précédent. Chacun de ces types est marqué par des relations entre les trois sphères de notre modèle. Il est intéressant de noter que seuls deux de ces types sont relativement harmonieux : la « bureaucratie de consensus » et l'« entreprise communautaire ». Les autres, soit la majorité des organisations étudiées, sont traversés d'incohérences importantes et de forts clivages ou tiraillements.

4.3.1 *L'entreprise duale*

Elle a été marquée par une refonte de ses processus de production, impliquant une centralisation accrue des décisions, un renforcement des principes tayloriens (voir section 3.1). Cela n'empêche pas qu'il existe des poches de flexibilité, là où les méthodes tayloriennes sont en défaut. Il en résulte une dualité de cultures et d'approches du travail. Cette dualité se retrouve dans l'attitude vis-à-vis des méthodes de GRH récemment introduites, visant à individualiser, à tenir compte du mérite. Il y a clivage entre des individus qui jouent le jeu proposé et ont une attitude plus individualiste, et ceux qui voudraient revenir aux solidarités anciennes, lesquelles se délitent. Des démarches participatives ont également été introduites, mais elles sont en porte-à-faux, du fait de la centralisation des décisions. Souvent, les valeurs fortes anciennes, fondées sur le métier, la technique, sont affaiblies par les changements en cours.

4.3.2 *L'entreprise bureaucratique*

Elle comprend deux sous-types :

- **La bureaucratie ouverte**, caractérisée par une ouverture sur l'usager, voire le client, qui donne un sens au travail. Il existe cependant une tension liée au fait que les directions cherchent à augmenter les productivités. C'est le rôle de l'encadrement intermédiaire de s'accommoder de ces tensions, en négociant, vers le haut et vers le bas, en atténuant les injonctions contradictoires subies par les agents, en suppléant l'organisation dans le manque de reconnaissance manifestée aux agents. Ces organisations ont en effet conservé un système de sanction-récompense peu stimulant. On y observe une désacralisation de la direction chez les agents.

- **La bureaucratie de consensus**, fondée sur un pacte fréquent en univers bureaucratique : travaux peu intéressants contre une certaine autonomie dans le travail quotidien et des conditions de travail faciles (horaires, lieu stable) ; refus des tentatives de changement, perçues comme une rupture de ce pacte. Ce sont des traits du type bureaucratique classique.

4.3.3 L'entreprise modernisée

Entreprises le plus souvent industrielles, elles ont une histoire, des valeurs fondées sur des métiers techniques, d'anciennes solidarités ouvrières. Puis sont intervenus des chocs économiques qui les ont amenées à modifier fortement leur fonctionnement, leur technologie et leurs produits (ce que n'a pas fait l'entreprise duale, souvent partie du même état initial). On y trouve généralement une forte technicité, ce qui permet de perpétuer, avec un autre contenu, les valeurs d'excellence technique ; mais ces valeurs sont maintenant associées à un accent mis sur les hommes comme élément essentiel de ces processus de production. D'où des pratiques participatives, des équipes semi-autonomes, et donc un paysage composite, avec beaucoup de catégories d'acteurs disposant toutes de leurs ressources de pouvoir. Ces catégories font éclater les anciennes catégories, plus monolithiques ; il en résulte que la collectivité a moins de force. Les organisations syndicales ont également moins d'audience. Il y a des tensions, car les collaborateurs adhèrent plus ou moins au changement ; on trouve des innovateurs, des traditionalistes, et des médiateurs, qui jouent un rôle important (le plus souvent des anciens, légitimés par l'excellence technique, en position d'encadrement intermédiaire).

4.3.4 L'entreprise en crise

Ces entreprises ont le même genre de passé que celles du type précédent, mais cela se passe moins bien. Les « seigneurs » — ceux qui incarnaient l'excellence professionnelle et jouaient un rôle de leaders d'opinion — et les syndicats sont descendus de leur piédestal ; la culture ouvrière cohésive se délite. On introduit des populations nouvelles, on impulse des méthodes de management participatif, mais ces greffes prennent difficilement, elles sont vécues comme des agressions. L'acteur fort est devenu la direction, la base et les syndicats sont affaiblis et amers, et l'encadrement demeure en position de faiblesse.

4.3.5 L'entreprise communautaire

Elle est marquée par la personnalité du dirigeant, par la figure mythique de son fondateur. Il s'agit souvent d'une PME, dont le dirigeant a une bonne connaissance personnelle des collaborateurs. Elle n'exerce généralement pas dans le high-tech, elle est à faible intensité capitalistique. L'identification des salariés à l'entreprise est forte. Ils y font souvent carrière. L'encadrement est issu du rang. Il est très impliqué sur le terrain ;

il centralise bon nombre de décisions mais laisse de l'informel dans les processus de travail, permettant ainsi aux individus et aux équipes de travailler par ajustement mutuel. La polyvalence des collaborateurs est fréquente. La culture est marquée par le client, qu'une grande proportion de collaborateurs rencontre, le sens du résultat, l'autonomie, la responsabilité, la flexibilité et l'adaptation, ainsi que par de fortes valeurs métier.

Résumé

- Il est possible de définir des types d'organisation en se fondant plus ou moins sur les différentes sphères de l'organisation.
- Max Weber a donné une définition du type le plus classique des organisations du XXe siècle : la bureaucratie.
- Deux typologies plus récentes montrent une tendance progressive à une plus grande diversité des organisations dans la période contemporaine.

Conclusion

Dans ce chapitre, nous avons défini l'organisation comme un groupe humain structuré par une ou des actions communes et mis en évidence les difficultés spécifiques que le contexte de l'organisation ainsi définie introduit dans les relations humaines. Les enjeux des individus sont souvent forts, l'empreinte du social y est potentiellement renforcée, exacerbant les difficultés éventuelles. L'action collective exige des choix difficiles, place les individus devant des dilemmes qui sont source de tensions et de conflits.

Nous avons présenté un modèle de fonctionnement de l'organisation qui découle de ces difficultés. L'organisation y est décrite comme un système de trois sphères en interaction, compromis entre ordre et désordre. La sphère des dispositifs organisationnels et la sphère de la culture visent à assurer la cohérence de l'organisation, tandis que la sphère des jeux individuels résulte d'une part inévitable d'incohérence, qu'elle contribue à renforcer. Comprendre le fonctionnement d'une organisation, c'est comprendre comment ces trois sphères interagissent. L'environnement économique et social influe sur ces sphères mais laisse aux membres de l'organisation une marge de liberté pour façonner son fonctionnement.

Au cours de ce chapitre, nous avons également proposé un panorama d'autres approches théoriques des organisations. Il existe une grande diversité d'approches, selon les éléments qu'elles privilégient et selon qu'elles portent un jugement positif ou négatif sur les organisations.

Enfin, nous avons présenté trois typologies connues d'organisation. En particulier, nous avons décrit le type bureaucratique, considéré comme dominant au XXe siècle, et des types plus récents, signalant une tendance progressive à une plus grande diversité des organisations.

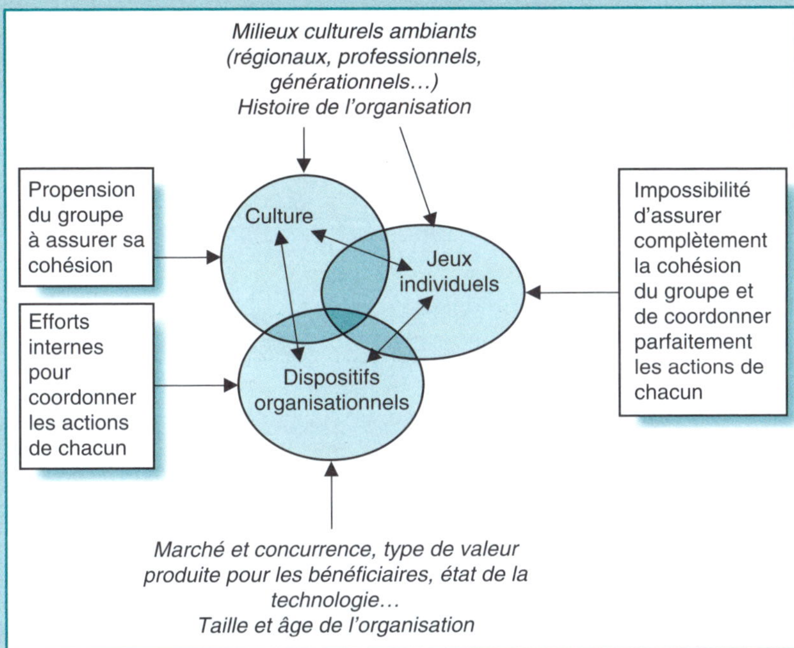

Figure 2.2. Schéma récapitulatif.

Chapitre 3

Comment aborder l'étude du comportement humain dans une organisation

Objectifs du chapitre

À l'issue de ce chapitre, vous devriez être capable de :

- **développer un questionnement suffisamment large pour permettre une analyse pertinente des comportements humains dans la vie courante d'une organisation ;**
- **saisir la complexité des situations réelles dans les organisations telles qu'elles se présentent aux managers ;**
- **comprendre l'intérêt pour les managers, face à ces situations, de l'approche qui est proposée.**

Nous commencerons par récapituler les questions qu'on peut se poser pour appréhender une situation dans une organisation, telles que les diverses approches que nous avons étudiées dans les deux précédents chapitres nous les suggèrent. Nous obtiendrons ainsi une démarche de questionnement qui pourra servir de base de raisonnement pour traiter n'importe quel problème. Bien entendu, il s'agit d'une trame qui devra être adaptée aux spécificités de chaque situation ; il n'existe pas de recette universelle.

Nous verrons ensuite, à partir d'un cas concret, comment cette démarche peut être appliquée à un problème précis, courant dans les organisations aujourd'hui. Nous en dégagerons quelques principes de base pour l'étude des questions humaines dans les organisations.

Enfin, nous nous intéresserons à la vie concrète des managers et à la façon dont ils peuvent utiliser cette démarche.

Dans ce chapitre, nous aborderons donc successivement :

- — la démarche de questionnement proposée pour comprendre les comportements dans les organisations ;
- — l'application de cette démarche à un cas concret ;
- — la façon dont les managers peuvent aborder ces problèmes compte tenu des contraintes qui sont les leurs.

1. Une démarche de questionnement

Les dirigeants, les collaborateurs d'une organisation, parfois des observateurs extérieurs, sont amenés à se poser fréquemment des questions sur son fonctionnement. En général, il s'agit pour eux de la rendre plus efficace et/ou plus à même de les satisfaire. Or, une organisation fonctionne essentiellement avec des êtres humains, même s'ils s'aident d'outils de gestion et de production et que la robotisation se développe. Face à un problème, il est donc utile de comprendre le comportement des individus qui sont impliqués. Par « comprendre », nous entendons à la fois comprendre quel est le comportement de ces individus — celui-ci n'est en effet pas toujours « apparent » —, et en analyser les raisons. Nous récapitulons ici les principales questions qu'il est bon de se poser. Elles se répartissent en trois niveaux d'analyse complémentaires qui ont été abordés dans les deux chapitres précédents :

- le niveau des individus impliqués dans la situation, avec leurs caractéristiques propres ;
- le niveau du ou des groupes, sous-ensembles de l'organisation, auxquels ces individus appartiennent ;
- le niveau de l'organisation dans son ensemble.

Nous présentons ces questions dans les trois parties de cette section, correspondant à chacun de ces trois niveaux : individu, groupe et organisation.

1.1 Le niveau des individus

L'individu peut être appréhendé sous différents angles (voir chapitre 1). Cela conduit à se poser plusieurs séries de questions au sujet de celui ou de ceux qui sont impliqués dans une situation que l'on veut comprendre.

1.1.1 Le champ biologique

Quelles sont ses forces et ses points de vulnérabilité au niveau corporel, son état de forme physique ? Quels sont les impacts possibles de ces caractéristiques sur son comportement ?

1.1.2 Le champ psychologique

Quels sont ses capacités intellectuelles, ses modes de raisonnement ? Quelles cartes mentales utilise-t-il pour se représenter le monde dans lequel il vit ? Quelle langue parle-t-il et comment cette langue influe-t-elle sur sa représentation du monde ? Dans le cas où plusieurs individus sont impliqués, quelle est la compatibilité de leurs modes de raisonnement et cartes mentales respectifs ? Leur communication est-elle efficace ?

Comment a-t-il établi son rapport à l'autorité, au stress et à la routine, au risque et à l'incertitude, au travail ? Quelles valeurs éthiques s'est-il données ? Comment se construit-il une image positive de lui-même ? Quel est son projet de vie ? Comment cherche-t-il à se réaliser ?

1.1.3 *Le champ social*

Comment a-t-il établi son rapport à l'autre et à la société ? Quel est son besoin d'appartenance et de protection par le groupe social ? Quelle dépendance entretient-il au regard des autres sur lui-même ?

Quelle influence exerce sur lui son appartenance à des groupes sociaux extérieurs à l'organisation : famille, ethnie ou région, religion, etc. ?

1.2 Le niveau des groupes

Les individus appartiennent le plus souvent à des groupes qui forment des sous-ensembles de l'organisation (une équipe d'atelier, un service, un département, etc.). Il s'agit ici de les analyser dans leur participation à ces groupes restreints. Un individu peut appartenir à plusieurs d'entre eux : par exemple son équipe d'atelier et le groupe plus vaste des ouvriers de l'usine. Chacun de ces groupes peut influer sur le comportement des individus qui le composent, en même temps d'ailleurs que la personnalité de ces individus tend à façonner le groupe dans un mouvement d'influence réciproque.

Face à une situation que l'on cherche à comprendre, il convient donc de se poser des questions sur le ou les groupes concernés.

Tout d'abord, de quels groupes les individus concernés font-ils partie ?

Puis, pour chacun de ces groupes :

- Quelle est la prégnance du groupe sur les individus ? Sur quels aspects de leur comportement est-il contraignant pour ses membres ? Le groupe est-il fortement prescripteur de modes de pensée ? Si oui, quelles valeurs, quelles représentations diffuse-t-il ?
- Quels sont les moteurs de cette prégnance ? L'identité qu'il fournit à ses membres ? Des coalitions d'intérêts ? Le partage de défenses collectives contre l'angoisse ?
- Le groupe est-il sous l'influence d'un leader fort ? De leaders d'opinion ?
- Le groupe est-il uni ou divisé ? Qu'est-ce qui le soude ou le divise ?
- Avec quels autres groupes au sein de l'organisation ce groupe entretient-il de bonnes relations ? Avec quels autres est-il en conflit ? En concurrence ?

1.3 Le niveau de l'organisation

L'organisation introduit d'autres paramètres, eux aussi susceptibles de jouer sur le comportement des individus. Les trois sphères de l'organisation, décrites au chapitre 2 (section 2.2), conduisent à de nouvelles questions, complémentaires des précédentes. Comme les autres, elles visent à nous aider à comprendre le comportement d'individus dans une situation.

1.3.1 *Culture*

Quelle est la prégnance de la culture de l'organisation sur les individus ? Sur quels aspects de leur comportement est-elle contraignante pour ses membres ? Est-elle fortement prescriptrice de modes de pensée ? Si oui, quelles valeurs, quelles représentations diffuse-t-elle (en particulier celles qui sont concernées dans la situation étudiée) ?

Sur quelle source de légitimité l'organisation est-elle fondée ? D'où ses chefs tirent-ils leur légitimité ? Au nom de quoi l'organisation mobilise-t-elle ses collaborateurs ? Que procure-t-elle en échange sur le plan humain ? Quels frustrations ou désaccords éventuels ce système de légitimité et cet échange suscitent-ils ?

Comment est entretenue cette culture ? Par qui ? Est-elle homogène ou bien existe-t-il des groupes de cultures différentes, voire adverses ?

Quel est le rôle du management dans le maintien de cette ou de ces cultures ? Se comporte-t-il en accord avec elles ?

Le degré d'autonomie des collaborateurs est-il en conformité avec ce qu'ils jugent souhaitable et normal ?

Comment le management introduit-il d'éventuelles nouveautés ? Comment les rend-il acceptables par les collaborateurs ?

1.3.2 Dispositifs organisationnels

L'organisation est-elle performante, atteint-elle des résultats opérationnels satisfaisants ? Sinon, pourquoi ?

Comment les conditions matérielles de travail jouent-elles sur la forme physique des collaborateurs ? Le travail est-il physiquement pénible pour eux ?

Comment les collaborateurs sont-ils informés ? Sur quels sujets ? La stratégie de l'organisation, ses règles et ses ordres leur paraissent-ils clairs ?

Dans quelle mesure les dispositifs organisationnels peuvent-ils influencer les comportements des individus ?

Dans quelle mesure les dispositifs organisationnels apportent-ils aux individus ce qu'ils attendent de leur collaboration avec l'organisation ? Soit :

- rémunération, conditions de travail ;
- nature du travail et sens proposé par la direction ;
- organisation du travail et niveau de contrainte provoqué par les règles internes ;
- style de délégation utilisé par le management.

Quels sentiments, positifs ou négatifs, sont suscités de ce fait chez les collaborateurs ?

Quel est le mode de responsabilisation des individus ?

- Ont-ils des objectifs ? Si oui, quels aléas et quels obstacles doivent-ils surmonter, quelles ressources doivent-ils mobiliser pour les atteindre ?
- Quelles règles doivent-ils respecter ? Quels efforts cela leur demande-t-il ?

Quel est le système de sanction-récompense ? Est-il cohérent avec le mode de responsabilisation des individus ? Soumet-il les individus à des injonctions contradictoires ?

1.3.3 *Jeux individuels*

De quel pouvoir les individus ou les groupes concernés disposent-ils sur les autres ? Quelles ressources, quelles incertitudes contrôlent-ils et quel intérêt représentent-elles pour les autres ?

Quelles ressources matérielles ou symboliques convoitent-ils ? Quelles incertitudes craignent-ils ? Comment ces préoccupations orientent-elles leurs comportements ?

Dans quelle mesure le comportement des individus est-il conforme à ce qui leur est prescrit (règles, instructions reçues) ? Dans quelle mesure les divergences internes en matière culturelle, les imperfections ou incohérences des dispositifs organisationnels les incitent-elles à s'écarter de ce qui leur est prescrit ?

Quel est le pouvoir réel de la hiérarchie aux différents niveaux ? Quels buts ses membres poursuivent-ils ?

Résumé

- Il faut construire un questionnement pour comprendre le comportement des individus dans une situation organisationnelle.
- Ce questionnement constitue une trame, à adapter aux particularités de chaque situation.
- L'important est que le questionnement couvre bien les grandes approches possibles et, en particulier, qu'il prenne en compte le niveau des individus, celui du ou des groupes dans lesquels ils s'insèrent, et celui de l'organisation dans son ensemble.

2. Application à un cas

Nous allons maintenant appliquer cette démarche à un cas concret, assez classique dans les entreprises aujourd'hui.

Cette section comportera trois parties :

— un exposé du cas ;

— une analyse du cas, en appliquant la démarche proposée ci-dessus ;

— une conclusion sur les principes d'étude des comportements dans l'organisation.

2.1 Le cas Citylines : commerciaux et producteurs, une coopération difficile

Ce cas est tiré d'une étude récente effectuée au sein d'une grande entreprise européenne de services. Seuls des éléments accessoires au problème traité ont été modifiés en vue de préserver l'anonymat des individus et de l'entreprise.

2.1.1 *Citylines et son activité*

Cette entreprise est une ancienne administration d'un pays de l'Europe de l'Ouest, en charge d'un service public de transport urbain dans une grande métropole. En une dizaine d'années, la dérégulation du secteur a entraîné d'une part sa transformation en entreprise, d'autre part son développement dans une vingtaine d'autres villes du pays, par reprise de l'activité de régies municipales de transport. Elle emploie plus de 25 000 personnes et exploite principalement des lignes de bus et de tramways. On peut considérer que cette entreprise était auparavant un assez bon exemple d'organisation bureaucratique (voir chapitre 2, section 4.1). Elle constitue aujourd'hui une sorte d'hybride. Depuis une quinzaine d'années, elle s'est engagée sur le chemin des réformes et ses dirigeants ont introduit une démarche commerciale en même temps qu'un management par objectifs pour les cadres.

Certains aspects la rapprochent d'une entreprise commerciale classique : conscience de l'importance du client, largement répandue chez les cadres mais aussi chez bon nombre d'employés, stratégies orientées vers la rentabilité et le développement de l'activité, conscience de la nécessité d'atteindre des objectifs de résultat (chez les cadres), efforts sensibles pour améliorer l'accueil des clients et la qualité des prestations. D'autres aspects rappellent l'ancienne administration. Le statut du personnel des anciennes administrations ou régies municipales n'a pas été modifié, l'accord des syndicats pour la libéralisation du secteur a été obtenu à cette condition ; les employés anciens bénéficient donc d'une sécurité de l'emploi à vie, sauf faute très grave, d'un avancement largement lié à l'ancienneté, d'une stabilité géographique de leur emploi, sauf souhait contraire de leur part. Les personnes recrutées depuis quelques années ne bénéficient plus de ce statut, mais jouissent d'une sécurité de l'emploi comparable dans les faits — les syndicats y ont veillé.

La responsabilisation des employés par rapport à leur travail est largement fonction de leur bonne volonté personnelle. On trouve des employés imprégnés d'une culture de service, en vertu de laquelle il importe que le client soit bien servi ; on en trouve d'autres qui tirent surtout avantage de leur sécurité. Par exemple, l'absentéisme est assez élevé, les absences pour maladie n'occasionnant pas de baisse de salaire. Dans l'ensemble, les performances de l'entreprise sont jugées honorables mais largement perfectibles. Elle se situe dans le milieu du tableau dans le classement des entreprises européennes de son secteur. Un autre aspect notable est la centralisation des décisions et la marge de manœuvre peu importante de l'encadrement intermédiaire. Le phénomène s'est même renforcé durant la dernière décennie.

L'entreprise est organisée en régions, couvrant chacune un morceau du territoire national. Chaque directeur régional est assisté de plusieurs adjoints, dont un directeur de la production, qui supervise l'activité des établissements (ou dépôts), et un directeur commercial. La production est basée dans les dépôts, lieux où sont parqués et entretenus les bus ou les trams et où le personnel prend son service ; un seul suffit pour des villes moyennes, plusieurs sont nécessaires dans les grandes villes. Le directeur de la production est en contact direct avec les chefs d'établissements du secteur, environ douze à quinze par région. Le directeur commercial, assisté d'un adjoint, dirige les commerciaux de la région (une vingtaine par région). Le rôle du service commercial est de développer les ventes de transport par bus chez les entreprises et les collectivités. Pour développer cette activité, marginale pour elle il y a encore dix ans, l'entreprise a embauché des spécialistes au siège et des commerciaux issus du privé sur le terrain. On trouve aussi des commerciaux qui sont d'anciens collaborateurs de la production reconvertis. Les cadres commerciaux sont également soit d'anciens cadres de la production soit des professionnels recrutés récemment. Sur cette activité, l'entreprise est en concurrence directe avec les autocaristes. Pour la développer, Citylines s'est efforcé d'établir des synergies avec son activité de base, qui demeure le transport public urbain : étalement de frais de structure et d'ateliers, optimisation de l'utilisation des effectifs de chauffeurs et de certains véhicules. Pour cette raison, il n'a pas été créé d'établissements à part, dédiés à l'activité entreprises et collectivités, avec leurs propres locaux, matériels et personnels. Moyennant cette synergie, la rentabilité de cette activité est plus élevée que celle du transport urbain pour le compte des municipalités. Sa part dans le chiffre d'affaires croît régulièrement ; elle est à ce jour de 20 %.

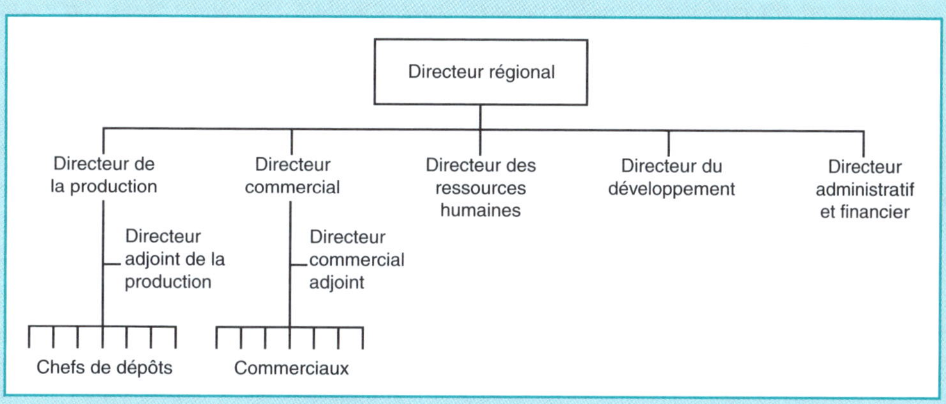

Figure 3.1. Citylines : composition d'une structure régionale

Les producteurs et les commerciaux doivent donc coopérer, mais cela ne va pas toujours de soi. Voici ce qu'en disent divers collaborateurs dans deux des régions de l'entreprise.

2.1.2 Nuages dans l'Ouest…

Dans la région Ouest, cette coopération pose des problèmes.

Les commerciaux se plaignent. Ce sont tous d'anciens producteurs, chauffeurs puis agents de maîtrise de dépôt, qui connaissent bien une partie de leurs collègues. Leur local est situé dans le même bâtiment que l'un des principaux dépôts de la région, mais cela ne suffit pas.

> *Souvent, on ne peut pas vendre de contrats parce que les dépôts disent qu'ils ne peuvent pas produire. Manque de personnel ou de moyens techniques.*
>
> *Dans les dépôts, ils ne sont pas au courant de ce qu'on fait ; ce n'est pas leur faute, ils ne sont pas encadrés et structurés comme nous le sommes. Mais certains sont plus coopératifs que d'autres. Il faudrait les éduquer sur ce qu'est un client. Ils sont restés « administration ».*
>
> *On s'use plus avec les collègues qu'avec les clients.*

Ces problèmes durent depuis que le service commercial existe. À un moment, j'ai même refusé d'apporter des nouvelles affaires à la direction. On a des objectifs ambitieux, on nous dit de vendre, mais la production ne suit pas. Comme on était bloqués (on refusait aux dépôts du personnel d'appoint), la direction nous a aidés en faisant appel à la sous-traitance pour le travail supplémentaire. Ça soulage, mais ce ne doit pas être très rentable.

Les chefs de dépôts ont d'autres priorités : assurer la production de base, leurs rotations sur les lignes municipales. Ils peuvent aussi bien retirer quelqu'un du service aux entreprises pour combler un trou ailleurs. En plus, il y a un manque de communication entre les directions, ils ne se réunissent jamais. Pour nous aussi, il n'y a pas de manifestations où on peut rencontrer les gens de la production.

Les employés des dépôts, pour eux, les services aux entreprises, ce n'est rien… Il faudrait leur expliquer que c'est ça qui fait vivre l'entreprise ; ce serait le travail des chefs d'établissements.

Quand on interroge les **chefs de dépôts** de la même région, on constate que la relation avec les commerciaux n'est pas leur principal souci. Leur gros problème est de faire face à une production en progression et aux impératifs croissants de qualité de service, imposés par les municipalités, avec des effectifs stables et pas facilement manageables. En effet ces managers ont peu de pouvoir de sanction ou de récompense. Ils ne sont pas hostiles à la démarche commerciale dans son principe, mais ils reconnaissent que certains employés n'ont aucune considération pour les services commerciaux rendus aux entreprises et collectivités.

Pour eux, ce qui est noble, c'est le service de base qu'on a toujours rendu à tout le monde. Ils n'ont pas compris que ce n'est pas ça, l'avenir.

Néanmoins, ils se plaignent quand même de la collaboration avec le service commercial. Par exemple, l'un d'eux affirme :

J'en ai assez. Chaque fois, c'est pareil. Ils doivent nous consulter quand ils ont un prospect pour un contrat d'entreprise ou de collectivité. Mais ils ne le font pas. Je reçois des feuilles d'ordre, elles ne sont même pas bien remplies. Ils s'imaginent qu'on peut prendre un client de plus comme ça. Si je n'ai personne pour travailler pour ce client, je ne peux rien faire.

Si l'on remonte **à l'échelon de la région**, on constate que le directeur commercial et celui de la production ont des bureaux voisins et qu'ils ont de bonnes relations personnelles. Mais il n'empêche que le **directeur commercial** est préoccupé.

Les relations avec la production sont une source de soucis. Il y a souvent des dysfonctionnements. On passe plus de temps à débloquer des situations qu'à construire.

Les chefs de dépôts n'ont plus d'objectifs commerciaux ; c'est dommage, j'espère que ça changera.

On a des objectifs un peu contradictoires avec la production ; leur organisation n'est pas connectée à l'activité, ils n'ont pas la flexibilité pour absorber les pointes. Il y a un problème de moyens et d'objectifs des dépôts, et aussi de culture des agents.

On nous dit que le client est au cœur de nos préoccupations, mais, quand on voit le fonctionnement au quotidien, on en doute. Récemment, une grande entreprise nous a fait une grosse commande. Le chef de dépôt concerné a dit OK, mais avec des moyens supplémentaires adéquats, ce qui est normal. Or, la direction financière a bloqué les embauches ; elle reçoit en ce moment des consignes très strictes du siège. Ça se règle, finalement, mais à l'affectif ; ce n'est pas normal de devoir plaider pour ça.

On ne connaît pas la marge par produit ; c'est donc plus difficile d'argumenter pour développer l'activité, prouver que ça vaut le coup de créer un poste de travail. La solution serait de redonner des objectifs communs.

C'est vrai aussi que les commerciaux qui râlent le plus contre les producteurs sont aussi les plus difficiles à manager, les moins rigoureux., les moins structurés, ceux qui posent le plus de problèmes de management. Mais ceux pour qui ça va bien avec les dépôts en font trop. Ils vont informer les employés, ils les forment. On déborde de notre métier, mais c'est utile. Il y a des commerciaux qui vont parfois donner un coup de main à des chauffeurs pour que leur client soit bien traité. Je sais même que des commerciaux prennent parfois le volant en douce pour remplacer un chauffeur qui fait défaut au dernier moment…

De son côté, le **directeur de la production** est plus modéré, mais il reconnaît que des problèmes existent.

La coopération entre les producteurs et les commerciaux, c'est important, mais ça ne marche pas. Les commerciaux visent à développer leur CA (chiffre d'affaires) sans souci des coûts ou du respect des engagements clients. On n'est pas dans une démarche de complémentarité. La production a toujours fonctionné sur elle-même, et encore moins par rapport à des clients.

Je suis ici depuis six mois et j'ai été trop pris par les urgences pour avoir le temps de bâtir avec mon collègue du commercial des relations permanentes.

Auparavant, j'avais le même poste dans la région Centre ; ça fonctionnait bien. Je voyais mon collègue deux fois par mois. Nos collaborateurs sur le terrain devaient se voir une fois par mois. Cela fonctionnait dans le sens « remontant », de telle sorte que mon collègue et moi traitions les problèmes qui n'avaient pas pu être réglés au niveau inférieur. C'est un de mes objectifs d'arriver à la même chose.

Quant au **directeur régional**, il est lui aussi en poste depuis six mois environ. Il estime également que cette coopération est importante ; toutefois, lors de son premier tour d'horizon, effectué à l'occasion de sa prise de fonction, il ne lui a pas semblé que c'était un problème lourd dans sa région.

Bien sûr, il y a des efforts à faire, mais il y a d'autres problèmes urgents dans cette région ; en particulier, nous devons remonter à la fois la productivité et la qualité de service ; nous sommes derrière les autres régions.

2.1.3 Beau temps dans l'Est…

Le climat n'est pas le même dans la région Est. Sur le terrain, la coopération entre producteurs et commerciaux est le plus souvent jugée satisfaisante par les intéressés.

Dans l'ensemble, les chefs de dépôts et les commerciaux estiment bien s'entendre pour les services auprès des entreprises et collectivités. Ils se concertent pour examiner les disponibilités d'employés et de moyens techniques. En cas de problème, ils en parlent ensemble ou avec leur hiérarchie, et, jusqu'à présent, une solution a toujours été trouvée.

Un **commercial** parle ainsi de ses rapports avec l'établissement proche :

> *Cela se passe plutôt bien avec les employés. Je l'ai été moi-même, dans cet établissement. Cela aide. Ce qui aide également, c'est que les commerciaux ont leur bureau dans les mêmes murs.*
>
> *Au départ, on n'est pas très bien perçus par les employés ; si on ne va pas les voir, cela aggrave la situation. Je passe les voir deux ou trois fois par semaine, aux prises de service. Je vais voir la maîtrise. Je les tiens au courant de ce que je fais sur la zone, des accords que je passe avec les clients, surtout s'ils sont un peu limites avec les règles établies. Je fais le tampon entre le client et la production. Quand un chauffeur a un problème avec un client, il m'en parle ; de même, si un client râle auprès de moi, je vais voir la production. Ce contact est capital. Si les commerciaux étaient basés ailleurs, cela se passerait moins bien, car ils ne prendraient pas le temps d'aller voir les employés de la production aussi souvent. Inversement, ils me donnent des informations précieuses sur mes clients : projets nouveaux, réorganisations internes, etc. Il n'y a que quelques-uns avec qui la collaboration est médiocre (peut-être 10 %).*

Au niveau régional, l'entente est également jugée bonne, bien que perfectible. Le directeur de la production et le directeur commercial sont tous deux dépeints par leur entourage comme les promoteurs du rapprochement mutuel de leurs services. Voici ce qu'en dit le **directeur de la production** :

> *Historiquement, les producteurs décidaient de tout. Il n'y avait pas de commerciaux. J'étais à la direction régionale Centre et je m'occupais des grands clients. On était les seuls à en avoir, à cette époque. Je faisais le tampon avec mes collègues producteurs, dont la philosophie était : « On applique la règle. » C'est une période qui m'a marqué ; je passais mon temps à concilier des intérêts inconciliables.*
>
> *Quand mon collègue est arrivé comme directeur commercial, on a décidé de travailler là-dessus. On a fait des réunions communes. On s'invitait à nos réunions de filières. On a travaillé en projet sur deux services phares. Pour ceux-là, les commerciaux ont été contraints de respecter des règles explicites dans la prise de contrat.*
>
> *Maintenant, il y a une bonne synergie. Il y a encore parfois des problèmes, mais beaucoup moins. Les deux premières années, ça a bien marché. Cette année, cela se relâche peut-être un peu. On est en tête dans les challenges nationaux ; on est premiers en pourcentage d'augmentation du CA. L'important est de montrer aux gens du terrain qu'à la région producteurs et commerciaux travaillent ensemble, que ce n'est pas de la façade.*
>
> *Il n'y a pas de sanction, seulement de l'incitation ; il faut que les gens travaillent en confiance.*

Globalement, ça crée un état d'esprit différent. Le commercial n'est pas jeté dehors sans explications par les producteurs. Les gens se parlent, se comprennent. Les gens sont a priori favorables au fait de travailler dans un bon climat.

Nous avons une bonne équipe à la région, des pros qui n'hésitent pas à se remettre en question, à chercher des solutions aux problèmes. On ne dit jamais non a priori. L'équipe est motivée par la performance ; ils sont fiers d'être les premiers. Mes collaborateurs se déplacent beaucoup, vont parler avec les gens, y compris dans les dépôts. Les gens du terrain les voient.

Quant au **directeur commercial**, ses propos sont concordants.

Le grand mal de notre entreprise, c'est la guerre entre la production, les établissements, les commerciaux, etc.

Ici, on avait fait le constat des mauvaises performances dans le service aux entreprises et collectivités. On avait aussi fait le constat avec le directeur de production qu'on ne travaillait pas assez ensemble. Il n'y avait rien de formalisé entre nous, chacun se renvoyait la balle en cas de problème. On a procédé en trois temps :

1. Réunions entre commerciaux et producteurs. Au début, les gens ont vidé leur sac, c'était plutôt tendu, mais ça a été mieux ensuite. Aujourd'hui encore, à chaque réunion importante d'une filière, des représentants de l'autre sont invités. Cela mange du temps, mais c'est important : chacun comprend mieux les problèmes de l'autre et l'autre voit qu'on s'y intéresse.

2. On a défini ensemble des outils formalisés, utilisés en commun par les deux filières. Par exemple, des tableaux de bord permettant de suivre l'évolution des parts de marché. Cela permet de sensibiliser chacun aux enjeux de l'autre.

3. On a mis en place des contrats de service sur les services pour les entreprises et collectivités, signés par les deux filières, précisant les règles que chacun doit respecter. Il y a un tronc commun pour toute la région et des variantes qui dépendent de chaque dépôt. Notre rôle est de nous assurer que c'est bien en place. S'il y a un problème à la production pour prendre un nouveau client, on va chercher l'arbitrage du directeur régional, qui peut réfléchir plus globalement au développement des moyens sur une zone donnée.

Alors que nos résultats étaient plutôt mauvais, ils se sont nettement améliorés.

Rien d'extraordinaire n'a été inventé, mais on a formalisé. On a aussi valorisé les gens qui ont travaillé ensemble. La commerciale et la chef de dépôt qui avaient le plus avancé sur le sujet sont venues présenter ce qu'elles avaient fait aux autres.

Ce qu'on a mis en place est fragile, devra toujours être stimulé. C'est aussi très dépendant des hommes qui sont à la tête. J'appréhende beaucoup le départ de mon collègue de la production (il part à la retraite).

Le directeur régional souligne également l'attention qu'il porte à cette coopération.

Il y a une chose essentielle : la volonté du directeur régional et de ses adjoints. C'est la clé du succès. Chacun a des objectifs contradictoires, donc la synergie a ses limites. C'est le patron qui fait la synthèse. Quand j'étais directeur de la région Sud, je poussais le CA des commerciaux et je disais que les producteurs doivent se débrouiller pour assurer ensuite la production. Pour les services aux entreprises et collectivités, le CA croît assez facilement si on fait des actions commerciales. C'est la production qui freine. C'est vrai que les producteurs n'ont rien à y gagner, que des embêtements (changer les programmations de travail, l'affectation des moyens techniques, embaucher, etc.). Ce qu'on peut faire, c'est les aider à se réorganiser, si besoin ; c'est ce qu'a fait ici la direction régionale. On peut aussi marquer de la reconnaissance pour leurs efforts (je réalise que je ne l'ai pas assez fait dans le Sud). Et surtout, il est important que tout le monde parle le même langage (les commerciaux, les financiers, la direction). Sinon, les producteurs peuvent toujours trouver des discours pouvant légitimer leur réticence à faire des efforts.

Dans les années 80, j'en étais à mes débuts et j'étais dans le commercial ; un collègue producteur, très compétent, m'avait dit sérieusement : « Les commerciaux devraient rester à la maison, car, si le volume d'activité augmente, la qualité de service aux usagers va se dégrader. » Là, il y avait un vrai antagonisme. Cette période est terminée. La place centrale du client est reconnue par tous.

Les producteurs ont tendance à s'arranger sur le dos du client. Ils travaillent avec des flux très tendus, des horaires très difficiles ; le rêve du producteur est de détendre ces contraintes… Il aime bien aussi les organisations stables, bien rodées. Son rêve est donc que ça ne change pas trop. Le travail du commercial est de freiner cela, de porter la voix du client. Dans cette région, c'est sans doute plus facile que dans certaines autres, comme le Centre ou l'Ouest. Là-bas, il y a des grosses équipes, plus anonymes.

2.2 Analyse : comment se joue la coopération entre commerciaux et producteurs ?

Comment améliorer la coopération entre commerciaux et producteurs ? Nous avons vu que les collaborateurs de l'entreprise se posent cette question à divers niveaux hiérarchiques ; cela est compréhensible puisque cette coopération conditionne en grande partie la performance de l'entreprise dans l'activité ouverte à la concurrence, activité qui promet en outre de tenir de plus en plus de place dans sa stratégie.

Au demeurant, cette coopération pose problème dans de nombreuses organisations (voir le développement sur ce sujet au chapitre 6).

Pour influer sur la situation, il est très utile de comprendre quels facteurs freinent ou favorisent cette coopération. C'est ici que les notions et mécanismes présentés dans les chapitres précédents peuvent être mobilisés. Reprenons l'un après l'autre les différents niveaux que nous avons détaillés précédemment : individus, groupes et organisation.

2.2.1 Niveau des individus

L'analyse

On peut être tenté de considérer que cette coopération est fonction de la personnalité des individus en place. C'est d'ailleurs un réflexe assez fréquent, lorsqu'il y a un problème dans une organisation, d'en attribuer la cause aux personnes impliquées. Il existe, dans les données qui sont à notre disposition, des arguments en faveur de cette hypothèse. Il semble en effet que l'impulsion donnée par le directeur de la région Est et ses deux adjoints, directeur de la production et directeur du commercial, ait joué un rôle fort et qu'une telle impulsion n'ait pas été donnée dans la région Ouest. De même, on peut penser que c'est finalement la personnalité de tel ou tel chef d'établissement, tel ou tel commercial, tel ou tel responsable de secteur qui, dans leurs domaines respectifs, font de la situation ce qu'elle est. Les différents acteurs le soulignent bien dans leurs propos.

On peut alors se demander ce qui, chez ces individus, favorise ou freine la coopération. En effet, si celle-ci se joue au niveau des individus, alors il conviendra de bien les choisir ou de les faire évoluer.

Les différentes approches de l'individu que nous avons étudiées au chapitre 1 ont un rôle à jouer à ce niveau. Celles qui sont relatives au champ biologique ayant probablement un faible impact dans ce cas précis, nous nous concentrerons plutôt sur celles qui appartiennent au champ psychologique et au champ social. Les données en notre possession, c'est-à-dire celles qui figurent ci-dessus, ne nous fournissent pas toutes les informations nécessaires, mais elles permettent au moins de se poser de bonnes questions.

Champ psychologique

On peut tout d'abord envisager les divers protagonistes sous l'angle de leur fonctionnement intellectuel. Pour coopérer, il faut « s'entendre ». Si, à un niveau donné, région ou terrain, le producteur et le commercial ont les mêmes mécanismes de pensée et de raisonnement, leur relation en sera grandement facilitée. Le révélateur de cette compatibilité sera la manière dont ces personnes communiquent entre elles. Les données que nous avons sur ce point mériteraient d'être enrichies.

On peut également s'intéresser aux affects des individus. Cela conduit notamment à vérifier qu'il n'y ait pas incompatibilité d'humeur ou de personnalité dans les nombreuses paires qui composent la relation entre commerciaux et producteurs. On doit s'attendre à ce qu'il y ait des paires plus ou moins heureuses, selon la dynamique affective des individus. En outre, une propension à la coopération chez chaque individu constituera un plus. Cela suppose une capacité à ne pas être trop sur la défensive, à s'ouvrir aux autres et à l'échange. Comment se caractérisent de ce point de vue les personnes avec qui la coopération fonctionne mal dans le cas étudié ? Nous en savons trop peu pour l'affirmer, mais on peut penser que quelque chose se joue là. Par exemple, dans le cas des responsables de la région Est, on peut émettre l'hypothèse que la compatibilité des personnalités en présence a eu un rôle positif.

L'histoire personnelle de ces individus a pu également influer. Le responsable de la production de la région Est, par exemple, nous a rappelé qu'il a été commercial précédemment, ce qui peut l'aider à comprendre ses collègues.

Champ social

On sait peu de chose sur les groupes d'appartenance des divers protagonistes hors de leur entreprise. Il serait cependant étonnant, vu le nombre d'individus impliqués, qu'un groupe particulier (religion, sous-ensemble ethnique) ait une influence déterminante sur un grand nombre de ces individus. Il est également peu probable que la particularité de la culture nationale favorise tel ou tel comportement. En revanche, l'insertion des individus dans la société environnante est probablement influente dans l'évolution des mentalités vis-à-vis de la fonction commerciale. On sait que cette entreprise était précédemment une administration publique. La mutation vers le statut d'entreprise peut ne pas aller de soi pour les collaborateurs, ce qui pourrait expliquer un rejet par certains de la fonction commerciale, en ce qu'elle représente un changement de finalité de l'organisation. Or, bon nombre des individus concernés, et en particulier les cadres, baignent dans un univers culturel (médias, amis travaillant ailleurs) où cette évolution d'anciennes administrations vers une finalité d'entreprise tend à devenir banale, et où elle est plus ou moins bien acceptée, mais considérée comme inéluctable.

Conséquences pour la direction

Si la direction se préoccupe des questions de coopération interne, et qu'elle se focalise sur le niveau des individus, elle tirera de ces considérations quelques enseignements. D'une part, elle soignera le recrutement des divers responsables en incluant comme un des critères de sélection sur les postes concernés la capacité de travailler en équipe, de voir au-delà des enjeux immédiats de son propre poste. Elle pourra également chercher à constituer des « paires » susceptibles de bien fonctionner (par exemple, directeur commercial et directeur de production dans une région). D'autre part, elle pourra être tentée de favoriser les parcours professionnels transversaux, c'est-à-dire ceux où les individus occupent tour à tour des postes de production et des postes commerciaux. Ce serait en effet de nature à produire, sur le moyen terme, des collaborateurs plus ouverts aux préoccupations de leurs collègues.

Toutefois, une focalisation sur ce seul niveau et sur les actions qu'il suggère serait insuffisante. Certes, il existe des individus plus disposés que d'autres à coopérer, mais il serait sage de se demander, compte tenu de la fréquence des problèmes rencontrés, si le contexte dans lequel se trouvent les individus ne joue pas, lui aussi, un rôle important. En outre, les actions évoquées ci-dessus ne seraient qu'imparfaites. On ne recrute pas toujours, dans tous les postes, les candidats correspondant idéalement à tous les critères ; c'est même rarement le cas. Il y aura donc toujours des choix, dictés par l'urgence ou la nécessité, de collaborateurs qui seront de bons professionnels dans leur domaine (production, commercial), mais moins bons dans la coopération transversale. *A fortiori*, constituer des « binômes » compatibles sur les plans cognitif et affectif sera très difficile. Les personnes chargées du recrutement ont généralement ce souci en tête, mais il n'est pas toujours facile de prévoir les compatibilités de personnalité, et il faut disposer d'un choix suffisant de candidats pour se donner cette contrainte. En supposant même qu'un « bon binôme » soit constitué, rien ne garantit ensuite qu'il ne sera pas dissocié parce qu'un des deux membres sera muté ailleurs ou partira à la retraite (comme le directeur de production de la région Est). Ces difficultés se présenteront à tous les niveaux de la hiérarchie, mais encore plus au niveau de l'exécution, où les critères de recrutement sont moins précis. Il faut savoir en effet que cette entreprise ne propose pas de très hautes rémunérations. Suivant la conjoncture, elle peut donc même éprouver des difficultés à satisfaire ses besoins quantitatifs en personnel, si elle multiplie les critères de recrutement. Au niveau de l'exécution, les parcours professionnels transversaux sont aussi moins souvent possibles.

En résumé, ces limites ne devront pas empêcher la direction de soigner les actions visant le niveau des individus (recrutement, parcours professionnels), mais elles l'inciteront à compléter ces actions par d'autres, visant le niveau des groupes et celui de l'organisation.

2.2.2. Niveau des groupes

L'analyse

La première question à se poser est : quels sont les groupes à considérer, c'est-à-dire quels groupes peuvent exercer une influence non négligeable sur les individus concernés ?

Les données en notre possession ne nous renseignent pas complètement sur ce point et une enquête complémentaire serait utile.

A priori, on peut penser aux groupes suivants :

- Pour le personnel d'exécution, les collectifs de travail. Par exemple, le groupe des employés de chaque dépôt, le groupe des commerciaux de chaque secteur.
- Pour le personnel d'exécution également, les groupes plus larges que forment les employés de production et les commerciaux dans l'entreprise. Ces groupes seront plus imprécis que les précédents, puisque tous leurs membres ne se connaîtront pas.
- Pour l'encadrement, les groupes formés par les personnes travaillant au sein de la même filière d'encadrement, qui se réunissent périodiquement et partagent les mêmes préoccupations techniques (l'encadrement du commercial, l'encadrement de la production).
- Pour l'encadrement également, les comités de direction de chaque région réunissant le directeur régional et ses divers adjoints, dont les responsables de la production et du commercial.

Cela ne nous renseigne pas sur la prégnance de ces divers groupes. On sait que les collectifs de travail au niveau de l'exécution jouent souvent un rôle important dans le façonnement des comportements individuels et cette entreprise ne fait pas exception. Les groupes formés par les membres de l'encadrement peuvent être, quant à eux, plus ou moins influents. Il serait long de comprendre les caractéristiques propres à chacun de ces nombreux groupes. Comme pour les individus, le risque serait de se perdre dans des histoires humaines chaque fois spécifiques, qui ne permettent pas de saisir ce qui rend cette question de la coopération si fréquemment problématique. L'important est, d'une part, de repérer ce qui se joue dans des groupes éventuellement importants pour notre question et, d'autre part, de repérer les points communs aux groupes de producteurs et aux groupes de commerciaux, qui forment ce qu'on peut appeler une culture de métier.

Sur le premier point, il semble, au vu de nos exemples, que les comités de direction de région et de secteur jouent un rôle important dans l'incitation des collaborateurs de niveau hiérarchique inférieur à coopérer. Il serait alors intéressant de mieux connaître la dynamique de ces groupes, le rôle qu'y joue le directeur régional. On sait que certains leaders, du fait de leur style, favorisent ou inhibent la bonne entente entre leurs collaborateurs. On touche à la fois à des aspects individuels, liés à la personnalité du leader, et des aspects groupaux. Il faut également se pencher sur les occasions qu'ont les divers protagonistes de se rencontrer. On peut être tenté de penser en effet que les individus qui travaillent dans les mêmes locaux ont plus de chances de coopérer parce qu'ils ont des occasions plus nombreuses de se voir et donc de nouer des liens d'ordre affectif. C'est le cas dans la région Est ; toutefois, la même configuration dans la région Ouest ne produit pas les mêmes effets. On peut donc retenir qu'il s'agit d'un élément favorisant mais pas suffisant.

Sur le second point, indépendamment de l'enquête qui a été menée ci-dessus, d'autres études ont décrit les cultures de métier au sein de cette entreprise. On sait que la culture de métier en matière de production est ancienne. Les collaborateurs de la production sont souvent depuis de nombreuses années dans l'entreprise, car ils participent au modèle de carrière le plus fréquent, la carrière à vie. Ils ont été formés à l'esprit de l'entreprise et en sont souvent fortement imprégnés ; dans les diverses régies municipales qui ont été reprises dans tout le pays, une culture de métier très voisine prévalait. Cela signifie que les valeurs d'excellence auxquelles les ouvriers de maintenance, les chauffeurs et les agents de maîtrise se réfèrent touchent à la capacité à « faire passer » la production : les bus et les trams doivent partir et arriver à l'heure, aux fréquences adéquates. Ces valeurs traditionnelles ne prennent pas en compte les aspects commerciaux. La culture de métier en matière de commercial est plus récente dans l'entreprise, et généralement apportée par des collaborateurs qui ont travaillé ailleurs précédemment. Chez ceux qui ont exercé un métier commercial durant l'essentiel de leur carrière, les valeurs d'excellence professionnelle sont la capacité à vendre et à nouer de bonnes relations avec les clients. La production est souvent là, dans leur esprit, pour assurer les prestations qui ont été vendues.

Les deux cultures de métier en présence sont donc, de façon classique, passablement égocentriques, exclusives des autres métiers. Elles ne prédisposent pas à la coopération transversale. Nous avons vu que des individus sont capables de s'extraire de cette influence. Dans certains cas au moins, cette dernière peut donc être contrebalancée. Des facteurs individuels, envisagés précédemment, peuvent être à l'œuvre, mais aussi des facteurs organisationnels, que nous abordons plus bas.

Conséquences pour la direction

Les analyses qui ressortent de ce niveau peuvent conduire la direction à mettre en œuvre d'autres actions.

Tout d'abord, chercher à augmenter les capacités des directeurs de région à exercer un leadership fédérateur au sein de leur comité de direction. Cela rejoint les considérations sur le recrutement des individus : outre leur capacité à la coopération, c'est leur style de management qui est visé. On peut aussi imaginer des formations qui aident les intéressés à progresser dans ce domaine. De même des actions de *team-building* peuvent renforcer la cohésion des équipes de direction. Grâce à un ensemble de techniques, ces actions permettent généralement aux participants de mieux se connaître mutuellement et de poser les bases d'une communication plus facile.

Toutes ces mesures peuvent utilement compléter celles qui ont été suggérées par l'analyse du niveau des individus. Cependant, elles ne sont pas non plus suffisantes : l'entreprise ne peut pas compter que des leaders exemplaires, et ces derniers auraient de toute façon à composer avec l'influence des cultures de métier et avec des intérêts antagonistes. Il pourra également être utile de veiller à ce que producteurs et commerciaux ne soient pas séparés dans des lieux de travail éloignés, même si, comme nous l'avons vu, ce type de mesure facilite la coopération plus qu'elle ne la suscite.

Enfin, on peut chercher à faire évoluer les cultures de métier. Il n'est ni facile ni rapide de changer une culture (voir chapitre 9) ; cependant, des actions peuvent y tendre. On retrouve la promotion de parcours professionnels transversaux, mentionnés déjà au niveau des individus. Le renouvellement des populations, le contenu des formations dispensées sont également à inscrire dans ce registre. Plus généralement, c'est le développement d'une culture et de valeurs d'entreprise qui peut tempérer celles des métiers. Pour ce faire, une meilleure compréhension des raisons de l'adhésion des individus à ces cultures de métier pourrait être utile. S'il s'avérait, par exemple, que la raison principale en est qu'elle fournit des repères identitaires forts aux collaborateurs, il conviendra de se demander comment l'entreprise en tant que telle peut, elle aussi, procurer des repères forts. Nous revenons plus en détail sur ce sujet un peu plus bas.

2.2.3 Niveau de l'organisation

Reprenons les trois sphères de notre modèle de l'organisation : culture, dispositifs organisationnels et jeux individuels (voir chapitre 2, section 2.2).

Culture

Compte tenu de ce que l'on sait par ailleurs de la culture de cette organisation, on peut faire l'hypothèse que deux de ses aspects au moins sont à l'œuvre.

D'une part, nous sommes dans une entreprise qui a conservé bon nombre de traits d'une bureaucratie (voir chapitre 2, section 4.1). Les collaborateurs ont intégré une représentation de l'organisation où les ordres et les instructions arrivent d'en haut, le travail de chacun étant de bien faire ce qui lui est demandé, sans avoir à réfléchir à la cohérence d'ensemble avec les actions des autres ; cette cohérence est supposée être l'affaire des niveaux supérieurs de la hiérarchie. La coopération transversale n'est donc pas un réflexe naturel dans une telle entreprise. Cela ne signifie pas qu'elle n'a jamais existé. Au sein même du métier traditionnel de la production, la coopération entre les divers acteurs peut être utile. Toutefois, elle procède alors de la bonne volonté des uns ou des autres et d'affinités entre eux ; elle est donc inégalement répartie au sein de l'entreprise.

D'autre part, bon nombre de collaborateurs, surtout au niveau de l'exécution, n'ont pas encore totalement adopté les nouvelles finalités de l'entreprise. Il convient de se demander quelle part peut prendre chez certains producteurs une réticence de principe à une collaboration étroite avec le commercial. Cette réticence peut être de nature politique : le refus de la libéralisation de l'économie et des services publics ; elle peut également naître d'une crainte pour l'avenir même de l'emploi dans une entreprise qui est appelée à prendre place progressivement dans un jeu concurrentiel ouvert.

À l'inverse, quand la coopération fonctionne, on peut voir quelques signes d'évolution de cette culture. On constate ainsi le développement, chez certains au moins, d'une responsabilisation plus directe par rapport aux enjeux de l'entreprise, notamment celui de sa rentabilité.

Dans la région Ouest, enfin, on peut se poser la question de la qualité du management humain de la direction régionale ; celle-ci vient d'être renouvelée, mais quelle situation, quel climat social a-t-elle trouvés ? Comment s'est-elle adaptée aux attentes des employés ? Il ne semble pas y avoir de crise grave, car nos interlocuteurs nous en auraient sans doute parlé, mais n'existe-t-il pas un malaise latent parmi les producteurs de cette région ? Si tel est le cas, il sera utile d'approfondir les causes de ce malaise au niveau des personnels de dépôts.

Dispositifs organisationnels

Sans vouloir passer en revue les nombreux aspects qui peuvent être envisagés sous cette rubrique, plusieurs points saillants sont à prendre en compte.

Disparité de performances entre les régions

On constate que la région où la coopération transversale est problématique est aussi celle où les résultats opérationnels (productivité, qualité de service) sont les moins bons. Pourquoi ? S'agit-il d'une mauvaise ambiance dans le personnel de production — ce qui renforcerait l'hypothèse que nous venons d'évoquer ? Ou bien s'agit-il de questions techniques (vétusté du matériel et des installations, moyens alloués, processus de travail obsolètes, etc.) ?

Information, clarté des messages

On peut constater que l'information diffusée aux collaborateurs est différente d'une région à l'autre. Ceux de la région Est sont mieux informés des préoccupations de leurs collègues et ils les rencontrent plus souvent. La volonté de la direction de voir les deux métiers collaborer y est plus clairement réaffirmée. Si l'on remonte d'un niveau, toutefois, il conviendrait de vérifier qu'au siège l'équipe de direction générale donne bien une image d'unité et de coopération, et que le message, explicite et implicite, à l'endroit des directeurs régionaux est bien une injonction à développer les coopérations transversales.

Conditions de travail

Les budgets restreints dont disposent les chefs d'établissements peuvent les conduire à rogner sur la qualité des conditions de travail. Cela peut renforcer « l'égocentrisme » des employés de production, en même temps que renforcer leur sentiment de n'être pas considérés, de ne pas compter (par exemple, « mon véhicule de dépannage est toujours en panne, mais on dépense des millions pour la publicité… »).

Nature du travail

Indépendamment des objectifs fixés par la hiérarchie, les deux métiers ont à composer avec un jeu de contraintes partiellement antagonistes. Les producteurs doivent assurer la fluidité et la continuité de la production avec des moyens parfois réduits. Ils n'ont pas de priorité particulière à accorder à la clientèle entreprises et collectivités et peuvent être tentés d'affecter leurs moyens là où des difficultés se présentent. Ils ont de plus une logique budgétaire qui les amène à programmer leurs effectifs sur l'année, ils n'ont pas la possibilité d'embaucher en cours d'année. Ce fonctionnement s'accommode mal des impératifs de réactivité que suppose la logique des relations commerciales.

Les commerciaux doivent convaincre des clients, ce qui n'est pas toujours facile en milieu concurrentiel ; leur réussite se mesure au niveau de leur chiffre d'affaires. Par conséquent, les contraintes des producteurs, voire des considérations sur la rentabilité des affaires qu'ils ramènent, peuvent leur apparaître comme autant de limitations de leur action. Le stress, les angoisses des uns et des autres peuvent donc se télescoper s'ils ne prennent pas le soin de se concerter.

Règles et procédures

Il n'y a qu'une seule règle édictée au niveau national. Relative à l'une des prestations offertes aux entreprises et collectivités, elle prévoit que les chefs d'établissements reçoivent un poste de travail supplémentaire à partir du moment où le chiffre d'affaires de cette prestation dépasse un certain seuil. Cela allège le problème sans le résoudre complètement, car les chefs d'établissements doivent commencer par faire avec les moyens dont ils disposent — et qui sont parfois réduits — avant d'atteindre ce seuil. Nous avons vu qu'au niveau régional avaient été établies des procédures régissant la coopération entre les deux métiers : par exemple, le circuit de décision avant d'accepter un nouveau contrat, le type de formulaire à remplir et les indications à y porter sont précisés. Ces procédures, bâties sur le même principe dans les deux régions, prévoient que tous les acteurs concernés soient consultés ; elles prévoient également les formes d'arbitrage en cas de désaccord.

Système de responsabilisation, de sanction-récompense

L'entreprise, en même temps qu'elle s'est éloignée de son ancien statut d'administration, a entrepris de responsabiliser son encadrement par un système d'objectifs. Il est clair que les objectifs des deux filières ne sont pas communs, voire qu'ils peuvent être antagonistes, comme l'indiquent certains des collaborateurs. Il s'agit là d'un élément clé dans notre analyse. Toutefois, son impact est limité par le fait que l'atteinte des objectifs est un point important mais pas capital pour la carrière des intéressés. L'entreprise offre des garanties de sécurité de l'emploi que ne peuvent remettre en question d'éventuelles mauvaises performances. L'enjeu se situe donc seulement en termes de progression de carrière. Et, là aussi, l'atteinte des objectifs ne pèse que d'un poids relatif. Les appréciations qualitatives de la hiérarchie et les bonnes relations que les individus entretiennent avec cette hiérarchie entrent largement en ligne de compte.

Jeux individuels

Les producteurs peuvent être tentés de considérer que leur tâche est déjà suffisamment délicate pour qu'ils la compliquent avec les exigences des commerciaux. Coopérer avec les commerciaux peut leur apparaître comme une injonction supplémentaire, contradictoire avec la première. Les commerciaux, dans leur souci de maximiser le chiffre d'affaires, peuvent être tentés de prendre des commandes sans se pénaliser par la prise en compte des contraintes de la production. De fait, de tels comportements existent et sont décrits par les individus interrogés, quand bien même l'instruction officielle est d'établir une bonne coopération entre métiers. Et quand bien même il existe des procédures, qui sont donc plus ou moins bien respectées.

Dans les discours de la direction, la priorité officielle est accordée au commercial, mais la force de la production réside dans sa capacité d'inertie. Si, en définitive, les producteurs ne respectent pas les consignes, mais qu'ils respectent les impératifs de volume et de qualité de production globale, s'ils contribuent à obtenir, le cas échéant, le renouvellement des contrats de transport urbain avec les municipalités, ils savent que les manquements à la coopération transversale ne leur seront pas reprochés trop sévèrement.

Nous sommes en outre dans un univers où les sanctions sont limitées. La coopération entre producteurs et commerciaux est finalement plus nécessaire aux commerciaux. La frustration, quand cela fonctionne mal, est d'ailleurs plus amèrement exprimée par les commerciaux. On constate également que ce sont les commerciaux qui vont voir les producteurs sur le terrain, plus que l'inverse. Au-delà des règles et des prescriptions de la direction, ils ont compris qu'ils ont tout intérêt à soigner leurs relations personnelles avec les producteurs. C'est aussi parmi les commerciaux que l'on voit adopter des solutions de type « système D » pour satisfaire leurs clients tout en palliant les insuffisances des producteurs : par exemple, certains commerciaux, étant d'anciens chauffeurs, prennent eux-mêmes le volant de temps à autre, ce qui suppose de s'arranger avec un agent de maîtrise bienveillant au dépôt.

Mais tous les commerciaux n'agissent pas ainsi, espérant, parfois en vain, que la position officiellement privilégiée du commercial leur apportera les prestations internes qu'ils souhaitent.

Les directeurs de région, puisqu'ils sont responsables des deux filières, ont en principe intérêt à ce que cette coopération réussisse. Leurs adjoints peuvent, de ce fait, leur emboîter le pas puisque leur supérieur hiérarchique peut jouer un rôle important dans leur progression de carrière. Toutefois, il ne contrôle pas toutes les ressources et la progression de carrière ne constitue pas un enjeu d'égale importance pour tous. Les moyens de travail (personnel, matériel) constituent un autre enjeu fort, car ils conditionnent la qualité de vie au travail et la dose de stress que chacun devra supporter. Ils sont attribués aux régions par les directions de métier au siège national. Celles-ci évaluent les performances du terrain en fonction de leurs propres critères (qualité et quantité de production pour l'une, ventes pour l'autre). La direction financière, au siège et *via* ses représentants dans les régions, exerce également un fort contrôle des dépenses. Le directeur de région ou de secteur ne peut donc agir comme un responsable de centre de profit, libre de ses mouvements tant qu'il développe son activité et préserve sa rentabilité. Lui comme ses collaborateurs doivent donc composer avec les directions de métier et la direction financière qui, toutes, les poussent vers des objectifs partiels. Il s'ensuit un jeu de négociations implicites entre chacun de ces responsables, dont la coopération interne peut parfois faire les frais.

Conséquences pour la direction

Plusieurs pistes d'action s'ouvrent pour la direction.

Faire évoluer la culture

La direction peut s'efforcer de faire évoluer la culture de l'entreprise. Si les employés de production font évoluer la vision qu'ils ont de leur métier, ils pourront être plus sensibles à l'utilité pour l'entreprise de l'action des commerciaux. Il s'agit pour la direction de susciter la diffusion parmi les collaborateurs de valeurs nouvelles qui ont trait à la vie sur un marché concurrentiel (service au client, rentabilité), sans pour autant renoncer à un certain nombre de celles qui ont fourni le socle de la culture passée. On sait toutefois que ce travail est lent (voir chapitre 9 pour plus de détails sur les leviers que l'on peut actionner en pareil cas). Toujours dans la même perspective, un autre domaine d'action est celui des messages que la direction diffuse auprès des directeurs régionaux. Si l'équipe de direction nationale est exemplaire en matière de coopération transversale, elle sera beaucoup plus crédible pour demander à ses collaborateurs le même comportement. Elle peut également insister, dans ses communications, sur l'importance de cette coopération transversale. Cela peut aider, mais le message ne sera crédible que si un certain nombre de dispositifs organisationnels sont en accord avec lui.

Agir sur les dispositifs organisationnels

La direction peut également agir sur les dispositifs organisationnels. Elle peut envisager d'encourager la coopération transversale par la voie procédurale. Imposer, par exemple, que des procédures de coordination existent dans toutes les régions et soient négociées par les divers acteurs. Imposer également que des comités de pilotage fassent régulièrement le point, dans chaque région, sur les dossiers où la coopération est requise. En somme, imposer ce qui se fait déjà dans les régions où la coopération marche bien. La limite est que la direction ne peut tout imposer. N'oublions pas que cette directive viendrait s'ajouter à une masse déjà importante de directives dans d'autres domaines. Le zèle pour l'appliquer, dans l'esprit et non seulement dans la lettre, sera fonction de la propension des responsables régionaux à coopérer… Toutes les prescriptions de la direction générale se heurteront à la puissance des jeux individuels. Alors, comment les orienter ?

Réguler les jeux individuels

La direction doit peser sur les dispositifs organisationnels en tenant compte de l'impact probable sur les jeux individuels.

Les deux métiers sont partiellement antagonistes en grande partie du fait des fortes pressions qui pèsent sur eux en termes d'économies budgétaires. Il existerait des moyens de rendre ces pressions plus convergentes.

Le premier, mis en œuvre dans un secteur de la région Est, est de libérer des moyens au fur et à mesure que les opportunités d'affaires apparaissent, sans attendre que le volume d'activité des dépôts considérés atteigne le seuil convenu. Dans la région Ouest, le travail a été sous-traité à l'extérieur, ce qui ne peut durer qu'un temps pour des questions de coût. S'il s'agit d'affecter un volant flexible de personnel aux dépôts, se pose alors toute la question de la gestion d'une main-d'œuvre flexible, de l'attitude possiblement hostile des syndicats et de la modification du système de budget et de contrôle de gestion en vigueur. Beaucoup de choses à changer et des remous en perspective…

Un autre moyen serait de faire descendre au niveau des dépôts la responsabilité d'un centre de profit. Ainsi, les stratégies des cadres auraient tendance à se fonder sur la notion de rentabilité, au lieu que les uns considèrent des coûts à contenir et les autres des recettes à augmenter. Pour les chefs de dépôts, il deviendrait plus naturel de dépenser plus pour gagner plus et, dans certains cas, de renoncer à un chiffre d'affaires non rentable. Les objectifs des uns et des autres pourraient facilement être harmonisés, les commerciaux devenant par exemple des pourvoyeurs de rentabilité pour les dépôts. Une telle structure n'est pas évidente à mettre en place, car la rentabilité réelle des dépôts, pour des raisons techniques, ne peut s'apprécier qu'à l'échelle d'un réseau entier, communal voire régional.

À défaut de descendre si près du terrain, la notion de centre de profit pourrait être appliquée aux directions régionales. Cela n'a pas été fait jusqu'à présent, car cette entreprise s'est engagée dans une politique de sévère compression des coûts, le prix étant une variable de plus en plus essentielle dans ce secteur. Cela a eu pour effet de donner de forts pouvoirs à deux directions centrales au siège. D'une part, la direction financière, qui a imposé un contrôle budgétaire étroit sur les dépenses, avec une possibilité limitée pour les directeurs régionaux de jouer sur des surplus de recettes pour financer des surplus de dépenses ; les dépassements de quota de personnel en région, notamment, sont soumis au feu vert du siège. D'autre part, la direction technique, qui a imposé dans tous les dépôts des méthodes de planification de la production identiques dans toutes les régions. Ces deux directions portent, aux yeux de la direction générale, l'enjeu de la compression des coûts ; elle serait mal venue de rogner sur leurs pouvoirs.

En somme, les défauts de la coopération interne chez Citylines sont la contrepartie d'un certain nombre de grands choix en matière de structure : centralisation des décisions et absence de centres de profit au niveau intermédiaire. Nous l'avons dit au chapitre 2 (section 1.2), manager, c'est faire face à des dilemmes... La direction pourrait être tentée de remettre en cause cette politique. Mais il conviendrait avant cela d'apprécier si les inconvénients dépassent pour elle les avantages.

Une autre voie consiste à trouver, à la marge, des façons de rendre les inconvénients de cette politique plus supportables, moins dommageables. La direction serait alors bien inspirée de s'interroger sur ce qui pourrait inciter les producteurs à avoir besoin des commerciaux. On a vu précédemment que seul l'inverse était vrai. Aujourd'hui, le commercial dérange le producteur, aux prises avec ses difficultés quotidiennes. Quand le producteur répond malgré tout aux attentes du commercial, ce n'est pas en vertu de son intérêt mais par souci du bien collectif et/ou pour plaire à un chef pour qui ce point est important. On peut penser à deux leviers susceptibles de soulever l'intérêt des chefs de dépôts ; le premier, au moins pour certains, est le déroulement de leur carrière. Si le chiffre d'affaires réalisé avec la clientèle entreprises et collectivités faisait l'objet d'une attention particulière dans les critères de performance, davantage de chefs de dépôts se sentiraient naturellement les alliés des commerciaux. Le second levier est le souci de limiter le stress dans leur travail, stress lié en grande partie aux moyens de production qui leur sont sévèrement comptés. Si la coopération avec les commerciaux leur permettait de desserrer quelque peu l'étau dans lequel ils se sentent pris, ils la considéreraient sans doute autrement ; par exemple, la progression du chiffre d'affaires sur l'activité entreprises et collectivités pourrait leur valoir à coup sûr l'année suivante des moyens supplémentaires. La solution précise sortirait d'ailleurs sans doute plus facilement d'un dialogue avec les gens de terrain que d'une réflexion d'état-major. Bien entendu, ces deux solutions comportent aussi des inconvénients. Privilégier le chiffre d'affaires réalisé avec la clientèle entreprises et collectivités reviendrait à minimiser l'importance accordée à d'autres critères de performance, et ces derniers sont déjà au nombre d'une vingtaine... Garantir un accroissement automatique de moyens en cas de bonnes performances ne cadre pas avec la logique budgétaire pilotée de manière descendante... Il faudrait de toute façon trouver des compromis. La coopération transversale n'est pas un détail ; elle ne peut pas s'améliorer sans contrepartie...

Enfin, il convient de garder à l'esprit que l'approfondissement de ce cas, au moyen de données plus détaillées, déboucherait vraisemblablement sur des pistes complémentaires (voir encadré 3.1).

2.3 L'étude d'une situation dans une organisation : quelques principes

Nous avons vu que la situation décrite peut trouver de multiples facteurs explicatifs, se situant à différents niveaux. Aucun ne constitue la cause unique du phénomène. La direction a, de ce fait, plusieurs leviers d'action possibles. Fort logiquement, un seul ne sera pas suffisant. C'est une convergence de mesures qui peut permettre d'améliorer la situation. Nous disons bien « améliorer », car la résolution complète du problème est peu probable. En tout cas, elle exigerait de très grosses remises en question touchant à des éléments clés de l'organisation actuelle. Le problème exposé n'est pas, loin de là, le seul que la direction doit traiter. Parmi la gamme des mesures que notre analyse lui fournit, elle pourrait choisir, en fonction de la priorité qu'elle accorde à la question, celles qui lui paraissent appropriées.

Mais avons-nous bien compris la situation ? Nous ne pouvons pas l'affirmer, pas plus que quiconque d'ailleurs, y compris parmi les protagonistes. L'avantage est que nous avons utilisé une grille d'analyse systématique, permettant de ne pas oublier de se poser un certain nombre de questions importantes. Mais nous ne pouvons être certains d'y avoir bien répondu, ne serait-ce que parce que nous ne disposions pas de toutes les informations, et aussi parce que nous n'avons pas mis en œuvre tous les concepts et toutes les analyses approfondies qu'il serait possible d'appliquer à la situation (voir encadré 3.1). C'est le but de la deuxième partie de ce livre que de donner les clés pour aller plus loin. Munis de plus d'informations et d'un bagage théorique plus important, nous serions à même d'affiner notre analyse et de restreindre le nombre d'hypothèses plausibles.

Citylines vit une période de changement profond. Dans le modèle ancien, les producteurs n'avaient pas à collaborer avec d'autres, et notamment pas avec des commerciaux, qui symbolisent le changement d'état d'esprit de l'entreprise. Mais le changement touche aussi la façon de définir le travail, de l'organiser. Un macro-changement de cet ordre est toujours délicat. Il comporte des pièges. Comprendre cette situation, c'est aussi comprendre la dynamique de changement organisationnel. Le chapitre 9 apportera des éléments de fond sur cette question.

Il serait cependant illusoire de croire qu'il est possible de rassembler toutes les informations utiles ; il faudrait pour cela disposer de beaucoup de temps et que les acteurs aient la volonté de se confier.

Même si nous ne sommes pas certains d'avoir tout compris ou même tout envisagé, nous avons par contre l'assurance de nous être donné une vision riche et réfléchie de la situation.

Quelques principes se déduisent de la démarche qui a été proposée et de cet exemple.

- Le point clé est dans la représentation que l'on a de l'organisation…

  Quand un problème se pose, toute solution proposée se fonde, consciemment ou non, sur une théorie de l'organisation et de son fonctionnement. Les managers, qui doivent chaque jour prendre des décisions en vue d'orienter l'action collective, utilisent une telle théorie, même si elle n'est pas explicite ni nécessairement mûrement réfléchie. L'intérêt d'une étude approfondie telle que la propose ce manuel est, pour

Étude 3.1

Quelques pistes d'approfondissement souhaitables

Dans le cas Citylines, des approfondissements pourraient viser :

- La façon dont la direction et les directions régionales communiquent avec le terrain ; la façon dont les producteurs et les commerciaux communiquent entre eux. Des erreurs, des distorsions sont possibles. Le chapitre 4 visera à mieux faire comprendre ces mécanismes.
- La motivation ou la démotivation des employés, qui ont été évoquées au travers d'une de nos hypothèses. Comment fonctionne la motivation chez les individus ? Comment le management influe-t-il sur elle ? C'est l'objet du chapitre 5.
- Les différents ressorts qui conduisent individus ou groupes au conflit ou à la coopération, et les pratiques des organisations pour peser sur ces ressorts. Le chapitre 6 approfondira les pistes déjà suggérées dans le cas étudié.
- En quoi les relations entre commerciaux et producteurs sont-elles une relation de pouvoir ? Comment discerner dans ces situations ce qui est de cet ordre ? Quel pourrait être le rôle d'un leader, le directeur régional par exemple, pour améliorer la situation ? Le chapitre 7 approfondira les notions de pouvoir et de leadership, ainsi que leur rôle dans les organisations.
- Le système de délégation des responsabilités chez Citylines est-il adéquat ? Nous avons vu que le manque d'autonomie des opérationnels joue un rôle dans le cas étudié. Quand donner plus d'autonomie à des collaborateurs ? Quelles conditions satisfaire ? Quel est l'impact d'une délégation mal adaptée ? Le chapitre 8 fera le point sur ces questions.

des managers ou des futurs managers, de leur permettre d'enrichir leur théorie du fonctionnement de l'organisation et d'améliorer ainsi la pertinence de leurs actions.

- … dans la délimitation que l'on se donne du problème et de ses acteurs…

  Un problème n'existe que dans l'esprit de quelqu'un. Face à cette situation, nous avons posé le problème de la coopération transversale problématique, mais certains commerciaux, par exemple, auraient pu le poser comme étant le problème du refus des producteurs de coopérer avec eux… ce qui ne les aurait pas forcément conduits à la même analyse. Enfin, nous avons délimité les acteurs pertinents, c'est-à-dire les catégories de personnes qui ont été interrogées, mais sans doute aurions-nous enrichi notre vision en nous intéressant à la direction générale, aux cadres financiers… Il n'y a pas de « bonne » délimitation, seulement des délimitations plus ou moins utiles ou faciles à mettre en œuvre.

- … et dans les questions que l'on se pose de ce fait.

  Compte tenu de la variété des problèmes qui peuvent se poser, on ne peut attendre d'une telle démarche qu'elle apporte des recettes permettant d'aller droit à une réponse qui serait déjà prête pour chaque cas. Une telle attente serait irréaliste. Par contre, utiliser une théorie dans ce contexte, c'est avant tout pouvoir se poser des questions pertinentes, et diminuer le risque d'oublier celles qui pourraient être déterminantes. On a pu noter que, dans l'exposé du cas étudié, les éléments manquaient pour approfondir certaines pistes de réflexion. Cela est peut-être dû à un manque de temps dans la collecte des données, mais aussi au fait que la personne qui a collecté ces données avait en tête un certain nombre d'hypothèses, ou de grilles de lecture de la réalité, et qu'elle n'a rapporté que des informations qui nourrissaient ces grilles. On ne trouve sur le terrain que les données que l'on cherche… Mais il n'y a pas de chercheur parfait, qui aurait en tête toutes les grilles et, s'il existait, il n'aurait pas le temps de les appliquer toutes sur le terrain…

- Il y a plusieurs angles de vue possibles, donc plusieurs explications complémentaires à une situation.

  Nous avons vu que les approches de l'organisation étaient nombreuses. Beaucoup d'entre elles sont complémentaires. Tel est le cas de l'approche par le niveau des individus, le niveau des groupes et le niveau de l'organisation et, à l'intérieur de celles-ci, d'angles de vue variés.

- L'organisation est un système : il n'y a jamais un seul facteur causal.

  Nous avons décrit l'organisation comme un système de facteurs en interaction. Chacune des approches utilisées permet d'apporter des éléments différents d'analyse. Un risque fréquent est d'attribuer les raisons d'un phénomène, d'un dysfonctionnement par exemple, à un ou à des individus fautifs et à des traits de leur personnalité. Cette façon de raisonner peut apporter un gain de temps pour un phénomène anodin et ponctuel, mais elle est très trompeuse si elle s'applique à un phénomène récurrent et/ou de fort impact sur la vie de l'organisation.

- La pertinence plus que la vérité.

  Comme nous l'avons dit précédemment, nous ne savons pas quelle est la vérité sur les raisons de la situation étudiée ni même sur tous les détails de cette situation elle-même (c'est-à-dire ce qui se passe au quotidien dans des dizaines de dépôts). Il y a fort peu de chances que nous puissions le savoir, ne serait-ce que parce que notre propre subjectivité est à l'œuvre, que nous le voulions ou non. Par contre, la démarche proposée peut aider à « y voir plus clair », à élaborer des réflexions pertinentes et, en conséquence, à enrichir la variété et l'efficacité des actions qui pourront être décidées.

3. Les managers face aux problèmes humains dans l'organisation

Nous venons d'expliquer pourquoi la démarche de connaissance des phénomènes humains dans l'organisation vise plus logiquement la pertinence que la vérité, et renvoie à des critères de scientificité spécifiques. En effet, la démarche selon laquelle il convient de parvenir à une vérité démontrable et indiscutable avant de passer à l'action vaut pour les contextes où cette vérité peut être atteinte. Cela suppose que :

- tous les paramètres de la situation puissent être connus ;
- la subjectivité de l'observateur puisse être gommée.

Aucune de ces conditions n'est ici remplie ; ce serait donc une erreur de logique que de vouloir appliquer une démarche dans un contexte qui ne lui est pas approprié. En outre, ce serait méconnaître la vie pratique des managers au sein des organisations.

Nous ne recommandons pas pour autant, face à une situation, de ne faire appel qu'à son intuition. Certes, le recours à l'intuition n'est pas inutile et de nombreux livres ou articles traitant de grands managers ne manquent pas de mentionner leur « flair » ou leur « instinct ». Mais, aussi enviables que soient ces qualités, ce ne sont pas celles qu'enseigne ce manuel. Il existe d'autres lieux pour cela. Il s'agit ici de faire usage de raisonnements.

Nous aborderons tour à tour, dans les trois parties de cette section :

— les limites de ce que peut savoir un manager sur les phénomènes humains au sein d'une organisation ;

— l'intérêt qu'il peut trouver, de ce fait, à une démarche pragmatique ;

— les contraintes pratiques des diverses actions qu'il peut entreprendre pour agir sur le fonctionnement humain des organisations.

3.1 Condamnés à ne pas tout savoir

Le cas que nous avons décrit précédemment se présente rarement ainsi à un manager, dirigeant d'une organisation ou cadre. Au mieux, ce dernier va commencer par prendre conscience qu'il existe un problème, en l'occurrence un problème de coopération difficile entre certains de ses services. Au pire, il n'en prendra pas conscience — et le pire de ce point de vue n'est pas si rare dans les organisations. Peut-être en effet n'aura-t-il pas trop envie d'entendre de mauvaises nouvelles (penchant fréquent de la nature humaine), peut-être aussi ne lui dira-t-on pas qu'il y a un problème. Les collaborateurs ne disent souvent à leur chef que ce qu'il souhaite entendre ou, au mieux, ce qu'ils le croient capable d'entendre. Il faut donc à ce manager du courage, de l'expérience du terrain lui permettant de décoder de petits signes, de bons contacts avec sa base, pour être au fait de situations qui peuvent poser problème.

Ensuite se pose la question du traitement du problème. Un manager est en général aux prises avec de nombreuses décisions, si ce n'est de nombreux problèmes. Il peut donc décider de laisser certains d'entre eux « filer » parce que moins urgents ou préoccupants pour lui que d'autres.

S'il décide de le traiter, il peut mettre en œuvre une décision qui ne demande pas beaucoup de réflexion ; par exemple, considérer que le problème est dû à la personnalité d'un collaborateur, c'est-à-dire se contenter d'analyser le premier des niveaux que nous avons mis en évidence. Il ne reviendra alors sur le problème que si ce dernier se manifeste à nouveau.

Il peut aussi décider de traiter le problème plus à fond. Il pourra alors s'engager dans une réflexion du type de celle que nous proposons ici. Il peut la mener seul ou avec des collaborateurs, avec le risque que les débats soient inhibés car tous les acteurs ne voudront pas tout lui dire de ce qu'ils font ou de ce qu'ils pensent. Il pourra faire appel à un consultant ou chercheur extérieur. Ce dernier pourra lui apporter du recul, moins de subjectivité et, généralement, plus de richesse de réflexion ; il pourra accéder à plus d'informations mais pas à toutes. Il sera perçu par les acteurs internes comme plus neutre que le manager, mais pas nécessairement comme apte à recevoir toutes les confidences. D'une part, certaines informations sont difficiles à collecter, voire impossibles. Savoir ou, du moins, approcher ce qui se passe dans l'inconscient des individus, par exemple, nécessiterait un long travail psychanalytique ; mais il conviendrait que les intéressés soient volontaires pour s'y engager et il est en outre très peu probable que ce qui s'est dévoilé dans ce travail soit rapporté ensuite par les intéressés dans leur milieu organisationnel. On se trouve donc réduit à interpréter certains signes, à faire des hypothèses plutôt générales et peu sûres dans ce domaine. D'autre part, ce consultant ou chercheur extérieur travaille en temps et en budget limités. Il fera donc des choix dans les domaines qu'il va explorer.

Au demeurant, il serait lourd et coûteux de recourir à des prestataires externes pour chaque problème. Il existe donc des choses qui sont difficiles ou impossibles à savoir, et d'autres que l'on pourrait théoriquement savoir mais qu'on ne sait pas toujours en pratique, faute de temps et de moyens.

Tableau 3.1 : Les facteurs agissant dans une situation et niveau de savoir possible

Facteurs agissant dans une situation	Niveau de connaissance sur la situation accessible au manager et à ses proches collaborateurs	Apport possible de l'aide d'un tiers (consultant, chercheur, etc., quand il est possible d'y recourir)
Niveau des individus concernés		
Qualités cognitives, cartes mentales	Bon mais empirique	Complément apporté par des méthodes rigoureuses
Sentiments, valeurs, image de soi	Moyen à faible. Hypothèses et interprétations seulement, fondées sur des données très biaisées. Limitations fortes liées au fait que le dirigeant est fortement impliqué dans la situation	Hypothèses et interprétations mieux fondées (données plus riches, moins biaisées) et mieux élaborées. Mais plus utile pour comprendre une masse d'individus que des individus précis (respect de la confidentialité)
Influences sociales, hors de l'organisation	Moyen	Amélioration importante de la compréhension mais toujours avec les limites dues au respect de la confidentialité
Niveau du ou des groupes concernés		
Dynamiques de groupes	Moyen à faible. Hypothèses et interprétations seulement fondées sur des données très biaisées	Hypothèses et interprétations mieux fondées (données plus riches, moins biaisées) et mieux élaborées. Mais accès seulement aux groupes qui se laisseront approcher
Niveau de l'organisation		
Culture	Moyen à bon, suivant sa relation avec les collaborateurs	Permet de bien compléter sans certitude d'avoir épuisé le sujet
Dispositifs organisationnels	Bon dans les pratiques prescrites ; moyen à bon dans les pratiques effectives	Permet de bien compléter, notamment quant aux pratiques effectives, sans certitude d'avoir épuisé le sujet
Jeux individuels	Faible à bon, suivant sa relation avec les collaborateurs	Permet de bien compléter, sans certitude d'avoir épuisé le sujet

3.2 L'intérêt d'une démarche pragmatique

Si l'on considère la matrice des savoirs, représentée au tableau 3.2, l'important pour un manager n'est pas de chercher à tout savoir, mais de progresser dans sa conscience de ce qu'il sait et de ce qu'il ne sait pas. Dans un univers complexe où l'on ne peut pas tout savoir, cette conscience compte au moins autant que ce que l'on sait.

Tableau 3.2 : La matrice des savoirs (d'après Ramirez, 1997)

Savoir sur les choses		OUI	NON
Conscience de son savoir	OUI	Sait qu'il sait	Sait qu'il ne sait pas
		↑	↑
	NON	Ne sait pas qu'il sait	Ne sait pas qu'il ne sait pas

C'est en se posant des questions qu'il est possible d'atteindre cette conscience, donc en utilisant une démarche du type de celle qui est exposée précédemment. Un manager ne pourra jamais supprimer les deux cases inférieures de la matrice, mais il pourra malgré tout augmenter significativement le contenu des deux cases supérieures.

Tableau 3.3 : La matrice des savoirs (suite)

		Savoir sur les choses		
		OUI		NON
Conscience de son savoir	OUI	Sait qu'il sait	←	Sait qu'il ne sait pas
		↑		↑
	NON	Ne sait pas qu'il sait	←	Ne sait pas qu'il ne sait pas

Pour un dirigeant l'intérêt de connaître au moins les bases d'une analyse riche est double :

- Cela lui permet, sur de petites décisions, de ne pas tomber dans une analyse malgré tout trop simpliste de la situation.
- Il peut, pour les questions plus importantes, s'assurer que des aspects majeurs ne sont pas oubliés par ceux qui instruisent le dossier. S'il fait appel à un prestataire extérieur pour l'aider, il pourra également le choisir en connaissance de cause, en fonction du type de regard ou d'investigation que ce dernier est capable de mener (les prestataires sont en effet souvent spécialisés dans une ou quelques approches, voir chapitre 9, section 4.2.2).

Ensuite, en fonction d'analyses toujours incertaines, de contraintes de temps et de moyens, il pourra décider de procéder à des approfondissements qui lui permettront de mieux s'armer sur des sujets qu'il aura choisis. Cela ne supprimera pas les quatre cases de la matrice, mais le contenu de la case supérieure gauche en sera enrichi (ce qu'il sait qu'il sait et, donc, dont il peut se servir).

Enfin, ce sont les retours de ses actions, les enseignements qu'il peut en tirer, qui lui permettront, par essais et erreurs, par ajustements, de progresser dans sa compréhension et dans son efficacité.

3.3 Les contraintes de l'action pratique

Les leviers d'action d'un manager et de son équipe ne sont pas également aisés et efficaces pour tous les facteurs influant sur une situation. D'où un cadre de contraintes dans lequel le manager devra se mouvoir. On peut résumer le phénomène par le tableau 3.4.

Tableau 3.4 : Les leviers d'action du manager sur les problèmes humains et le cadre de contraintes qu'ils forment

	Peut connaître (résumé du tableau 3.1)	Peut agir	Rapidité des effets	Impact sur un problème de fond
Niveau individuel				
		En changeant d'individus (recruter/licencier) : Oui	Rapide pour quelques individus Lent pour un grand nombre	Limité si quelques individus Fort si grand nombre
Qualités cognitives, cartes mentales	Oui	En changeant les individus : Partiellement (formation)	Lent	Variable
Sentiments, valeurs, image de soi	Très imparfaitement	Peu en général ; sauf par l'impact d'un bon leader (dépend des cultures)	Lent en général ; l'impact d'un leader peut être rapide pour, mais il peut aussi être éphémère	Fort
Influences sociales	Très imparfaitement	Non		
Niveau des groupes				
Dynamiques des groupes	Variable	Oui, sur la composition	Rapide	Limité si le problème dépasse le cadre d'un groupe
		Oui, partiellement, en proposant des formations, en aménageant les conditions de travail	Variable	Idem
Niveau de l'organisation				
Culture	Partiellement à assez bien	Indirectement	Lent	Fort
Dispositifs organisationnels	Oui	Oui	Rapide	Variable car les règles peuvent toujours être contournées
Jeux individuels	Essentiellement occultes ; peuvent être en partie décodés	Indirectement	Plus délicat mais peut être rapide	Fort

On comprend pourquoi certaines actions sont plus tentantes que d'autres : celles où l'on agit sur des niveaux que l'on peut bien connaître et où les effets sont rapides. Par exemple, remplacer un individu à son poste quand il pose problème, établir une nouvelle règle ou un nouvel objectif. De fait, cela suffit parfois à améliorer une situation. Mais s'il s'agit d'un problème de fond, aux racines plus intriquées, ces actions ne suffiront pas. Les actions qui produisent les effets les plus forts sont aussi celles qui nécessitent le plus de finesse d'analyse, le plus de temps pour porter des fruits, parfois le plus de remises en cause du manager lui-même. Dans ce domaine-là comme dans d'autres, le dirigeant est amené à faire des arbitrages.

Résumé

- Un manager est condamné à ne pas tout savoir sur les phénomènes humains au sein de l'organisation. Il n'est pas dans la meilleure position pour cela, compte tenu des relations de pouvoir qu'il entretient avec ses collaborateurs, et même un observateur mieux placé ne pourrait y prétendre.
- Il a donc intérêt à une démarche pragmatique. Un questionnement adéquat lui permet de limiter son ignorance ou au moins de mieux prendre conscience de ce qu'il ne sait pas. Les allers-retours entre questions, hypothèses et actions lui permettent ensuite d'affiner progressivement sa compréhension.
- Les actions les plus faciles sur les comportements humains en organisation sont aussi souvent celles qui ont l'impact le plus limité. Les impacts forts en cas de problèmes s'obtiennent le plus fréquemment à partir d'actions à effets lents ou bien nécessitant le plus de finesse d'analyse, voire de remise en cause personnelle du dirigeant.

Conclusion

Dans ce chapitre, nous avons mis en application les enseignements théoriques des deux précédents chapitres.

Face à une situation organisationnelle qu'on veut comprendre, il est nécessaire de se poser un ensemble de questions complémentaires, qui correspondent aux différents niveaux que nous avons distingués : niveau des individus concernés, niveau du ou des groupes concernés et niveau de l'organisation elle-même.

À l'intérieur de ces niveaux, divers types de questions sont souhaitables, correspondant à plusieurs approches complémentaires ou plusieurs aspects de ces niveaux, décrits aux chapitres précédents. C'est cet ensemble de questions qui permet une vision riche et réfléchie de la situation. Il ne nous donne pas de certitudes, mais il permet de bâtir des hypothèses plausibles.

Cette méthode de questionnement, sans qu'il puisse jamais exister de « bonne réponse » dans l'absolu, est rendue pertinente par le fait que nous sommes dans un domaine où il n'est pas possible de tout savoir, ne serait-ce que parce que le manager, comme tout autre observateur, ne peut faire abstraction de sa subjectivité ni être perçu par les autres acteurs comme apte à recevoir toutes les confidences.

Cette méthode permet essentiellement de réduire l'incertitude. Couplée avec une démarche pragmatique d'itérations questionnement-hypothèses-actions, elle permet au manager de progresser dans sa compréhension de l'ensemble humain dans lequel il évolue.

La complexité des phénomènes humains, le fait qu'on ne puisse pas tout savoir, ne disqualifient pas le raisonnement pour traiter les problèmes. Il convient de trouver des méthodes de raisonnement adaptées à l'incertitude.

Chapitre 4

La communication

> **Objectifs du chapitre**
>
> **À l'issue de ce chapitre, vous devriez être capable de :**
>
> - **décrire plusieurs modèles de communication à travers des schémas appropriés ;**
> - **comprendre l'impact et le fonctionnement de la communication dans l'organisation ;**
> - **identifier les principaux biais culturels inscrits dans les communications humaines ;**
> - **énoncer les conditions de fiabilité des messages verbaux et des messages non verbaux ;**
> - **énumérer les obstacles courants à la communication personnelle et organisationnelle ;**
> - **proposer des pistes d'amélioration au processus d'échange.**

Communiquer est un acte à la fois banal et essentiel dans la vie sociale et professionnelle. Pour un individu quel qu'il soit, communiquer c'est échanger des informations avec ses semblables, construire la relation avec eux, « créer du sens » en commun, ou encore se situer par rapport aux autres, se connaître soi-même, éprouver et partager des émotions, se détendre, persuader ou influencer autrui, explorer et mieux connaître le monde qui nous entoure, accompagner l'action sous toutes ses formes, des plus simples aux plus complexes.

Dans une organisation, la communication va véhiculer des enjeux multiples. Pour un manager, il s'agira d'assurer le lien avec ses collaborateurs, d'influencer le comportement d'autrui pour atteindre les objectifs de l'organisation, et d'améliorer la qualité des communications formelles et informelles au regard des exigences d'efficacité de ses fonctions. La communication est devenue un élément essentiel de la fonction de manager. D'ailleurs, il est classique de constater que, désormais, les cadres et les dirigeants passent l'essentiel de leur temps (80 % ou plus) à communiquer avec leur entourage de façon formelle ou informelle. La communication, composante de tous les flux des systèmes, s'insère partout, s'incarne en chacun. À la fois support, aide, principe énergétique, facilitateur, révélateur, elle permet d'analyser, d'échanger, de relier, et de coordonner les efforts de tous.

Dans ce chapitre, nous aborderons donc successivement :

— les représentations les plus classiques de l'ensemble du processus de communication en évoquant notamment deux courants de références, mécanique avec Shannon et systémique avec l'école de Palo-Alto ;

— les relations entre organisation et communication (La communication peut-elle influencer la marche de l'organisation, et est-elle elle-même influencée par des caractéristiques de l'organisation ? Comment les spécialistes de l'organisation, professionnels et théoriciens, situent-ils la place et la contribution de la communication ?) ;

— l'impact des groupes et des variables interculturelles sur les communications collectives vécues dans les organisations ;

— les phénomènes de communication relevant de la contribution de l'individu dans l'organisation, phénomènes liés au langage, à la présentation de soi et à la reconnaissance sociale.

Concepts clés

Il existe actuellement un ensemble de théories et de modèles de référence, d'origine diverse, qui forment un patrimoine commun des sciences de la communication et sur lesquels le manager peut fonder sa réflexion et son action.

La communication, un concept multiforme

Concept multiforme, la communication peut être tout à la fois envisagée comme :

- **Une chaîne de l'information.** Cette première approche décrit « physiquement » les mécanismes d'un processus normatif où un message est véhiculé d'un émetteur vers un récepteur à travers une chaîne d'éléments répertoriés, tels que la source, le canal et la destination. Ce modèle s'applique à des situations aussi diverses que lire une page de journal, envoyer un mail à un fournisseur, joindre un correspondant au téléphone, raconter une histoire à la pause café, donner des directives à une équipe, etc.
- **Un processus d'influence.** Cette deuxième perspective met l'accent sur l'influence exercée par un « communicateur » sur les individus ou les groupes auxquels il s'adresse. La communication, au sens où l'emploie le « marketing » vise à provoquer une modification des attitudes, des opinions ou des comportements chez les récepteurs. Cette façon d'entraîner la conviction d'autrui peut susciter, par exemple, de l'enthousiasme (admiration pour le leadership) ou de la méfiance (crainte des manipulations).
- **Un partage du sens.** Cette troisième lecture insiste sur la dimension relationnelle, à la fois émotionnelle et interactive, de la communication entre les personnes. Un acte de communication est complet lorsque les interlocuteurs accordent une signification identique aux mêmes signes. On peut voir le monde avec les lunettes de l'autre sans renoncer à sa propre vision, en conservant son autonomie et son libre arbitre. Selon un paradoxe désormais classique, les personnes qui communiquent le mieux sont celles qui ont fait le deuil d'une communication parfaite ou fusionnelle avec autrui.
- **Un système interactif.** Cette quatrième approche considère, avec les tenants de l'école de Palo-Alto (voir plus loin), que la communication doit être comprise comme un système. L'approche systémique n'est pas une nouvelle science, ni même une nouvelle discipline. C'est un point de vue original sur la réalité, une méthode pour aborder des phénomènes complexes. Elle permet une vision synthétique : elle recompose l'ensemble des relations significatives qui relient des éléments (individus, groupes, organisation) en interaction ; attitude à laquelle correspond précisément la notion de système.

Pour explorer plus avant les deux approches les plus contrastées de ce panorama de la communication, la première plus analytique et mécanique dans le fonctionnement qu'elle propose, et la quatrième plus synthétique et organique, nous allons nous pencher maintenant tout d'abord sur les principes de la théorie de l'information, puis sur la conception systémique issue des travaux de l'école de Palo-Alto.

L'apport de la théorie de l'information

Les nombreuses études théoriques et appliquées réalisées dans le domaine de la communication ont abouti à l'élaboration progressive, par différents auteurs, de schémas descriptifs et explicatifs.

Le souci primordial présidant à la construction de tels modèles, mis au point au départ par des ingénieurs, est de retrouver à l'autre bout d'une chaîne de communication un message aussi proche que possible de l'original.

Ainsi, le schéma linéaire de **H. D. Lasswell** (1948) correspond à la mise en forme de cinq questions essentielles concernant le processus de communication et la responsabilité des interlocuteurs.

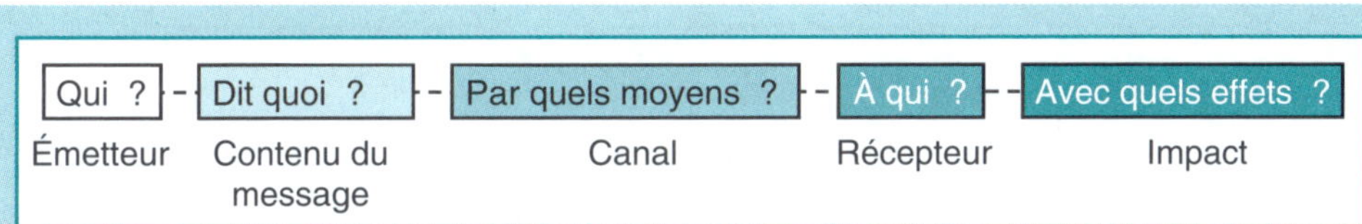

Figure 4.1. Le schéma linéaire de H. D. Lasswell (1948).

Ce système linéaire s'inspire du schéma behavioriste (stimulus-réponse) évoqué au chapitre 1 (section 1.2.3). Sa limite est que la chaîne de causalités qu'il propose tend à simplifier la réalité observable. Un manager avisé devra donc, en complément, prendre en compte les contraintes de l'organisation et le jeu spécifique des acteurs.

À la même époque, un ingénieur américain des télécommunications, **C. Shannon** (1948), formulait une « théorie de l'information » fondée sur l'étude des questions relatives à la transmission de l'information. Le modèle de Shannon propose un schéma linéaire reposant sur une chaîne d'éléments : la source d'information, l'émetteur qui transforme le signal en un code (la voix humaine se métamorphose en impulsions électriques dans un téléphone), le canal de transmission, le récepteur qui décode les signaux et se trouve être le destinataire du message.

Figure 4.2. Le schéma de C. Shannon.

Il s'agissait pour Shannon de proposer une analyse mathématique de la transformation des signaux. Son modèle est devenu une matrice de référence pour les sciences de la communication.

N. Wiener, cybernéticien, a modifié le schéma linéaire des théoriciens de l'information par l'introduction d'une notion prioritaire, celle de *feed-back* ou boucle de rétroaction, et en mettant l'accent sur les ajustements indispensables des flux d'information dans la poursuite d'une action efficace.

L'émission d'un message (1) entraîne le plus souvent des réactions (2) de la part du récepteur, lesquelles influencent en retour (3) l'émetteur, qui peut alors réajuster son message en conséquence. Le schéma suivant décompose ce processus :

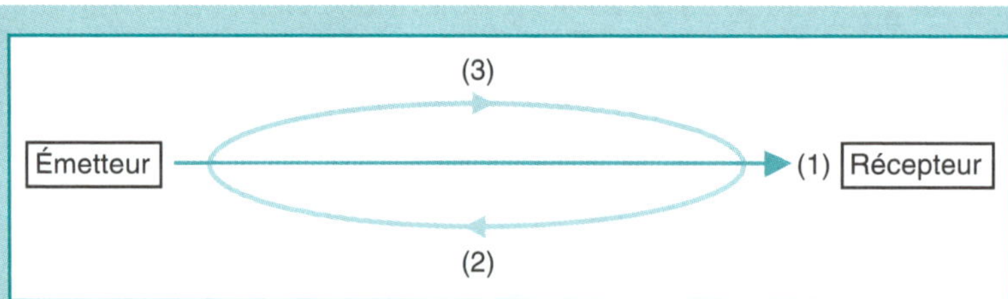

Figure 4.3. Le schéma de N. Wiener.

Une chaîne d'éléments bien identifiés et bien coordonnés permet donc, nonobstant les difficultés d'usage, de transmettre fidèlement un message d'un émetteur à un récepteur. Le *feed-back* sert d'instance régulatrice et facilite le partage des significations entre interlocuteurs. Il garantit peu ou prou la fiabilité du système.

Outre l'accent mis sur l'importance stratégique de l'émetteur, du récepteur et du *feed-back*, certains travaux de recherche (Roman Jakobson, 1963) se sont penchés sur la contribution spécifique du « message » et les fonctions variées qu'il est amené à remplir.

Ces différentes fonctions (**expressive** : problématique du « je » ; **conative** : problématique du « tu » ; **référentielle** : concernée par le « il » ; **phatique** : garante du lien ; **métalinguistique** : gardienne des références ; **poétique** : centrée sur la créativité) se retrouvent, à des degrés divers, dans toute communication. Savoir discerner celle qui prime permet de bien situer la finalité d'un échange interpersonnel. Les fonctions phatique (qui concerne tout ce qui sert à établir et à maintenir le contact dans le message : « Allo ! », « Comment allez-vous ? ») et métalinguistique (qui relève des dictionnaires et des lexiques) apparaissent les plus courantes dans l'entrée en matière de tout processus de communication, car elles favorisent un ajustement mutuel entre interlocuteurs.

Ainsi, l'approche analytique permet d'appréhender une logique formelle sous différentes facettes, en présentant de façon linéaire et simple des causes et des effets accessibles à tous. Toutefois certains dysfonctionnements lui échappent, qui peuvent souvent être mieux compris en se référant à la notion de « système organisationnel ».

La communication comme un système

Les chercheurs de l'école de Palo-Alto, fondateurs de « l'approche systémique », ont été les premiers à mettre en évidence la pluralité des niveaux de communication contenus dans un message.

Un ensemble de règles concernant la communication en tant que système a été élaboré par les tenants de cette école, et notamment G. Bateson (1942) et P. Watzlawick (1967). Elles éclairent d'un jour différent les phénomènes de communication. Voici quelques-unes de ces règles :

- **Il est impossible de ne pas communiquer.** En effet, les êtres vivants sont « reliés » entre eux et à l'environnement, qu'ils le veuillent ou non, qu'ils le sachent ou pas. Il y a toujours communication quand une personne se trouve en présence d'une autre personne, même silencieuse. Ainsi, isolé et enfermé dans son bureau, un cadre communique quelque chose à son entourage, ne serait-ce que sa position de repli et de réserve.
- « **C'est le contexte qui éclaire la relation entre deux personnes** » et, pour comprendre la communication, il vaut mieux utiliser la métaphore de l'orchestre que le schéma télégraphique de Bell. « Communiquer, c'est entrer dans l'orchestre. » « Dans un groupe humain en interaction, il y a une partition invisible que chacun déchiffre selon ses rapports aux autres et à l'ensemble, véritable grammaire implicite aux comportements. » Chacun joue sa partie en relation avec son voisin et fait apparaître un ensemble mouvant en interaction permanente. Chacun transforme, réinterprète et réinvestit les contenus de l'échange.
- **La communication est prévisible** lorsque nous connaissons les structures formelles de l'organisation et leurs modes concrets de fonctionnement. Cependant, une prévision par trop active peut « fabriquer » *de facto* les résultats attendus. Ainsi, dans les « prophéties autosuffisantes » on assiste à la construction de la réponse prévue : les individus ont des attentes par rapport aux comportements des autres personnes et agissent envers celles-ci en fonction de ces attentes ; c'est alors que la prophétie prend corps et se réalise.
- **Ce sont les personnes qui créent les significations** et non les mots eux-mêmes, et ces significations ont vocation à être partagées. Or le partage des significations ne se fait pas par l'intermédiaire d'un canal qui transporterait les significations d'un lieu à un autre. Une interaction se crée entre les acteurs sociaux et les significations sont analysées par les acteurs (avec une rationalité « limitée », voir chapitre 1), au fur et à mesure qu'ils organisent systématiquement ce qu'ils voient et ce qu'ils entendent.
- **Le concept de « double contrainte »** ou double lien, caractérise une communication dite « paradoxale », c'est-à-dire comportant des messages contradictoires. L'injonction paradoxale se traduit par exemple dans l'expression « Sois spontané » qu'un manager peut adresser à un individu. Les doubles liens répétitifs et contradictoires que son entourage délivre à une personne, entraînent souvent chez celle-ci des tensions ou même des troubles psychiques. La double contrainte et le paradoxe sont

des indicateurs pour comprendre les blocages à la communication et aussi des moyens pour lever ces blocages. Encourager quelqu'un à aller au bout de sa logique exacerbée peut le conduire à corriger spontanément ses propres excès.

- **La communication est un processus continu sans but défini** ni fin précise. Bien que la communication ait une origine et poursuive un but, nous ne portons attention qu'à une séquence limitée du processus car nous décomposons ses éléments en segments plus réduits que nous pouvons manipuler. Et la façon dont nous sélectionnons et organisons nos communications détermine en grande partie le sens que nous donnons aux comportements et aux événements. Un manager peut reprocher à un collaborateur son silence (retenant principalement dans le processus les moments de silence qu'il attribue, par exemple, à de la passivité), alors que le collaborateur reprochera à son manager de l'empêcher de parler (retenant principalement, quant à lui, les moments où il est tenu d'écouter son supérieur, lesquels se traduisent par son silence). Chacun n'attribue pas la même cause au silence et ponctue différemment la séquence des faits supposés objectifs pour l'un et l'autre.
- **La façon dont nous décidons d'interagir est liée à la perception que nous avons de nos relations avec les autres.** Les termes « symétrie » et « complémentarité » sont ainsi utilisés par plusieurs auteurs, l'un décrivant les relations en « miroir », c'est-à-dire entre personnes de statut égal, l'autre les relations de dépendance entre personnes de statuts inégaux. Dans le cas d'une relation complémentaire, communiquer en position haute place l'individu dans des dispositions particulières d'écoute et de réactivité, très différentes des attitudes qu'il adopterait en position basse, marquées par la déférence ou la soumission.

L'école de Palo-Alto a révolutionné le paysage de la communication en privilégiant l'approche systémique, permettant ainsi des analyses plus fines des processus interactifs entre les acteurs en présence.

Néanmoins, les deux approches présentées — l'approche mécanique et l'approche systémique — peuvent éclairer l'action et en faciliter la mise en œuvre. La compréhension des difficultés et des enjeux de la communication qu'elles permettent doit conduire à mieux communiquer, ce qui, en termes d'efficacité, ne manquera pas d'avoir des incidences sur l'action du manager.

1. Les interactions entre communication et organisation

Les relations entre la communication et l'organisation sont essentielles, mais elles restent encore un domaine de recherche relativement peu structuré. Elles reposent de fait sur une évidence : aucun système organisationnel ne saurait fonctionner sans communication. Les spécialistes abordent ce champ à l'heure actuelle en privilégiant des approches à la fois pluralistes, qui diversifient les grilles de lecture possibles, et systémiques, qui explorent les potentialités des systèmes (groupes, organisations).

La communication fait figure d'instrument au service du management, sans constituer un modèle de management en tant que tel. Elle incarne le moyen de l'adaptation, de la souplesse et de la flexibilité des organisations à leur environnement, et des entreprises à leurs marchés. Elle fait corps avec le management et l'accompagne en toute occasion. Elle ne résulte pas seulement d'actions volontaristes, mais de relations banales, organisées entre individus et équipes de travail, situés à tous niveaux hiérarchiques et fonctionnels. La communication sert de levier et permet de déployer plus efficacement les politiques de l'organisation. Suscitant l'échange, la compréhension et l'adhésion, elle peut améliorer l'efficience interne entre les moyens mis en œuvre et les résultats obtenus.

Dans cette section, nous aborderons les points suivants :

— Tout d'abord, nous analyserons les principales difficultés que peut rencontrer la communication et qui sont spécifiquement liées aux choix organisationnels (structure, dispositifs mis en place, etc.).

— Ensuite, nous montrerons que les différentes positions des acteurs dans l'organisation les conduisent à avoir des attentes et des problématiques différentes au regard de la communication. La création de fonctions de communication (interne et externe) traduit d'ailleurs l'importance donnée à la communication dans l'organisation, et la volonté des acteurs de la mobiliser à des fins spécifiques.

1.1 Les obstacles à la communication liés à l'organisation en elle-même

Les obstacles à la communication sont *a priori* très nombreux et d'importance variable. Ils n'empêchent pas cependant que la plupart des organisations fonctionnent. Mais lorsque des dysfonctionnements sont observés, porter un diagnostic sur les problèmes rencontrés permet souvent d'y remédier. Nous analyserons dans un premier temps les principales causes à l'origine des dysfonctionnements. Nous verrons dans un second temps en quoi les dispositifs formels de l'organisation peuvent parfois aggraver ces dysfonctionnements.

1.1.1 Causes mécaniques et causes systémiques

On distingue deux familles de causes à l'origine des difficultés courantes en matière de communication dans l'organisation. Les unes renvoient à une approche mécanique, car elles se rapportent à la chaîne de transmission, à l'aide de laquelle les membres d'une organisation se transmettent des renseignements, les gèrent et les interprètent. Les autres relèvent d'une analyse du système mis en œuvre et des contradictions potentielles ou réelles qu'il comporte.

Causes mécaniques : les décalages entre les intentions et les résultats dans le processus de communication

Un certain nombre d'études expérimentales ont démontré les difficultés objectives rencontrées dans la communication entre les intentions d'un émetteur et l'impact réel de son message sur un récepteur. Les expériences célèbres menées par Bavelas et Leavitt (1973) ont montré qu'en moyenne le message entre deux interlocuteurs, au courant l'un et l'autre du sujet évoqué, passe dans une proportion de 30 % à 50 %. Cette proportion tombe à 10 %, lorsqu'un des interlocuteurs aborde le sujet évoqué pour la première fois. Dans le cas d'un exposé écouté par plusieurs récepteurs, les 10 % à 40 % perçus par chacun ne sont pas les mêmes.

Le schéma de la figure 4.4 indique sommairement les déperditions d'information et le sort réservé, en fin de compte, à un message à sens unique, sans *feed-back*. Une telle communication à sens unique peut correspondre à certaines situations (messages écrits) ou être créée par l'attitude même de l'émetteur (interdiction de poser des questions, de faire des commentaires, etc.).

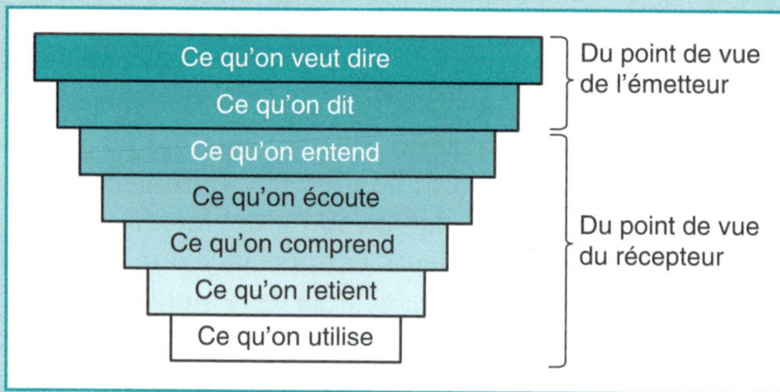

Figure 4.4. La déperdition d'information.

Si l'on en croit le schéma, la perte est sévère entre ce que l'émetteur veut dire et ce que le récepteur du message comprend, retient et surtout utilise pour finir.

L'émetteur doit coder son message pour le transmettre. Il se trouve confronté à sa maîtrise relative de la langue et du vocabulaire utilisés. L'interprétation des mots peut causer des malentendus entre émetteur et récepteur (voir section 3.1). Chaque récepteur a sa propre perception des mots et des significations, liée à ses capacités physiologiques (audition, vision) et psychologiques (carte mentale, émotions). Le manque d'intérêt et la non-implication du récepteur limitent également ses capacités de percevoir les solutions que l'environnement peut lui offrir. Par ailleurs, si ses attentes à propos du message ne correspondent pas à celles de l'émetteur, il peut en refuser le contenu ou l'interpréter dans un sens différent.

Causes systémiques : les contradictions des messages et les paradoxes de la communication

Un deuxième niveau d'analyse des difficultés de la communication est lié à des croyances ou à des convictions, souvent fausses et naïves, sur « la communication ». Fausses, car elles ne prennent pas en compte la complexité des systèmes que constituent les groupes et l'organisation. Ces convictions masquent alors la réalité des problèmes et rendent plus difficile leur résolution. Ainsi, pour expliquer et justifier les dysfonctionnements de toute nature qui ne manquent pas de se produire dans les communications organisationnelles, même lorsqu'elles sont globalement très performantes, les partenaires sociaux et professionnels invoquent souvent plusieurs types de causes, qu'ils attribuent, soit au système organisationnel, soit à la psychologie plus ou moins paradoxale des acteurs.

Voici quelques-unes de ces croyances :

- La tendance fréquente à incriminer la pesanteur et les vicissitudes du système, contre lesquelles personne ne peut lutter. Si « ça » communique mal, il suffit de rétablir une communication plus saine et plus rationnelle pour que les maux disparaissent. Mais le savoir présumé de ces observateurs critiques ne correspond pas toujours au pouvoir réel des acteurs. Et l'inertie perdure, alimentant le cercle vicieux de la plainte.
- La tendance, en cas d'incompréhension entre les individus, à en attribuer la cause aux personnes (« C'est sa faute ! ») plutôt que d'analyser l'incidence de causes externes jugées trop complexes.
- La conviction, souvent partagée par l'encadrement, les syndicats et tous les acteurs de l'entreprise que la communication « va de soi », et que, si elle est inexistante, cela est dû en priorité à la mauvaise volonté des autres protagonistes.
- La croyance en la vertu première de la transparence, autrement dit affirmer que « tout dire » à tout le monde résoudra le problème. C'est oublier que l'entreprise est un système complexe, composé de sous-systèmes n'ayant pas forcément les mêmes logiques, ni le même langage, ni les mêmes intérêts. Sans doute faut-il apprendre à connaître ces différents sous-systèmes et leurs besoins propres en matière d'information et de communication.
- La tendance à faire « toujours plus de la même chose », c'est-à-dire à vouloir appliquer crescendo des solutions simples et connues à des situations complexes et incertaines, qui exigeraient parfois une restructuration adaptative du système de communication. Un responsable de la communication d'entreprise qui constate un climat d'incompréhension peut réagir en investissant massivement dans la diffusion de notes de service, de plus en plus nombreuses et explicites. Alors qu'il serait sans doute préférable de prendre en compte les apports possibles de l'ensemble des moyens disponibles, ceux, par exemple, de l'intranet, du téléphone, de l'affichage et des réunions d'information en tous genres.
- Ces croyances peuvent se traduire par des exhortations de la hiérarchie à changer volontairement de comportement, qui peuvent parfois aggraver les choses en soumettant les employés à des injonctions paradoxales du type : « Prenez des initiatives ! », « Exprimez-vous ! », « Faites-nous confiance, dites-nous ce qui ne va pas ! », etc.

On dit que l'enfer est pavé de bonnes intentions. Paradoxalement, un des obstacles à la communication dans les organisations réside souvent dans la volonté de ceux qui sont en « position de pouvoir » de faire en sorte que les autres communiquent. Hélas ! plus on les enjoint de le faire et moins ils y arrivent. Cela ne signifie pas qu'il n'y ait rien à faire, mais qu'il faut essayer de faire autrement. Pour sortir des dilemmes et des paradoxes, l'école de Palo-Alto préconise deux issues : métacommuniquer (mettre à plat les difficultés rencontrées entre interlocuteurs) et surcommuniquer (multiplier les modalités de communication d'un même message) (voir section 3.1).

1.1.2 Les dispositifs formels, facteurs aggravants ?

Les dispositifs formels, comme la division du travail, la hiérarchie sous toutes ses formes, la complexité des structures et le formalisme constituent souvent, par leur pesanteur propre, des entraves à une communication optimale.

Dans le système d'organisation scientifique du travail (OST) développé au début du XXe siècle par F. Taylor (voir chapitre 2, section 3.1), la communication entre les employés « rationnels » est volontairement mesurée et réduite au strict nécessaire. La standardisation des procédés (voir chapitre 2, section 4.2) tient lieu de mode de coordination principal. Les agents d'exécution, travaillant à la chaîne, sélectionnés pour leurs capacités spécifiques, sont surtout sollicités pour respecter à la lettre les procédures. Les discussions entre collègues sont souvent jugées contre-productives, au nom du rendement maximal et de l'intérêt bien compris des travailleurs et des dirigeants… Or, la division fonctionnelle du travail et la spécialisation des tâches peuvent cloisonner mentalement les différentes catégories d'employés, et bloquer la communication latérale en multipliant les particularismes. Elle peut aussi entraîner le repli des groupes sur eux-mêmes, en augmentant le nombre des malentendus et certaines formes de rivalités et de conflits. L'existence de plusieurs zones de langage différentes, dont les interférences sont limitées au sein d'une même organisation, pose des problèmes de compréhension réciproque et de traduction. La technicité de chaque langage rend parfois l'organisation semblable à la tour de Babel : le comptable parle comptable, l'informaticien l'informatique, le juriste détient le monopole du langage juridique. Et rares sont les cadres totalement « polyglottes », capables d'avoir une vue d'ensemble et de rééquilibrer, le cas échéant, une tension productive entre les responsables des principales fonctions.

Toutes sortes de perturbations surviennent le long des canaux hiérarchiques. Certains messages vont être retardés, d'autres déformés et d'autres encore tout simplement perdus.

Ainsi, le trop grand nombre de niveaux hiérarchiques à travers lesquels un message doit circuler avant d'atteindre un récepteur occasionne nombre de distorsions, de manipulations et de camouflages, liés à l'intérêt et aux objectifs des intermédiaires.

Dans d'autres cas, par exemple quand des structures organisationnelles ne respectent pas le principe de l'unité de commandement, l'employé reçoit des messages venant de plusieurs chefs différents et devra en tirer l'essentiel. De même, un trop grand éventail de subordination aura pour conséquence de rendre difficile l'adéquation des messages aux multiples destinataires.

La sincérité des échanges peut aussi être questionnée à la lumière des principes hiérarchiques mis en place. Les communications, tant ascendantes que descendantes, sont influencées par des visées stratégiques personnelles ou collectives, limitant la transparence et l'objectivité dans l'organisation. La solitude verticale des dirigeants (J. Jabes, 1989), à la fois cause et conséquence du système organisationnel, reflète les dilemmes de la communication bureaucratique traditionnelle. L'exemple développé dans l'encadré 4.1 illustre en partie les remarques précédentes.

1.2 Les objectifs de la communication : différents acteurs, différentes attentes

Tout acteur de l'organisation a un point de vue et des attentes relatives à la communication. C'est un sujet qui ne laisse pas indifférent ! Par ailleurs, les statuts et les positions variés dans l'organisation ont des conséquences sur les positions dans les systèmes

Application 4.1

Une réunion difficile

Pierre Leblanc vient d'être nommé directeur de filiale d'un groupe de téléphonie mobile. Il est attendu dans l'entreprise pour prendre contact avec ses nouveaux collaborateurs et définir son plan d'action. Mais, en période de ralentissement des affaires, comment montrer à tous les acteurs sa confiance et sa détermination, et comment les inciter à l'action ?

Sa nouvelle assistante lui suggère de rencontrer d'abord les membres du comité de direction et d'évoquer les problèmes en cours en reprenant la terminologie de chacun. La réunion comprendra quatre personnages clés : le directeur du marketing (lui parler de la rentabilité et de la tendance à faire baisser les prix de vente des produits), le directeur de la production (évoquer avec lui une future externalisation partielle), le directeur financier (l'interroger sur les capacités actuelles de la trésorerie), le directeur des ressources humaines (lui faire préciser les modalités d'un éventuel plan social). La réunion commence, mais la communication ne passe pas et l'incompréhension s'installe. Chacun est soucieux de se protéger et de se positionner en force. Ils ne veulent connaître de la logique ou du langage des autres que ce qui pourra les gêner dans leurs propres stratégies ou les arranger pour atteindre leurs objectifs. L'incompréhension est à son comble.

Le directeur propose alors un tour de table où chacun résumera le point de vue de son voisin d'une façon « acceptable », avant de faire une proposition constructive sur l'amélioration de leur contribution réciproque au fonctionnement de l'entreprise. Rappelant les objectifs de rentabilité, il invite chacun à envisager la situation avec les lunettes de l'autre, sans renoncer pour autant à sa propre vision. Cette séance d'expression des problèmes communs et de clarification du « non-dit » fait avancer peu à peu le groupe dans le sens mieux compris de l'intérêt général. L'atmosphère se détend progressivement. Pierre Leblanc reformule les points principaux au fur et à mesure et oriente le débat. Une forme de confiance s'installe.

internes de communication. Nous nous intéresserons en premier lieu aux points de vue de certains acteurs sociaux traditionnels. Nous aborderons ensuite les deux fonctions de la communication interne et de la communication externe dans l'entreprise, pour en montrer les spécificités et la complémentarité. Enfin, nous montrerons en quoi la communication externe (à destination des partenaires de l'entreprise) joue sur la communication interne, et que leur interconnexion tend à faire émerger aujourd'hui une communication dite « globale », qui unifierait en partie les deux types de communication.

1.2.1 Les points de vue différents des acteurs

Selon de nombreuses études concernant la communication dans l'organisation et dans l'entreprise, les problématiques spécifiques des différents acteurs font fréquemment ressortir les aspects critiques suivants :

Pour la direction :

- Le statut de l'émetteur joue souvent un rôle important dans la réception du message, car plus le statut de l'émetteur est élevé, plus le récepteur aura tendance à donner foi au contenu du message.
- La distance introduite par l'abstraction du discours directorial favorise les incompréhensions de la base. Celle-ci souhaiterait un langage plus concret, exprimé avec son propre vocabulaire, et proche de ses préoccupations.
- Le développement systématique et incantatoire de mesures et d'outils destinés à favoriser la communication, telles que les réunions formelles de tout le personnel ou la distribution de journaux internes, ne permet pas de créer à coup sûr une culture de communication crédible.
- La faiblesse ou l'absence d'un dispositif de communication ascendante empêche les dirigeants d'être à l'écoute du personnel. Trop souvent l'organisation de l'information dans l'entreprise est conçue presque uniquement comme descendante, à travers les maillons successifs de la hiérarchie, abandonnant par exemple aux seuls syndicats ouvriers ou catégoriels les remontées, transformées en revendications.
- Les dirigeants auraient tendance à surévaluer les informations informelles et les rumeurs, qu'ils recherchent avec une certaine avidité, au détriment d'une communication mieux documentée, plus objective et plus sereine.

Pour l'encadrement :

- Le nombre de contacts quotidiens est proportionnel au niveau hiérarchique du manager.
- Le nombre d'interrelations latérales et diagonales décroît proportionnellement à l'élévation du niveau hiérarchique du manager. En effet, plus le niveau du manager est élevé dans la pyramide, moins il a de collègues situés au même niveau de poste. Or, les cadres communiqueraient davantage et mieux entre eux qu'avec leurs subordonnés, sans doute en raison de leur proximité hiérarchique, mais aussi pour pouvoir maintenir leurs positions dominantes et leur latitude d'action.
- Plus l'organisation s'accroît en taille, plus l'encadrement aurait tendance à communiquer de façon abstraite et formalisée, donnant ainsi l'impression aux « gens du bout de la chaîne » qu'ils sont incompris et négligés.

Pour la direction des ressources humaines, du dialogue social et de la communication :

- Lorsque, sous prétexte de dialogue social, les syndicats sont mieux informés par la direction des ressources humaines sur la stratégie, les comptes et le fonctionnement général de l'organisation que l'ensemble de la hiérarchie elle-même, méfiance et malaise se font jour au sein du personnel.
- Les responsables de la communication interne installent souvent des filtres culturels pour sélectionner automatiquement certains types d'informations et en délaisser d'autres, lesquelles sont ignorées ou discréditées *a priori* comme non conformes aux références acceptables et acceptées.

- La précarité des emplois, l'éclatement des structures de l'entreprise, mais aussi le besoin de mobilité des individus rendent plus fragile la constitution de véritables collectifs de travail propices à la communication.

Pour le personnel :

- Les commentaires et suggestions des employés de niveau modeste ont moins d'impact que ceux provenant d'un échelon élevé. Or, leur proximité directe avec les opérations devrait les rendre beaucoup plus crédibles et faire d'eux des interlocuteurs privilégiés.
- Lorsque les groupes de projet se multiplient, la transversalité recherchée par l'entreprise donne aux employés la possibilité de croiser leurs sources d'information, de créer des discordances et de court-circuiter les hiérarchies intermédiaires.
- La multiplication des messages de toute nature sature aussi les capacités d'attention et de communication du personnel. Les messageries informatisées augmentent cette tentation. Les craintes de marginalisation ou les rivalités internes peuvent en être la cause en provoquant, par exemple, l'inflation des documents mis en copie à quantité de gens, ce qui paralyse sans réelle utilité les canaux disponibles.
- Les « maillons » de la chaîne d'information qui ne jouent pas leur rôle, mais bloquent les messages, ne les transmettent pas ou les déforment, perturbent le système de communication et sa crédibilité.
- La tendance actuelle à l'aménagement de structures organisationnelles plus souples, flexibles et transversales tend à responsabiliser les équipes travaillant sur des aspects qualitatifs, sur des projets ou des problèmes complexes. Ces nouvelles formes d'organisation mettent l'accent sur d'autres comportements attendus des collaborateurs. Pour favoriser une indispensable coordination des efforts et des compétences, l'employé est désormais incité à cultiver le dialogue, l'expression individuelle et collective, l'autonomie personnelle, l'initiative, la participation. La confiance et ses conditions d'obtention et de maintien reviennent au centre des préoccupations actuelles du management. L'encadré 4.2 décline une tendance souvent abordée aujourd'hui par la presse spécialisée dans les problèmes de management. (Sur ce point, voir aussi le chapitre 5.)

1.2.2 Le rôle respectif des fonctions de communication interne et externe

Deux fonctions complémentaires

À l'intérieur de l'entreprise, il est d'usage de distinguer la communication interne et la communication externe. La communication externe est tournée vers le client et vers l'extérieur, qu'elle soit centrée sur le produit (publicité, marketing, modes d'emploi) ou sur l'organisation elle-même, ce que l'on nomme la communication institutionnelle (celle utilisée, par exemple, lors des privatisations, ou celle du mécénat d'entreprise). Ce type de communication concerne les mécanismes d'influence et d'argumentation (voir encadré 4.3 pour plus de détails).

Quant à la communication interne, elle renvoie plus particulièrement aux actions menées par la direction et les partenaires sociaux pour informer les personnels (sur des

Étude 4.2

Votre entreprise ose-t-elle la confiance ?

L'évolution des organisations conduit leurs dirigeants à dépasser les cloisonnements et à diffuser plus largement certaines informations. C'est ce qu'illustre le fragment d'article suivant :

« Votre entreprise ose-t-elle la confiance ? Le rôle dévolu au contrôle de gestion fournit des indications précieuses à cet égard. S'il est une simple pompe à chiffres destinée à alimenter la direction, c'est mauvais signe : la rétention de l'information devient alors un signe extérieur de pouvoir. En réalité, il ne faut pas confisquer les données, mais s'en servir au contraire pour nourrir l'ensemble de l'entreprise. Si les chiffres sont à l'entreprise ce que les notes sont au musicien, l'orchestre peut-il jouer si seul le maestro détient la partition ? Et chaque musicien ne doit-il disposer que de sa propre partition ? En confisquant l'intelligence on risque de faire fuir les salariés et notamment les plus jeunes. » (M. Trouillet et M. Saigne, in « Enjeux », *Les Échos*, décembre 2002.)

sujets tels que l'intégration, les renseignements réglementaires, l'implication, l'encouragement à la qualité, etc.).

Ces deux modes de communication sont en fait, malgré leurs contradictions, souvent complémentaires. Ainsi, la fonction de communication interne ne s'est affirmée qu'avec la montée en puissance des directions des ressources humaines d'une part et des directions de la communication externe d'autre part. Le responsable de la communication interne est le plus souvent rattaché au directeur des ressources humaines, ou encore à la direction générale (dans ce cas, il cumule souvent les fonctions de communication interne et externe). Il peut aussi être rattaché à d'autres directions : marketing, direction administrative et financière. Le responsable de la communication interne se trouve proche du président, sans lequel il ne peut exercer bien longtemps ses fonctions, mais pour que son action s'avère efficace, il a besoin de la contribution de tous.

Gestion des décalages entre l'idéal et la réalité concrète

À l'heure actuelle, dans beaucoup d'entreprises performantes, les cadres passent de plus en plus de temps à discuter avec leurs collaborateurs, à les écouter, à les informer. Le résultat n'est pas toujours optimal, le partage de la responsabilité étant problématique.

Les acteurs (employés et cadres) des organisations ressentent tous intérieurement les décalages contradictoires qui existent entre l'idéal et la réalité concrète. Mais, dans leurs échanges informels (voir encadré 4.4 sur les pauses-café à l'hôpital), ils ont souvent tendance à attribuer aux autres ou à la fatalité les causes de cette distorsion. C'est la raison pour laquelle ce malaise peut transformer les salariés concernés en évaluateurs, à la fois critiques et perspicaces jusqu'à l'impertinence, de la communication interne. En effet, le cas échéant, les personnels de tous niveaux auront tendance à invoquer l'idéal de communication prôné par la direction elle-même, dans le cadre de sa politique affichée de participation, pour dénoncer les décalages observés et lui en attribuer l'essentiel de la responsabilité.

Étude 4.3

L'évolution de la communication externe

La communication externe évolue. Elle s'est de nos jours généralisée, étendue, spécialisée et ouverte à de nouveaux médias. Le « hors média », de son côté, a connu une prospérité rapide (promotions, sponsoring, mailing direct, etc.). Le marché s'est élargi à de nouveaux domaines et à de nouveaux acteurs (administrations, lobbies, associations, organisations politiques et religieuses, etc.). Il s'est spécialisé et professionnalisé. Des métiers à part entière sont apparus, comme le marketing direct ou la communication financière.

La communication financière, par exemple, n'est plus seulement un outil technique à l'usage des professionnels : elle participe désormais de la stratégie économique globale de l'entreprise. Une « action » est un produit qui porte le nom de l'entreprise, et son cours dépend en grande partie de l'image de cette entreprise, de son « capital confiance ». Le marché financier est fait d'anticipations et de représentations. Les cours ne collent pas à la valeur objective de la société, qui dépend de ses actifs réels : ce qui influe sur les fluctuations du titre de l'entreprise, c'est la perception qu'en ont les différents opérateurs. Or les décisions des acteurs s'inspirent d'une rationalité limitée : elles résultent plutôt de comportements, d'intuitions, d'opinions, tous plus ou moins fondés. Une image financière forte est la meilleure protection contre les fluctuations irrationnelles ou disproportionnées du cours. La communication financière sert à construire cette image. Et elle se doit d'être à la fois vraie, autrement dit correspondre à la réalité de l'entreprise, positive, c'est-à-dire témoigner de sa bonne santé générale, et harmonieuse en confortant son image.

L'avènement de professionnels de la communication dans l'organisation

Pour pallier ces difficultés, l'action collective efficace requiert l'instauration d'échanges qualitatifs entre les individus et entre les groupes. Tel est l'enjeu principal de la communication interne. Les grandes organisations spécialisent donc des cadres pour prendre en charge cette question spécifique et nomment des responsables de la communication, des experts, des consultants. Elles consacrent ainsi une catégorie nouvelle d'acteurs : ceux qui mettent en œuvre des modèles plus sophistiqués et les utilisent dans leurs stratégies pour promouvoir des politiques et des discours sur la communication elle-même. La communication devient un enjeu fort, souvent lieu de conflit du fait de la concurrence des différents modèles de communication proposés, et des attentes différentes des acteurs comme nous l'avons montré précédemment. Elle peut aussi interférer avec la communication stratégique des dirigeants. Il apparaît donc utile pour le manager de repérer avec perspicacité sa propre position vis-à-vis des autres, afin de pouvoir agir en fonction de ces décalages et au profit de tous. Il pourra par exemple mobiliser à cet effet le modèle de la théorie de l'information en connaissance de ses limites (voir section Concepts clés), ou la conception systémique, qui affine les diagnostics, mais a l'inconvénient de ne pas proposer de solutions immédiates, univoques, faciles d'emploi, et surtout présentables en quelques minutes à des états-majors pressés !

Application 4.4

Les pauses-café, un révélateur du système des communications dans l'hôpital

« Dans les trois services (pédiatrie, chirurgie et médecine) les pauses-café sont une institution, à la mi-matinée, après le repas, et au milieu de l'après-midi. Bien que nous les ayons rarement enregistrées, le fait que ces pauses aient été citées par l'ensemble des personnels comme des moments privilégiés de communication nous a conduites à nous intéresser à la fonction particulière qu'elles occupent dans le système général des communications de chacun des services ainsi qu'à leurs interrelations étroites avec les communications fonctionnelles. Outre des échanges sur des thèmes extraprofessionnels et personnels, on voit aussi apparaître des thèmes métaopérationnels directement liés à l'organisation du travail (mise en place de nouvelles technologies informatiques dans le service, application de certains protocoles, nouvelles règles de fonctionnement d'un service de diagnostic, roulement et plannings) et des thèmes plus généraux et sociaux comme la formation, l'évolution des relations professionnelles médecins-infirmières. Aides-soignantes et auxiliaires de puériculture s'expriment plus largement et plus librement qu'à la relève : faits et informations qui n'auraient pu surgir dans un autre contexte, sentiments concernant les relations avec les patients, interrogations quant au bien-fondé humain ou éthique des traitements, mises au point trouvent là un terrain d'expression. Que les pauses soient qualifiées de moments privilégiés n'est donc pas surprenant. Privilégiés, ils le sont à plusieurs titres : variété des thèmes abordés, expressivité et plus grande liberté de parole, prise de distance face aux soins pénibles, aux malades difficiles grâce à l'humour et au rire partagé qui émaillent les propos, plus grande richesse des échanges liée à une participation souvent plus large que celle de la relève. » (M. Grosjean et M. Lacoste, *Communication et intelligence collective. Le travail à l'hôpital*, PUF, 1999.)

1.2.3 La notion de communication globale

S'il est vrai « qu'on parle de plus en plus » dans l'entreprise, comme le prouvent les efforts effectués pour améliorer la communication interne, l'entreprise elle aussi se met à parler. Quand elle s'exprime, elle s'engage et se trouve confrontée à une obligation de cohérence de ses discours qui renvoie à la concordance entre ce qui est dit et ce qui est fait.

Les dirigeants sont alors souvent amenés à penser « globalement » leur communication, car le système devenant de plus en plus complexe, il faut parfois trouver des clés opportunes de répartition des investissements de communication. Ce souci répond à une volonté d'unification des discours envers plusieurs catégories d'individus auxquels on s'adresse simultanément : actionnaires, clients, salariés et citoyens intéressés par la contribution de l'entreprise à la vie civique. La communication veut ainsi lutter contre le désordre éventuel des politiques, des messages et des investissements. Elle joue sur l'image de l'entreprise qui devient une variable stratégique de développement. La communication est globale lorsqu'elle incarne une politique de communication, et quand le discours élaboré par la hiérarchie et les experts est en phase avec les actes réalisés, en harmonie avec « tout ce qui parle » dans l'entreprise : les produits, les locaux habités, la politique sociale affichée, le personnel dans son ensemble, etc.

Sous couvert de globalisation, de cohérence et d'harmonisation des politiques d'entreprise, la fonction de communication externe aurait ainsi tendance à se rapprocher dans les faits de la communication interne. On s'oriente vers l'unification des stratégies et des messages. Ainsi, le slogan « One face to the customer » destiné à présenter un front unique au client s'adresse aussi au personnel de l'entreprise. L'exemple de Carrefour en est une illustration intéressante. Ce concept recouvre à la fois le nom d'une enseigne, le nom d'une marque, le nom d'une entreprise et l'émetteur fonctionnel qui parle à ses employés. L'entreprise revêt, pour chaque message, le statut le plus légitime pour ses destinataires. Le slogan « Avec Carrefour je positive » devait souligner la maîtrise globale d'une fonction de communication unifiée autour de l'identité de l'entreprise.

Résumé

- On constate la non-adéquation fréquente de ces deux fonctions : communication et organisation, que le manager devra s'attacher à rendre compatibles. Il peut pour ce faire aborder les dysfonctionnements observés avec une approche aussi bien mécanique que systémique.
- En effet, dans sa pratique professionnelle, le manager peut être confronté à toute une série d'obstacles à la communication, tels que la fragilité de la chaîne de transmission des messages entre émetteur et récepteur, qui risque de ne pas remplir ses fonctions, les erreurs de codage et de décodage, les pertes de contenu, les décalages entre les intentions des uns et celles des autres, les interprétations défectueuses, etc.
- Il est également confronté à la complexité des systèmes organisationnels, en ce qui concerne les structures, les modes de division du travail et de coordination, les statuts attribués aux acteurs, les fonctions interne et externe de la communication elle-même. Tous ces facteurs pèsent sur la communication sous toutes ses formes et peuvent parfois la bloquer par suite de cloisonnements divers, de phénomènes d'inertie, et de pesanteurs.
- Les relations de pouvoir et les logiques d'acteurs peuvent mettre à l'épreuve la cohérence d'une communication qui se veut globale et cohérente.
- Il existe des processus classiques d'amélioration de la communication, qui peuvent être mobilisés en fonction de telle ou telle situation. Ainsi, outre l'attention accrue portée par les managers aux phénomènes de dysfonctionnement, on évoque principalement la pratique du *feed-back* sous toutes ses formes, de la métacommunication et de la surcommunication.
- Cependant la communication, si elle est structurée par l'organisation, est aussi une affaire de personnes : elle dépend fondamentalement des relations interindividuelles et des caractéristiques des individus, deux dimensions que nous allons explorer dans les deux sections suivantes.

2. La communication au regard de différents collectifs (groupes, équipes, cultures, etc.)

La spécificité de la communication au sein de différents collectifs (groupes divers, réseaux, équipes, cultures, etc.) a été étudiée sous des angles variés. La communication a ainsi fait l'objet de nombreux travaux portant soit sur la dynamique des groupes (K. Lewin, 1964), soit sur la structure affective de ces groupes (W. R. Bion, 1965 ; J.-L. Moreno, 1954 ; M. Pages, 1970). Les travaux sociologiques de M. Crozier et E. Friedberg (1977) sur les relations de pouvoir (voir chapitre 2, section 2.2) mettent l'accent sur l'information et la communication envisagées comme « des zones d'incertitude pertinentes », dont la maîtrise assure aux acteurs une position stratégique dans l'organisation. L'analyse de la communication dans les groupes permet donc de détecter les phénomènes d'influence, de leadership, de construction de réseaux, de structuration que l'on observe à travers l'histoire dans des communautés humaines aux expressions culturelles variées.

Ici, nous avons pris le parti d'analyser d'une part les influences exercées par les groupes et d'autre part celles exercées par les valeurs interculturelles sur les communications organisationnelles. Il s'agit de deux visions du collectif très différentes, la première renvoyant surtout à l'analyse de groupes restreints, la seconde à des interactions beaucoup plus larges, de nature sociétale.

2.1 L'analyse des réseaux de communication

La communication dans l'organisation se joue aussi à l'échelle des interactions à l'intérieur des petits groupes. Or, la façon dont ceux-ci sont structurés, ainsi que leur taille, jouent sur la qualité de la communication.

2.1.1 Recherche de la structure de groupe la plus efficace

L'organisation et ses membres ont besoin d'une vie sociale et d'un univers de production et d'échange repérables. Ils évitent ainsi les écarts qui provoquent des luttes intestines et affaiblissent l'efficacité du système global. Cela conduit à faire des choix en termes de groupe et de réseau. On est alors amené à se demander quelles sont les structures de groupe les plus efficaces dans la transmission d'une information et pour l'accomplissement d'une tâche.

Le réseau de communication détermine le type et le volume des communications entre ses membres, leurs performances et leur niveau de satisfaction. De nombreux chercheurs se sont penchés sur l'efficacité des réseaux de communication, comme Alex Bavelas (1948), Harold Leavitt (1951), Claude Flament (1965), Claude Faucheux & Serge Moscovici (1967). Ils ont présenté quelques conclusions :

- Les **groupes aux structures centralisées** réussissent mieux dans les tâches simples. L'individu central (leader) rassemble l'information fournie par les membres de la périphérie, et les décisions peuvent être prises rapidement. En revanche, c'est dans ce type de réseau que le désintérêt des individus placés à la périphérie est le plus rapide, et que le niveau de satisfaction est le plus faible.

- Les **réseaux non centralisés** sont le lieu d'une importante activité de communication, mais ils entraînent plus d'erreurs. Aucun leader ne s'y dégage et leur organisation est peu efficace. En revanche, ce mode de structuration est apprécié de tous les membres. Ainsi, les personnes montrent plus d'intérêt, de motivation au travail et de satisfaction globale lorsqu'elles peuvent discuter des politiques du groupe avec tous les autres, que lorsqu'un seul individu possède tout le pouvoir de décision.

Cependant, quand il s'agit de tâches complexes, les groupes non centralisés réussissent mieux. Dans les structures centralisées, l'individu placé au poste central peut se retrouver submergé par les informations, ce qui devient, au-delà d'un certain seuil, un facteur de saturation et d'inefficacité.

C'est en définitive la nature de la tâche qui peut déterminer les conditions matérielles optimales du réseau de communication. La tâche de résolution de problèmes produit des structures centralisées, la tâche complexe favorise des structures plus interactives.

Les applications de ces observations sur le terrain de l'entreprise sont nombreuses. Un manager en effet est en contact avec un ensemble d'individus très variés, à l'intérieur comme à l'extérieur de l'organisation. Les réseaux s'étendent à la fois latéralement et verticalement. Les réseaux verticaux comprennent le supérieur immédiat (n + 1) et les subordonnés directs (n – 1) du manager, aussi bien que les supérieurs du supérieur (n + 2, 3, 4, ...) et les subordonnés des subordonnés (n – 2, 3, 4, ...). Les réseaux latéraux comprennent les personnes qui occupent un rang identique au même niveau (les pairs), et à différents niveaux (les supérieurs latéraux et les subordonnés latéraux). Les réseaux en rapport avec un manager peuvent être très complexes. Les tentatives actuelles de faire appel à la technologie (téléphone, intranet, Internet, etc.) pour améliorer la coopération et la qualité du lien social n'ont pas toujours abouti, même si elles changent sensiblement le paysage. La technologie des réseaux produit parfois un effet contraire à l'idéal souhaité au départ par certains chercheurs (voir encadré 4.5).

La technologie des réseaux comme « facteur de solitude »

Étude 4.5

Il arrive aujourd'hui que la technologie accentue la solitude au lieu de la briser (multiplication des contacts impersonnels, des distributeurs automatiques et des robots sans âme). Le rêve d'un « village mondial » convivial, d'une société aux acteurs interconnectés en permanence, dans le respect et la coopération, par la seule vertu de la technologie, n'est pas encore devenu réalité.

Car la fragilité du lien social a des origines plurielles. Elle ne prend pas sa source dans la technologie et il est vain de rechercher une solution uniquement technique à ce problème humain. De plus, accorder une place exclusive au marché dans la régulation de l'entreprise risque, au contraire, d'aggraver les tensions et la crise du « lien social » que connaissent les pays développés (d'après M. Montoussé et G. Renoir, 1997).

2.1.2 La taille du groupe

La taille du groupe détermine l'ampleur des réseaux de communication qui peuvent être mis en place à l'intérieur de celui-ci. En principe, au fur et à mesure que le groupe suit une progression arithmétique, le nombre des interrelations possibles en matière de communication suit une progression exponentielle. Aussi les réseaux de communication sont-ils beaucoup plus divers et complexes dans un groupe de huit personnes que dans un groupe de quatre.

Si, théoriquement, chacun peut avoir la possibilité de communiquer avec tous les autres membres du groupe, la direction et le nombre des canaux de communication dans une organisation sont souvent quelque peu limités. Dans certaines réunions le maintien d'un formalisme plus ou moins accentué indique qui peut parler, ce qui peut être mis en discussion, et dans quel ordre. Le statut relatif ou le rang qu'occupent les membres du groupe peut aussi varier. Les membres qui bénéficient d'un statut plus élevé domineront probablement le réseau de communication au détriment de ceux dont le statut est inférieur. Même quand la direction préconise d'ouvrir largement l'accès au réseau, les membres du groupe ne peuvent disposer que d'une fraction de réseau plus limitée. Il est particulièrement important de connaître les types de réseaux de communication utilisés dans les organisations. Cela permet de comprendre les rapports de force et de subordination qui se font sentir parmi les employés. Par exemple, certains individus puissants peuvent limiter l'accès des autres à l'information pour maintenir ou accroître leur pouvoir.

Utiliser la communication informelle. Le rôle du manager consiste à utiliser au mieux les ressources de la communication informelle pour contribuer à l'efficacité du système organisationnel. Les managers peuvent utiliser ces modes informels de transmission de l'information pour en accélérer le débit, la moduler autant qu'il est besoin, tester auprès des destinataires les réactions aux décisions prises, obtenir un *feed-back* avant-coureur et significatif. Ils prennent en même temps le risque de propager des rumeurs ou de faire fonctionner malencontreusement le « téléphone arabe », ce qui peut entraver la rationalité et l'efficacité du processus de communication. C'est en s'interrogeant fréquemment sur la pertinence et l'efficacité du réseau d'information pour ses utilisateurs qu'on peut espérer s'assurer de sa fiabilité.

La qualité de la communication dans une organisation est relative à la façon dont le gestionnaire remplit son rôle de communicateur pour prévoir, organiser et contrôler l'action.

2.2 Le rôle de la dimension culturelle

L'une des dimensions sociales qui influencent le plus fortement les processus de communication est celle de la culture de référence, et notamment la culture nationale. Nous l'aborderons ici sous l'angle de la communication interculturelle.

La communication interculturelle met en lumière les limites de nos perceptions, de nos interprétations et de nos évaluations. La perspective interculturelle, en effet, confère à notre univers un caractère relatif et incertain. Pénétrer dans une culture étrangère, c'est déchiffrer les mots avant même de connaître leur sens. Dans l'incertitude, notre tendance naturelle est de prendre appui sur notre expérience passée et, par défaut, nous

Application 4.6

Un dirigeant créateur de proximité

Dans une fonderie du nord de la France, le personnel apprécie grandement la présence du directeur dans de nombreuses activités sportives, récréatives et associatives. Il soutient activement les initiatives, joue lui-même au football à l'occasion, et participe aux fêtes. Cette proximité lui permet de connaître son personnel sous un angle autre que professionnel et de se faire apprécier autrement que dans ses fonctions administratives. Ce paternalisme moderne, en prise sur les traditions culturelles de la région, crée des communications informelles, et permet de prévenir et d'arranger bien des problèmes sociaux.

choisissons comme référence notre propre culture, où tout nous est familier. Ce faisant, nous nous interdisons de comprendre à fond la culture des autres.

« Il existe pourtant des stratégies qui nous aident à dépasser nos inclinations naturelles et notre chauvinisme et nous évitent de nous en remettre à notre propre culture comme seul point de référence », écrit Nancy Adler (1994). Nous pouvons apprendre à repérer notre propre conditionnement culturel, à le comprendre et à le maîtriser. En présence de cultures étrangères, nous pouvons nous efforcer d'être vigilants et d'adopter systématiquement un certain recul. Il nous faudra, par exemple, mettre l'accent sur l'observation descriptive plutôt que sur l'interprétation ou l'évaluation immédiate. Nous réduirons ainsi le recours aux stéréotypes qui ne prouvent qu'eux-mêmes, et nous éviterons de trancher prématurément une question par trop complexe. Le tout est de savoir identifier nos stéréotypes et de les utiliser comme guides, plutôt que d'y voir des simplifications outrancières et stériles.

2.2.1 L'importance du contexte

Communiquer avec des étrangers présente des degrés de difficulté variables. Plus leur culture est proche de la nôtre, plus le contexte dans lequel ils évoluent nous est accessible et plus nous avons une chance raisonnable de pouvoir les comprendre. En revanche, si la distance culturelle est importante, si les sous-entendus de l'autre restent pour nous obscurs et nombreux, les relations s'avéreront plus difficiles. Cependant, la proximité géographique n'est pas un gage certain de compréhension. Il arrive, par exemple, que les Français soient plus proches culturellement des Argentins que des Anglais ou des Suédois (G. Hofstede, 1977).

Edward T. Hall, anthropologue américain, a opéré une différenciation culturelle importante au plan de la communication, entre les cultures dites « explicites » ou de « bas contexte », et les cultures dites implicites ou de « haut contexte ».

Dans les cultures « explicites », les individus communiquent entre eux de façon satisfaisante avec un apport conséquent d'explications codifiées et largement diffusées. Les cultures explicites s'appuient sur des mots pour porter la plus grande partie de l'information et de la communication : tout peut et doit être expliqué de façon pragmatique et claire. C'est ce qui se passe en Amérique du Nord, où les contrats explicites sont garantis par des hommes de loi toujours prompts à dénoncer telle ou telle interprétation tendancieuse d'un texte, ou à en tirer parti. L'engagement contractuel entre les personnes est d'abord centré sur les faits.

Les cultures de « haut contexte » ou « implicites » bénéficient d'un substrat culturel riche, fonctionnant comme un réservoir d'explications déjà élaborées que les initiés saisissent instantanément (tel est le cas de l'Asie, et en particulier du Japon, de l'Arabie, ou encore de l'Afrique). Elles accordent une attention toute particulière à la place occupée par l'autre dans le système social. C'est le système et non l'individu qui dicte les comportements adéquats. Tel individu sera contraint de se comporter d'une certaine façon pour se conformer aux obligations morales que son statut lui confère… Quand il s'agit d'affaires, la parole d'un homme l'engage et point n'est besoin de multiplier les explications détaillées pour le faire se sentir responsable. Il n'est pas indispensable d'élaborer des actes légaux contresignés pour que les transactions soient efficaces.

Ces deux contextes de référence : explicite et implicite ne sont pas exclusifs l'un de l'autre. On observe plus souvent dans la réalité une coexistence relative et un mélange dosé.

Application 4.7

Le prix du taxi

E. T. Hall donne l'exemple d'un Américain, tenant d'une culture explicite, essayant de prendre un taxi en Grèce (culture implicite). L'homme en question se met à négocier avec le chauffeur de la première voiture d'une file de véhicules en attente. Après une transaction laborieuse, ils se mettent d'accord sur le prix de la course. L'Américain se dirige alors vers la deuxième voiture de la file et commence une seconde négociation en se prévalant du prix obtenu dans sa première transaction. Le premier chauffeur, qui pensait l'affaire conclue, s'indigne avec force du manque de parole de l'Américain. Pour lui, il s'agit en effet d'un non-respect caractérisé de leur accord verbal. La relation établie à travers la discussion avait à ses yeux force d'engagement puisqu'il y avait eu une conclusion sous forme d'accord.

2.2.2 La gestion culturelle du temps

Tout comme le contexte, le temps constitue une des dimensions essentielles de la vie sociale et professionnelle qui modulent les communications. Il existe des représentations temporelles très variées à travers le globe et à chaque vision du temps correspond une vision culturelle du monde. L'importance de la synchronisation sociale dans les actions organisées et dans la communication est fondamentale. On peut distinguer avec J.-C. Usunier (1990) plusieurs approches de la perception du temps : l'économicité du temps, et l'utilisation du temps dans une perspective monochronique ou polychronique,

L'économicité du temps

Le système économique occidental, pénétré des valeurs de marché, proclame que le temps c'est de l'argent. On le dépense, on le gagne, on le perd ; on l'économise, on en a ou on n'en a pas ! Comme il est rare, et donc précieux, le temps oblige à des choix.

L'efficience des communications est donc évaluée à l'aune des moyens mis en œuvre pour obtenir des résultats. L'organisation sociale et professionnelle repose sur le respect des horaires, des calendriers, des plannings, des rendez-vous, des échéanciers. Les agendas des hommes d'affaires témoignent de la perception linéaire, continue et économique du temps. Tout le système bancaire repose sur l'exploitation et la rentabilisation du temps. Les jours de valeur, les agios en sont des exemples courants.

J. L. Graham (1981) décrit le **temps linéaire** séparable des Anglo-Saxons comme fortement programmé. Il distingue en outre :

- **Le temps circulaire** traditionnel des Latino-Américains. Il met l'accent sur la répétition, l'aspect cyclique des activités humaines et la simultanéité des actions menées parallèlement.
- **Le temps procédural** traditionnel, orchestré par le choix du bon moment pour effectuer une tâche. Il s'agit là d'un temps non économique, qui établit des liens étroits et forts entre les activités humaines et les conditions du milieu naturel. Cette perception du temps introduit la notion de sacré dans la vie quotidienne. Les Indiens Hopis, par exemple, ne conçoivent pas l'existence d'un système unique intégrant chaque chose. Ils pensent que chaque être vivant possède son propre système et que chaque plante et chaque animal doivent être envisagés dans leur propre temps.

Temps monochronique et temps polychronique

La distinction entre temps monochronique et temps polychronique, introduite par E. T. Hall (1984), traduit deux approches culturelles différentes de la communication :

- Dans un **système monochronique**, les individus préfèrent effectuer une seule chose à la fois. Ils se concentrent exclusivement sur le travail en cours. Ils s'estiment tenus de respecter les dates, les délais, dans un laps de temps donné, conformément aux plans fixés. Méthodiques, ils travaillent à un rythme mesuré et soutenu. Ils communiquent sans grande référence au contexte. La culture suisse-allemande semble incarner ce mode de gestion du temps.
- Dans un **système polychronique**, on valorise au contraire le fait d'accomplir plusieurs choses à la fois. Les gens se laissent facilement interrompre lorsqu'ils communiquent. Ils modifient ou abandonnent sans problème le plan de travail préétabli. Ils considèrent que l'objectif de leurs engagements constitue un idéal, qu'il peut être révisé et ne constitue pas une contrainte. Ils font varier leur rythme et sont capables de perdre patience très vite. Ils communiquent volontiers avec plusieurs personnes à la fois.

2.2.3 Communication et gestion de l'espace

Chaque culture possède sa propre conception de l'espace. L'appréhension de l'espace suppose donc un décodage approprié à chaque aire culturelle. L'urbanisme et l'architecture montrent comment les populations prennent en compte les contraintes géographiques, climatiques, historiques, démographiques, économiques, etc., qui sont les leurs, pour s'approprier leur territoire et aménager les conditions de leur vie quotidienne, sociale et professionnelle.

L'organisation des bureaux et des espaces de travail participe de ces préoccupations. La société américaine a été l'une des premières à privilégier l'*open space*, ou bureau paysager,

Application 4.8

Un cadre commercial européen en Arabie

Un cadre commercial européen souhaitant prospecter de nouveaux clients en Arabie aura souvent du mal, au départ, à fixer un rendez-vous dans les mêmes conditions que dans son pays. S'il parvient à identifier un sponsor prêt à soutenir ses affaires, il se pourra fort bien que celui-ci soit absent le jour dit. Ses collaborateurs essayeront de faire patienter le visiteur avec du thé ou du café. Si l'attente se prolonge, que le sponsor ne se montre pas, parce qu'il est par exemple resté dans le désert sous sa tente plus longtemps que prévu, il ne faudra pas perdre patience. S'il devient enfin possible de le rencontrer, il peut se faire que, dans la même salle et au même moment, soient assis pêle-mêle tous les représentants des concurrents, quelques-uns de ses amis, ou d'autres personnes venues pour d'autres affaires. L'Européen devra alors adapter son offre et son argumentation commerciale en conséquence !

censé favoriser les communications interpersonnelles entre employés. (Voir à ce propos l'exemple un peu extrême développé dans l'encadré 4.9.)

La « proxémique » est une discipline élaborée par E. T. Hall (1966). Elle étudie les distances graduées que les membres d'une culture donnée introduisent de façon spontanée et systématique à l'égard des autres, étranger ou non. Plusieurs formes de distances sont répertoriées par Hall : la distance officielle, protocolaire et adaptée aux rencontres formelles ; la distance sociale, spécifique à la culture considérée (sphère invisible qui épouse le champ de vision de chacun) ; la distance personnelle, (intime) qui régit les rapports sociaux habituels entre membres du même clan. Le non-respect des codes spatiaux entraîne le plus souvent une gêne, voire une inquiétude quasi automatique. La connaissance des repères spatiaux et des habitudes culturelles spécifiques à chaque pays peut être utile aux managers internationaux pour développer une meilleure communication.

Application 4.9

Une entreprise transparente…

L'entreprise américaine DPR Construction, fondée en 1990, opère dans le secteur du bâtiment. L'originalité de cette entreprise concerne le management des valeurs. Des espaces de travail en plateaux favorisent l'ajustement mutuel direct entre des équipes décloisonnées non seulement horizontalement, mais aussi verticalement. Une partie du bâtiment est construite tout en verre et Plexiglas avec des sols et des plafonds entièrement transparents, et de nombreux accès permettant de passer d'un étage à l'autre. On peut tout de suite se rendre compte de la disponibilité de la personne avec qui l'on travaille, même si elle se trouve à un autre étage. De plus, DPR Construction reconfigure très fréquemment l'aménagement des locaux en fonction de ses projets. Les cloisons de Plexiglas sont amovibles. On peut même enlever quelques parties du sol ou du plafond et installer des escaliers temporaires. Quant à la transparence des murs, elle est destinée à améliorer la transparence des idées et des informations. (D'après T. Picq, in *Management et conjoncture sociale,* n° 265, été 2002.)

Résumé

- La communication est mise en forme dans les groupes et les réseaux, ce qui n'est pas sans avoir des répercussions sur l'efficacité et la qualité des relations vécues entre les membres.
- La communication est au cœur de l'identité culturelle et personnelle, de la socialisation et de la construction du sens.
- Les managers confrontés aux échanges interculturels seront d'autant plus avisés qu'ils sauront « d'où ils parlent ». Ils peuvent privilégier, pour communiquer, des stratégies d'ajustements interpersonnels ou bien des stratégies relevant des institutions, comme la mobilisation d'éventuelles cultures transnationales de métier ou d'entreprise.
- « L'expérience montre souvent que l'autre culture est considérée dans ses modes d'action comme une sorte de déviation malencontreuse par rapport à une norme implicitement définie par notre propre culture », suggère André Laurent. Or, la situation interculturelle donne l'opportunité de découvrir sa propre culture dans le miroir de l'autre et permet une appréciation positive de la différence. Cette démarche donne du relief à toute communication en en éclairant les présupposés.

3. L'individu et la communication

La façon d'agir et de communiquer d'un individu prendra sens à travers la combinaison complexe de tous les processus de communication qui forment un système dans l'organisation. La construction du sens partagé se joue notamment à travers le langage, verbal et non verbal, le rationnel et l'émotionnel, et le phénomène de reconnaissance.

3.1 Le rôle des langages

Les langages verbal et non verbal constituent deux modes d'expression qui se complètent sans toujours s'accorder. Connaître ses atouts et ses faiblesses en tant qu'émetteur peut permettre de mieux maîtriser sa communication. Constater la concordance ou la discordance du style des interlocuteurs peut aussi constituer un avantage dans la plupart des transactions avec autrui.

3.1.1 Le langage verbal

Dans le processus de communication, un émetteur transmet un message à un récepteur, lequel en retire une information et en déduit une signification. Cette signification correspond au « rapport du signifiant au signifié ». Le signifiant, qui fait office de répertoire de tous les mots d'une langue inscrits dans un dictionnaire, est rapporté au signifié, qui, lui, correspond à l'interprétation personnelle et univoque du terme par un individu donné. L'individu valide un des sens possibles du mot.

Le sens des mots est relié à l'univers (symbolique, culturel, idéologique, mythologique, religieux, etc.) des individus qui les emploient. Étudier la structure d'une langue, c'est donc étudier les formes et les méthodes de pensée des personnes qui l'utilisent. Le vocabulaire élaboré et utilisé par une collectivité renvoie aux découpages et aux discriminations que celle-ci opère dans la réalité. Le langage des Esquimaux, par exemple, comprend une série de mots très différenciés pour parler de la qualité et de la couleur de la neige, alors que le vocabulaire concernant les intempéries est beaucoup plus restreint sous des latitudes plus clémentes. Dans une entreprise, les mots et les expressions utilisés peuvent être spécifiques et traduire aussi les formes et méthodes de pensée propres à l'organisation (et influencées bien sûr par les différentes cultures).

Application 4.10

Le jargon d'entreprise… comme facteur de dissensions

« En réunion, les utilisateurs nous accusent souvent de couper les cheveux en quatre. Par exemple, quand ils parlent de « connexion », nous leur demandons s'il s'agit du port USB ou du port SCSI, raconte R. Trique, assistant ingénieur informatique à l'université de Rennes. Car nous devons être précis pour résoudre le problème rapidement. Mais plus nous sommes précis, plus nous sommes incompréhensibles ! »

(Laurent Calixte, in *Challenges*, n°193, 23 janvier 2003.)

La **théorie du déterminisme linguistique** attribue ainsi au caractère d'une langue un rôle déterminant dans la formation des procédés de pensée des collectivités. Pour illustrer ce propos, Otto Klineberg (1966) note qu'on a coutume de dire de la langue française qu'elle renvoie à la netteté et à la précision de l'esprit cartésien. Même s'il s'agit là d'un stéréotype culturel, on veut dire par là que la valeur dominante du français est la clarté. La langue allemande, de son côté, en utilisant des phrases longues et complexes, exprimerait le génie allemand, profond et obscur. Les intérêts d'un peuple et les valeurs mises en avant par sa culture détermineraient le taux de présence en sa langue des termes qui les reflètent.

> *Le monde réel se trouve en grande partie inconsciemment bâti sur les habitudes linguistiques de la société. Nos façons de voir, d'entendre et d'observer sont dues à la prédisposition vers certains choix d'interprétation qui nous sont imposés par les habitudes linguistiques de notre communauté (E. Sapir, 1929).*

La sémantique générale, fondée par Abraham Korzybski (1933) aux États-Unis, étudie les rapports entre langage et individu. Le principe fondamental énoncé par Korzybski est que le langage et la réalité sont dans le même rapport que la carte géographique et le terrain qu'elle représente : c'est-à-dire dans un rapport de non-identité. Le langage n'est pas une image de la réalité. Il n'est, dans le meilleur des cas, qu'une image de la structure de la réalité.

La thèse du déterminisme linguistique souligne donc le fait que le langage n'est pas réductible à un instrument que l'on contrôle. Il nous contrôle lui aussi en nous imposant une réalité symbolique que nous pouvons confronter sans cesse à notre réalité.

Pour prendre en compte ces difficultés réelles liées au langage et tenter de les résoudre, nous présentons deux types d'action : adapter et simplifier son langage, puis donner et recevoir du *feed-back.*

- **Adapter et simplifier son langage.** Comme le langage peut constituer un obstacle à la communication, le manager aura intérêt à structurer ses messages de façon claire et compréhensible. Il choisira son vocabulaire avec soin. Laurent Fabius (de formation littéraire), quand il était Premier ministre du gouvernement français, s'est rendu célèbre auprès des journalistes parce qu'il restreignait volontairement son vocabulaire à 400 mots lors de ses interventions télévisées. Il s'agissait pour lui de mieux communiquer avec les Français en parlant vrai et simple, sans affectation ni sophistication excessive (voir l'émission « Parlons France »). Il a pu ainsi faire évoluer le formalisme traditionnel lié à la fonction. Une communication est efficace lorsque les objectifs définis sont atteints, c'est-à-dire lorsque le message est reçu et compris par ceux à qui il s'adresse. Cela signifie, par exemple, qu'un directeur général sera mieux entendu s'il adapte son vocabulaire aux différentes catégories de personnels qu'il est amené à rencontrer, par la prise en compte de leurs particularités langagières et des sigles spécifiques auxquels ils recourent.

- **Donner et recevoir du *feed-back*** pour être compris et mieux comprendre les autres. Il s'agit de reformuler tout ou partie du message reçu et, ainsi, de vérifier la qualité du sens attribué de part et d'autre au message. Ce que nous avons vraiment communiqué, c'est ce que l'autre a compris. C'est le résultat final, plus que l'intention, qui va déterminer s'il y a eu ou non-communication. Ce sont donc les réactions de l'interlocuteur qui vont renseigner l'émetteur sur l'impact réel qu'il a pu avoir.

3.1.2 La communication non verbale

Certains chercheurs (école de Palo-Alto) estiment que, dans les faits, 65 % à 70 % de la communication passent par l'intermédiaire de signaux non verbaux.

Bien évidemment, le langage verbal reste notre mode privilégié d'échange de l'information cognitive et de négociation de la réalité. C'est l'outil qui nous permet d'obtenir quelque chose des autres. Les mots renferment l'information sur le contenu.

La communication non verbale, quant à elle, exprime et transmet plutôt l'information affective, c'est-à-dire toute une gamme d'émotions et de sentiments que nous n'exprimons pas toujours verbalement. Le visage peut assez bien exprimer, par de multiples inflexions dans les mimiques, ce que nous voulons ou ne voulons pas, notre accord ou notre désaccord. Les messages non verbaux fonctionnent sur un mode analogique et traduisent facilement notre opinion face à une situation, mais ils s'avèrent peu propices à communiquer des idées plus complexes. À cet égard, la communication interpersonnelle peut ne pas être consciente, ni intentionnelle.

Le contenu et la relation

La communication non verbale revêt souvent une importance décisive et méconnue. Les comportements parlent plus que les mots prononcés. Tenter de faire coïncider ses paroles et ses actes peut apporter de la force et une plus-value au message délivré. En revanche, la discordance entre comportement et langage sera perçue comme une hésitation préjudiciable à l'action. Il s'agira alors d'utiliser la communication non verbale à bon escient, de la faire contribuer, avec tout son potentiel expressif, aux objectifs poursuivis par les managers.

Il est difficile de « mentir non verbalement » et d'exprimer des émotions que nous ne ressentons pas Tout le monde n'a pas la maîtrise des comédiens professionnels pour jouer des rôles. La plupart des gens ont du mal à contrefaire longtemps une émotion ou un sentiment qu'ils n'éprouvent pas. Les personnes auxquelles nous faisons confiance sont plus volontiers celles dont le comportement non verbal confirme et renforce le contenu de la communication verbale. Nous voyons et sentons qu'ils expriment leurs vrais sentiments, qu'ils sentent et agissent conformément à ce qu'ils disent, qu'ils sont en bonne cohérence avec eux-mêmes. La figure 4.5 montre bien qu'entre l'émotion et le contenu, chacun communique en introduisant un ajustement permanent, plus ou moins volontaire.

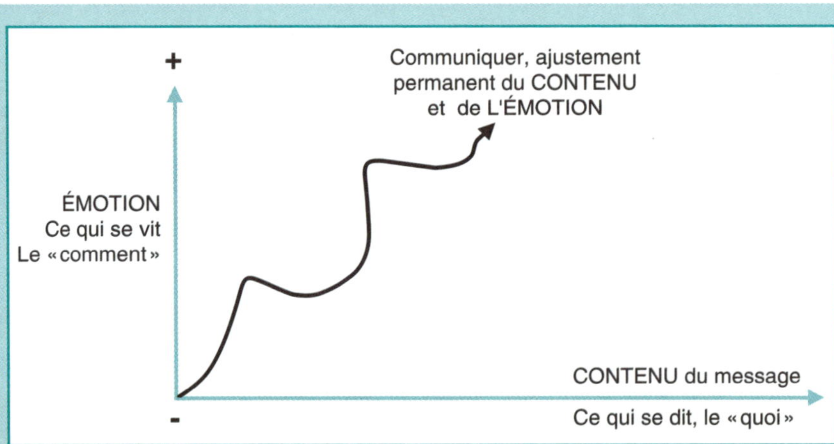

Figure 4.5. L'équilibre entre contenu (rationnel) et émotion (affectif).

S'il est vrai que « nous ne pouvons pas ne pas communiquer » (voir section Concepts clés, l'école de Palo-Alto), nos silences et nos autres comportements non verbaux n'interviennent pas par hasard et peuvent être décodés et interprétés à notre insu par d'autres personnes attentives. La plupart des études portant sur les « séquences vides » dans les échanges verbaux, sur les « latences », révèlent que les gens qui gèrent mal ces trous dans la communication sont de moins bons communicateurs. Sans garder le silence, on ne peut pas vraiment écouter les autres.

La communication non verbale procure aussi de l'information sur la nature de notre relation avec ceux et celles qui nous entourent. La formule célèbre : « Ce que tu es parle tellement fort que je n'entends pas ce que tu dis ! » illustre ce phénomène. Dans ce domaine, les subtilités sont nombreuses. Avant de qualifier une relation de bonne ou de mauvaise, au cours d'un entretien ou d'une conversation par exemple, nous devrons être capables de saisir conjointement plusieurs variables et nuances.

L'expression des émotions

Un manager ne peut prétendre communiquer de façon constamment rationnelle. Les émotions peuvent interférer et produire des distorsions dans l'émission et la compréhension d'un message. Sous le coup d'une émotion, il peut perdre son sang-froid et son objectivité, au risque de créer des malentendus, de comprendre des choses qui ne sont pas dites ni exprimées, et de ne pas comprendre celles qui le sont.

Deux procédés s'avèrent particulièrement appropriés pour améliorer la qualité des communications lorsque l'émotion a tendance à prendre de l'importance :

- **Métacommuniquer.** C'est-à-dire prendre du recul en évoquant avec les interlocuteurs présents les éventuelles difficultés rencontrées dans le dialogue en cours. Et, si possible, en parler de façon non défensive, car cela permet d'effectuer un saut qualitatif dans l'échange et le partage du sens.
- **Surcommuniquer.** C'est-à-dire mobiliser toutes les ressources et les moyens dont on est capable, pour faire en sorte que le message soit compris le mieux possible par le récepteur.

3.2 Présentation de soi et reconnaissance sociale

Communiquer présuppose de la part des interlocuteurs en présence un processus d'identification réciproque satisfaisant. En cela, la communication bien comprise participe d'un besoin implicite et explicite de reconnaissance identitaire, inscrit en tout être humain.

L'offre et la demande sont au cœur de la communication interpersonnelle. À travers cet échange qui commence, l'autre va-t-il me reconnaître et m'accepter pour ce que je suis, pour ce que je veux être ? Ou bien va-t-il m'ignorer, ou dénier la valeur que je revendique ? Va-t-il répondre de façon bienveillante ou agressive à ma demande ? Ces moments d'émotion *a priori*, d'inquiétude, parfois même d'angoisse, puisent leurs racines dans l'inconscient collectif de l'espèce humaine.

Communiquer met en jeu des images, de soi et d'autrui, qui interfèrent et conditionnent la qualité de la relation et du sens qu'on lui attribue de part et d'autre, avant même tout échange verbal : l'idée plus ou moins réaliste que je me fais de moi-même, l'image de moi que je voudrais donner à autrui dans la situation, la façon concrète dont je me présente à autrui, l'idée que je me fais de l'autre, l'image que je crois qu'il a de moi et réciproquement.

Ce jeu croisé de perceptions réflexes et de préjugés rarement formulés de façon explicite accompagne la communication et lui confère sa saveur particulière dans la mise en scène de la vie quotidienne.

Nous essaierons d'en clarifier certains aspects :

- Un des préalables à toute communication interpersonnelle réside dans l'attitude *a priori* des protagonistes et en particulier de celui qui veut communiquer quelque chose à l'autre. Ses dispositions à agir et à réagir portent en germe, souvent à son insu, les prémices de la réussite ou de l'échec d'une transaction interpersonnelle.
- Pensées, sentiments et dispositions à agir constituent en effet trois composantes psychologiques de la connaissance de soi, qui se retrouvent dans le comportement précédant l'acte de communication.
  - La première de ces composantes, liée aux pensées ou aux idées, est de nature cognitive. L'ensemble des idées que chacun a sur soi-même forme ce qu'il est convenu d'appeler son « concept de soi » (voir chapitre 1).

– La deuxième composante de la connaissance de soi révèle sa nature affective. Les idées sur soi ne sont pas décontextualisées ; elles s'accompagnent de sentiments positifs ou négatifs qui ont des effets sur les conduites d'une personne. Ces sentiments découlent d'une activité d'évaluation ou d'appréciation que chacun effectue vis-à-vis de lui-même et qui débouche sur un certain degré d'estime de soi.

– La troisième composante de la connaissance de soi concerne les actions exécutées en situation interpersonnelle. Il existe un aspect proprement comportemental de soi. Si les idées que chacun a de lui-même et qui servent à le définir portent surtout sur son moi intérieur et intime, elles concernent aussi son moi social, c'est-à-dire l'aspect de lui-même qu'il présente aux autres. L'aspect comportemental du soi pose ainsi le problème de la présentation de soi.

Les communications interpersonnelles, au-delà de leurs visées instrumentales, sont animées par une quête de reconnaissance dont dépend dans une large mesure la perception de soi, par l'individu lui-même et par les autres.

3.2.1 Diagnostic de l'estime de soi et de la reconnaissance d'autrui

La **fenêtre de Johari**, conçue par Joe Luft et Harry Ingham (1967), constitue un cadre pratique pour évaluer notre mise en scène intérieure. La prise de conscience des zones qu'elle éclaire permet de se situer soi-même avec lucidité.

Le cadre de référence, en situation de communication, est le système complexe qui structure nos perceptions, organise nos attitudes et détermine nos comportements.

Tableau 4.1 : La fenêtre de Johari

	Connu de soi	**Inconnu de soi**
Connu d'autrui	Zone ouverte	Zone aveugle
Inconnu d'autrui	Zone cachée	Zone inconnue

Selon ses deux auteurs, le cadre de la « fenêtre » ne change pas, mais la surface de chacune des zones peut varier : elle diminue ou s'agrandit en fonction de l'importance relative dans la situation des éléments désignés. Tout changement dans une zone entraîne un changement dans les trois autres. Quand on fait des confidences aux autres, par exemple, on agrandit sa zone ouverte en rapetissant sa zone cachée.

- Dans **la zone ouverte** (ce que je connais de moi et ce que l'autre connaît de moi) se trouvent réunies des informations accessibles, codifiées et diffusées. Cette zone de transparence est celle de la communication par excellence et sa surface peut s'accroître si nous sommes capables d'écouter les autres parler de nous, et si nous nous risquons à leur exprimer des éléments de notre intimité.

- La **zone aveugle** (ce que je ne connais pas de moi et ce que l'autre connaît de moi) représente tout ce que nous ignorons de nous-mêmes mais que les autres peuvent savoir lorsqu'ils nous perçoivent : nos manies, nos mécanismes de défense, etc.

Pour mieux se connaître, il faut avoir le courage d'écouter les autres s'exprimer sur des sujets susceptibles de toucher nos défenses personnelles et identitaires, ainsi que l'image que nous avons de nous-même. On peut essayer de réduire cette zone sans parvenir à l'éliminer, car elle a tendance à se reconstituer en permanence.

- La **zone cachée** (ce que je connais de moi et ce que l'autre ignore) correspond à notre jardin secret, c'est-à-dire tout ce que l'on sait sur soi-même mais que l'on ne révèle pas nécessairement aux autres. L'ouverture de soi consiste à s'exposer en s'exprimant, c'est-à-dire à prendre le risque de faire passer une information personnelle de la zone cachée à la zone ouverte pour permettre la communication, l'échange et la confiance.
- La **zone inconnue** (de soi et des autres) représente les éléments d'information ou les vérités que personne — ni soi-même, ni les autres — ne connaît encore. Il s'agit d'éléments inconscients non accessibles et/ou non révélés, ni à soi, ni aux autres.

D'une manière générale, on peut accroître la connaissance de soi, et donc sa zone d'ouverture à la communication interpersonnelle, en écoutant les autres, en leur posant des questions sur nous-même, en imaginant la façon dont ils nous perçoivent. La perception croisée de soi et des autres sur soi-même est constitutive de l'estime de soi. Elle s'articule sur le besoin fondamental de reconnaissance inscrit dans le lien social.

L'**estime de soi** est le résultat de l'évaluation subjective que nous faisons des aspects jugés positifs et négatifs de nous-même. Elle est déterminée par l'écart entre :

- ce que nous sommes et ce que nous voudrions être ;
- les succès atteints au regard de nos ambitions affichées (niveau de performance/niveau d'aspiration) ;
- l'approbation des autres, et le besoin fondamental d'une estime de soi positive.

L'estime de soi se mesure à l'aune de la reconnaissance sociale espérée par tout un chacun. Cette reconnaissance est à la fois l'un des moteurs inconscients de la communication et l'un des processus fondamentaux à travers lesquels se construit l'identité personnelle. En effet, cette identité reste toujours largement dépendante du rapport aux autres et du regard d'autrui. Ce regard réel ou imaginaire, perçu ou anticipé, est un miroir dans lequel chacun cherche constamment sa propre image

La **présentation de soi** est le processus par lequel une personne tente de maîtriser l'impression qu'elle produit sur les autres. Cela dans le but d'obtenir des avantages sociaux, matériels ou symboliques, ou encore dans l'espoir de maintenir ou de rehausser son estime de soi, et de créer, ou bien de maintenir, une identité particulière.

À la lumière des différentes raisons qui poussent à modifier l'image de soi, on peut distinguer : la **présentation stratégique**, qui se manifeste lorsque la personne contrôle son image en vue d'obtenir des avantages sociaux et matériels ; la **présentation authentique**, qui correspond au fait, pour un individu, d'offrir aux autres une image fidèle à ce qu'il croit être en toute sincérité.

3.2.2 Positions de vie et communication

D'après Éric Berne (1964), les positions de vie ou « positions existentielles » dépendent de la façon dont les individus ont ressenti et surmonté, au niveau émotionnel, les expériences vécues dans leur enfance. Celles-ci influencent leur mode de pensée et leur comportement dans leurs relations aux autres et leurs communications. Dans la mesure où elles reflètent une certaine constance de la personnalité des individus, elles peuvent être prédictives des attitudes de chacun dans les transactions interpersonnelles et conduire à la mise en œuvre des jeux relationnels correspondants.

Quatre positions fondamentales sont décrites par Éric Berne :

- « **Je suis OK. / Vous êtes OK.** » *A priori*, je m'accepte moi-même et j'accepte les autres.
- « **Je ne suis pas OK. / Vous êtes OK.** » Je me dévalorise *a priori* (position basse), et je survalorise les autres. Je me positionne par exemple dans une logique d'admiration, de déférence, de dépendance ou de soumission vis-à-vis d'autrui.
- « **Je suis OK. / Vous n'êtes pas OK.** » Dans ce cas, je me survalorise *a priori* et je dévalorise l'autre.
- « **Je ne suis pas OK. / Vous n'êtes pas OK.** » *A priori*, je me dévalorise, je dévalorise les autres et je crée mon propre malheur.

En situation de stress, on a parfois tendance à retrouver sa « position de vie » de base la plus rassurante… au risque de perdre toute efficacité.

Par exemple, les passagers qui fréquentent les aéroports sont souvent stressés avant l'embarquement et peuvent présenter des comportements infantiles ou inadaptés en présence des hôtesses d'accueil. Certains deviennent arrogants (OK+/OK–) ; d'autres vont paniquer et perdre leur sang-froid face aux exigences de la situation incarnées par l'hôtesse (OK–/OK+) ; d'autres encore vont faire part de leur désarroi à des hôtesses tout aussi désemparées (OK–/OK–). Il peut également arriver que passagers et hôtesse se conduisent de façon positive et adaptée à la situation (OK+ /OK+). Si les hôtesses comprennent les clients et les traitent en « adultes », la relation peut évoluer et devenir « Je suis OK / Vous êtes OK », et réciproquement.

La qualité des communications sociales ou professionnelles qu'on entretient quotidiennement avec autrui, dépend donc dans une certaine mesure de ces « positions de vie », façonnées dans notre passé, et que nous mobilisons, souvent à notre insu, en toute circonstance. Il est difficile de passer de l'état d'agent à celui d'acteur !

3.3 Améliorer les communications interindividuelles

Pour améliorer le processus de communication interindividuelle, on peut travailler sur ces deux extrémités : non seulement sur la maîtrise de sa propre posture par l'émetteur mais aussi sur l'écoute active de la part du récepteur. À cet égard, on distingue souvent le fait d'entendre et celui d'écouter. Écouter vraiment autrui suppose une recherche active de compréhension du sens, alors qu'entendre est fréquemment un phénomène passif. Un individu qui parle peut prononcer une moyenne de 150 mots par minute, alors que ce même individu pourra écouter jusqu'à 1000 mots par minute. Un tel écart laisse entrevoir le gisement de productivité inemployé et les opportunités d'amélioration pour transformer cette latence en temps utile. La balle étant plutôt dans le camp du récepteur, le processus d'écoute active désigne la démarche qui vise à aider l'émetteur d'un message à optimiser sa contribution.

Quelques principes de mise en œuvre sont à retenir pour ce « récepteur avisé » :

1. Comprendre le contenu du message et identifier le cadre de référence de l'émetteur.
2. Évaluer la composante émotive qui l'accompagne, chez soi et chez l'autre.
3. Faire savoir à l'interlocuteur que l'émotion a été perçue et comprise (empathie).
4. Être attentif aux signes verbaux et non verbaux émis ; déceler ambivalence et discordance éventuelles.

5. Questionner, introduire du silence, pratiquer des relances, reformuler le message avec les mots de l'autre et avec les siens propres (faire coïncider les cartes mentales), faire des résumés, pratiquer la neutralité, agir sur le langage non verbal.

Pour surmonter les obstacles à la communication, réduire au minimum les déformations perceptives et améliorer les processus d'échange, diverses mesures peuvent être prises, telles que : recourir à l'écoute active, utiliser le *feed-back*, adapter son langage verbal et son langage non verbal, maîtriser ses émotions, pratiquer l'ouverture culturelle, tenir compte des rumeurs informelles, utiliser avec pertinence les multiples techniques actuelles de communication.

La communication interpersonnelle est tributaire d'éléments psychologiques, sociologiques et culturels. Les deux aspects abordés ici, le langage et la reconnaissance, constituent des lectures plurielles et complémentaires de ce phénomène universel. La qualité de la perception de l'organisation par le manager dépend en partie de son regard pluriel, qu'on peut comparer aux multiples facettes de l'œil de la mouche.

Résumé

- Le langage qu'on utilise et qu'on maîtrise nous contrôle lui aussi, en nous imposant une réalité symbolique et un champ sémantique culturel particulier.
- Chez un individu, les formes du langage — langage parlé et langage agi — se complètent sans toujours s'accorder spontanément. Ce décalage crée des malentendus et des paradoxes préjudiciables à la communication.
- Chez chaque interlocuteur, la qualité de la communication interpersonnelle dépend de l'équilibre entre le contenu du message et l'émotion qui lui correspond.
- Les communications interpersonnelles sont animées par une quête de reconnaissance dont dépend, dans une large mesure, la perception de soi, par l'individu lui-même et par les autres. Les communications interpersonnelles sont potentiellement améliorables.

Conclusion

La communication fait partie des concepts fondamentaux du management. Polymorphe, elle est difficile à définir, si ses enjeux et le contexte situationnel dans lequel elle s'insère ne sont pas définis. En tant que lien entre les individus, les groupes et l'organisation, elle est indispensable aux managers pour assurer leurs missions. Simple ou complexe, elle adopte des modes de régulation tant mécanique que systémique, qui rendent possible ou entravent l'organisation de l'action. Stable ou fragile, elle doit surmonter des obstacles de toutes sortes, à la fois structurels et humains, pour aboutir à ses fins. Elle représente un défi global pour les dirigeants et les managers qui l'utilisent et la conjuguent sous des formes interne et externe.

La communication accompagne la vie des groupes et des réseaux. Elle s'incarne et se décline dans les appartenances culturelles de ceux qui la mettent en œuvre. Elle est interactive et emprunte le langage, verbal et non verbal, dans les échanges interpersonnels. Elle aide les acteurs sociaux à construire leur réalité et constitue un moyen privilégié de reconnaissance sociale et professionnelle.

Activités

Exercice

En tant que manager en poste dans une grande entreprise de distribution, vous êtes amené comme vos collaborateurs à emprunter plusieurs moyens pour communiquer en interne :

1. le courrier électronique (mail) ;
2. la communication verbale, directe, en face-à-face ;
3. la communication écrite, notes, mémos, lettres, fax ;
4. la communication au téléphone (classique ou portable).

Il se trouve qu'aujourd'hui vous devez transmettre un certain nombre de messages :

- Vous devez informer vos collaborateurs de la démission de l'un d'entre eux.
- Vous souhaitez prendre un rendez-vous avec votre directeur.
- Vous devez féliciter un employé pour son prochain mariage.
- Vous allez convoquer vos collaborateurs pour une réunion portant sur les objectifs des prochains mois.
- Vous proposez d'effectuer des heures supplémentaires à ceux qui le veulent.
- Vous annoncez la promotion prochaine de trois vendeurs.
- Vous souhaitez prendre une sanction exemplaire contre un collaborateur embauché récemment et qui part avant l'heure.
- Vous informez l'ensemble du personnel d'une modification réglementaire touchant les horaires variables.
- Vous devez arbitrer un conflit entre deux collaborateurs concernant leurs dates de vacances.
- Vous devez « déréférencer » (supprimer du rayon) plusieurs produits jugés non profitables et l'annoncer au fournisseur concerné.

Indiquez pour chacune des situations le moyen de communication le plus approprié, en justifiant vos choix.

Commentez l'abandon des autres moyens, jugés non pertinents.

Cas d'application

Pour illustrer certaines évocations théoriques de la deuxième partie du chapitre, voici un cas portant sur l'optimisation des réseaux.

- Bernard (le client) : Bonjour monsieur ! Je m'appelle Bernard Durand. J'ai passé commande il y a environ quinze jours de cinq articles à monsieur Lenoir, et j'aimerais savoir où ça en est car je n'ai encore rien reçu !
- Paul (le réceptionniste-vendeur) : Bonjour monsieur Durand ! C'est bien moi qui ai pris votre commande. Elle a été transmise au service livraison le jour même. Il faut en effet compter une dizaine de jours en moyenne pour que la commande vous parvienne.
- Bernard : Oui, mais aujourd'hui nous en sommes à presque 15 jours, alors dites-moi ce qui se passe !
- Paul : Je comprends ! Laissez-moi à nouveau vos coordonnées et je vous rappelle dès que j'aurai vérifié.
- Bernard : Bon ! votre entreprise n'a pas l'air d'être très bien organisée ! Mais d'accord, vérifiez vous-même et rappelez-moi sur mon portable. Voici également mon numéro au bureau.

C'est le genre de situation à laquelle Paul doit faire face au moins 36 fois par semaine ! Comme si l'entreprise ne prenait pas la chose au sérieux. Lorsqu'un vendeur comme Paul prend une commande par téléphone, il la transmet aussitôt au service comptable qui vérifie le crédit du client et prépare la facture. Puis la facture est envoyée à l'entrepôt qui la complète. Une partie de la commande est ensuite transmise au service livraison qui va planifier la course du livreur et enregistrer la commande. Un avis est remis au service comptabilité qui fera parvenir la facture au client. Pour éviter de nuire au travail des différents services, les vendeurs sont invités à ne pas court-circuiter les voies officielles et à entrer en communication directe avec les autres services lorsqu'il s'agit de commande… sauf, naturellement, avec le service comptable. En fait, une fois passée l'étape de la comptabilité, il peut s'écouler facilement dix jours avant que le vendeur ne retrouve la trace de la commande. Une telle situation est embarrassante pour les vendeurs qui, en contact direct avec les clients, sont chargés de leur donner très rapidement des informations pertinentes.

Décrivez la catégorie de réseau de communication adopté dans cette entreprise.

Quelles solutions envisageriez-vous pour remédier aux dysfonctionnements constatés ? Devrait-on ajouter d'autres canaux de communication ?

Dans une situation comme celle-là, pourrait-on voir se développer des réseaux de communication informels ?

Chapitre 5

Les motivations au travail

Objectifs du chapitre

À l'issue de ce chapitre, vous devriez être capable de :

- **définir la motivation, la satisfaction et l'implication ;**
- **distinguer les différentes théories de la motivation qui vous ont été exposées ;**
- **comprendre pourquoi une personne est motivée ou démotivée ;**
- **définir et mettre en place une politique de motivation adaptée à un contexte donné.**

La plupart des dirigeants d'entreprises sont d'accord aujourd'hui pour considérer que c'est le facteur humain qui fait la différence entre des concurrents très proches. Il est devenu très difficile de prescrire le travail à faire et la performance ne peut venir que du zèle apporté par les collaborateurs. Pour que les hommes donnent le maximum d'eux-mêmes, tant individuellement que collectivement, il faut certes qu'ils soient bien formés et informés sur les enjeux, mais il faut surtout qu'ils s'impliquent dans leur activité professionnelle de façon à faire davantage que ce qui leur a été officiellement demandé.

On peut se demander si, en raison de la crise économique, les entreprises ne reportent pas trop le poids de la performance sur les épaules de salariés qui se doivent désormais d'être motivés en permanence. En effet, pour l'individu, l'impératif de la motivation n'est pas facile à respecter. Il ne sait pas toujours par quoi il est motivé et il peut rencontrer des difficultés à le rester de façon continue. L'organisation doit alors intervenir pour aider les individus à cerner leurs attentes et à découvrir les leviers susceptibles de les motiver.

La question de la motivation se situe donc au carrefour des attentes individuelles et des propositions de l'organisation, tant en termes de contenu et de conditions de travail que de récompenses ou de sanctions motivantes. La motivation n'est pas un trait de caractère qui se diagnostique à l'embauche. S'il existe des tendances personnelles à l'implication, la motivation, elle, relève d'une dynamique qui doit être orchestrée par l'organisation. Or, si gérer la motivation n'est pas une tâche impossible, c'est néanmoins une tâche ardue, d'une part parce qu'elle est toujours à remettre sur le métier et que, d'autre part, combiner l'analyse des attentes individuelles avec des réponses plus collectives est un exercice délicat.

Par ailleurs, rien n'assure que la motivation des personnes aboutisse à la performance de l'organisation. Quelqu'un de très motivé peut aller un peu vite et négliger des aspects importants du travail ; aussi est-il essentiel de bien analyser les interactions entre la motivation et les compétences, de façon à ce que l'individu puisse orienter sa motivation dans un sens utile à l'organisation. Et surtout, le manager devra être capable de piloter les motivations dans un sens souhaitable pour l'organisation.

L'enjeu principal de ce chapitre est donc de comprendre par quels biais l'organisation peut affecter la motivation de ses salariés, ce qui suppose qu'aient été analysés d'une part le fonctionnement de la motivation individuelle et d'autre part les grands mécanismes par lesquels on peut tenter d'entretenir ou de développer la motivation des salariés.

Dans ce chapitre, nous aborderons donc successivement :

— le fonctionnement de la motivation individuelle ;

— l'impact des groupes sur la motivation ;

— le pilotage global de la motivation.

Concepts clés

Définitions et périmètre

La motivation serait la clé du succès aussi bien des entreprises que des individus. Un individu motivé est promis à une belle réussite, de même qu'une organisation qui sait gérer la motivation de ses salariés a des chances d'être plus performante que ses concurrentes. Cette conception suppose qu'il existe un lien de causalité entre motivation et réussite. Or ce lien, qui n'a jamais été clairement démontré, repose en réalité sur une confusion entre motivation, satisfaction et implication.

Que l'on se place du point de vue du salarié ou de celui de son manager, on parle dans les deux cas de motivation, alors que le terme ne recouvre pas exactement la même réalité dans ces deux cas. Un salarié recherche la satisfaction de différentes attentes ou besoins, tandis que son employeur recherche l'implication, de manière à ce que le salarié travaille mieux et plus. En ce qui concerne le salarié, on dira donc qu'il est motivé pour obtenir telle ou telle satisfaction ; en ce qui concerne l'organisation, on dira qu'elle veut motiver les salariés.

La motivation est le processus qui permet de faire le lien entre implication et satisfaction. C'est parce qu'un individu cherche à satisfaire certains besoins qu'il se motive. Si, par le biais de ses efforts, il obtient ce qu'il recherche, qu'il s'agisse d'un désir conscient ou inconscient, alors il est satisfait. Lorsqu'un manager dit qu'il souhaite motiver un de ses subordonnés, cela signifie en fait qu'il veut que l'employé s'implique, c'est-à-dire qu'il s'investisse dans la réalisation des missions qui lui ont été confiées.

DÉFINITIONS

La motivation, du latin *movere*, « se mettre en mouvement », peut être définie comme le facteur qui pousse quelqu'un à vouloir faire quelque chose. Il faut distinguer trois éléments dans la motivation : l'orientation vers tel ou tel objet, l'intensité de l'effort fourni et la persistance dans l'effort face aux obstacles rencontrés. Est motivé celui qui s'oriente fortement et continuellement vers la réussite d'un objectif donné et ne se laisse pas abattre facilement par les difficultés. La motivation n'est donc pas un trait de la personnalité, elle est un processus. Une personne n'est jamais motivée dans l'absolu, mais elle l'est par ou pour quelque chose.

On distingue la motivation intrinsèque de la motivation extrinsèque. La **motivation intrinsèque** est liée au moteur personnel de la personne, à ce qui la pousse de l'intérieur à se tourner vers telle ou telle activité. Elle relève de l'individu, de son histoire, de sa personnalité et de son fonctionnement, elle est façonnée par les situations communes et particulières qu'il a rencontrées au cours de son existence. La **motivation extrinsèque**, elle, relève des incitations extérieures qui peuvent amener l'individu à se motiver pour obtenir un élément extérieur au travail lui-même : une prime, une promotion, une marque de reconnaissance individuelle ou sociale.

La **satisfaction** survient lorsque l'individu réalise ses attentes, que celles-ci soient conscientes ou inconscientes. Elle apparaît donc dans un second temps, après que l'individu a accompli quelque chose et reçu une récompense pour cette action. Si une personne est satisfaite par ce qu'elle obtient de son travail, il y a des chances qu'elle continue à faire ce qu'il faut pour obtenir les satisfactions qu'elle recherche. Mais les besoins étant en constante évolution, il est nécessaire de proposer des récompenses toujours adaptées.

L'**implication** se caractérise par un attachement particulier à son travail, une identification à son rôle professionnel. Elle relève de traits de caractère relativement stables et peut donc être mesurée au moyen de tests de personnalité. Elle est notamment liée à l'image de soi et à la part qu'y joue le rôle professionnel.

La question de la motivation n'a pas toujours intéressé les managers. Lors des premières tentatives d'organisation scientifique du travail, elle était implicite parce qu'elle ne posait pas problème. Pour Taylor (voir chapitre 2, section 3.1), il était évident que les individus étaient tous motivés par le même objectif, celui de gagner mieux leur vie. Il suffisait donc de créer des organisations dans lesquelles les rémunérations encourageraient les salariés à travailler davantage.

Pourtant, les dirigeants qui ont recouru à l'organisation scientifique du travail se sont très vite rendus compte qu'elle était loin de porter tous ses fruits et que ce manque d'efficacité pouvait sans doute s'expliquer par des raisons liées au facteur humain. Ils ont donc essayé, dans les années 1920, d'améliorer les conditions de travail, mais force leur a été de constater que cette démarche n'était pas suffisante. Or, c'est à la même époque qu'apparaît la notion de la motivation au travail, au sein d'un courant de recherche, nommé par la suite « École des relations humaines », dont les travaux, à partir d'une expérience princeps menée à Hawthorne et détaillée dans l'encadré 5.1, permettent de mettre en évidence que la performance ne pouvait émerger que si les salariés étaient satisfaits de leur travail.

Étude 5.1

L'École des relations humaines à l'origine des recherches sur la motivation

Dans les années 1920, les chercheurs commencent à étudier l'impact des conditions de travail sur la productivité des salariés. L'équipe employée sur le site de Hawthorne de Western Electric met progressivement en évidence, durant sept années, que de meilleures conditions de travail ne suffisaient pas à augmenter durablement la productivité.

En observant les comportements des salariés placés dans différentes configurations de travail et en les interrogeant, deux éléments essentiels sont découverts :

- **L'importance et l'origine de la satisfaction.** Un salarié est d'autant plus productif qu'il est satisfait de son travail. Cette satisfaction est le produit d'une série de facteurs qui dépassent le simple cadre de l'entreprise. Elle provient à la fois de l'organisation du travail, plus ou moins parcellisée, du type de superviseur et du comportement de celui-ci avec les salariés, de l'atmosphère au sein de l'équipe, mais aussi des aspirations de la personne et du statut social que son travail lui procure, tant dans la société civile qu'à l'intérieur de l'organisation.
- **Le poids de l'organisation informelle.** La structure formelle ne suffit pas à prévoir et à orienter les comportements. Des groupes informels se mettent en place, qui constituent une seconde strate de normes que les individus respectent par souci d'appartenance. Ainsi les comportements ne peuvent être compris et orientés que si l'on prend en compte l'existence d'une structure informelle à l'intérieur de laquelle se jouent de nombreux éléments de la satisfaction.

C'est à partir de ces découvertes que s'est mise en place la réflexion sur la nature de la motivation au travail, dans un courant appelé École des relations humaines, dont les principaux représentants sont Maslow, Mc Gregor, Herzberg, Likert et Lewin, et dont les recherches sur la nature et le fonctionnement de la motivation sont toujours en cours.

Depuis, de nombreux chercheurs ont poursuivi des recherches sur la motivation des individus au travail, de façon à offrir aux dirigeants des outils leur permettant de piloter la motivation. Depuis les années 1980, l'importance de la notion de motivation s'est accrue, tant les dirigeants sont conscients qu'ils ont absolument besoin de salariés très impliqués pour pouvoir affronter l'intensification de la concurrence. L'arrivée sur le marché du travail, dans les années 2000, d'une génération dont les attentes en ce qui concerne la vie professionnelle sont différentes, complique encore la tâche des dirigeants, qui doivent désormais répondre à des souhaits très variés car très individualisés.

Le foisonnement des recherches sur la motivation peut être regroupé autour de trois directions principales :

- **Le recrutement ou l'allocation de postes en cas de mobilité.** Il s'agit de se demander quel type de personnalité fera preuve de motivation dans un contexte donné. Cela suppose, d'une part, de bien caractériser le contexte en termes de contenu du travail, d'atmosphère locale, de valeurs promues, de récompenses possibles, et, d'autre part, de disposer de tests de recrutement qui révèlent à la fois le caractère plus ou moins impliqué de la personnalité, le type d'attentes explicites ou implicites et par conséquent le type de comportements prévisibles dans le contexte choisi.
- **L'organisation du travail et du type de management.** L'individu, de son côté, peut aussi apprendre à repérer dans quels contextes il rencontrera le plus de satisfactions. En ce qui concerne l'organisation du travail, il s'agira de créer des conditions professionnelles attirantes pour les personnes recherchées, et ce en modulant la richesse du contenu des postes, en jouant sur les valeurs culturelles, sur les atmosphères de travail, sur les modes de management, etc. En ce qui concerne le type de management d'autre part, il faudra donner la possibilité aux managers de gérer les motivations de leurs équipiers. Les formations au management permettent de les sensibiliser à l'analyse des motivations ; de plus, des outils de gestion comme l'entretien d'évaluation, la direction par objectifs, la rémunération variable, etc., donnent la latitude nécessaire au pilotage quotidien des motivations.
- **Les récompenses et les sanctions proposées.** Une fois la structure mise en place et les individus choisis, il s'agira d'imaginer des dispositifs de sanctions et de récompenses susceptibles d'entretenir et d'orienter la motivation de façon continue. On peut alors jouer sur les modes de rémunération, la reconnaissance officielle, les dispositifs d'évolution de carrière, etc.

Utilisation des théories de la motivation

Il existe quatre grands types de théories sur la motivation. Si elles sont toutes intéressantes, chacune prise isolément est insuffisante pour traiter totalement la question. Il faut donc les connaître toutes et les utiliser de façon complémentaire. Il est artificiel d'assigner chaque type de théorie à un niveau d'analyse. C'est pourquoi nous présentons, dans l'encadré 5.2, un tableau général des théories de la motivation classées par famille type, pour ensuite développer chaque élément au niveau dans lequel il est le plus utile. Le tableau comporte un renvoi à la section qui développe la théorie évoquée.

1. Des attentes différentes

Cette partie se concentre à la fois sur l'analyse des attentes à satisfaire par le travail et sur les traits de la personnalité qui permettent de comprendre le niveau et le type d'implication de chacun. Elle sert donc de base à l'analyse qui suivra dans la section 3 concernant les leviers possibles de la motivation.

Trois séries de questions seront abordées pour comprendre l'origine de la motivation :

— Quelle est l'importance du travail en général, de la réussite professionnelle, de l'honneur du travail bien fait dans l'échelle de valeurs d'une personne ?

— Quel impact la structure de la personnalité a-t-elle sur la motivation ?

— Quels sont alors les éléments concrets qui sont facteurs de motivation ?

Étude 5.2

Quatre types de théories de la motivation

Les théories dites de contenu. Elles proposent une analyse des différents besoins des individus, qui vont les pousser à agir de façon à satisfaire leurs attentes. Elles expliquent par quoi telle personne sera motivée et indiquent donc des éléments pouvant être offerts à différents types de population, tant en termes d'organisation du travail qu'en termes de récompenses. Elles ont toutes été regroupées au niveau de l'individu, puisqu'elles traitent des attentes de celui-ci.

Parmi ces théories, les plus célèbres sont :

- la pyramide des besoins de Maslow, exposée dans la section 1.2.1 ;
- la théorie ERD d'Alderfer, exposée dans la section 1.2.2 ;
- la théorie bifactorielle de Herzberg, exposée dans la section 1.2.3 ;
- la théorie de la motivation par l'accomplissement de Mc Clelland, exposée dans la section 1.3.2.

La théorie du renforcement. Il s'agit d'une théorie behavioriste qui expose comment renforcer ou affaiblir des comportements au moyen de récompenses dont l'obtention motive et de punitions à éviter. Elle est exposée dans la section 2.1.

Les théories dites de processus. Ces théories entent d'expliquer comment fonctionne la motivation, selon quels mécanismes, en se plaçant plutôt au plan cognitif ; elles proposent donc une réflexion sur les éléments à mettre en place pour assurer un fonctionnement optimal des mécanismes de motivation. Elles sont présentées au niveau de l'organisation.

Parmi ces théories, les plus célèbres sont :

- la théorie de l'équité d'Adams, exposée dans la section 2.2 ;
- la théorie des attentes de Vroom, puis celle de Porter et Lawler, exposées dans la section 3.1.3.

Les théories interactionnistes. Ces théories mettent l'accent sur la relation, dans le processus motivationnel, entre l'individu et le contexte où il évolue. Elles sont exposées au niveau de l'individu. Les auteurs principaux sont ici Lewin et Nuttin, dont les analyses sont exposées dans la section 1.3.3.

1.1 La place du travail dans les investissements personnels

On pourrait penser *a priori* que la motivation intrinsèque relève uniquement des désirs individuels. Ce qui, d'un point de vue managérial, impliquerait de se donner les moyens d'analyser les désirs et le fonctionnement de chacun puis de proposer des systèmes individuels de motivation. Cependant, si les facteurs personnels ont leur importance, il ne faut pas négliger pour autant l'ancrage historique, culturel, religieux et sociétal des motivations. Car les désirs individuels relèvent aussi de constructions sociales. Selon la société ou l'époque, les individus n'accordent pas la même place ni la même valeur au travail, à l'argent, au temps, etc. Certaines cultures accordent peu d'importance au travail et valorisent davantage la participation à la vie de la communauté, tandis que d'autres, comme la culture protestante, vont jusqu'à en faire le moyen d'accéder au salut.

1.1.1 La motivation ne dépend pas que de l'organisation !

Selon la valeur accordée au travail et à la parole donnée lors de la signature du contrat de travail ou à son manager, les personnes ne vont pas s'investir de la même façon dans leur activité professionnelle, quelles que soient les conditions de travail proposées et la reconnaissance offerte.

Ainsi, par exemple, dans certains contextes, la motivation personnelle à accomplir pleinement sa tâche relève davantage des valeurs personnelles que des outils de gestion. Sur un site sidérurgique, un ouvrier formé en Lorraine dans les années 1950 et fort mécontent de son manque d'avancement, nous expliquait qu'il continuait à bien faire son travail car, à ses yeux, cette notion n'avait rien à voir avec la politique de l'entreprise. Le travail devait être bien fait par nature. Une telle considération relevait uniquement de son éthique et de son honneur personnels. Les revendications salariales et de promotion ne passaient pas pour lui par une qualité moindre de son investissement, mais par une discussion avec ses managers. Dans la même entreprise, un autre ouvrier, peu intéressé par la tâche qui lui avait été confiée, s'était engagé à la remplir envers son chef de poste pour lui rendre service ; cette parole l'engageait à s'acquitter parfaitement de sa tâche, par respect mutuel. Dans un contexte différent, les managers ne pourraient pas compter sur de telles valeurs et devraient trouver d'autres ressorts pour motiver leurs employés.

La valeur accordée au travail a donc un impact sur la motivation professionnelle des personnes. Elle dépend en grande partie de l'éducation et des exemples reçus, donc de la culture et du milieu d'origine, mais elle participe aussi du fonctionnement personnel de chacun.

1.1.2 Deux conceptions opposées du travail dans la pensée occidentale

Le travail n'a pas toujours occupé une place de premier plan dans toutes les civilisations. Dans la civilisation grecque, il était relégué loin derrière la politique, la science ou l'amitié ; dernier degré dans l'échelle d'honorabilité, il était laissé aux esclaves. Aujourd'hui encore, alors que le travail est valorisé dans la majeure partie du monde, il existe différentes conceptions quant à son rôle dans la réussite. Pour certains, il suffit de travailler beaucoup pour réussir ; pour d'autres, mieux vaut être malin et user de son réseau, plutôt que de s'échiner bêtement à travailler. Il n'existe plus, comme au XIXe siècle, de représentation partagée d'une éthique du travail ; une césure s'est faite entre deux courants de pensée qui jusqu'alors cohabitaient.

Il existe en effet deux grandes représentations du travail dans la société industrielle : d'un côté, le travail est conçu comme un pensum nécessaire pour assurer sa subsistance ; de l'autre, il représente le moyen qui permet de réaliser pleinement son humanité, d'accéder à l'identité.

Le travail comme punition divine

Une première tradition, d'origine biblique, pousse donc à considérer le travail comme un moment désagréable mais obligatoire pour subvenir à ses besoins. Le travail n'a pas d'intérêt en soi, il n'est qu'un moyen permettant de se procurer des revenus. Si Ève n'avait pas croqué la pomme, les hommes ne seraient pas obligés de travailler à la sueur de leur front ; ils pourraient se contenter de cueillir les fruits des arbres et passeraient leur temps à des activités plus intéressantes que le simple travail de subsistance. N'oublions pas qu'étymologiquement le mot travail vient du latin *tripalium* qui désigne un instrument de torture.

C'est grâce à cette conception, que partagent ceux qui ont un travail sans grand intérêt et peu d'espoir d'en obtenir un meilleur, que l'on peut expliquer la position de ceux qui s'investissent peu (Sainsaulieu, 1985) dans leur activité salariée, se contentant de faire le minimum, pour porter leur énergie ailleurs, dans leur vie familiale ou dans la vie associative, par exemple. Tel cet employé de banque qui refuse une promotion de crainte d'être trop pris par sa vie professionnelle et de ne plus avoir assez de temps pour entraîner l'équipe de foot de son quartier. Ce type de comportement, encore assez répandu, peut expliquer l'échec de certaines tentatives de responsabilisation et de motivation.

Le travail comme occasion de se réaliser en tant qu'être humain

Dans le projet cartésien de maîtrise et de possession de la nature, le travail est un moyen de dominer le monde et d'affirmer la toute-puissance de la raison humaine par rapport aux sens et aux phénomènes naturels. Le travail est le moyen par lequel les hommes accèdent à la maîtrise de leur environnement et de leur destin, formidable tentation du monde moderne, qui s'incarne dans le mythe du progrès et de l'efficacité.

De plus, dans la perspective hégélienne, le travail représente le moment de l'accomplissement de soi, de la réalisation de son identité humaine, à la fois au plan individuel et au plan social. C'est par le travail que l'homme se confronte à lui-même, à la réalité et aux autres, qu'il se dépasse pour devenir ce qu'il est, grâce à la médiation de la réalité. Dans la dialectique du maître et de l'esclave (Hegel, 1807) l'esclave finit par être plus libre que son maître, qui n'a personne pour le reconnaître en tant qu'homme libre, tandis que la médiation du travail permet à l'esclave de mettre en acte l'emprise qu'il a sur le monde. Le marxisme a porté la dialectique hégélienne sur le devant de la scène, nourrissant les débats idéologiques sur le travail au cours des XIXe et XXe siècles et proposant une figure idéale du travail comme source d'accomplissement de l'homme, une fois supprimées les conditions matérielles de l'aliénation.

Cette valorisation extrême du travail comme moyen d'épanouissement de l'homme explique le succès des formations consacrées au développement personnel (voir l'exemple développé à la fin de la section 1), qui permettent aux individus de remplir leur potentiel, de se sentir exister davantage lorsqu'ils réalisent de plus grandes choses, lorsqu'ils sont plus efficaces, moins soumis à leurs faiblesses naturelles, plus maîtres d'eux-mêmes et des autres.

Ainsi, certains sont motivés par le simple fait de pouvoir travailler mieux, de voir le résultat de leur action. Cette constatation implique, pour le management, de mettre en place de bons systèmes de *feed-back* qui permettent au salarié d'avoir un retour sur ses réalisations, et de proposer des postes de travail suffisamment intéressants, par exemple aux opérateurs, pour que ceux-ci puissent sentir quel est leur impact sur le processus de production.

Mais, lorsque le résultat n'est pas à la hauteur de l'investissement, l'envers de la médaille apparaît sous la forme d'une démotivation en cascade. Dans notre civilisation de l'excellence, du dépassement, l'échec est souvent radical et source d'une dévalorisation extrême de la personne voire de dépressions graves (Erhenberg, 1998). Cela implique que l'encadrement sache bien déterminer les objectifs à fixer à chacun en fonction de ses capacités. Ce phénomène illustre à quel point le travail est devenu, dans nos sociétés, une source importante de constitution de l'identité.

1.1.3 Le travail, source d'identité

Cette importance du travail dans la réalisation de soi ainsi que la forme qu'il a pris dans la société contemporaine expliquent que l'identité passe pour une grande partie par le statut professionnel. Il n'est que de constater la rapidité avec laquelle le sujet est abordé lorsque deux personnes font connaissance. Les candidats aux jeux télévisés se présentent fréquemment en citant leur métier ou leur appartenance à une entreprise donnée. Le travail est devenu une source de positionnement social essentielle. Ainsi certains employés d'une grande entreprise tirent une grande fierté d'y travailler, même si c'est à une place subalterne. Personne ne pense plus à se présenter comme appartenant à une famille, sauf les membres d'une entreprise familiale !

C'est donc aussi la possibilité d'atteindre un statut social convoité qui explique la motivation de certains à s'investir énormément dans leur travail. Selon la représentation qu'ils se font des résultats et des récompenses accessibles par le travail, ils sont plus ou moins motivés à bien faire. C'est ce qu'explique **la théorie des attentes** de Vroom, détaillée à la section 3.1.3.

Déjà, les premiers travaux de l'École des relations humaines avaient mis en évidence l'importance de l'adéquation entre les aspirations professionnelles et le positionnement social obtenu par le travail. Ainsi, celui qui acquiert dans l'entreprise une position inférieure à celle à laquelle il aspirait, de par son milieu familial et son ambition personnelle, peut être facilement démotivé. De même, celui qui obtient une position supérieure à celle qu'il avait imaginée peut se retrouver confronté à des difficultés par rapport à son milieu d'origine, ce qui est aussi source de démotivation. Dans le film *Ressources humaines* de Laurent Cantet, le héros, fils d'ouvrier qui a fait une grande école de commerce, met quelque temps à trouver sa place entre sa famille ouvrière et son patron. Le passage au statut de cadre est à cet égard très révélateur. Ceux qui se hissent à ce niveau rencontrent parfois des difficultés parce qu'ils sont rejetés par leurs anciens congénères qui les considèrent comme des traîtres. Quant aux autres cadres, ils ont du mal à les accepter parmi eux, considérant qu'ils ne sont pas de vrais cadres, mais des pièces rapportées. Les nouveaux promus doivent alors accepter de passer par des moments de solitude, lesquels peuvent durer toute une vie professionnelle.

1.1.4 L'ambivalence de notre relation au travail

La réalité est le plus souvent partagée entre les deux conceptions du travail évoquées précédemment. Les deux aspects coexistent chez la même personne, à des moments différents de sa vie. Le champ social est traversé par une forte tension entre l'aspiration à une société des loisirs, libérée d'une emprise trop forte du travail, et la nécessité toujours présente de travailler pour se réaliser. La tradition biblique elle-même présente le travail à la fois comme un châtiment divin et comme la possibilité donnée à l'homme de poursuivre la création divine, de laisser son empreinte dans le fonctionnement du monde.

Il est essentiel de bien saisir cette ambivalence pour comprendre certains mouvements complexes dans la motivation de chacun et certainement d'abord dans la sienne propre. C'est ainsi, par exemple, que certains jeunes investis dans les start-up ont imaginé qu'ils travailleraient énormément pendant dix ans et pourraient ensuite, vers l'âge de 30 ans, prendre leur retraite et passer à des activités moins intenses, présentant dans le même discours une image très positive du travail et une valorisation non moins importante des loisirs associés aux gains espérés.

De plus, quelle que soit la valeur intrinsèque accordée au travail, une fois l'éducation achevée, il faut encore lui ajouter les représentations des perspectives ouvertes par le travail. Selon les valeurs qui leur ont été transmises, associées à l'expérience personnelle ainsi qu'à l'observation, les individus se font une idée relativement claire de ce que le travail peut leur apporter comme satisfactions. Les jeunes qui arrivent aujourd'hui sur le marché du travail savent, par exemple, qu'ils ne doivent pas tout attendre de leur organisation et qu'il leur faut conserver un bon niveau d'employabilité pour pouvoir se placer ailleurs en cas de difficulté, tout en maintenant un bon équilibre global de vie, de façon à ne pas être uniquement inféodés à l'entreprise. C'est ce qui explique que leur comportement diffère de celui de leurs aînés et donc que les politiques et les outils de mesure de la motivation n'aient pas le même impact sur eux. Ils sont à l'origine de la nécessité de repenser les systèmes de motivation.

1.2 Les types d'attentes

Une façon d'aborder la motivation consiste à explorer les différents types de besoins et de désirs qui vont pousser le sujet à agir pour les satisfaire. C'est ce dont traitent les théories du contenu que nous allons aborder maintenant.

Historiquement, les premières théories de la motivation en contexte organisationnel ont été élaborées par les auteurs de l'École des relations humaines, en particulier par Maslow, dont la pyramide des besoins est particulièrement célèbre. Ces auteurs ont mis au point des théories dites de contenu, d'après lesquelles les individus sont motivés par des besoins différents, qui les poussent à agir pour assouvir ces besoins.

Trois théories sont à retenir : celle de Maslow, celle d'Alderfer et celle de Herzberg.

1.2.1 La pyramide de Maslow

Selon Abraham Maslow, une personne est motivée par cinq types de besoins (voir figure 5.1). Une fois les besoins de premier niveau assouvis, ils ne constituent plus un facteur de motivation et la personne passe aux besoins de second niveau, et ainsi de suite. L'intérêt de cette conception est qu'elle permet de proposer des avantages adaptés au niveau de besoin auquel se trouve une personne à un moment donné. Rien ne sert de créer un cadre destiné à procurer un sentiment d'appartenance à des collaborateurs qui sont dans la précarité ; il faut commencer par leur assurer une certaine stabilité de l'emploi, avant de passer à autre chose.

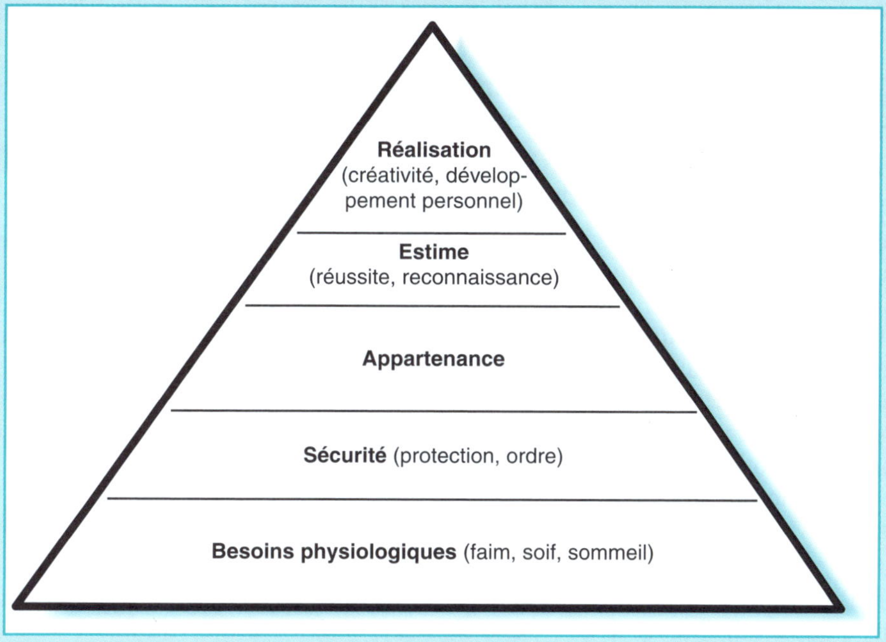

Figure 5.1. La pyramide des besoins de Maslow (1954).

Cette théorie permet de mettre en évidence la hiérarchie des besoins. Elle implique donc de disposer d'outils de veille sociale, qui permettent de mesurer régulièrement où en sont les salariés.

Cependant, la théorie de Maslow comporte trois grandes limites.

Tout d'abord, le principe du passage successif d'un niveau à un autre est discutable : il est tout à fait possible d'être motivé par le fait d'être reconnu, même lorsque l'on n'a pas assuré les besoins des premiers niveaux.

Ensuite, le principe même d'une hiérarchie universelle des besoins postule que tout le monde fonctionne de la même façon, ce qui est particulièrement discutable compte tenu des différences culturelles. Il est des personnes et des cultures pour qui l'honneur, par exemple, passe avant la survie. La littérature abonde d'exemples de ce type. Il semble peu raisonnable de supposer que tout le monde a la même hiérarchie de besoins, quelles que soient l'histoire personnelle, la culture d'appartenance ou la structure organisationnelle.

Enfin, cette théorie ne permet pas d'expliquer la démotivation, puisque le dernier niveau est par définition infini. Or, de nombreuses entreprises sont confrontées à cette difficulté particulière. Elles constatent la démotivation de certains employés qui étaient jusqu'alors très motivés et ne savent pas toujours comment y remédier.

1.2.2 La théorie ERG d'Alderfer

Alderfer (1972) a regroupé les cinq besoins définis par Maslow en trois catégories hiérarchisées :

- *Existence.* Ce sont les besoins de subsistance, satisfaits par les conditions matérielles, comme le salaire et les conditions de travail.
- *Relation.* Ce sont les besoins relationnels, satisfaits par le fait d'être en contact avec des personnes sympathiques ou intéressantes.
- *Growth* (croissance). Ce sont les besoins de croissance ou de progression, satisfaits par la dynamique de l'évolution du travail et de la personne dans l'organisation.

L'idée de progression dans les besoins avancée par Maslow est complétée par l'idée que si un individu se trouve frustré à un niveau donné, il régressera au niveau inférieur : ainsi, si quelqu'un se trouve frustré dans sa réalisation personnelle, il régresse au besoin inférieur et se met à survaloriser les relations avec les autres. De même, celui qui ne développe pas de relations satisfaisantes avec son entourage va réclamer de meilleures conditions matérielles et financières. Cette théorie permet d'expliquer les variations dans le type de motivation qui pousse une personne à agir, par exemple, le découragement d'un collaborateur jusqu'alors passionné par son travail, qui se met à réclamer une augmentation de salaire.

1.2.3 La théorie bifactorielle de Herzberg

Au-delà de la hiérarchisation des besoins, Herzberg a montré, grâce à une étude statistique, qu'il faut distinguer deux types d'éléments dans le travail (voir figure 5.2) :

- **les facteurs moteurs**, qui procurent une satisfaction ;
- **les facteurs d'hygiène**, dont l'absence procure de l'insatisfaction mais qui, lorsqu'ils sont présents, sont considérés comme normaux et ne produisent aucune satisfaction particulière.

Ce n'est pas parce qu'on a un salaire correct que le travail procure de la satisfaction. En revanche, un salaire insuffisant est une source d'insatisfaction, et doit être rangé parmi les facteurs d'hygiène. Ce qui contribue à la motivation, ce sont les facteurs moteurs, autrement dit ceux qui sont liés au travail lui-même et non pas aux conditions qui l'entourent.

Cette distinction est importante pour appuyer l'idée selon laquelle il est important de rétribuer ces deux domaines différents. Des personnes motivées par leur travail, qui auront trouvé un emploi leur correspondant, intéressant en soi, mais dans un cadre désagréable et pour un salaire estimé insuffisant, risquent de quitter l'entreprise dès qu'elles retrouveront un poste équivalent et offrant de meilleures conditions environnementales. À l'inverse, de bonnes conditions de travail et de rémunération ne sont qu'un pis-aller qui ne peut pas faire supporter longtemps un travail inintéressant ou qui ne correspond pas ou plus à l'individu.

Pour l'entreprise, la distinction de ces deux types d'éléments entraîne une double nécessité. Elle doit d'une part dessiner une organisation du travail dans laquelle les postes, les positions ou les emplois sont riches en soi, c'est-à-dire avant tout détaylorisés grâce à l'intégration de tâches de conception aux tâches d'exécution. Mais

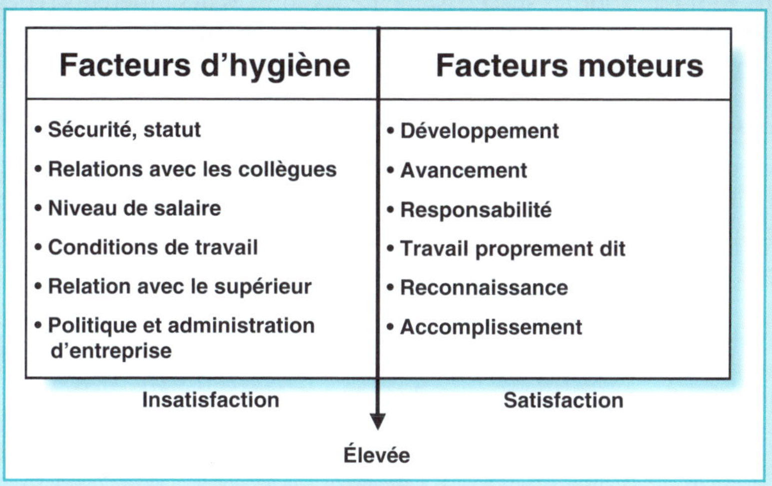

Figure 5.2. La théorie bifactorielle de Herzberg (1996).

elle doit aussi effectuer une gestion évolutive des carrières et/ou des emplois en fonction de l'évolution des aspirations des personnes. Cette gestion nécessite à son tour la mise en place d'un système de sondage des désirs individuels, en dynamique, que celui-ci soit greffé sur le système d'appréciation des personnes ou qu'il se fasse sous forme d'enquêtes récurrentes ou de comités qui examinent les possibilités d'évolution des carrières.

Les trois théories du besoin détaillées précédemment ne rentrent pas forcément en contradiction les unes avec les autres. Elles sont parfois complémentaires et permettent de se rappeler qu'il existe plusieurs angles d'attaque possibles.

Elles ont en commun de donner quelques idées aux managers sur les éléments susceptibles de constituer des sources de motivation. Elles induisent alors la nécessité de détecter la présence ou l'absence de ces éléments chez les salariés et de déterminer à quelles personnes on peut proposer telle ou telle incitation.

On peut cependant leur reprocher le fait qu'elles ne prennent pas en compte la complexité des processus qui conduisent à la motivation. C'est pourquoi elles doivent être complétées par une réflexion sur la constitution de la personnalité.

1.3 L'impact de la personnalité sur la motivation

Si aujourd'hui l'accès à l'identité pleine et à la réalisation de soi passe en grande partie par le travail, on comprend que la possibilité de se réaliser dans le cadre professionnel constitue une motivation forte, la plus puissante selon chacune des classifications envisagées dans la section précédente. Or, chaque individu se réalise de façon différente. Il faut donc disposer d'éléments concernant la personnalité et son fonctionnement pour comprendre pourquoi et par quoi un individu donné est motivé.

Trois points vont être abordés successivement : les sources des différents types d'ambition, les éléments qui provoquent l'implication, et la combinaison de l'ambition et de l'implication avec l'histoire personnelle.

1.3.1 Les sources profondes de l'ambition

L'envie de réaliser ses objectifs, d'accomplir de grandes choses, quelle que soit la définition que chacun donne à la grandeur, est une source puissante de motivation. C'est avant tout par amour et estime de soi que le sujet se projette dans un avenir qu'il estime digne de lui et qu'il va se donner les moyens d'y parvenir.

Le contour précis de cet avenir dépend d'une multitude de facteurs, tels que le milieu familial, le milieu social, les rencontres, le hasard. Ainsi, les enfants d'origine paysanne ont une moins bonne connaissance des métiers de l'industrie que les enfants des milieux d'affaires. Ils tendront davantage à s'imaginer dans des univers dont ils ont entendu parler, et s'ils rêvent de grandeur, celle-ci s'incarnera davantage dans le fait d'être cosmonaute que dans celui d'être capitaine d'industrie. Par ailleurs, ils n'auront pas forcément les clés leur permettant de savoir qu'il faut être ingénieur pour devenir cosmonaute et que pour devenir ingénieur il faut passer par une classe préparatoire. Ainsi, l'histoire de la personne permet d'expliquer les directions qu'elle va prendre.

Mais cela ne dit rien de l'ampleur de l'ambition elle-même, qui dépend, quant à elle, de la force de l'idéal du moi, véritable moteur de la personne. L'idéal du moi est, selon Freud, l'image de soi que l'enfant élabore au moment où se dénoue le complexe d'Œdipe. C'est alors qu'il prend conscience qu'il ne pourra pas épouser sa mère, parce que celle-ci appartient à son père. Cette première limite imposée à l'enfant est une castration symbolique qui lui montre qu'il n'est pas tout-puissant et qu'il doit s'inscrire dans la société et en respecter les règles. Il comprend alors qu'il doit se séparer de ses parents pour constituer sa propre personnalité et déterminer sa propre trajectoire. Si la crise de l'Œdipe se passe bien et si l'enfant accepte la limite sans en être blessé outre mesure, il pourra développer sa singularité et trouver son équilibre entre les injonctions du surmoi, notamment celles qui le poussent à aller vers son idéal du moi, les pulsions du ça et les éléments de la réalité.

C'est le concept freudien d'idéal du moi qui permet de comprendre la différence entre un sujet qui se projette dans une position de dirigeant et se donne les moyens d'y arriver, et un sujet qui, muni d'un idéal du moi plus faible, s'imagine à une place moins élevée dans la hiérarchie sociale et dont on dit qu'il n'est pas ambitieux.

Par ailleurs, l'étape du complexe d'Œdipe est très éclairante pour comprendre ce qui motive véritablement tout un chacun. Car la castration, en posant des limites, permet d'accéder à un univers original : celui où l'individu peut imprimer sa propre marque, compte tenu des limites sociales. Or, c'est seulement dans cet univers-là, appelé univers symbolique par Jacques Lacan, que l'individu trouve un véritable plaisir lié à la création, à la nouveauté, à ce qui lui est propre. Cet univers symbolique s'oppose à celui de l'imaginaire, dans lequel les individus sont à la poursuite d'images, reliées à des modèles déjà existants. Dans l'imaginaire, le sujet se contente de copier les autres, le plus souvent par souci de rivalité, sans s'inscrire dans une démarche qui lui est propre.

Le pilotage par l'imaginaire, très fréquent dans les organisations, peut conduire à réactiver des phénomènes de comparaison, de rivalité, qui ne témoignent pas du dépassement de l'Œdipe et ramènent rapidement les sujets vers des comportements infantiles sans inscription originale dans la réalité identitaire de chacun. Tant que l'Œdipe n'est pas liquidé, les sujets restent prisonniers d'un narcissisme basique qui les porte à considérer les autres comme des rivaux à éliminer, si bien qu'ils usent leur énergie à se combattre les uns les autres plutôt qu'à construire quelque chose en commun. Ainsi, les entreprises qui abusent du management lié aux valeurs collectives et des visions stratégiques mobilisatrices courent le risque de générer des comportements de suiveurs, sans possibilité de créativité, faute d'un accès à l'identité de chacun que seul permet le passage au symbolique. Elles ne font que remplacer l'idéal du moi de leurs salariés par un idéal du moi collectif qui est un système d'emprise. Or, si leur objectif est de disposer de ressources humaines de qualité pour faire la différence, elles risquent de ne pas l'atteindre, car les comportements seront bridés par l'imaginaire unique proposé et par une compétition intense entre les personnes.

1.3.2 Les sources de l'implication

Si la motivation n'est pas une caractéristique permanente de l'individu que l'on pourrait évaluer une fois pour toutes, l'implication, en revanche, peut être repérée en partie dans la personnalité, à travers deux traits fondamentaux : le *locus of control* et le besoin d'affiliation, que les tests de personnalité permettent de repérer.

Locus of control

Le *locus of control* (« lieu du contrôle ») est un trait de personnalité qui concerne le fait, pour un individu, d'assumer ce qui lui arrive.

Soit l'individu présente un locus interne. Dans ce cas, il se considère comme responsable de ses actes et aura tendance à prendre son destin en main, à penser que sa réussite ne dépend que de lui. Il s'impliquera donc dans les activités qu'il entreprendra.

Soit il présente un locus externe. Dans ce cas, il se considère comme très peu responsable de ce qui lui arrive et pense que son destin dépend du hasard, de son milieu d'origine, des actions des autres. Il aura donc tendance à peu s'impliquer dans ses activités, estimant que son rôle n'est pas très important, que de multiples facteurs l'empêchent de réussir, ou que sa réussite n'est pas due à son travail.

La localisation du *locus of control* dépend certes de la structuration de la personnalité mais aussi, en grande partie, des valeurs sociétales. Dans une société qui valorise avant tout la réussite, l'accent portera sur le *locus of control* interne et l'éducation donnée aux enfants tendra à le développer. Dans les sociétés qui valorisent l'obéissance et la conformité, le *locus of control* sera plutôt externe et l'accent sera mis sur les valeurs de respect et d'autorité.

Le besoin de réalisation (need for achievement)

Selon Mc Clelland (1961), il existe trois types de personnalités différentes. Certains ont un besoin de réalisation (*need for achievement*). À ceux-là, il faut donc proposer des défis et une ascension importante ; ils seront toujours impliqués dans leur travail. D'autres ont un besoin de pouvoir ; il faut leur donner la possibilité d'en obtenir. D'autres enfin sont plutôt poussés par un besoin d'affiliation. Il faut donc leur permettre de s'insérer dans des équipes agréables, où ils trouveront des relations susceptibles de les motiver.

Cette théorie est importante à prendre en compte lorsque l'on met en place un système de motivation. Elle permet d'expliquer que certaines récompenses ne sont absolument pas motivantes pour des personnes qui ne les valorisent pas. Ainsi, proposer une promotion à un poste sans réel enjeu à quelqu'un qui est mu par un besoin de réalisation, n'est pas forcément une bonne idée pour le motiver. Car ce qu'un tel sujet recherche, ce n'est pas le statut ou le pouvoir, mais la possibilité de continuer à avancer. Il faut donc toujours évaluer les moteurs des personnes avant de leur proposer quelque chose. D'une façon générale, les *achievers* sont des individus très intéressés par leur travail, qui aiment à se fixer à eux-mêmes des objectifs difficiles mais qu'ils peuvent atteindre, et qui ont besoin de *feed-backs* rapides sur leur performance. Ils assument bien les responsabilités.

La détection de ces deux traits de personnalité — *locus of control* et besoins de réalisation, d'affiliation ou de pouvoir — permet de faciliter les recrutements. Selon les types de postes, le profil idéal sera plutôt un sujet possédant un fort besoin de réalisation et un locus interne, ou un sujet mettant en avant un autre besoin et pouvant garder un locus externe. Ainsi, ceux qui sont plutôt portés sur l'affiliation chercheront des postes avec de nombreux contacts, où l'on pourra apprécier le fait qu'ils aient un locus externe qui leur permet de se fondre dans l'équipe. Les *achievers*, quant à eux, auront une préférence pour des postes solitaires, dans lesquels le retour sur la performance est immédiat. Mais s'ils sont en seconde position, ils tenteront de dépasser leur supérieur, ce qui peut s'avérer contre-productif.

Le diagnostic du type de personnalité se fait au moyen de tests projectifs, comme le TAT (Test d'aperception thématique). Dans ces tests, on montre au candidat une image assez ambiguë et on lui demande de raconter une histoire autour de l'image. Selon l'histoire racontée, le test est censé montrer, grâce aux projections, à quel type le sujet appartient.

1.3.3 La dynamique de l'histoire personnelle

Chaque personne se constitue des objectifs, plus ou moins précis, issus de la combinaison entre son idéal du moi et les déterminants culturels et familiaux qui l'orientent plutôt vers tel type d'activité ou de métier. Munie de ces objectifs, elle tente de se frayer un chemin, d'abord dans le monde scolaire puis dans l'univers professionnel, qui lui permette de satisfaire le plus d'attentes possibles.

Il existe deux façons de traiter de la rencontre entre aspirations et réalité :

- celle de l'adéquation entre les deux ;
- celle de l'interaction.

L'adéquation entre les attentes et la réalité

L'une des découvertes fondamentales de Roethlisberger et Dickson, les chercheurs qui ont formalisé les résultats de l'expérience de Hawthorne (voir précédemment l'encadré 5.1), a été de constater que la satisfaction variait en fonction des aspirations initiales, et que des individus issus de milieux identiques et avec le même niveau de formation ne se satisfaisaient pas de la même situation professionnelle obtenue. Certains étaient ravis d'être arrivés là où ils avaient souhaité être, d'autres espéraient pouvoir atteindre un meilleur poste et n'étaient pas motivés par une situation pourtant considérée comme correcte dans leur milieu d'origine. Plus généralement, ceux qui ne trouvent pas de vocation pour une activité donnée peuvent avoir du mal à se motiver durablement pour leur métier : ils pensent toujours qu'ils ont raté quelque chose de fondamental, quelque chose qui leur aurait permis de se réaliser, d'être excellents parce qu'alors ils auraient vraiment été à leur place. Ce sentiment peut être considéré comme un mythe, mais il renseigne utilement sur le désir permanent de trouver un métier ou une activité pour laquelle on est fait, dans laquelle on excelle, parce qu'elle nous correspond profondément. C'est un des rôles des bilans de compétences qui permettent à un salarié de faire le point sur son activité et de réfléchir à la façon dont il voudrait orienter son projet professionnel.

Ici intervient une question importante sur la notion même de motivation : est-ce uniquement le manque ou le besoin qui motive, comme l'affirment les théoriciens du contenu, ou bien est-il possible d'être motivé par le plaisir actuel et projeté, issu de l'adéquation entre ses désirs et les réalités ? Cette seconde vision des choses consiste à penser que la clé de la motivation peut aussi se trouver dans le sentiment d'être en chemin vers quelque chose qui correspond à ce que l'on souhaite être. Elle valorise donc davantage l'harmonie, l'adéquation, que la violence du manque. Elle est importante pour comprendre le poids du sens dans la motivation. En effet, si l'accès au symbolique est source d'une motivation réelle, alors être motivé c'est aussi être motivé à aller vers ce pour quoi on sent que l'on est fait.

Autrement dit, ce qui est en jeu ici, c'est l'histoire que l'on se raconte à propos de son activité. Un homme sera motivé s'il a l'impression que ce qu'il fait a un sens pour lui, en fonction de ses valeurs et de ses qualités, et que, du coup, il se trouve bien à sa place là où il est, bien récompensé pour ce à quoi il contribue, par rapport aux autres qui ont chacun leur place.

La question de fond n'est donc plus celle des besoins à connaître et à remplir, mais celle du sens que chacun trouve dans un cheminement vers la construction dynamique de sa propre identité.

Cependant l'idée d'adéquation est trop statique pour refléter totalement la complexité du lien entre aspiration et réalité. La notion d'interaction aide à comprendre comment l'histoire de la personne se nourrit du contact permanent entre aspirations et réalisations.

Les interactions entre aspirations et réalisations

Les succès passés sont importants dans l'élaboration de nouvelles aspirations, plus élevées (Lewin, 1959). Le niveau d'aspiration n'est pas une constante indépendante de ce que vit la personne. Il varie fortement en fonction du taux de succès rencontré. Une personne qui a subi un échec aura tendance à vouloir éviter d'autres échecs et limitera donc fortement son niveau d'aspiration. L'histoire de cette personne permet de comprendre pourquoi elle essaie peu et ne trouve pas de grande satisfaction dans ce qu'elle fait.

Le plaisir de causalité est une source de motivation (Nuttin, 1985). Le changement que l'on peut opérer, tant sur le monde que sur soi-même, procure un profond plaisir. Par ricochet, la démotivation survient lorsque ce plaisir a disparu ou n'apparaît pas, ou quand il existe un décalage entre les projets personnels et le travail effectué. Ainsi, l'une des façons de motiver relève de la prise en compte des projets personnels dans le monde du travail. Cette prise en compte peut se faire par l'intégration de ces projets, en demandant aux salariés de participer aux démarches de l'entreprise, de faire preuve d'initiative. Elle peut aussi se faire à côté du travail proprement dit, par la possibilité donnée au personnel de réaliser des projets en parallèle. Ainsi, par exemple, certaines entreprises soutiennent des projets de développement humanitaire élaborés par leurs salariés, d'autres sont favorables au développement de projets personnels et libèrent du temps et parfois des budgets à cet effet.

Résumé

- La constitution même de la personnalité et l'histoire de chaque personne (son environnement culturel, familial, son éducation, les situations qu'elle a vécues) expliquent les différences dans les orientations de la motivation.
- Ces différences d'intensité et de persistance de la motivation varient selon l'intériorisation de la place du travail dans une vie, selon l'idéal que l'on se forge, selon la confiance que l'on se donne et les expériences que l'on vit.

2. Motivation et confrontation aux autres

Au sein de l'organisation, le fait d'être inséré dans des groupes et de se confronter à la compétition peut avoir des impacts positifs ou négatifs sur la motivation, sans que ce paramètre soit toujours bien maîtrisé par les dirigeants.

Pour creuser cet aspect, trois points vont être évoqués successivement :

- — le rôle de la compétition dans la motivation ;
- — la notion d'équité à respecter dans le traitement des individus de l'organisation ;
- — l'influence de l'appartenance à un groupe sur la motivation de ses membres.

2.1 L'impact de la compétition sur la motivation

Les analyses de la section précédente peuvent faire penser que l'élaboration du désir est purement personnelle. Chaque individu arriverait dans l'organisation avec ses besoins, ses valeurs et ses désirs qu'il confronterait aux possibilités offertes. Pourtant la rencontre avec les autres membres de l'organisation complexifie cette conception. Les phénomènes de rivalité, de jalousie laissent vite émerger l'idée que l'on est également attiré par ce qui attire les autres. Par exemple, une personne peu portée *a priori* sur les honneurs finira par y prêter attention après s'être rendu compte qu'ils sont importants pour les autres ; elle se mettra alors à réclamer son passage de coefficient. C'est sur ce principe que fonctionnent bon nombre de publicités. La voiture vantée devient un objet de désir parce que l'acteur du spot publicitaire affiche des qualités que le spectateur moyen rêve de posséder. Acheter cette voiture, c'est vouloir s'attribuer ces caractéristiques.

Application 5.3

Le développement personnel

Les offres de formation au développement personnel sont courantes dans les organisations. Elles revêtent plusieurs formes et, aujourd'hui, le *coaching* de développement est certainement celle qui connaît la plus forte croissance. De quoi s'agit-il ?

On propose à un individu un travail personnalisé avec un intervenant qu'il va rencontrer pendant une ou deux heures, une à deux fois par mois pendant quelques mois, et qui va l'aider à faire le point sur ses façons d'analyser les situations, de prendre des décisions, de manager, de communiquer et plus profondément sur les facteurs profonds qui le poussent à agir de telle ou telle façon, de manière à les repérer et à les modifier s'ils ne sont pas efficaces et s'ils ne correspondent pas à ce que la personne cherche à faire. Il s'agit donc de se replonger dans le psychisme de la personne, dans ses modes de pensée, dans ses mécanismes de défense, dans ses angoisses, dans tous les éléments qui la poussent à agir d'une façon qui limite la portée de ses actes.

Lorsqu'ils décident de payer ce type d'intervention à l'un de leurs cadres, les dirigeants sont motivés par la volonté de disposer de collaborateurs munis d'une efficacité accrue par une réflexion sur leurs propres limitations, par une prise de conscience de leurs modes de fonctionnement. Le résultat de ces interventions est une clarification des motivations profondes de la personne, clarification qui passe par une prise de conscience et lui permet de mieux orienter ses comportements vers ce qu'elle juge efficace.

D'une manière générale le but du développement personnel est de libérer les salariés concernés des barrières qui les empêchent de réaliser leur potentiel. Or ce potentiel est très proche de l'idéal qu'ils se sont forgés.

Ce fonctionnement est nommé « désir triangulaire » ou encore « désir mimétique » par René Girard (1961), qui le met en évidence à travers les grands textes de la littérature française. Reprenant le schéma hégélien de la dialectique du maître et de l'esclave, il montre à quel point le sujet est porté à désirer ce qu'un autre, modèle ou rival, désire. À travers ce nouvel intérêt pour l'objet, ce sont les qualités attribuées au rival que l'on souhaite s'accaparer. Et à son tour le modèle se place en situation triangulaire, comme pour confirmer la valeur de son choix d'objet. Si son voisin convoite la même chose que lui, c'est que cette chose a effectivement de la valeur et qu'il a raison de l'avoir choisie.

Appliqué à la motivation, ce schéma invite à penser que la motivation pour tel ou tel objet peut tout simplement résulter du fait que d'autres personnes sont attirées par cet objet. D'un point de vue global, un individu aspire à telle ou telle situation sociale parce qu'elle lui semble valorisée par des gens qui, pour lui, font référence. Plus concrètement, un collaborateur aspire à tel poste parce que son concurrent le veut et que, le voulant, il lui donne une couleur très attirante, alors que sa propre trajectoire ne le menait pas forcément à ce poste. C'est ainsi que certains postes sont très valorisés parce que très convoités, et convoités simplement parce que des personnes clés s'y intéressent et qu'ils revêtent alors une importance particulière qui dépasse leur simple contenu.

Pour l'organisation, cela signifie qu'on peut tenter de piloter les motivations de deux façons :

- On peut valoriser socialement certains postes, par exemple en les attribuant systématiquement à de hauts potentiels, suivant en cela la théorie du renforcement positif (voir encadré 5.4).

Étude 5.4

La théorie du renforcement

La théorie du renforcement est une théorie behavioriste. Elle suppose que, pour obtenir les comportements souhaités, il suffit de les récompenser systématiquement lorsqu'ils apparaissent. Les individus vont alors adopter ces comportements pour obtenir les récompenses. Cette théorie a aussi son versant négatif, qui consiste à punir les comportements non souhaités de façon à les éviter.

La théorie du renforcement relève à première vue du simple bon sens, mais elle a des conséquences très importantes dans l'organisation. Elle permet de piloter la performance au plus près de la culture d'entreprise. Prenons l'exemple d'un cabinet de conseil dont la culture traditionnelle incite à passer le plus de temps possible en mission chez le client pour rapporter du chiffre d'affaires. Si les dirigeants souhaitent que les consultants consacrent aussi du temps à construire la mémoire organisationnelle, de façon à préserver l'avenir de l'entreprise, il suffit d'intégrer cette tâche dans les processus d'évaluation et de donner clairement une augmentation à ceux qui y participent. Cela montrera aux autres que la tâche est valorisée et l'attrait d'une meilleure rémunération les incitera peut-être à changer de comportement.

- On peut motiver quelqu'un à travailler plus en créant une compétition acharnée entre pairs pour l'obtention d'un poste ou d'une promotion. En effet, le sentiment de compétition peut amener quelqu'un à se dépasser, comme en témoigne le succès de la métaphore sportive dans le monde des entreprises.

Cependant, ce dernier type de motivation comporte des écueils qui sont inhérents à tout fonctionnement reposant uniquement sur l'univers de l'imaginaire. Sans accès au symbolique, la bataille n'a d'autre fin qu'elle-même et la fin réelle du combat est oubliée. Ainsi une motivation de « qualité » serait celle qui pousse à se dépasser dans le sens où l'on devient soi-même père, plutôt que de passer son temps à se comparer à ses frères ou à ses pairs, dans un leurre narcissique.

Pourtant, alors même que l'on accède par moments au symbolique, on ne peut qu'être taraudé par la crainte de se faire doubler par l'autre qui serait mieux traité que soi. C'est pourquoi le souci de l'équité de traitement est essentiel pour maintenir la motivation.

2.2 Le besoin d'équité

Pour être motivé durablement, l'individu a besoin de se sentir respecté, jugé à sa juste valeur. Or, qu'est-ce exactement que la juste valeur ? Comment estimer qu'une reconnaissance est juste ? Essentiellement en se donnant des repères, comme l'explique la théorie de l'équité d'Adams (1965) (voir figure 5.3).

Ratio*	Perception de A
$\frac{\text{Rétribution A}}{\text{Contribution A}} < \frac{\text{Rétribution B}}{\text{Contribution B}}$	Inéquitable (sous-payé)
$\frac{\text{Rétribution A}}{\text{Contribution A}} = \frac{\text{Rétribution B}}{\text{Contribution B}}$	Équitable
$\frac{\text{Rétribution A}}{\text{Contribution A}} > \frac{\text{Rétribution B}}{\text{Contribution B}}$	Inéquitable (sur-payé)

*A est l'employé, B son référent

Figure 5.3. La théorie de l'équité de Adams (1965).

Le premier repère consiste à trouver un équilibre entre ce que l'on donne et ce que l'on reçoit en échange. Instinctivement, en comparant avec des référents internes et externes, le sujet calcule un équilibre contribution/rétribution, entre ce qu'il fournit à l'organisation et ce qu'elle lui donne en échange en termes de rémunération, de reconnaissance, de statut, de promesses d'évolution, etc. Deux repères permettent de calculer cet équilibre : soi-même et les autres.

Par rapport à lui-même, le sujet vérifie que l'organisation le rétribue justement compte tenu de sa contribution. Ainsi, lorsqu'il estime avoir fait un effort ou avoir obtenu des résultats importants, il attend une reconnaissance de la part de l'organisation. À l'inverse, lorsqu'il estime avoir reçu une récompense indue, il réagit en tentant de donner plus à son tour. Ainsi, le souci d'équité fait qu'une personne est plus motivée à bien faire lorsqu'elle perçoit un déséquilibre à son avantage entre contribution et rétribution. Ce phénomène permet d'expliquer pourquoi certaines entreprises ont une politique salariale qui se situe délibérément au-dessus des prix du marché. Bien payés, les salariés ont à cœur de rétablir leur équilibre et de contribuer davantage. Inversement, il explique aussi que certaines entreprises, qui croient bien faire en accordant une augmentation de salaire une année où la personne n'a pas été très performante sous prétexte que l'année précédente un bon résultat n'avait pas pu être rémunéré, se heurtent à un mur d'incompréhension et à une démotivation entraînée par la perte de sens. Dans de tels cas, il faut toujours penser à expliquer les actions mises en œuvre (voir encadré 5.5).

Le second point de repère est celui que constituent les autres, qu'ils soient, avec un statut comparable, extérieurs à l'organisation, ou qu'ils travaillent dans la même organisation. Le sujet regarde les différents équilibres contribution/rétribution et évalue sa position par rapport aux autres. S'il estime être moins bien traité globalement que les autres, il perdra sa motivation pour le travail lui-même, mais la fera porter sur la modification de la situation : en réclamant plus, en travaillant moins ou en quittant la société pour une autre où il pensera trouver un équilibre plus satisfaisant.

Cette théorie peut paraître évidente et simple à mettre en œuvre, mais tel n'est pas toujours le cas. En effet, ce que chacun met dans la rétribution dépend en grande partie de ce qui lui importe : ceux qui attachent une grande importance à la possibilité d'avoir du pouvoir valoriseront davantage une situation que ceux qui se contentent de mesurer l'argent gagné. Ainsi, appliquer la théorie de l'équité est une bonne idée pour veiller à l'équilibre des motivations, mais sa mise en œuvre implique que le manager connaisse bien ce qui importe à chacun des membres de son équipe, voire de son organisation, pour être certain de ne pas se tromper dans le design de leur propre balance contribution/rétribution.

À vrai dire, cette difficulté peut aussi être résolue par une politique d'entreprise claire sur les tâches rétribuées et sur les différentes composantes de la rétribution. Dans cette optique, ceux qui ne sont pas attirés par les rétributions proposées ne restent pas longtemps dans l'entreprise en question, à moins de s'y sentir contraints, par exemple pour des raisons liées au marché du travail.

2.3 L'effet d'entraînement du groupe

Les deux sections précédentes traitaient de l'impact des comparaisons interindividuelles sur la motivation. Celle que nous abordons maintenant s'intéresse à l'impact de l'appartenance à un groupe sur la motivation individuelle.

Il existe un effet d'influence qui va porter un individu *a priori* moyennement motivé à augmenter son niveau de motivation, pris par l'enthousiasme général, ou parfois pour le simple plaisir de participer à une aventure collective entraînante. C'est l'un de ces effets de foule que l'on peut retrouver, à plus petite échelle, dans des situations duelles. Une personne motivée par une tâche peut parvenir à convaincre son équipier de l'intérêt de celle-ci, et contribuer ainsi à hausser son niveau de motivation. Une atmosphère générale d'enthousiasme pour un projet, une bonne entente entre les membres d'une équipe vont inciter chacun à se dépasser ou pour faire plaisir aux autres, ou parce que ceux-ci ont su montrer à quel point le projet est intéressant.

À l'inverse, un individu très motivé par une tâche pourra se démotiver rapidement, s'il a l'impression d'être le seul à se démener pour mener à bien une action dont la réussite dépend aussi des autres. Une ambiance morose dans un service aura un effet démotivant pour tous, jusqu'à ce qu'un événement quelconque renverse la situation. Car la norme de groupe peut faire que chacun se trouve dans l'obligation d'être soit motivé soit démotivé, pour être comme tout le monde. Mais qu'un événement retourne un acteur clé, alors tous ceux qui ne faisaient que suivre le mouvement se révèlent au grand jour.

C'est ce que permet d'expliquer la fourche de Schachter (1951) qui distingue deux facteurs dans les groupes, dont l'évolution va permettre de comprendre les variations de productivité. Ces deux facteurs sont la cohésion du groupe et la plus ou moins grande adhésion des individus aux normes de production.

Application 5.5

La rémunération des ingénieurs en télécommunication

Telplus, grande entreprise de télécommunications, a mis en place, en 1998, une politique salariale attractive pour les ingénieurs qu'elle souhaite recruter, voire débaucher chez ses concurrents.

Participant à des enquêtes sectorielles de salaire, Telplus a pour principe de payer 10 % au-dessus des prix du marché, évalués tous les six mois.

Si cette politique lui permet d'attirer les meilleurs, elle ne lui permet pas toujours de les garder. En effet, sur un marché très tendu, l'entreprise a été obligée de constater que ses ingénieurs restent en moyenne dix-huit mois chez elle avant de partir chez les concurrents. Elle en est même arrivée à réembaucher des ingénieurs partis un an plus tôt.

La théorie de l'équité permet d'expliquer ce qui motive les ingénieurs à quitter si rapidement Telplus. En effet, ils s'aperçoivent très vite que les ingénieurs recrutés après eux sont mieux rémunérés, sans motif réel. Au bout d'un moment leur ratio contribution/rétribution s'avère inférieur à ceux de leurs jeunes collègues, ce qui leur devient insupportable. Pour résoudre cette difficulté, l'entreprise devrait augmenter régulièrement les salaires de ses ingénieurs, ce qui lui coûterait beaucoup trop cher, à moins de mettre en place une politique de rémunération à visée de fidélisation, qui prendrait en compte l'ancienneté et encouragerait donc le personnel à rester.

- Lorsque la cohésion est grande et que les membres du groupe accordent un grand respect aux normes de production, les résultats sont excellents.
- Lorsque la cohésion est faible, mais que les membres respectent les normes, la productivité reste bonne.
- Si la cohésion est faible et que les personnes ne respectent pas les normes, la productivité baisse.
- Mais lorsque la cohésion est forte pour refuser les normes de production, tout management de l'équipe devient impossible et il faut gérer la crise.

Autrement dit, il n'est pas toujours dans l'intérêt des managers d'avoir des équipes très cohésives, à moins d'être certains de pouvoir les amener à accepter les règles du jeu de l'organisation.

La motivation à coopérer avec quelqu'un ne dépend pas uniquement de la nature de la tâche à effectuer en commun, elle dépend aussi de l'image que l'on se forge de l'autre ainsi que de celle que l'on souhaite ou que l'on a l'impression de projeter sur lui. Autrement dit, travailler avec quelqu'un qui nous semble compétent et de bonne composition peut être très motivant, même si la tâche n'est pas passionnante en soi. Pour certaines personnalités, se donner le défi de motiver l'autre lorsqu'il est un peu récalcitrant peut aussi, à l'inverse, être très motivant.

Ce à quoi il faut penser dans tous les cas, c'est que la simple analyse de la motivation individuelle ne suffit pas à prédire la motivation globale d'un groupe et son impact en retour sur les motivations individuelles. En effet, dans tous les cas de coopération, le regard de l'autre est important et peut produire des effets contradictoires. Il faut donc procéder à une analyse fine aussi bien des personnalités prises individuellement que des interactions collectives. C'est en particulier l'une des tâches qui incombent à un chef de projet, tant au moment où il compose son équipe que tout au long du déroulement d'une mission. C'est aussi l'un des éléments recherché dans certains tests de personnalités qui tentent de cerner comment la personne sera influencée par ses équipiers et les influencera à son tour.

Résumé

- L'émulation peut avoir un fort impact sur la motivation.
- Chacun garde un œil sur son équilibre contribution-rétribution et le compare à ceux des autres.
- L'atmosphère dans le groupe a un impact tant sur la motivation que sur la démotivation.

3. L'organisation de la motivation

Après avoir cerné les mécanismes inconscients à l'origine de l'orientation, de l'intensité et de la persistance de la motivation et vu à quel point le rapport de comparaison et de compétition permanente avec les autres peut être source à la fois de motivation et de démotivation, il reste à examiner maintenant comment, d'un point de vue plus global, l'entreprise peut construire des outils susceptibles de favoriser la bonne motivation et d'éviter la démotivation de ses troupes.

Pour cela, trois aspects vont être traités :

— les différents impacts de l'organisation du travail et de son allocation (sphère des dispositifs organisationnels) ;

— les jeux d'acteurs liés à la motivation ;

— l'impact de la culture sur la motivation.

3.1 L'organisation et l'allocation de travail pour s'assurer de la motivation intrinsèque de tous

Les dispositifs organisationnels peuvent jouer à la fois sur la motivation intrinsèque, notamment par la définition des postes de travail et leur allocation, et sur la motivation extrinsèque, notamment au travers de tout le système de rétribution mis en place.

3.1.1 The Right Man at the Right Place

Cette expression est empruntée à Taylor qui en faisait l'un des principes du management scientifique. « Placer la bonne personne au bon poste » permet, selon lui, de gagner en efficacité. Ce n'est pas un hasard si un grand cabinet de conseil a choisi cette citation comme slogan pour une récente campagne de recrutement en direction des jeunes diplômés. Si les mécanismes de la motivation sont influencés à la fois par les données biographiques et par la participation à différents groupes, il convient de réfléchir au type de travail que l'on confie aux personnes, en fonction de leur motivation propre, ainsi qu'à l'environnement de travail offert, qui peut aussi jouer sur l'évolution de la motivation. Une telle démarche implique donc nécessairement de sortir des principes tayloriens dont la mise en application débouche sur la définition des postes indépendamment des personnes, pour aboutir à des organisations plus centrées sur les périmètres de fonctions qui conviennent à chaque individu, compte tenu de ses compétences, de ses goûts et de ses aspirations à un moment donné.

Ainsi, les théories du contenu (voir précédemment section 1.2) peuvent donner des indications précieuses sur les facteurs à prendre en compte dans l'organisation du travail et dans la nomination de telle ou telle personne à un poste donné. Parmi celles-ci la pyramide de Maslow, par l'insistance mise sur les besoins sociaux et les besoins de réalisation de soi, donne des pistes sur l'organisation du travail tant en statique qu'en dynamique. Ensuite, la théorie bifactorielle de Herzberg permet de comprendre comment élaborer des organisations de travail qui procurent de bonnes conditions de satisfaction. Selon cet auteur, il s'agit d'élargir et d'enrichir les tâches, c'est-à-dire de déspécialiser au maximum les postes de travail afin d'éviter l'ennui du geste cent fois répété et de redonner accès à la réflexion sur le travail, au lieu de se contenter de simples tâches de réalisation.

Il s'agit aussi de proposer les bonnes allocations des tâches, de façon à favoriser en permanence l'adéquation entre aspiration à un moment donné et réalisation consécutive. Ce dispositif organisationnel implique non seulement d'avoir de bons processus de recrutement en interne et en externe, mais aussi et surtout de sensibiliser le management à la dimension de l'évolution inévitable de la motivation au fur et à mesure qu'une personne évolue et maîtrise mieux son travail. Il peut aussi signifier la nécessité de laisser une marge de manœuvre aux managers pour réaffecter les personnes au sein de leurs entités sur des postes qui leur sont mieux adaptés à un moment donné.

Ainsi, gérer les carrières à l'intérieur de l'entreprise consiste en un double processus : il s'agit d'une part de prévoir les besoins de l'organisation et, d'autre part, de s'assurer que les individus retrouvent en permanence des éléments de motivation. Pour les uns il s'agit de grimper dans la hiérarchie régulièrement, pour d'autres d'obtenir des horaires adaptés à leur mode de vie à un moment donné, pour d'autres encore de découvrir de nouvelles problématiques, d'apprendre en permanence… Le simple fait d'accorder de l'importance aux besoins de chacun et de tenter d'y répondre est une marque de reconnaissance qui constitue déjà en lui-même une forte source de motivation. La personne se sent reconnue par le manager qui lui propose un poste correspondant à ses attentes et, plus encore, elle ne se sent plus anonyme dans une organisation qui traiterait chacun de la même façon. Elle en retire un fort sentiment de reconnaissance, qui la pousse à faire plus pour l'organisation.

Mais ce dispositif ne suffit pas à savoir, une fois les positions cadrées pour un temps, comment motiver les personnes pour une activité qui *a priori* leur convient. Pour ce faire, il faut examiner, à l'aide des théories du processus, quels sont les mécanismes qui motiveront une personne à agir dans le sens proposé par le manager. C'est ici qu'interviennent les mécanismes de rétribution qui jouent sur la motivation extrinsèque.

3.1.2 Peser sur la motivation extrinsèque

Les salariés qui disposent à un moment donné d'un poste de travail qui les satisfait pleinement quant au contenu, peuvent toutefois se trouver démotivés si les autres conditions de travail ne sont pas satisfaisantes. Outre les aspects ergonomiques et périphériques du travail, tels que, par exemple, le fait de disposer des bons outils, d'avoir accès à un parking, d'avoir des bureaux convenables, où l'on peut à la fois travailler tranquillement, recevoir un client et procéder à des réunions, il est indéniable que les salariés sont très préoccupés à la fois par leur niveau de rémunération et par les mécanismes de rétribution mis en place. Le niveau de rémunération proposé ailleurs est souvent la cause d'un changement d'entreprise, de même que l'impression d'avoir été traité injustement est un facteur puissant de démotivation.

La rémunération est donc un levier important en matière de motivation, sur lequel l'organisation se doit de jouer finement. La question n'est pas tant de payer plus qu'ailleurs, mais de bâtir un système cohérent tant en interne qu'en externe et qui permette d'orienter les comportements dans le sens souhaité. Ici, sont mobilisées au même niveau la théorie de l'équité et celle du renforcement : les salariés comparent en permanence leur rémunération avec celle des autres ; ils sont souvent conduits à mettre l'accent sur ce qui est le plus rémunérateur pour eux. C'est ainsi que l'on peut comprendre les politiques d'incentives mises en place pour les commerciaux : il s'agit de concours de ventes, de véritables défis avec, à la clé, un voyage à gagner. En se prêtant à ces compétitions, les vendeurs prennent plaisir à se mesurer les uns aux autres, et à être mis en avant lorsqu'ils gagnent. Le tout pour le plus grand profit de l'entreprise.

Cet aspect de la motivation ne doit pas être pensé indépendamment de la sphère culturelle. Il existe par exemple des organisations où l'argent est tabou, où il ne faut pas en gagner trop. Dans ce cas, le levier ressortit plutôt à la reconnaissance. D'ailleurs, il ne s'agit pas uniquement de rémunération, mais plutôt d'une rétribution globale prenant en compte aussi les aspects symboliques. Ainsi, sans même faire la somme totale des avantages obtenus, certains salariés sont extrêmement fiers de posséder quelques actions de leur entreprise, ou d'être associés *via* l'intéressement à sa destinée. De même, les commerciaux comparent souvent entre eux le modèle de voiture de fonction qui leur a été attribué, et ce non pas tant au plan financier qu'à celui de l'image associée à telle ou telle marque.

3.1.3 Intégrer motivations intrinsèques et extrinsèques

Une fois ces dispositifs génériques mis en place, il nous reste à examiner ce qui se passe à l'échelle des équipes de travail, entre un manager et ses subordonnés.

Deux éléments sont à prendre en compte : d'une part il s'agit de comprendre comment fixer des objectifs motivants en soi ; d'autre part, il faut aussi s'inquiéter des types de récompenses accordées en fonction du niveau d'atteinte des objectifs fixés.

Sur la fixation des objectifs, Locke (1968) nous enseigne qu'un objectif doit être fixé de manière à être stimulant mais pas trop important, de telle sorte qu'il puisse être atteint par l'individu. Si un opérateur a l'impression qu'il n'a aucune chance d'atteindre des objectifs qu'il ressent comme trop élevés, compte tenu de ses capacités et des moyens qui lui sont alloués, il se démotive rapidement, pensant que leur réalisation est au-dessus de ses forces. Ensuite, il faut qu'un objectif soit assorti d'un délai et d'une échelle de mesure, afin de pouvoir contrôler le degré d'atteinte. Enfin, il faut aussi que la récompense accordée en cas d'atteinte des objectifs soit non seulement calculée de façon à être motivante, mais aussi que les facteurs jouant sur son obtention soient peu nombreux et simples à comprendre. Ici encore, c'est la théorie du renforcement qui s'applique.

La théorie des attentes de Vroom (1964) complète cet aspect par une réflexion sur la valeur que chacun accorde à telle ou telle récompense. Vroom met en relation les efforts individuels, la performance à laquelle ils aboutissent, la récompense attachée à cette performance, et le lien entre cette récompense et les attentes individuelles.

Selon cette théorie, trois variables sont importantes dans le fonctionnement de la motivation :

- la valence : valeur attribuée par l'individu à la récompense ;
- l'instrumentalité : perception de la probabilité que telle performance permettra d'accéder à la récompense ;
- l'expectation : perception de sa propre capacité à atteindre la performance (suis-je capable de ?).

Une personne n'est motivée que si elle pense pouvoir atteindre un objectif (expectation), qui lui procurera une récompense à coup sûr (instrumentalité), et si cette récompense est d'une quelconque valeur pour elle (valence). Ce modèle semble un peu mécanique par rapport à certains éléments d'analyse vus précédemment, mais il permet de mettre en place des politiques de motivation prenant en compte à la fois les orientations de chacun (le type de récompense qui intéresse l'individu, qu'il s'agisse d'une promotion, d'une prime ou de reconnaissance) et l'analyse de l'activité à confier à chacun.

Cette vision permet de souligner plusieurs points :

- l'importance de la réflexion sur les objectifs à fixer à chacun et sur la façon de les communiquer ;
- l'importance du *feed-back* donné à chacun sur son niveau de progression et sur l'évolution de ses capacités à atteindre tel ou tel objectif, à effectuer telle ou telle tâche ;
- l'importance de la cohérence des politiques d'évaluation et de reconnaissance qui doivent permettre de clarifier l'instrumentalité de chacun. Si les salariés ne sentent pas quelle performance on attend d'eux et quel niveau d'effort permet de l'atteindre, ils risquent, dans le cas où leur motivation intrinsèque est faible, de se démotiver rapidement, faute d'un sens suffisamment clair dans l'entreprise.

Ce schéma de Vroom a été complété par Porter et Lawler (1968) (voir figure 5.4) pour donner une vision plus globale du processus de motivation. L'intérêt de leur schéma réside dans le fait qu'il permet enfin de retracer un lien entre la motivation extrinsèque et la performance, en passant par la prise en compte des compétences et de la structure des postes de travail, ainsi que de la politique de gestion des carrières. À la théorie des attentes, ils ajoutent les résultats de la théorie de l'équité.

Avec ce schéma, l'organisation dispose d'un outil de réflexion susceptible de l'amener à mettre en place une politique cohérente de motivation, qui prenne en compte les motivations propres à chacun, les mécanismes de comparaison, les processus de motivation

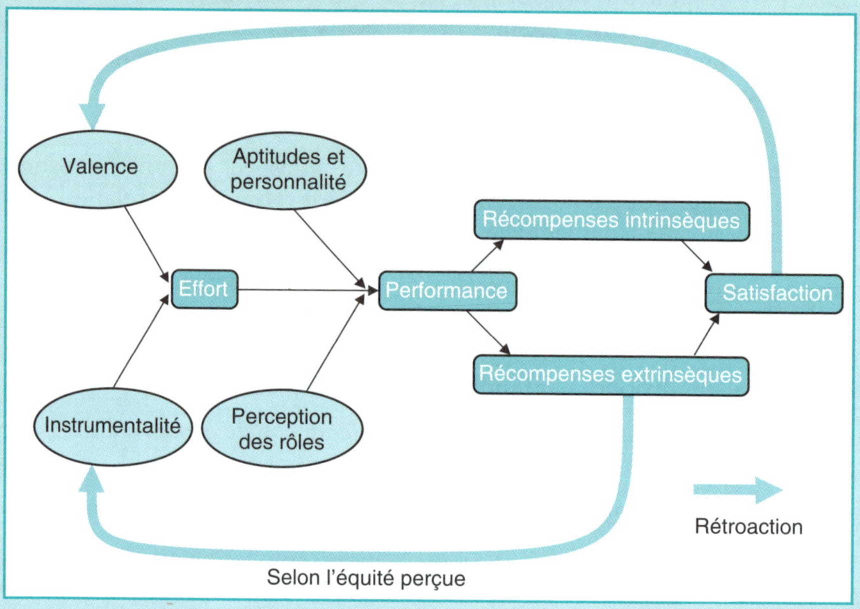

Figure 5.4. Schéma de Porter et Lawler (1968).

ou de démotivation liés aux récompenses et à la facilité de les atteindre. Des enquêtes approfondies permettent alors de mesurer l'impact de telle récompense sur tel type de population.

3.2 Les jeux d'acteurs autour de la motivation

Au sein de la sphère des jeux d'acteurs, l'implication devient l'enjeu d'une négociation entre groupes différents. En effet, c'est elle qui est garante de l'atteinte d'un bon résultat.

Se pose alors la question de la compatibilité des différents types de motivation avec les objectifs de l'organisation. Il existe une motivation fondamentale dans l'organisation, partagée par tous les acteurs, qui consiste pour chacun à augmenter ses marges de liberté, de façon à pouvoir agir comme il l'entend (Crozier et Friedberg, 1977 ; voir chapitre 2, section 2.2). Vue sous cet angle, la motivation, au sens du zèle apporté à son travail, peut être une dérivée de la motivation fondamentale de chacun. À l'organisation de construire une carte des zones d'incertitude qui soit compatible avec ses objectifs finaux.

Plus concrètement, au sein des équipes de travail, quelles que soient les politiques mises en place par l'organisation, il arrive que les acteurs se motivent par des moyens qui n'ont pas forcément été prévus par l'organisation. La difficulté réside alors dans le fait de ne pas les démotiver par un manque de souplesse. Ainsi, par exemple, une des sources importantes de la démotivation réside dans la routine. Les salariés sont souvent très effrayés à la perspective de tomber dans un travail répétitif, dans lequel il n'y aura plus aucun enjeu, aucune place pour leur intervention ni leur réflexion. Cette crainte permet d'expliquer de nombreux comportements. Par exemple, dans un entrepôt de pièces détachées automobiles, les organisateurs ont été obligés de désautomatiser un système d'accès aux casiers de rangement des pièces, parce que les opérateurs ressentaient le besoin de trouver eux-mêmes l'emplacement des pièces pour ne pas s'ennuyer. Un système ultramoderne, qui les emmenait directement au bon endroit, avait provoqué un absentéisme important. De même, il arrive que des conducteurs de train ou d'avion prennent des risques en désamorçant les systèmes de pilotage automatique, et ce pour avoir quelque chose à faire et ne pas perdre du même coup l'intérêt et l'habileté de leur travail.

Face à de tels comportements, le rôle des managers de proximité est essentiel. Soit ils savent apprécier l'intérêt de ces comportements et les autorisent, quitte à négocier en échange des services utiles à l'entreprise. Soit ils appliquent strictement les règles et risquent d'être confrontés à des démotivations importantes, qui ne tardent pas à devenir la source d'une perte de compétences.

D'une façon générale, les managers ont intérêt à dresser un profil motivationnel de leurs équipiers, de façon à savoir comment jouer avec eux, comment les motiver et comment éviter de les démotiver. Il ne s'agit pas de tomber obligatoirement dans un travers instrumental, qui consisterait à manipuler l'autre une fois que l'on aurait compris son fonctionnement — ce qui serait d'ailleurs totalement illusoire. En revanche, disposer d'informations assez précises sur l'histoire, la personnalité et les aspirations d'une personne peut permettre d'adapter le management. Savoir, par exemple, que telle employée a des enfants en bas âge peut être très utile au manager. D'abord, c'est un moyen d'entrer en contact avec cette employée : lui demander comment vont ses enfants est une marque d'attention voire de reconnaissance à laquelle elle peut être sensible. Ensuite, il est probable que cette employée sera soulagée si on lui laisse une marge de manœuvre quant à ses horaires, de façon à pouvoir s'occuper d'un enfant malade ou à réagir à un problème de garde. Il y a des chances pour que la personne apprécie la latitude qui lui est laissée et soit reconnaissante à son manager de sa compréhension, si bien qu'elle s'impliquera plus volontiers dans son travail.

Repérer que certains travaillent plus efficacement avec un peu de stress alors que d'autres sont immobilisés par la pression est essentiel pour le manager, qui dosera ainsi ses interventions en fonction des personnes.

Comment se donner les moyens d'analyser les ressorts motivationnels sans pour autant jouer aux apprentis sorciers ? Il existe dans la littérature managériale toute une série d'ouvrages qui donnent des conseils sur la question. Il y a aussi, bien évidemment, des batteries de tests, mais il est interdit et inutile de les utiliser lorsque l'on n'est pas habilité à le faire. Nous ne donnerons pas ici de recette magique, ni même de typologie, simplement une idée : la première chose à faire est peut-être d'observer les comportements, en gardant à l'esprit que chacun est différent et que la même recette ne marche pas avec tout le monde. Ensuite, il est possible de dialoguer avec les salariés et de leur demander ce qui leur convient, ce qu'ils souhaitent mettre en avant et de passer avec eux des sortes de contrats moraux. S'engager à envoyer quelqu'un en formation dans le but d'une mobilité, s'il a été bon sur tel dossier, est un moyen de s'assurer de sa motivation.

Le principal est de préserver une part de traitement individuel qui permette à la fois de reconnaître les différences et de répondre aux besoins particuliers. Mais cela ne suffit pas à manager correctement les motivations puisqu'il faut encore répondre au besoin d'équité et qu'il faut aussi s'assurer que les personnes soient motivées à travailler de concert pour atteindre des objectifs communs. Il faut alors trouver un moyen de coordonner les motivations de chacun, et c'est sans doute là qu'il faut prendre en compte les paramètres de la sphère culturelle.

3.3 L'impact de la culture sur la motivation

Chacun arrive dans l'entreprise avec des motivations différentes. L'enjeu pour l'entreprise consiste donc à trouver comment motiver chacun en gardant une cohérence d'ensemble. Cette cohérence peut être retrouvée au niveau de la sphère culturelle, qui regroupe les éléments portant à la fois sur l'imaginaire partagé et sur le sens poursuivi. Voici quelques éléments relevant de l'impact de la sphère culturelle sur la motivation des acteurs.

3.3.1 Le contenu de la culture

Chaque culture contient des éléments qui, en soi, peuvent favoriser ou non une orientation des motivations dans le sens souhaité. Telle culture mettra en avant le travail, l'assiduité, en faisant porter l'accent sur des mythes de réussite liés à l'acharnement au travail, tandis que telle autre valorisera plutôt la créativité, la performance rapide, etc. Ainsi, les valeurs portées par la culture d'entreprise sont plus ou moins mobilisatrices pour tel ou tel individu. Elles peuvent aider les managers à motiver leurs équipes, notamment lorsqu'elles sont compatibles avec des outils de gestion du type management par objectifs.

À cet égard, la culture nationale a aussi un impact important. Il est difficile, par exemple, de motiver des Latins à travailler collectivement sur des processus d'amélioration en dehors des heures de travail. Cette impossibilité explique le relatif échec des cercles de qualité en France.

Les normes culturelles déterminent le type d'équité qui peut être mis en avant dans l'organisation. Dans une organisation de culture américaine, la rémunération individuelle au mérite sera légitime, tandis que, dans une organisation française, le respect d'une plus stricte égalité est de mise.

Une culture peut constituer un frein à certaines politiques de mobilisation. Si l'harmonie est mise en avant, il s'avère difficile de mettre en place une politique d'incentives qui va à l'encontre des valeurs prônées.

Il convient donc de prendre en compte la culture ambiante lorsqu'on imagine des dispositifs motivationnels.

3.3.2 L'appartenance

Un second point relatif à la sphère culturelle concerne l'impact du sentiment d'appartenance sur les comportements. Dans certaines entreprises, il est possible de remotiver quelqu'un en lui faisant ressortir l'importance de telle ou telle action pour l'image de l'organisation. La simple fierté d'appartenir à telle grande entreprise est une source de satisfaction, de positionnement social agréable. Le fait d'être associé à une grande marque est moteur.

C'est ainsi que l'on peut expliquer l'ampleur des sommes allouées à certains sponsorings ou mécénats. Associer le nom d'une entreprise à un bateau de course ou à une cause humanitaire est un moyen détourné de mobiliser les salariés, de leur donner un imaginaire commun, un sentiment d'appartenance à une communauté, une sensation de fierté. Il ne s'agit pas uniquement de campagnes de communication externe, l'utilisation en interne est aussi très forte. C'est ainsi que les entreprises qui sponsorisent la course du Rhum mettent des écrans à la disposition des salariés pour qu'ils puissent suivre leur bateau, qu'elles leur permettent de se rendre sur le lieu de départ ou d'arrivée de la course. Ce sont là des éléments importants pour les salariés.

3.3.3 Le sens commun

Enfin, l'élément crucial réside dans l'orchestration des sens proposés aux salariés. Si ce que le collaborateur accomplit a du sens pour lui et pour l'organisation, alors il y a de grandes chances qu'il soit plus motivé que s'il effectue une activité dont il estime qu'elle n'a pour lui aucune portée symbolique et dont il ne voit pas le lien avec les objectifs globaux de l'organisation. Le rôle du dirigeant et de chaque manager est donc de souligner sans cesse le sens de ses décisions, de donner des informations sur le lien entre les décisions et le sens poursuivi.

Pour lier l'ensemble de ses équipiers dans un élan commun, le manager doit se transformer en meneur et montrer la direction vers laquelle il faut tendre. Il doit montrer le sens dans les deux sens du terme : indiquer la direction à suivre et donner un sens à l'action commune (voir encadré 5.6).

Dans une organisation taylorienne, le sens commun tenait en deux mots : intérêt financier. Il était assez simple d'inventer des organisations de travail et des politiques de rémunération combinant l'intérêt financier des salariés et ceux de l'entreprise. Dans une organisation plus souple et plus complexe, où règne l'incertitude, la question du sens se complexifie dans la double mesure où les missions poursuivies par l'entreprise sont brouillées par la complexité des demandes des parties prenantes et où les salariés, plus autonomes, apportent leurs interrogations avec leur implication, alors même qu'on a fortement besoin d'eux pour accomplir des missions découvertes au fil de l'eau. Cette complexité ne signifie pas qu'il faut renoncer à montrer un sens qui n'en devient au contraire que plus vital. Il faut donner des repères aux individus de façon à ce qu'ils trouvent un sens à leur travail. Si le sens n'est pas clair, autant le dire et tenter de tracer une cartographie, un paysage exposant aux salariés les possibles de la situation, de façon à ce qu'ils puissent s'approprier aussi ces éléments et faire leur propre analyse. Il ne s'agit pas d'inquiéter les personnes, mais à chaque niveau de donner les tenants et les aboutissants d'une mission, d'un service, en signalant les points de doute.

Ce n'est que par ce travail sur la confiance que les salariés peuvent à leur tour s'engager avec leurs propres doutes dans un processus moins mécanique qu'autrefois.

Il s'agit donc non seulement d'écouter les aspirations de chacun, voire de les aider à s'exprimer, mais aussi de laisser la place à l'appropriation individuelle et collective des incertitudes sur le sens, de façon à ce que chacun puisse se construire sa propre histoire dans l'organisation. Certes, il est rassurant de bénéficier de la vision montrée du doigt par un grand leader, mais plus modestement, il convient sans doute de demander à chaque manager de donner ses éléments de vision et de compréhension de ce qu'il y a à faire, en ne masquant plus ses doutes, sauf quand le niveau d'autonomie du subordonné n'est pas encore suffisant pour supporter l'incertitude (voir chapitre 8, section 2).

Application 5.6

Un dirigeant qui redonne le sens, d'après Martin, Lenhardt et Jarrosson (1996)

Dans un ouvrage à la fois de récit et d'analyse, Bertrand Martin, dirigeant de New Sulzer, raconte comment il a repris cette entreprise qui fabrique des gros moteurs pour bateau et qui se trouvait au bord de la faillite. Son récit, suivi des analyses de deux consultants, Vincent Lenhardt et Bruno Jarrosson, permet de mesurer comment, par la volonté de redonner un sens commun à des salariés complètement désespérés, en tablant sur la confiance qu'ils mettaient en eux, ces trois personnes ont réussi à imaginer un avenir possible pour une entreprise en fin de vie, en changeant de types de marchés, et ont pu redresser New Sulzer grâce à une motivation nourrie par le vent d'une aventure extraordinaire.

Dans cette histoire, le nouveau patron avait une vraie motivation qui consistait à faire quelque chose d'important avant de prendre sa retraite, en utilisant toutes les compétences accumulées dans sa carrière.

Il a alors su insuffler aux autres la croyance qu'ils pouvaient s'en sortir ensemble, contre l'avis de l'actionnaire. La motivation communiquée par ce nouvel entrant qui a écouté les salariés et leur a dit que tout était possible, a permis à la fois de faire preuve d'imagination et de fournir un énorme effort pour atteindre les résultats nécessaires à la réussite d'un pari un peu fou.

Pour conclure sur le pilotage des motivations, nous proposons un tableau récapitulatif qui donne à voir comment chaque besoin peut être satisfait par des outils de gestion différents, selon la sphère organisationnelle qu'ils touchent. La combinaison de ces outils permet alors de s'assurer que tout a été fait pour que l'ensemble des salariés soient motivés.

Tableau 5.1 : Les facteurs de motivation

Ce qu'on peut faire/leviers sur...	Besoins physiologiques et de sécurité	Appartenance	Équité	Réalisation de soi
Dispositifs organisationnels	Rémunérations Contrat de travail indéterminé Conditions de travail	Contrat stable Politique d'intégration	Rémunérations plus information sur les rémunérations (pourquoi ? comment ?)	Design des postes Responsabilisation
Culture	Image de solidité de l'entreprise	Image positive de l'entreprise Symboles forts	Marques de reconnaissance symboliques	Promouvoir la culture de la responsabilité et le droit à l'erreur
Jeux d'acteurs	Rôle affectif des middle managers	Cultures locales		Design des postes

Résumé

- Les outils de gestion et la culture d'entreprise ont un poids sur la motivation des salariés.
- L'allocation des personnes aux fonctions qui leur conviennent génère une bonne motivation intrinsèque.
- Les hommes ne se motivent que s'ils se sentent capables d'atteindre des objectifs qui leur peuvent leur assurer qu'ils obtiendront les récompenses qu'ils valorisent (théorie VIE).
- La construction d'un sens commun est essentielle pour garantir la motivation de personnes différenciées.

Conclusion

Ce chapitre a permis de passer en revue les différentes théories de la motivation, et de mesurer leurs apports respectifs.

Il a permis de souligner à quel point chaque individu est porteur de motivations différentes, issues de son histoire propre. Mais il a aussi mis en évidence qu'il existe des mécanismes généraux qui permettent d'expliquer comment obtenir une implication de la part du plus grand nombre.

En bref, à la fin de ce cinquième chapitre, nous pouvons affirmer qu'il est possible, pour un manager, de piloter les motivations en combinant une bonne connaissance de ses salariés avec la maîtrise des politiques de définition et d'allocation de poste, ainsi que des récompenses octroyées. La figure 5.5. propose donc un schéma récapitulatif du pilotage des motivations.

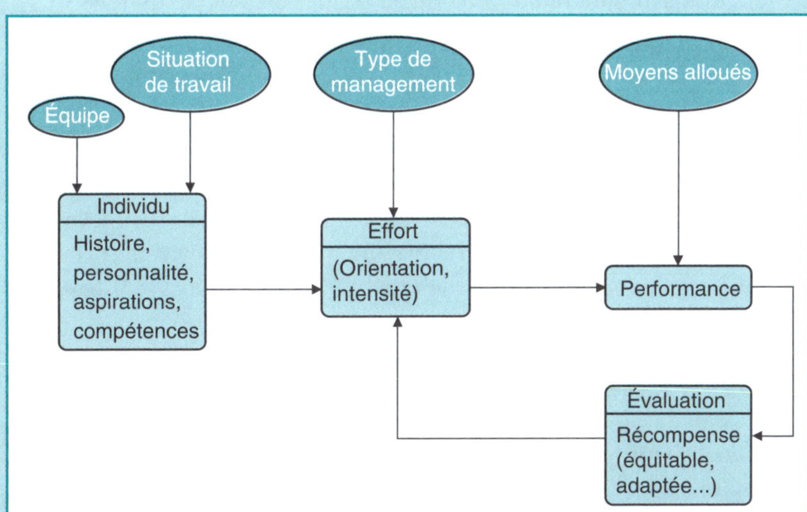

Figure 5.5. Schéma récapitulatif.

Activités

Exercice 1

Commentez ce titre et ce sous-titre d'un article du journal *Libération* au moment des manifestations des jeunes contre le Front national : « Tous motivés : les jeunes dans la rue entre les deux tours des présidentielles ».

Exercice 2

Dans cette entreprise qui vend des matériels ferroviaires à l'international, le travail conjoint des commerciaux, des ingénieurs et des juristes conduit à l'élaboration de propositions commerciales très complexes, dans le cadre d'appels d'offre internationaux. Les ingénieurs élaborent la réponse technique, les juristes blindent le contrat, les commerciaux négocient. Chaque proposition prend environ six mois de travail à un ingénieur, alors qu'elle n'aboutit pas toujours.

Quelle politique de rémunération permettrait de motiver convenablement ces trois types d'acteurs, de façon à respecter à la fois les principes de la théorie de l'équité, ceux de la théorie des attentes et ceux du renforcement ?

Cas d'application

L'usine Excel produit de l'acier de très haute qualité et se situe parmi les leaders mondiaux tant en termes de rentabilité, qu'en termes de part de marché.

L'entreprise dispose d'une politique de gestion des compétences audacieuse, dont le principe est que les compétences validées par le supérieur hiérarchique lors de l'entretien annuel d'évaluation sont à coup sûr rémunérées. Il existe par ailleurs un programme d'intéressement ainsi qu'une politique d'actionnariat salarié.

Contrairement à ce qui se passe dans de nombreuses entreprises, les cercles de qualité continuent à attirer du monde. Mais à y regarder de plus près, ils sont favorisés par une politique de concours, aux prix très attractifs. Quand une innovation sort de l'un de ces cercles, elle est mise en pratique immédiatement et ses auteurs voient leur nom et leur photo dans le journal interne.

Dans le service de gestion de production, qui pilote l'ensemble des opérations du site, cinq équipes de six opérateurs postés travaillent à tour de rôle : trois matinées, trois après-midi puis trois nuits, suivies de quatre jours de congés, soit une moyenne de 33 h 33 de travail hebdomadaire pour un salaire sensiblement supérieur à ceux qui travaillent de jour.

Dans chaque équipe, les opérateurs, menés par leur chef de poste, sont formés à occuper au moins deux des quatre postes de travail, si bien qu'ils peuvent se remplacer les uns les autres et gérer eux-mêmes leurs congés.

Une totale liberté est laissée aux chefs de postes pour gérer leur équipe comme ils l'entendent et pour organiser la production au mieux, selon les conditions de la matière première et des équipements.

Dans l'équipe A, inchangée depuis six ans, le chef de poste a fait un planning annuel des occupations de postes et des jours de congé. Les gars s'entendent très bien et se sont stabilisés sur les postes de travail, chacun en occupant deux en rotation avec un collègue. La productivité est bonne, mais le taux de rebut parfois un peu élevé.

Dans l'équipe B, qui a vécu un départ à la retraite, un passage aux quatre cinquièmes de temps de travail et l'arrivée d'un nouveau, il y a deux ans, devenu assistant du chef de poste en moins d'un an, les rotations se font de façon plus souple, mais sont plus rares, en fonction des congés. Le chef de poste est un artiste qui sait faire passer des programmes de production dangereux, si bien que la productivité est excellente, mais qu'il y a eu une fois un gros incident sur des boîtes de boisson arrivées trouées chez le client.

Le chef de service est très ambitieux. Sa philosophie du management tient en une phrase : « Il faut se faire plaisir en travaillant ». Il entraîne ses gars le plus loin possible avec lui. Il décide de proposer au chef de poste de l'équipe B de mener à bien un projet informatique révolutionnaire pour le service. À cet effet, il lui demande de passer à la journée pour six mois, c'est-à-dire de quitter le rythme des postés pour venir travailler tous les jours de 8 h à 17 h sur ce nouveau projet qui l'amènera à rencontrer beaucoup d'interlocuteurs dans la maison et à l'extérieur. Le chef de poste se montre perplexe pour plusieurs raisons.

Expliquez pourquoi ce chef de poste hésite à accepter la proposition de son chef de service. Quels en sont les avantages et les inconvénients ? Quels sont les risques pour lui et pour son équipe ?

Quelle est l'intention du chef de service ?

Sait-il motiver ses troupes ?

Sur quoi repose son mode de management ?

Chapitre 6

La coopération et le conflit

Objectifs du chapitre

À l'issue de ce chapitre, vous devriez être capable de :

- **comprendre les ressorts de la coopération et du conflit, au plan des individus, du groupe et de l'organisation ;**
- **citer les différentes théories qui rendent compte de la coopération et du conflit ;**
- **discerner dans une situation de management les facteurs qui poussent à la coopération et ceux qui poussent au conflit ;**
- **comprendre comment améliorer des situations conflictuelles ou favoriser la coopération dans une organisation.**

Une organisation ne fonctionne que si ses membres acceptent de coopérer avec la direction et entre eux. La division du travail, fondement de toute organisation, suppose une coordination du travail de chacun. Celle-ci est imposée par les consignes et les règles données par la direction et la hiérarchie. Mais le respect des consignes et des règles n'est jamais garanti (voir chapitre 2, section 2.2) et il n'est pas non plus toujours suffisant pour assurer une bonne performance de l'organisation. En effet, consignes et règles ne peuvent tout prévoir dans le détail. La bonne volonté des membres est également nécessaire pour faire face à toutes les situations de façon pertinente ; ils doivent, au-delà de ce qui leur est prescrit, avoir le souci de l'intérêt collectif et/ou des autres collègues. Pour autant, les occasions de divergences ne manquent pas à l'intérieur d'une organisation, car, en partie au moins, ses membres poursuivent leurs propres intérêts. La coopération entre les membres de l'organisation est donc à la fois indispensable et délicate à obtenir. À l'inverse, le conflit survient assez facilement dans une organisation. Toute la question est alors qu'il serve l'organisation plutôt qu'il ne lui nuise, ce qui dépend de la façon dont il est traité et des régulations au sein de l'organisation aptes à le contenir dans certaines limites.

Une organisation qui fonctionne bien d'un point de vue humain est donc celle où sont mariés harmonieusement ces deux pôles de la relation entre personnes, que sont la coopération et le conflit.

Dans ce chapitre, nous aborderons donc successivement :

- les mécanismes de base du conflit et de la coopération entre individus ;
- l'influence des groupes sur ces mécanismes ;
- le conflit et la coopération au sein des organisations. Nous approfondirons plus spécialement les

relations transversales entre collaborateurs, les relations entre collaborateurs et direction étant abordées plus largement aux chapitres 7 et 8 ;

— les enseignements utiles pour le manager.

Concepts clés

DÉFINITIONS

Nous nommerons **conflit** la nature de la relation entre plusieurs individus ou groupes, quand ceux-ci se comportent sans aucune considération pour les intérêts ou la satisfaction des autres ou même en cherchant à leur nuire.

Un conflit peut être ouvert, exprimé comme tel par les protagonistes, ou bien il peut être latent, voire non conscient. Il peut s'accompagner d'altercations, de violences physiques ou verbales, ou bien rester très feutré.

La **compétition** en vue d'obtenir des ressources limitées, est une forme de conflit, tel que nous venons de le définir : en effet, chaque protagoniste cherche à s'approprier les ressources concernées au détriment des autres.

Un **antagonisme** est une situation où des individus ont la perception que leurs intérêts, leurs valeurs ou leurs opinions ne concordent pas. Un antagonisme peut donc facilement déboucher sur un conflit mais ce n'est pas obligatoire. Les protagonistes peuvent malgré tout rechercher une solution acceptable pour chacun.

Les **protagonistes** sont les individus impliqués dans une relation qui peut être coopérative ou conflictuelle.

La **coordination** des tâches, fondement de toute organisation, est nécessaire pour que la coopération existe, mais elle n'est pas suffisante. Elle est l'attribution aux divers acteurs de tâches complémentaires, avec des règles ou des consignes ponctuelles régissant les modalités de l'interface entre ces tâches.

Nous appellerons **coopération** la nature de la relation entre diverses parties quand ces dernières agissent en cherchant à concilier les intérêts et la satisfaction de toutes les parties. On pourrait dire que la coopération, c'est la coordination plus la bonne volonté des parties pour faire en sorte que l'action commune soit satisfaisante pour tous.

Il existe plusieurs descriptions, dans la littérature, des diverses formes de relations entre individus ou groupes. On y retrouve le plus souvent cette distinction entre des comportements de « chacun pour soi », définis ici comme conflictuels, et d'autres, plus coopératifs. Le travail fondateur en la matière est celui de Mary Parker Follett (1925, 1995). Celle-ci distingue trois attitudes possibles dans une situation d'antagonisme : la domination, le compromis et l'intégration. Dans la domination ou dans le compromis, chaque partie poursuit ses propres buts par le moyen qui lui paraît le plus adapté, selon les rapports de force en présence. Dans l'intégration, chaque partie cherche sincèrement une solution qui satisfera chacun des protagonistes. Selon Mary Parker Follett, seule l'intégration met réellement fin à un conflit. La domination ou le compromis ne font que le suspendre, jusqu'à ce que le rapport de force change.

Un double ressort : logique des intérêts et logique des sentiments

Georg Simmel (1908, 1999 pour la traduction française) propose de distinguer deux sortes de conflits qu'il dénomme « réaliste » et « irréaliste ». Le conflit « réaliste » constitue pour ses protagonistes un moyen de parvenir à une fin (exemple : les Grecs étaient venus reprendre aux Troyens la belle Hélène). Il se termine quand la fin est obtenue (dans notre exemple, Hélène) ou quand les protagonistes décident de rechercher la fin par d'autres moyens (dans notre exemple, si les Grecs et les Troyens étaient convenus d'une transaction acceptable par les deux parties). Le conflit « irréaliste » est celui qui est une fin en soi (par exemple, quand des jeunes d'une cité lancent un pavé contre le bus qui passe). Sauf à changer les dispositions des protagonistes, ce conflit ne peut être évité qu'en changeant d'objet ; ce dernier, en effet, n'est pas central (dans notre exemple, les jeunes peuvent tout aussi bien s'en prendre à la voiture des pompiers, si elle passe à côté de l'autobus).

Dans le premier cas, ce sont les intérêts des uns ou des autres qui sont en jeu. Dans le second, ce sont des sentiments. Intérêts et sentiments sont à la racine de deux logiques qui permettent de comprendre, chacune en partie, la coopération et le conflit. Ces deux logiques renvoient d'ailleurs préférentiellement, l'une à la dimension cognitive, et l'autre à la dimension affective mentionnées au chapitre 1 (section 1.2).

En vertu de la logique des intérêts, les causes de la coopération et du conflit sont :

- les antagonismes ou les convergences d'intérêts entre les individus en présence ;
- leurs appréciations de la stratégie à adopter en fonction de l'analyse qu'ils font de la situation, des rapports de force et de l'attitude des autres parties.

En vertu de la logique des sentiments, les causes de la coopération et du conflit sont :

- la propension à l'agressivité des protagonistes ou leur bienveillance vis-à-vis d'autrui ;
- leur capacité à susciter chez les autres parties de l'hostilité ou de l'amitié.

Il existe des liens entre ces deux logiques. L'antagonisme d'intérêts facilite les sentiments d'hostilité et l'hostilité peut renforcer la perception d'un antagonisme. De ce fait, les deux facteurs sont souvent présents, à des doses variables, dans les conflits. À l'inverse, la convergence d'intérêts facilite l'amitié et l'amitié permet de mieux discerner les convergences d'intérêts.

Mais les deux logiques ne se confondent pas. L'hostilité peut naître sans antagonisme d'intérêts, l'amitié peut résister à de tels antagonismes.

Par ailleurs, comme le souligne également Georg Simmel, l'impossibilité de traiter un conflit « réaliste » peut conduire à des conflits « irréalistes » qui constituent des exutoires pour la frustration accumulée. Cela serait d'ailleurs une façon de comprendre l'exemple précédent des jeunes s'attaquant à un bus.

Nous avons vu au chapitre 1 qu'il existe une troisième grande logique des actions humaines, celle qui est gouvernée par des valeurs. Dans notre contexte, cette logique est le plus souvent très imbriquée avec la logique des sentiments. Un conflit sur des valeurs reste rarement froid, notamment dans le monde des organisations, et prend vite une part d'irréalisme. Par simplification et pour le sujet de ce chapitre, nous nous contenterons d'analyser la tension entre la logique d'intérêt et la logique de sentiments.

Conflit ou coopération : un processus construit progressivement par les protagonistes

Il ne suffit pas de connaître les dispositions d'esprit de chacune des parties et les logiques qui les animent, pour prévoir avec certitude quelle sera la nature de leur relation. En effet, une coopération ou un conflit ne constituent pas des états stables, mais des histoires à chaque fois singulières, où le moment présent est toujours fortement influencé par les moments qui ont précédé. Ces relations sont également influencées, à certaines étapes de leur histoire du moins, par des circonstances extérieures, que ne maîtrisent pas les protagonistes. Coopération et conflits doivent donc être compris comme des processus que les protagonistes bâtissent au fur et à mesure, sans pouvoir nécessairement prédire leur devenir.

Ces processus se construisent en outre sur plusieurs plans : celui des représentations que les protagonistes se font de la relation, celui de leurs actes concrets et celui des sentiments qu'ils éprouvent.

Étude 6.1

Un conflit qui se transforme progressivement en coopération

Raulet-Croset (1999) a analysé la relation entre des agriculteurs et une entreprise exploitant une source d'eau minérale. Cette relation a commencé à devenir conflictuelle quand l'entreprise s'est mise à s'inquiéter de la pollution de la nappe phréatique par les agriculteurs. Les premiers contacts n'ont pas permis aux divers protagonistes de sortir d'une pure logique d'intérêts individuels. La coopération a commencé quand ils ont pu s'accorder sur une représentation des enjeux de la situation, à savoir la protection de la nappe phréatique dans l'intérêt de la vie locale (et non plus la simple lutte contre une pollution). À partir de là sont nés des actions et des dispositifs de travail (interventions de chercheurs, adoption par les agriculteurs de méthodes alternatives en fertilisation, création d'une structure d'assistance, etc.), ainsi que des liens relationnels entre les individus. On voit que les représentations ont dû précéder les actes, lesquels ont contribué en retour à modifier les représentations ; les relations entre les parties ne sont devenues affectivement bonnes que progressivement.

Plus généralement, les études sur le processus de coopération montrent que cette dernière se matérialise par des échanges d'actions bienveillantes manifestant la bonne volonté réciproque, de dons entre les protagonistes (voir section suivante). Au fur et à mesure de ces échanges, la confiance entre les parties augmente, rendant plus solide leur coopération. À l'inverse, on parle souvent de l'engrenage d'un conflit. Des « échanges » d'actes manifestant l'hostilité ou l'adversité réciproque renforcent petit à petit la représentation chez les protagonistes que leur relation est conflictuelle. Ces actes favorisent l'escalade ainsi que l'apparition de sentiments négatifs, qui amplifient le conflit en le rendant « irréaliste ».

Dans les deux cas, les retours en arrière sont de plus en plus difficiles au fur et à mesure que le processus se déroule ; ils sont néanmoins toujours possibles. Cette notion de processus construit indique simplement que la relation est plus imprévisible à son début et que son imprévisibilité décroît avec le temps mais sans jamais disparaître.

Il existe également, pour une même relation, une dialectique qui conduit dans le temps à une alternance ou à une variation du dosage entre conflit et coopération. On ne peut en effet concevoir une relation qui ne serait que coopérative ou, du moins, il serait illusoire d'imaginer que de telles relations pourraient être fréquentes. Les individus se trouvent nécessairement de temps en temps en position antagoniste et ils sont porteurs d'ambiguïté dans leur relation aux autres, comme nous le verrons. Il est donc quasiment inévitable qu'ils agissent de temps à autre de manière conflictuelle, c'est-à-dire en suivant leurs propres intérêts concrets ou symboliques, ou bien en entrant dans des conflits « irréalistes », et ce même au sein d'une relation qui se veut coopérative et/ou amicale. Une relation harmonieuse n'est pas une relation où n'apparaît pas le conflit mais une relation dont les protagonistes savent admettre leurs propres ambiguïtés, où ils reconnaissent, le cas échéant, que le conflit est apparu et parviennent à un moment donné à inverser la tendance, une relation enfin où ces protagonistes traitent ouvertement le désaccord en cherchant une sortie satisfaisante pour chacun. Qui plus est, sortir d'un conflit de cette façon renforce la confiance et l'estime entre les partenaires, rendant plus forte ensuite la possibilité de coopérer.

En d'autres termes, il n'y a pas de coopération sans capacité à accepter et à traiter le conflit, il n'y a pas de coopération sans un peu de conflit. À l'inverse, d'ailleurs, il n'y a pas de conflit durable qui ne demande un peu de coopération, ne serait-ce que pour le faire durer ou pour lui donner des règles et des limites.

1. La coopération, le conflit et les individus

La dynamique de la coopération et du conflit entre individus peut se comprendre au travers d'une combinaison des deux logiques que nous avons décrites précédemment, celle des intérêts et celle des sentiments. Certaines disciplines, certains courants de pensée ont exploré principalement l'une ou l'autre de ces deux logiques.

L'intérêt de leur apport est qu'ils décomposent pour mieux les comprendre divers éléments qui, dans la vie courante, sont très imbriqués.

Nous aborderons tour à tour la manière dont ces disciplines et courants de pensée rendent compte de la coopération et du conflit entre individus, en examinant :

- dans la première section, ceux qui ont disséqué ces relations d'après la logique des intérêts ;
- dans la deuxième section, ceux qui l'ont fait d'après la logique des sentiments.

1.1 Selon la logique des intérêts : conflit fondamental et coopération occasionnelle

Dans cette optique, l'individu est mû par la poursuite de ses propres intérêts, qu'ils soient matériels (argent, confort, plaisir, etc.) ou symboliques (statut social, prestige, etc.). Il se caractérise donc *a priori* par une intention non coopérative. Il pourra parfois s'engager dans une relation de coopération, mais uniquement quand il aura calculé qu'elle peut être « payante ». La coopération est alors la poursuite des intérêts individuels par d'autres moyens.

Dans ce contexte de calcul sec, ce sont les mathématiques et plus particulièrement la théorie des jeux qui éclairent les comportements. Celle-ci s'attache à rendre compte de la structure logique des comportements dans des situations antagonistes où plusieurs « joueurs » peuvent prendre des décisions qui interagissent entre elles.

Un exemple classique est le dilemme dit du prisonnier (voir encadré 6.2).

Étude 6.2

Le dilemme du prisonnier

Deux complices, soupçonnés d'un crime, sont faits prisonniers ; ils sont interrogés séparément, sans possibilité de communiquer entre eux. Le juge les a prévenus : si l'un des deux avoue mais pas l'autre, celui qui avoue est libre et celui qui n'avoue pas restera en prison pendant cinq ans. Si aucun des deux n'avoue, ils resteront tous les deux en prison pendant deux ans. Si tous les deux avouent, ils resteront en prison durant quatre ans.

On peut s'attendre à ce que les deux avouent, et donc, que les deux prisonniers ne minimisent pas leur peine autant qu'ils pourraient en principe le faire. C'est en effet la coopération entre eux qui aurait été la plus payante, mais elle aurait été trop risquée, d'autant que les deux complices ne pouvaient se concerter. Toutefois un jeu non coopératif comme celui-là peut le devenir à trois conditions (Myerson, 1991) :

- Le jeu doit se rejouer un nombre indéfini de fois, ce qui signifie que les participants ne savent pas quand la succession de jeux s'arrêtera.
- Les participants peuvent communiquer et conclure un accord.
- Chacun peut penser que l'accord sera respecté par l'autre ou les autres parties.

La coopération peut donc, dans certains contextes, procéder d'un égoïsme intelligent : égoïsme parce que chacun suit seulement son intérêt individuel et que la coopération n'est pas une fin en soi, mais intelligent parce que chacun sait reconnaître les avantages d'une coopération raisonnée. Cependant, on voit bien que la coopération reste une parenthèse fragile dans une relation qui est fondamentalement conflictuelle. Dans tous les cas, elle a besoin, pour s'établir, de relations de long terme, de communication entre les parties et d'un minimum de confiance.

Au demeurant, dans cet univers froid des intérêts, la guerre ouverte sera également occasionnelle. Le conflit total n'est payant que dans certaines conditions favorables de rapport de force. Dans un monde complexe, avec de nombreux acteurs disposant chacun d'atouts, les relations sont souvent moins tranchées. On assistera plus fréquemment à des retraits, des conflits larvés, des compromis de toutes sortes, plus ou moins instables et implicites, qui ne sont pas exempts de coopérations ponctuelles.

Étude 6.3

Comment réussir dans un monde d'égoïstes ?

Tel est le titre de la traduction française du livre de R. Axelrod (1996). L'auteur y relate le concours qu'il avait organisé entre des concepteurs de programmes informatiques, visant à optimiser les gains d'un joueur dans une suite de parties ayant pour règles celles du dilemme du prisonnier. Le concours a eu lieu sous la forme d'un tournoi où chaque participant jouait tour à tour avec chacun des autres. Il a constaté avec surprise qu'un programme simple l'emportait régulièrement sur les autres : la règle de décision de ce programme consistait à choisir la coopération la première fois, puis, dans toutes les autres parties successives, à calquer son attitude sur celle que l'autre joueur avait adoptée la fois précédente (partie n – 1). En d'autres termes, ce programme partait d'une attitude *a priori* coopérative mais ne la maintenait par la suite que si l'autre joueur agissait lui aussi de façon coopérative. Cette expérience montre que, d'un simple point de vue intéressé, le plus payant n'est pas la coopération inconditionnelle mais pas toujours non plus le conflit systématique.

Il est à noter que le caractère rationnel de l'analyse des comportements ne rend pas nécessairement ces derniers prévisibles pour autant. Tous les protagonistes ne raisonnent pas de la même façon et certains répugneront plus que d'autres à prendre des risques. En outre, dans la vie réelle, les règles du jeu ne sont pas toujours claires ni stables, et les informations nécessaires pour prendre des décisions font parfois défaut. De ce fait, les stratégies adoptées par chaque protagoniste, dans une situation donnée, peuvent varier, même si ces derniers poursuivent logiquement des intérêts bien identifiés.

1.2 Selon la logique des sentiments : l'omniprésence potentielle du conflit comme de la coopération

Dans cette optique, l'individu se détermine dans son rapport aux autres en vertu des sentiments qu'il éprouve. Ceux-ci peuvent être liés à d'autres personnes (hostilité, amitié, etc.) mais nous inclurons également ici l'attachement à des valeurs (par exemple, conscience professionnelle, dévouement à une cause, etc.), pour autant que cet attachement ne procède pas d'un simple calcul d'intérêt.

Contrairement à ce qu'il en est quand on se place du point de vue de la logique des intérêts, il n'existe pas d'intention initiale des protagonistes unique et invariante dans leur relation à autrui. Ces derniers peuvent être portés vers des conflits plus ou moins ouverts ou vers la coopération.

1.2.1 L'omniprésence du conflit

C'est vers la théorie psychanalytique que nous nous tournerons ici pour explorer le conflit. Elle donne en effet à ce dernier une place centrale. Selon Freud (1915, 1920), il existe chez l'homme une pulsion de mort qui est un élément constitutif du psychisme humain. Une pulsion n'est pas liée à un objet déterminé (Freud, 1915) ; elle peut en changer au gré des circonstances. Elle constitue donc un réservoir de haine, pourrait-on dire, qui peut à lui seul expliquer que l'être humain sera conduit à rechercher des situations d'antagonisme ou à amplifier celles qui se forment sur le plan matériel, en vue de les faire évoluer vers le conflit.

Mais le sujet n'en est pas épuisé pour autant. Cette pulsion de mort est conçue comme le pôle d'une opposition dialectique avec la pulsion de vie. Mélanie Klein et l'école qu'elle a inspirée ont particulièrement insisté sur cette dualité fondamentale, en la plaçant sur le mode amour-haine (Klein & Rivière, 1968). Selon elle, ces deux sentiments opposés sont décrits comme présents dès les premiers mois du nourrisson, dans les relations avec sa mère et l'environnement proche, déterminant ainsi l'ambivalence intrinsèque du psychisme humain.

Cette ambivalence est l'une des caractéristiques de la psyché humaine. Celle-ci est donc traversée de conflits, et c'est là que réside la seconde et puissante raison expliquant la conflictualité des relations humaines. En effet, ces conflits intrapsychiques étant désagréables ou insupportables, ils sont, pour une large part, refoulés dans l'inconscient. Des mécanismes de défense permettent la permanence de ce refoulement : l'un d'eux est l'externalisation de ces conflits dans le monde social, par des phénomènes de projection ou de déplacement sur des personnes extérieures.

Ajoutons qu'au conflit des pulsions s'ajoutera fréquemment un autre conflit intrapsychique, tout aussi fort, que Freud a décrit comme conflit entre les instances de la psyché. On peut citer, entre autres, dans l'œuvre freudienne, le conflit entre principe de plaisir et principe de réalité, le conflit entre le ça, le moi et le surmoi (voir chapitre 1, section 2.1.2), qui résume bien la tension existant entre les désirs inacceptables et inavouables, même à soi-même, et les exigences de la vie sociale telles qu'elles sont interprétées par le sujet. Ce conflit, outre qu'il est à la source de toutes les névroses, est également de nature à nourrir des projections, dissimulant le conflit interne en le reportant sur des objets extérieurs.

Enfin, il convient de souligner que les conflits ne sont pas à envisager systématiquement comme le fruit d'un dérèglement de la psyché. Le rôle de l'adversaire et des pulsions agressives participe à la construction d'une maturité psychique, chez l'enfant puis chez l'adulte. Le principe de réalité prend souvent les traits de l'autre, à commencer par ceux des parents, qui se trouvent eux aussi, dans certaines circonstances, en position d'adversaires du sujet. De plus, la lutte contre des adversaires, dans la mesure où elle s'inscrit dans un cadre socialisé et non culpabilisant, permet aux pulsions agressives de trouver un but ainsi que d'éprouver les limites entre soi et le monde extérieur. Mais le caractère constructif de ces pulsions agressives est conditionné par l'équilibre que l'individu établit entre elles et celles qui le poussent à établir des liens sociaux. L'obtention de cet équilibre suppose, au fur et à mesure de la vie, d'accepter l'existence d'aspects peu désirables ou gratifiants pour l'image de soi-même, ainsi que les tensions qu'ils engendrent. Dans la mesure où la tentation défensive est forte et où elle conduit l'individu à se dispenser de ce travail, elle engendre par contrecoup les projections et déplacements du conflit interne dans la sphère sociale, sous la forme de conflits « irréalistes ».

Ainsi, si l'on suit l'approche psychanalytique, les conflits, et en particulier les conflits « irréalistes », ne constituent pas des anomalies. Ils forment une composante nécessaire de la vie sociale. Qui plus est, les conflits poursuivis en vertu de la seule logique affective peuvent être les plus violents. En effet, si l'individu n'est mû que par son intérêt pratique — nous l'avons vu précédemment —, il peut volontiers contenir les conflits de manière à éviter qu'ils ne coûtent trop cher, à tous points de vue. Si, en revanche, la logique des sentiments prend le dessus, cette prudence s'estompe.

1.2.2 L'omniprésence de la coopération

Cependant, la coopération, voire le dévouement à autrui, est tout aussi nécessaire et potentiellement omniprésente si l'on se place du point de vue de la logique des sentiments. Deux explications au moins sont possibles.

La première rappelle qu'il existe un penchant altruiste chez l'être humain, faisant partie de sa nature. Ce penchant, qui s'oppose à l'égoïsme, a été reconnu et encouragé par les religions, mais aussi par certains philosophes. Sous des formes diverses, on le trouve dans la philosophie grecque, chez Jean-Jacques Rousseau, chez Kant, chez Auguste Comte. La psychanalyse a pu, de son côté, proposer des interprétations de cet altruisme. Entre individus, on peut parler de la pulsion érotique à l'œuvre dans un cadre socialement acceptable, voire de la sublimation de celle-ci dans le service altruiste. Mais la psychanalyse peut également être amenée à démystifier l'altruisme, quand l'individu est pris dans les jeux défensifs de son inconscient : le dévouement à autrui, dans ses excès au moins, peut aussi signifier la recherche d'une relation parentale protectrice et l'évitement de l'anxiété (voir chapitre 7, section 1.1).

Une seconde thèse explique la propension à coopérer par le fait que la coopération est à la base du lien social et que l'homme est fondamentalement un être de société. Ce besoin de vivre avec ses semblables a été souligné dès les débuts de la sociologie (Durkheim) et de l'anthropologie (Mauss), puis souvent repris par leurs successeurs. Peut-on parler de comportement désintéressé dans ce cas ? Oui et non. Oui, parce que les comportements visés ne sont pas régis par des calculs d'intérêts ; non, parce que l'individu va trouver dans la coopération de quoi se nourrir sur le plan affectif (échange d'amour, reconnaissance et sentiment d'exister), ce dont il a un besoin vital. Mauss (1950) avait mis en évidence la logique du lien social fondé sur l'échange de dons entre tribus. Un courant de pensée a élaboré, en partant de ses travaux, une description du lien social fondé sur l'échange entre individus ou entre groupes d'individus (voir notamment Godbout et Caillé, 1992). Le mécanisme de cet échange est le suivant : l'un fait don de quelque chose à l'autre ; ce dernier se considère alors comme redevable ; cependant, à l'inverse de ce qui se produit dans l'échange économique, il ne s'acquittera pas de sa dette par de l'argent mais en faisant lui aussi un nouveau don, un jour ou l'autre. Cet autre don ne sera pas nécessairement identique au premier mais il manifestera la bienveillance de la seconde personne envers la première. Il n'annulera pas la première dette, mais créera une dette réciproque entre les deux personnes, qui sera entretenue par d'autres séries de dons et de contre-dons. La nature de ces dons peut être très variée : aide ou cadeau matériels, services rendus, informations précieuses, introductions, confidences, soutien moral dans les moments difficiles, etc. Ainsi naît le lien social, ainsi naît l'amitié… ainsi naît aussi la coopération. Celle-ci, en effet, a pu fonctionner sur le mode du don (Dumond, 1997). Conformément à la description que nous en avons faite précédemment, l'état d'esprit ne suffit pas ; la coopération se construit au travers d'actes, renforçant progressivement cette bonne volonté qui fait passer une relation d'une simple coordination ou d'une simple transaction à une véritable coopération.

De tels actes, dans les situations de travail, peuvent être très divers (voir encadré 6.4) ; leur point commun est que la personne n'est pas tenue par les règles de l'organisation de les accomplir : ils dépendent de sa bonne volonté. Parfois même, ces actes nécessiteront que leur auteur enfreigne une règle et/ou aille à l'encontre de ses intérêts immédiats.

Application 6.4

Un collègue « sympa »

Les actes qui procèdent d'un échange don/contre-don dans une relation de coopération entre collègues sont de nature très variée. En voici quelques exemples. Ils permettront à une personne d'être reconnue comme « sympa », digne de confiance, méritant d'être aidée le jour où elle en aura besoin. Bien évidemment, ces actes cités en exemple ci-après ne sont pas applicables à toutes les situations ; ils pourront être interprétés de façon plus ou moins positive suivant les normes culturelles en vigueur dans une organisation.

- Accepter d'échanger des horaires de travail ou des jours de repos avec un collègue.
- Donner des informations issues de son expérience, sur tel ou tel aspect du travail, que l'on n'est pas tenu de donner (comment un client se comporte, comment on manipule une machine récalcitrante, etc.).
- Prêter un outil, un collaborateur (sans y être obligé).
- Venir prêter main forte à un collègue en difficulté sur une opération (alors qu'on n'y est pas tenu).
- Accepter de rendre un travail en avance pour faciliter le travail du collègue qui l'attend.
- Éviter de dénoncer une erreur faite par un collègue, au risque d'en être accusé.
- Passer cinq minutes avec un collègue en difficulté dans sa vie privée, pour l'écouter.
- Accepter que le travail livré par un collègue soit de temps à autre défectueux et en supporter les inconvénients (alors que les rapports de force lui permettraient de protester).

Cependant, ce qui rend ce collègue « sympa », c'est certes qu'il puisse être capable de ce genre d'actes, mais aussi qu'il ne les monnaye pas trop ostensiblement, qu'il n'en réclame pas une contrepartie automatique aux bénéficiaires. Auquel cas, son altruisme serait mis en doute, ses dons seraient assimilés à du marchandage… La frontière entre ces deux attitudes n'est d'ailleurs pas évidente dans toutes les situations et peut parfois donner lieu à des interprétations différentes.

1.2.3 L'ambivalence du conflit et de la coopération

Bien entendu, l'omniprésence potentielle du conflit et celle de la coopération ne sont pas antinomiques. Elles permettent d'expliquer la complexité et l'ambiguïté des relations interindividuelles. Cette ambiguïté réside déjà au sein même de chacune des deux logiques que nous venons de décrire, logique des intérêts et logique des sentiments. Elle provient également de ce que ces deux logiques sont à l'œuvre dans toutes situations et que, comme nous l'avons vu précédemment, la sphère des intérêts peut influencer celle des sentiments, et vice versa. Au même instant, donc, une relation sera guidée par un mélange de coopération et de conflit, suivant un dosage que chacun des protagonistes ne peut appréhender totalement, et en vertu de mobiles, utilitaires ou affectifs, qu'il ne peut cerner non plus en totalité, y compris chez lui-même.

Le tableau 6.1 résume les logiques entremêlées qui produisent conflit et coopération.

Tableau 6.1 : Les racines du conflit et de la coopération dans les relations entre individus

Moteur des conduites humaines	Coopération	Conflit
Intérêts	Fragile, soumise à conditions (relations de long terme, communication entre les parties, minimum de confiance)	Omniprésent sous forme de conflits « réalistes »
Sentiments (éventuellement mêlés à des valeurs)	Potentiellement omniprésente	Potentiellement omniprésent sous forme de conflits « irréalistes »

Résumé

- Du point de vue de la logique des intérêts, les individus sont conduits à une attitude fondamentalement conflictuelle. Les conflits demeurent « réalistes ». La coopération est possible, mais elle est fragile, soumise à conditions.
- Du point de vue de la logique des sentiments, la coopération comme les conflits sont potentiellement omniprésents dans les relations. Les conflits sont alors « irréalistes ».
- Dans toute situation, les deux logiques sont à l'œuvre de façon imbriquée et plus ou moins ambiguë.

2. Le rôle des groupes

Si l'on considère l'individu dans son appartenance à des groupes, l'analyse des mécanismes de la coopération et du conflit s'enrichit. Sur ceux qui viennent d'être décrits et qui visent le plan des individus et des relations interindividuelles, se greffent des mécanismes spécifiques dus à l'existence de groupes sociaux. Ils touchent essentiellement la sphère affective.

Nous envisagerons tour à tour deux approches de ce qui fonde le groupe et, en conséquence, des phénomènes de coopération et de conflit en son sein. Ces deux approches ont déjà été envisagées précédemment, à propos du niveau individuel et interindividuel, mais elles comportent toutes les deux un volet donnant un rôle important au groupe social. Il s'agit de :

— l'approche psychanalytique ;
— l'approche sociologique par l'échange de dons.

2.1 L'approche psychanalytique

D'un point de vue psychanalytique, les groupes peuvent fournir une forte motivation à leurs membres pour coopérer en leur sein. Nous ferons ici référence aux travaux d'Anzieu (1972) et de Kaes (1993) sur la « groupalité psychique », pour reprendre une expression de ce dernier. Il est possible de résumer leurs thèses en énonçant que le groupe est un lieu d'accomplissement imaginaire de désirs et de protection contre des menaces. Les bénéfices que l'individu retire de sa participation à la vie d'un groupe peuvent bien entendu varier dans le détail : repères identificatoires, sentiment d'appartenance et de sécurité, soutien narcissique, protection contre ses propres pulsions ou ses propres conflits internes, construction d'un surmoi par procuration. Dans cette optique, le groupe tient parce qu'il procure ces avantages à chacun des individus qui le compose. La coopération et le dévouement au sein du groupe deviennent alors des moyens indispensables pour assurer la cohésion du groupe et, en fait, pour permettre à ses membres de parvenir à leurs fins individuelles inconscientes.

Ces mécanismes ne sont pas inéluctables ; ils sont cependant fréquents, du fait de la puissante vertu sécurisante du groupe. Pour autant, cette propension des groupes à former des ensembles protecteurs ne leur garantit pas l'absence de conflits internes. Ceux-ci peuvent être motivés par des divergences d'intérêt entre membres, comme par des animosités affectives. Quand un groupe ne cherche pas à travailler ouvertement sur ses conflits internes, ses membres pourront avoir tendance à les occulter, pour éviter que le groupe cesse de dispenser les avantages psychiques décrits précédemment. Une façon de pratiquer cette occultation consiste à exporter le conflit à l'extérieur. C'est ainsi que peut se construire, par exemple, une coopération au sein d'un groupe, qui s'étaye sur le conflit vis-à-vis de groupes adverses. Cette solution n'est pas toujours possible ou suffisante. On assiste alors au développement de conflits internes, parfois déniés, souvent latents. Le phénomène se manifeste alors par des crises, par la création de sous-groupes et l'alternance de conflits et de coopérations entre les mêmes individus ou sous-groupes, par l'instauration de boucs émissaires, reproduisant à l'intérieur du groupe le clivage qui n'a pu suffisamment s'opérer à l'extérieur, entre « bons » et « mauvais » objets, entre amis et ennemis.

Pour éviter l'une ou l'autre de ces voies, une solution consiste à reconnaître et assumer, au sein du groupe, les conflits d'ordre utilitaire et affectif qui peuvent y naître. Cela suppose de les traiter ouvertement, d'admettre l'ambivalence de chacun et de rompre ainsi, au moins partiellement, avec les fonctions d'illusion psychique du groupe (voir encadré 6.5). Mais il s'agit là d'un réflexe moins fréquent dans nos sociétés contemporaines. Par exemple, les membres d'une même équipe de travail peuvent accumuler, au cours de la journée ou de la semaine, des griefs les uns contre les autres, pour un travail considéré comme mal fait, une parole jugée déplacée. L'équipe peut tenir des réunions régulières de débriefing, où ces griefs sont exposés à froid et où des remèdes aux dysfonctionnements sont recherchés ouvertement. Cela suppose que chacun puisse s'exprimer sans trop d'agressivité, mais avec franchise, et sache aussi accepter d'être mis en cause dans sa pratique. Bien souvent, les équipes de travail n'ont pas d'occasion de ce type ou bien les individus n'osent pas s'y exprimer. Les « non-dits » s'accumulent alors, favorisant l'explosion sporadique de conflits non contrôlés et peu productifs.

Application 6.5

La régulation des conflits dans un cabinet de consultants

Le cabinet Manora a été fondé par quatre consultants, transfuges d'une grosse structure. Leur domaine d'activité est le management et les ressources humaines. En dix ans, il s'est agrandi jusqu'à compter une dizaine d'associés. À l'inverse des grands cabinets, il n'est pas entré dans une logique de strates hiérarchiques avec de nombreux juniors.

Les sources de conflits n'ont pas manqué tout au long de cette période. D'une part, la question de la répartition des recettes et des dépenses entre partenaires a toujours été posée, sans jamais trouver de réponse définitive. Doit-on laisser à chaque consultant le maximum de ses recettes et de ses risques, en conservant des activités communes réduites, ou bien doit-on développer ces activités (secrétariat, documentation, prospection commune, relations publiques, investissement en nouvelles méthodes) et donc demander à chaque consultant un prélèvement plus important sur ses recettes ? Comment partager le chiffre d'affaires entre celui ou celle qui a vendu le contrat et ceux qui le produisent ? Ces questions sont éternelles dans ce genre de structure mais elles sont particulièrement fortes dans un cabinet neuf et de petite taille, où chaque partenaire prend de gros risques personnels et où aucune tradition ni expérience ne peuvent faire référence. D'autre part, dans cet univers de personnes censées briller en clientèle, il existe des egos forts, des rivalités, des luttes de prestige. Par ailleurs, ces consultants avaient fui une grosse structure pour vivre avec le moins possible de contraintes institutionnelles. Comment le groupe a-t-il pu survivre ?

Il a toujours tenu des réunions régulières dont, tous les six mois ou tous les ans, un séminaire de deux jours. Dans ces rencontres, et particulièrement dans les séminaires, chacun exposait ses griefs et ses attentes. Il y eut de nombreux moments durs, beaucoup d'interpellations mutuelles et de remises en cause. Un bon nombre de fois, les participants ont pu penser, dans ces réunions, que le groupe était au bord de l'éclatement. Il en ressortait finalement indemne, voire plus fort. Parce que les discussions étaient franches, chacun avait le sentiment qu'il pouvait avoir confiance en ce qui était dit, et donc, finalement, qu'il était possible de faire des concessions dans l'intérêt du groupe. Chacun avait également conscience qu'il avait besoin des autres. Durant les premières années, la personnalité forte du fondateur aidait également à fédérer les énergies. Ce dernier étant décédé, le groupe fit avec un consultant extérieur un travail de *team-building*, pour apprendre à mieux dialoguer et à mieux se comprendre mutuellement. Durant toute cette période, le groupe a changé plusieurs fois de mode de gestion et de rémunération des partenaires. Ces changements ont parfois été le résultat de crises ou d'explications houleuses, mais ils ont permis au groupe de se maintenir sur un marché qui a connu des hauts et des bas.

Puis le cabinet s'est dilué. Une partie des associés s'est refondue dans une autre structure, en faisant alliance avec un autre cabinet. Les associés restants ont pris d'autres directions. Par-delà les opportunités stratégiques, le groupe s'est aussi délité parce qu'il a cessé de pratiquer les exercices parfois pénibles mais toujours salutaires que constituent les réunions et les séminaires de partage ouvert des problèmes. La coopération est toujours à recommencer…

2.2 L'approche sociologique par l'échange de dons

Non seulement le lien social en général, mais aussi un groupe social, peut se définir par l'existence d'échanges de dons. Un groupe qui fonctionne bien est un groupe dont les membres coopèrent entre eux. Le membre d'un groupe va avoir avec un autre membre, au moins dans certains domaines, une attitude *a priori* coopérative, alors qu'il n'aura pas cet *a priori* avec quelqu'un qui n'appartient pas au même groupe que lui. En effet, la fonction même du groupe est de garantir à chacun de ses membres que les autres membres sauront entrer dans une dynamique d'échanges de dons, elle est de se porter garant que la confiance accordée sera payée de retour. Le premier geste de bonne volonté envers quelqu'un qu'on ne connaît pas peut en effet ne pas aller de soi, il peut être risqué. On peut prendre un risque plus facilement si l'on connaît cette personne ou bien, à défaut, si l'on sait que cette personne est membre d'un même groupe, lequel groupe s'est donné comme norme un certain niveau d'échanges. Il est donc possible également de dire qu'un groupe se définit par le fait que ses membres ont développé entre eux des échanges de dons.

Ces échanges peuvent ne pas être réciproques entre individus mais fonctionner de façon mutualisée au sein du groupe. A rend service à B. Il sait que si un jour il a besoin d'aide, il la recevra d'un membre du groupe, qui ne sera peut-être pas B mais celui qui sera le mieux placé pour le faire. Le groupe se construit alors sur la réputation qu'acquièrent les individus membres de s'insérer dans ces échanges ; s'en exclut celui qui ne sait pas s'y intégrer, qui prend sans jamais donner. Il s'agit, bien entendu, d'un périmètre informel du groupe, qui peut ne pas coïncider avec son périmètre formel. Par exemple, dans un atelier de dix personnes, cinq ou six d'entre elles peuvent former un noyau solide, à l'intérieur duquel elles se serrent les coudes et mettent petit à petit en vigueur, souvent implicitement, des normes communes de comportement mutuel impliquant de fréquents échanges de « dons » (voir précédemment encadré 6.4). Deux ou trois autres peuvent se situer à la frange de ce noyau, en participant à certains de ces échanges mais pas à d'autres (par exemple, se montrer solidaires dans le travail concret mais ne pas partager autant de discussions et de confidences intimes que ceux appartenant au noyau). Un ou deux enfin peuvent être exclus du groupe, car considérés par les autres comme des « étrangers », avec lesquels il n'existe pas de véritable coopération, mais une simple coordination.

Le phénomène vaut dans un village, une famille mais aussi dans tous les groupes de travail, à partir du moment où ils constituent des groupes sociaux et non seulement des juxtapositions d'individus. Le ou les héros de ces groupes, quand ils sont reconnus comme tels par les autres, sont ceux qui ont su donner d'eux-mêmes pour le bien de l'ensemble du groupe, constituant ainsi le modèle du comportement d'échange qui donne au groupe le moyen de survivre, de réussir dans ses entreprises ou de prospérer.

Symétriquement, un individu sera prioritairement en conflit avec un tiers qui n'appartient pas au même groupe que lui. Suivant la définition donnée au début de ce chapitre, cela signifie que cet individu considérera comme normal d'agir suivant ses propres intérêts ou ceux de son groupe, face à ce tiers. Ainsi, le collaborateur d'une petite entreprise pourra considérer qu'il n'a pas de « cadeau à faire », par exemple à un fournisseur ou à un client. Certes, des relations de coopération pourront aussi se former avec un fournisseur ou un client, mais elles ne seront pas automatiques, elles devront se construire lentement, cependant qu'entre membres d'une petite entreprise la coopération est supposée aller de soi. Autrement dit, le conflit est le mode initial de base hors du groupe, et la coopération le mode initial de base dans le groupe. Ce principe, toutefois, ne vaut que dans le registre concerné par le groupe en question. Dans notre exemple, l'employé de la petite entreprise pourra se sentir très proche du fournisseur en raison du fait que, en dehors du travail, ils jouent dans la même équipe de football…

Résumé

Dans cette section, nous avons examiné deux formes d'impact du groupe sur les phénomènes de conflit et de coopération :

- D'un point de vue psychanalytique, le groupe peut avoir tendance à occulter ses propres conflits internes, pour préserver les bienfaits psychiques que le groupe dispense à ses membres. Le conflit peut alors être exporté vers l'extérieur. Le conflit à l'extérieur peut ainsi se poser comme moyen d'assurer la coopération à l'intérieur.
- D'un point de vue sociologique, le groupe peut être envisagé comme un lieu de mutualisation de dons (concrets ou symboliques) faits entre les membres. De ce fait, la coopération est la règle *a priori* à l'intérieur du groupe alors que le conflit l'est à l'extérieur.

3. Dans l'organisation

Dans une organisation, les phénomènes qui viennent d'être décrits sont bien entendu présents mais ils sont complétés par d'autres. Le fait que les individus participent à une action collective apporte en effet des éléments de contexte particuliers.

Dans cette section, nous aborderons successivement :

- — les antagonismes, nombreux, qui sont inhérents au contexte organisationnel ;
- — l'ambiguïté de ces antagonismes ;
- — la façon dont les trois sphères de l'organisation favorisent le développement du conflit ou celui de la coopération.

3.1 L'organisation comme lieu d'antagonismes

Les membres de l'organisation se trouvent fréquemment placés en position potentiellement conflictuelle. Nous l'avons dit précédemment, les antagonismes ne débouchent pas nécessairement sur le conflit. Cependant, ils en accroissent la probabilité. Ces antagonismes sont de plusieurs ordres.

3.1.1 Les antagonismes d'intérêts personnels ou catégoriels

L'antagonisme entre patronat et salariés est l'exemple le plus classique de ce type d'antagonisme, c'est-à-dire celui qui oppose des acteurs dans leurs intérêts, matériels et symboliques. On peut avoir tendance à réduire la question de la coopération au sein des organisations à la question, certes essentielle, de la collaboration entre une direction, représentant un bailleur de fonds et propriétaire de l'outil de travail, de la marque, du fond de commerce, et ses employés. La question se pose parce qu'il est question de la mise en commun de ressources de nature différente (capital et travail) et du partage des pouvoirs, des bénéfices et plus-values qui en résultent.

Mais les antagonismes se produisent également entre employés ou catégories d'employés, car ces derniers se partagent des ressources qu'ils considèrent souvent comme finies. C'est d'ailleurs parce que tous les employés ne jugent pas qu'ils ont les mêmes intérêts que leur solidarité est parfois réduite vis-à-vis de l'actionnaire. Les ressources convoitées ne sont pas nécessairement pécuniaires ; elles peuvent concerner des places privilégiées (la concurrence pour l'avancement), des lieux de travail, des symboles de prestige et de reconnaissance.

3.1.2 Les antagonismes de missions

Toute action comporte des dilemmes, des tensions entre plusieurs logiques, même quand on agit seul. L'organisation, en tant qu'action menée en commun, renforce ces dilemmes et ces tensions, là aussi pour les individus comme pour l'organisation et ses dirigeants. Agir, c'est bien souvent devoir arbitrer entre :

- la prise de risque ou la sécurité ;
- le changement ou la stabilité ;
- le court terme ou le long terme.

L'organisation peut exacerber ces dilemmes car ses membres pourront vouloir orienter l'action commune vers l'un ou l'autre des pôles de ces dilemmes. Cela peut provenir de leurs inclinations personnelles mais surtout du fait que divers membres sont souvent chargés de défendre les différents points de vue. Chacun a alors tout intérêt à faire prévaloir celui qu'il représente, ne serait-ce que pour être bien apprécié de ses supérieurs ou pour disposer de moyens supplémentaires dans son poste de travail.

De plus, une organisation doit servir les intérêts ou du moins respecter les contraintes des diverses parties prenantes : l'actionnaire ou le bailleur de fonds, le client ou le bénéficiaire, les collaborateurs, pour ne citer que les plus courantes. Ces intérêts sont loin d'être identiques. D'où la théorie de Chester Barnard (1938) sur la fonction du manager, qui est de concilier les exigences diverses des différentes parties prenantes. C'est bien parce que cette fonction pose problème qu'il existe des managers.

Il arrive fréquemment dans l'organisation que certains soient plus particulièrement chargés de veiller sur les intérêts de l'une ou de l'autre partie. Par exemple, la direction financière défendra souvent le point de vue de l'actionnaire, la direction commerciale celui des clients. La première aura donc tendance à se montrer plus réticente à la prise de risques que la seconde. Et les avis divergeront facilement quand, par exemple, il sera question de la politique de crédit client.

Il en résulte d'inévitables conflits de logiques, inhérents à toute action mais renforcés par la multiplicité des acteurs internes. Certes, il existe des situations où plusieurs de ces missions peuvent apparaître comme compatibles, voire très complémentaires, ce qui simplifie naturellement le problème posé, mais il serait illusoire de prendre de tels cas pour la règle générale. L'encadré 6.6 ci-après présente des exemples qui découlent en bonne part de ces antagonismes de mission.

Quelques difficultés classiques de coopération transversale au sein des organisations

(N.B. : Ces difficultés sont fréquentes, mais il existe bien entendu des organisations où elles sont résolues.)

Les constructions ou les achats

Quand une entreprise construit une nouvelle usine, elle recourt souvent aux services d'un département interne d'ingénierie, chargé de piloter la construction. Ce dernier remet ensuite les clés de l'usine à un département de production qui sera chargé de l'exploiter. Le travail de l'ingénierie est de livrer l'ouvrage en respectant un cahier des charges, un budget et un délai. En cas de difficulté pour tenir ses engagements en raison des aléas du chantier (qui sont fréquents), l'ingénierie peut limiter la qualité des installations livrées, ce qui a pour effet de donner plus tard à l'exploitant plus de frais d'entretien ou de fonctionnement. À l'inverse, l'exploitant doit prendre en considération les contraintes de l'ingénierie, lui communiquer clairement et en temps utile ses besoins.

Il en va de même quand un service achat s'occupe de l'approvisionnement, par exemple en machines, pour des utilisateurs. Si le service achat ne s'occupe que de minimiser ses coûts, il peut être amené à acheter des machines qui ne faciliteront pas la vie des utilisateurs. Mais ces derniers doivent également l'informer au mieux et en temps utile sur leurs besoins et leurs contraintes.

La conduite d'un process de production industrielle

Un process de production industrielle requiert le concours de plusieurs groupes d'opérateurs, voire de plusieurs métiers, chacun étant en charge d'une portion de ce process. Dans de nombreux cas, malgré une automatisation croissante, une bonne part des aléas survenant dans l'exploitation ne peuvent être traités efficacement que si chacun des groupes est conscient des problèmes que peuvent rencontrer les autres groupes et en tient compte dans son propre travail. Or cela suppose que chacun des groupes accepte parfois de compliquer ou d'alourdir son propre travail pour aider le groupe voisin. Un autre point important en milieu industriel est l'entente entre la maintenance et la production : faute d'accord mutuel, les producteurs accuseront la maintenance de ne pas les aider efficacement, et la maintenance déplorera que les producteurs utilisent le matériel sans précautions. Ces deux groupes peuvent en effet suivre des logiques antagonistes, le producteur devant assurer la production au quotidien, la maintenance étant chargée d'un souci de disponibilité du matériel pouvant l'amener à orienter sa réflexion davantage vers le moyen terme.

Application 6.6

Les opérationnels et les fonctionnels

Les opérationnels sont les services qui assurent la production et la vente. Les fonctionnels sont les services chargés d'apporter des aides en moyens ou en expertise aux opérationnels et/ou de faire que ces derniers respectent certaines règles dans leur domaine. Des exemples de services fonctionnels sont ceux qui ont en charge les ressources humaines, la comptabilité et le contrôle de gestion, la communication externe, le domaine juridique. Cette double fonction des services fonctionnels, soutien et contrôle des opérationnels, est source de désaccords. Les opérationnels ont tendance à attendre surtout le soutien et à se plaindre du fait que le contrôle, les règles qui leur sont imposées gênent leur action. Les logiques défendues par les uns et les autres ne sont pas les mêmes. Les opérationnels sont la plupart du temps jugés sur des résultats concrets et de court terme ; l'action des fonctionnels est souvent plus qualitative et vise fréquemment à donner une cohérence à moyen terme dans leur domaine.

On peut citer également :

- l'ajustement de la production et de la vente (voir le cas présenté au chapitre 3) ;
  - le niveau des stocks (voir le cas d'application en fin de chapitre) ;
  - la gestion des carrières (voir plus loin encadré 6.9).

3.1.3 Les antagonismes d'opinions

Les désaccords peuvent se faire jour également entre membres d'une organisation, parce qu'ils évaluent différemment la probabilité d'événements à venir, décodent de façon divergente une situation délicate, sont enclins à plus ou moins de prudence face à elle. Ce sont alors des antagonismes d'opinions qui apparaissent. Ceux-ci peuvent bien sûr refléter des antagonismes de l'un ou l'autre des deux types précédents mais ils peuvent également se rencontrer parmi les défenseurs d'une même mission qui se reconnaissent une forte convergence d'intérêts. Ces antagonismes peuvent alors être le fait de différences dans les mécanismes cognitifs et les tempéraments des individus ou bien encore servir de support à un conflit « irréaliste » au sein de leur groupe.

3.1.4 Les antagonismes de valeurs

Les antagonismes d'opinions, les divergences cognitives, peuvent être les conséquences de désaccords quant aux valeurs qui guident l'action commune. Ici encore, des groupes chargés de missions différentes peuvent ne pas entretenir les mêmes valeurs (par exemple, une direction financière et une direction commerciale). Mais ces désaccords peuvent aussi intervenir au sein de mêmes groupes ou indépendamment des antagonismes de missions. Ils peuvent porter sur des positions à adopter quant aux éternels dilemmes liés à l'action : tolérance vis-à-vis de l'erreur, acceptation de l'à-peu-près ou au contraire recherche de la perfection, ou bien encore atteinte de résultats ou respect de principes éthiques. Ils peuvent également être liés à la raison d'être de l'organisation, aux grands principes qui régissent la vie en commun. Comme nous l'avons vu au chapitre 2, section 2.2, il existe une culture de l'organisation, c'est-à-dire que ses membres admettent sur ces grands principes des réponses communes. Mais l'accord est rarement complet et il est particulièrement menacé en cas de grandes mutations au sein de l'organisation (sur cette question, voir aussi chapitre 9).

3.2 L'ambiguïté des antagonismes dans l'organisation

L'ambiguïté de la nature conflictuelle ou coopérative des relations entre individus ou au sein d'un groupe social a été décrite précédemment. Le contexte organisationnel exacerbe ou, du moins, illustre cette ambiguïté de deux manières.

D'une part, les divers types d'antagonismes décrits précédemment se mêlent, ce qui les rend moins facilement identifiables. Tel est le cas des personnes qui, au sein d'une organisation, sont chargées de défendre certaines missions, le plus souvent une seule. Dans la recherche du succès de leur mission, peuvent être à l'œuvre conscience professionnelle, mais aussi intérêt personnel, concret ou symbolique. Les antagonismes de missions et d'intérêts personnels sont donc étroitement mêlés. Bien entendu, ils peuvent également servir de support à des conflits « irréalistes ».

D'autre part, il arrive fréquemment que les antagonismes ou les convergences d'intérêts personnels et d'intérêts de missions ne soient que partiels. Les actionnaires et les employés, par exemple, ont le plus souvent en commun l'intérêt que l'organisation continue à vivre. C'est ce qui donne un support logique à l'idée d'une communauté d'intérêts entre acteurs. La divergence d'intérêts existe néanmoins. Il n'est pas rare que certains acteurs rencontrent, au sein des organisations, des situations que l'on peut illustrer par la métaphore du coureur cycliste (voir encadré 6.7).

Application 6.7

Le dilemme du coureur cycliste

Soit un coureur, échappé du peloton avec un adversaire. Tous deux ont intérêt à pédaler ensemble pour assurer le succès de leur échappée : s'ils arrivent détachés devant le peloton, ils auront chacun une chance de gagner la course et même celui qui terminera second retirera plus de primes et de renom que s'il était resté dans le peloton. Mais celui qui terminera premier retirera beaucoup plus de primes et de renom que le second. Notre coureur se trouve donc placé devant un dilemme, dû au fait que le fruit de cette coopération ne peut être partagé à parts égales : il doit pédaler pour assurer le succès de l'échappée, mais ne pas trop en faire non plus, pas plus en tout cas que son compagnon d'échappée, car ce dernier pourra alors facilement le devancer en fin de course…

Cette coexistence entre convergences et divergences d'intérêts permet à qui le souhaite d'entretenir dans son discours une confusion quant aux positions respectives des uns et des autres, les raisons de coopérer pouvant faire oublier les antagonismes, et vice versa.

3.3 Le rôle des trois sphères de l'organisation

La coopération et le conflit naissent des interactions entre les éléments des trois sphères de l'organisation décrites au chapitre 2 (section 2.2) : culture, dispositifs organisationnels et jeux individuels.

Les dispositifs organisationnels créent, pour une bonne part, le périmètre des antagonismes ou des convergences entre membres. Les objectifs et les critères de performance assignés à des individus ou à des groupes jouent ce rôle en ce qui concerne les missions des uns ou des autres. Les modes de sanction et de récompense de ces performances accentuent le phénomène en augmentant l'intérêt personnel de chacun à réussir, éventuellement au détriment des autres. Tel peut être le cas si le mode de responsabilisation des collaborateurs est individuel plus que collectif. Plus généralement, le mode d'attribution de ressources convoitées mais limitées (moyens de travail, postes attrayants) organise une compétition plus ou moins ouverte entre les membres. Cette situation peut même être renforcée par le biais de challenges où les plus performants sont récompensés (par exemple, une prime supplémentaire au meilleur vendeur du mois). À l'inverse, ces dispositifs peuvent viser à atténuer la compétition et les antagonismes, par exemple en réduisant les récompenses individuelles. Tel est le cas dans les entreprises où les promotions se font à l'ancienneté, ou encore dans celles où les performances collectives sont plus suivies que les performances individuelles. Les objets et installations techniques peuvent également favoriser ou freiner la coopération dans les équipes de travail (disposition des lieux, possibilité ou impossibilité de communiquer à distance, de se voir ou de s'entendre).

La culture ou les cultures de divers sous-groupes, vont conditionner la propension des membres à privilégier plutôt la coopération ou plutôt le conflit. Les valeurs qu'elles véhiculent peuvent en effet encourager ou dissuader un individu de jouer exclusivement son propre intérêt. Certaines organisations sont fondées sur des responsabilités individuelles assignées à chacun des membres. D'autres, à l'inverse, reposent sur un fort sentiment d'appartenance des membres, sur une allégeance de ces derniers qui peut les conduire à plus de dévouement, à moins de calculs dans leur implication. Enfin, les divergences de culture entre sous-groupes sont à la base des antagonismes d'opinions et de valeurs. Si de telles divergences existent, elles sont de nature à encourager les conflits.

Les jeux individuels sont la résultante de ce qui précède, c'est-à-dire à la fois des contraintes que fait peser sur eux l'organisation et des conséquences qu'ils en tirent. Ils se traduisent par un entrelacs de luttes et d'alliances entre les diverses parties prenantes. Les modalités de ces luttes internes, mais aussi de ces coopérations, sont rarement prévues par les dispositifs organisationnels. Ces relations sont faites d'actes au quotidien qui passent souvent inaperçus des directions. Par exemple, la coopération entre la maintenance et un service de production dans une usine passe certes par des règles, mais aussi par des contacts informels et amicaux entre les personnes, par des échanges de petits services ou d'informations (don/contre-don) qui sortent du cadre des procédures. À l'inverse, quand ces relations se passent mal, les règles prévues ne sont pas toujours respectées et chacun fait usage des moyens de rétorsion dont il dispose à l'encontre de l'autre.

L'actualité des problèmes de coopération dans l'organisation

Étude 6.8

La question de la coopération entre les membres d'une organisation n'aurait probablement pas reçu autant d'attention il y a vingt-cinq ans. Dans les années 1980, Toyota a étonné ses concurrents occidentaux en étant capable de sortir un nouveau modèle de voiture en deux fois moins de temps qu'eux ; il pouvait en effet s'écouler plus de cinq ans entre le début de la conception d'un nouveau véhicule et la sortie du premier exemplaire. La solution : faire travailler ensemble dès le départ tous les acteurs concernés (méthodes, achats, production, marketing, etc.) plutôt que de faire circuler le dossier de l'un à l'autre avec de nombreux allers-retours. Une telle stratégie ne va pas sans tensions, car les différents métiers ne défendent pas les mêmes logiques et doivent pourtant trouver un accord, mais elle s'avère plus efficace quand elle marche. Dans de nombreuses activités, le service global rendu au client exige de plus en plus des compétences variées, provenant de divers secteurs de l'organisation et travaillant ensemble, tant pour vendre l'offre que pour la réaliser. Jack Welch, patron mythique de General Electric dans les années 1980-1990, disait qu'il entendait faire de son entreprise une *boundaryless company*, une entreprise sans frontières ni cloisons, précisément parce que les frontières internes entre services constituaient à ses yeux un frein à la performance globale.

Résumé

- L'organisation, parce qu'elle est structurée par l'action collective, produit de nombreux antagonismes, de plusieurs sortes, entre les collaborateurs.
- Elle produit aussi des opportunités d'alliances et de coopération entre eux. Les relations entre membres de l'organisation sont un mélange souvent ambigu de coopération et de conflit.
- Les dispositifs organisationnels déterminent, pour une large part, le contour des antagonismes et des convergences d'intérêts entre membres.
- La culture ou les sous-cultures de l'organisation sont un autre déterminant fort des comportements ; certaines favorisent plus que d'autres le conflit ou la coopération.
- Les jeux individuels inventés par les membres permettent la mise en œuvre concrète des conflits comme des actes de coopération internes. Ils se situent souvent hors des prescriptions, voire de la conscience de la direction.

4. Le défi du management : optimiser coopération et conflit

Dans cet univers d'antagonismes, l'art du manager sera de susciter malgré tout une coopération suffisante entre les membres. Cette démarche est d'autant plus délicate que la coopération suppose une bonne volonté qui ne peut être prescrite, et que les comportements de conflit ne peuvent être contrôlés que très imparfaitement. Il serait illusoire d'espérer éliminer les antagonismes, voire d'éliminer les conflits. Au contraire, comme nous l'avons dit précédemment, il n'y a pas de coopération sans capacité à accepter et à traiter ouvertement le conflit.

Il s'agira donc à la fois de faire un bon usage des conflits et de favoriser le développement de la coopération. Nous envisagerons maintenant plus en détail ces actions possibles, en examinant :

— les vertus éventuelles du conflit ;

— les moyens de favoriser la coopération.

4.1 Du bon usage du conflit

Les vertus du conflit pour une organisation peuvent être appréciées de diverses manières, en fonction des valeurs directrices qu'elle se donne.

Sous la forme de compétition entre les membres, le conflit peut stimuler l'implication de ces derniers. La compétition peut être liée à l'obtention de moyens, à l'accès à des postes dans la hiérarchie, au prestige. Elle existe de fait dans presque toutes les organisations, car les diverses ressources dont ces dernières disposent sont en général plus rares que la somme des appétits de leurs membres. Toutefois, certaines organisations ne jouent que modérément sur ce levier, par exemple en réglementant fortement la possibilité de gravir les échelons hiérarchiques, alors que d'autres laissent la compétition plus ouverte, voire la mettent en exergue. À l'extrême, on trouve des organisations qui s'apparentent à des jungles où les rivalités sont encouragées. Cultiver le conflit va de pair avec le vieux principe du « diviser pour régner » qui constitue un mode de management et une stratégie de pouvoir pour certains dirigeants. Bien entendu, plus on mise sur la compétition, moins il faut s'attendre à une coopération facile entre les compétiteurs.

Les conflits issus d'antagonismes de missions, s'ils sont souvent mêlés aux compétitions que nous venons d'évoquer, dépassent cependant ce cadre. Ils peuvent également résulter du fait que les membres de l'organisation prennent leur travail à cœur. La réussite de l'organisation est souvent liée à un bon équilibre entre les diverses logiques qui la régissent, par exemple entre la satisfaction des actionnaires, celle de ses clients et celle de ses collaborateurs. Un tel équilibre est délicat à trouver et le débat, l'expression des antagonismes, même au prix d'une certaine conflictualité, peut être un garde-fou, qui permet d'éviter que les mêmes points de vue prévalent systématiquement. Dans cette optique, le bon usage du conflit passe par l'existence de lieux de débat et d'arbitrage, par la qualité des échanges qui y sont organisés entre protagonistes. Pour les interlocuteurs, la qualité passe à la fois par la possibilité de s'exprimer et par le sentiment d'équité qu'ils retireront de la façon dont les débats auront été tranchés. Le principe du comité de direction, par exemple, réunissant autour du directeur ses principaux adjoints, est souvent censé jouer ce rôle de confrontation des grandes logiques de l'organisation *via* ceux qui les portent. Dans la pratique, cette fonction de débat y est plus ou moins bien servie.

Application 6.9

Des collègues peu coopératifs...

Dans cette grande entreprise industrielle, comme dans beaucoup d'autres, les jeunes collaborateurs à fort potentiel suivent un parcours professionnel varié, grâce auquel ils accumulent une grande richesse d'expériences. De telles personnes ne doivent donc pas rester trop longtemps au même poste. Or, l'unité où l'une d'elles fera ses premières armes va consacrer des ressources et du temps à la former, sans pouvoir bénéficier longtemps de ses services. Cela n'est pas toujours bien vu par les chefs d'unité, et certains sont en conflit latent avec leur DRH car ils essaient de retenir le plus longtemps possible leur recrue. L'un d'entre eux, cependant, joue le jeu. Il est directeur d'une unité de la division ingénierie (celle qui conçoit et construit les usines). Qui plus est, il n'hésite pas à laisser partir certains de ses jeunes cadres dans la division de la production, qui entretient des rapports assez tendus avec celle dont il dépend. Il estimait que ce brassage de populations favoriserait justement une meilleure entente entre l'ingénierie et la production. Puis, lors d'une réunion, il se rendit compte que certains cadres de cette autre division le soupçonnaient « d'infiltrer la production »...

Dans une autre grande entreprise, structurée en directions régionales d'activité comparable, l'un des cadres d'une des régions apprit qu'une autre direction régionale avait pris des mesures intéressantes en matière de politique qualité. Il voulut s'en enquérir auprès de son homologue de cette autre région. Réponse : les régions sont comparées entre elles en termes de performance, nous ne divulguons donc pas nos méthodes.

Ces deux exemples sont récents. Ils ne sont pas exceptionnels. Le point commun en est que les directions générales ne se montrent pas capables de contrebalancer les antagonismes entre leurs cadres. Chacun d'eux déroule sa propre logique, en particulier en matière de carrière. Dans d'autres entreprises, au contraire, de tels exemples ne seraient pas pensables. La différence réside à la fois dans les qualités de leadership des dirigeants (voir chapitre 7), dans l'exemple qu'ils donnent eux-mêmes, et dans ce qu'ils privilégient. Si seuls les résultats opérationnels sont considérés, ce genre de dérive est prévisible.

4.2 Quelques moyens de favoriser la coopération

Un premier moyen de favoriser la coopération, nous l'avons dit précédemment, est de savoir reconnaître et surmonter les conflits. Mais il existe, plus spécifiquement, des moyens de stimuler la coopération entre les membres d'une organisation.

4.2.1 S'appuyer sur la logique des intérêts des protagonistes

Pour reprendre les termes de la théorie des jeux, adaptée au contexte où les individus sont supposés ne suivre que leur intérêt, on obtient la coopération des joueurs en rendant le jeu coopératif, c'est-à-dire à somme non nulle : le gain de l'un peut aller de pair avec le gain de l'autre. Il existe deux outils dans ce registre : le bâton et la carotte. On touche là, bien sûr, à la sphère des dispositifs organisationnels.

Le bâton

Tout d'abord, les organisations parviennent à une coordination du travail en définissant un partage des tâches et des modalités d'interface entre les divers postes ou entre les divers départements et sous-ensembles de l'organisation. Beaucoup de choses se jouent déjà là en matière de coopération. Ces modalités d'interface comprennent l'arrangement des locaux et des postes de travail, le système d'information, l'existence, au sein des départements, de tâches spécifiques de communication et de coordination avec les autres départements (par exemple, la nomination d'interlocuteurs désignés). Toutefois, ces dispositifs organisationnels ne garantissent jamais à eux seuls la coopération, ils ne font que lui procurer des conditions favorables ; à l'inverse, s'ils sont mal conçus, ils peuvent la décourager. Encore faut-il, ensuite, que les membres de l'organisation fassent ce que l'on attend d'eux. Le plus souvent, ce résultat est recherché au moyen de règles auxquelles ils sont censés se soumettre. Il existe généralement un système de sanctions et de récompenses destiné à inciter les membres de l'organisation à respecter ces règles, système fondé sur la logique des intérêts de chacun et principalement sur l'aversion de tous pour les sanctions (bâton). Mais ce levier a des effets limités. Il est toujours incomplet et imparfait, les règles ne pouvant pas tout spécifier dans le détail ni prévoir tous les cas de figure. Le système de sanctions est inégalement performant en fonction des individus et des règles qu'il est supposé appuyer.

La carotte

Une seconde façon de coordonner les actions des membres consiste à leur donner des objectifs à remplir, ici encore avec un système de récompenses (carotte) si les objectifs sont atteints. Suivant le contenu de ces objectifs, on peut créer des antagonismes de missions ou, au contraire, des incitations à coopérer. Il existe donc dans ce domaine un vaste champ de réflexion pour les dirigeants d'une organisation. Par exemple, supposons qu'un problème se pose dans une PME : son commercial rapporte des affaires que l'usine ne peut pas systématiquement traiter, car les commandes occasionnées ne sont pas toujours compatibles avec son plan de charge, d'où des mécontentements des clients, des incidents entre le commercial et le chef d'usine. Le problème pourrait être résolu si le commercial n'était plus intéressé à son chiffre d'affaires brut, mais au taux de remplissage du plan de charge de l'usine. La coopération entre commercial et producteur deviendrait alors beaucoup plus logique pour chacun des deux acteurs. Le problème est que de telles solutions ne sont pas toujours possibles ou que, quand elles existent, elles présentent aussi des inconvénients. Chaque acteur dans l'organisation peut être responsabilisé sur un ou quelques-uns des facteurs qui concourent à la stratégie globale de l'organisation, mais il est rare que la juxtaposition des objectifs de chacun soit totalement compatible. Pour éviter ce type de dysfonctionnement, il faudrait donner des objectifs communs plus globaux, mais avec l'inconvénient de perdre la responsabilisation individuelle (par exemple, dans le cas précédent, la responsabilité des deux collaborateurs deviendrait moins isolable). Le plus souvent, les organisations se contentent d'objectifs individuels en tablant sur la bonne volonté de chacun pour ne pas aller au bout de sa logique individuelle et pour s'accorder quand même avec ses collègues. D'autres organisations panachent objectifs individuels et objectifs collectifs, par exemple en fondant une part de l'intéressement sur un résultat collectif. Dans tous les cas, la seule logique froide des intérêts ne suffit pas ; les systèmes d'objectifs, quels qu'ils soient, ont besoin de la bonne volonté coopérative des acteurs.

On pourrait penser que des équipes de collaborateurs effectuant ensemble la même tâche peuvent plus facilement se voir assigner un objectif commun. En effet, dans ce cas, il n'existe pas d'antagonismes de missions. Cela est vrai, d'autant que, dans un tel cas de figure, la responsabilité de chacun dans le travail collectif est souvent peu identifiable. Il n'empêche que la bonne volonté des membres de l'équipe pour coopérer est également requise. Si, en effet, chacun ne suit que la seule logique de son intérêt, il peut être tenté de profiter du travail des autres (voir précédemment le dilemme du coureur cycliste).

4.2.2 S'appuyer sur la logique des sentiments des protagonistes

Si la logique des intérêts individuels ne peut, à elle seule, mobiliser suffisamment la coopération, il faut alors se tourner vers la logique des sentiments.

Les actions pour influer sur cette logique sont de plusieurs natures. Elles touchent toutes à la sphère de la culture de l'organisation.

Actions sur les valeurs dominantes de l'organisation

La culture de l'organisation est un déterminant clé de la façon dont ses membres coopèrent, comme, d'ailleurs, de la façon dont sont traités les conflits. On peut même dire que c'est un des contenus importants et le plus souvent présents d'une culture d'organisation. L'action directe sur cette culture, cependant, n'est pas aisée pour un dirigeant, car il ne peut pas la modifier comme il le ferait d'une règle de fonctionnement pratique. Il dispose malgré tout d'un pouvoir d'influence indirecte et non immédiate.

Le premier levier qu'il peut mobiliser est l'exemple qu'il donne lui-même. Certes, le dirigeant peut, dans son discours, encourager la coopération interne. Mais, en soi, cela portera peu de fruits. Si les collaborateurs comprennent, au travers de ses actes et de ses décisions, que leur dirigeant joue le « diviser pour régner » ou bien qu'il privilégie exclusivement la responsabilisation individuelle, ses appels à la coopération resteront lettre morte. S'il recherche au contraire une certaine équité dans ses arbitrages, il aura plus de chances que les conflits entre ses collaborateurs ne prennent pas de proportions démesurées et que ceux-ci prennent plus souvent le risque d'un traitement ouvert de leurs désaccords. Nous l'avons vu dans l'exemple précédent, le climat de confiance et les bonnes relations entre individus sont nécessaires pour que la coopération puisse se développer. La qualité de ces relations relève en grande partie de la responsabilité du dirigeant — tout du moins celles qu'il noue avec ses proches collaborateurs —, mais elle tient aussi, plus largement, à la diffusion d'une norme culturelle au sein des membres qui valorise la confiance et la qualité des relations interindividuelles.

Un deuxième levier est la capacité du manager à donner un sens à l'action de tous, cohérent avec ses propres actes et ses propres décisions, et admis par tous. Si les collaborateurs ont conscience d'œuvrer dans un but commun, ils seront plus enclins à prêter attention à ce que font leurs collègues autour d'eux. Ce qui est certes une tâche difficile et sans fin, et les voies pour y parvenir peuvent varier en fonction de la culture de l'organisation, comme nous allons le voir plus bas. Un facteur invariant est cependant l'information donnée aux collaborateurs sur les données d'ensemble de l'organisation, ses résultats, ses stratégies. Si ce facteur n'est pas suffisant, il constitue néanmoins un pré-requis.

Un troisième levier réside dans le recrutement des nouveaux collaborateurs ou dans les critères de choix des promotions. Dans la mesure du possible, quand la coopération interne est souhaitable, il faut privilégier les profils psychologiques les plus aptes à la coopération. Cette recommandation n'est pas toujours facile à mettre en œuvre pour tout le personnel mais on peut lui prêter une attention plus particulière quand il s'agit de pourvoir les postes à responsabilité.

Améliorer les qualités de leadership de l'encadrement

Les qualités de leadership (voir chapitre 7) de l'encadrement permettent d'instaurer un climat positif à l'intérieur de différents départements de l'organisation. Ces qualités ne constituent pas toujours le critère premier d'accès aux postes d'encadrement. Ces qualités sont cependant mal adaptées à un contexte où la bonne volonté coopérative des collaborateurs est requise. Les formations, le *coaching*, peuvent compléter les dispositifs de nomination et de recrutement.

La facilitation des contacts informels entre collaborateurs

Un des ressorts de la logique des sentiments est que les personnes qui se connaissent ont beaucoup plus de chances de développer des relations coopératives, ce qui revêt surtout de l'importance dans les relations entre des services qui ne se côtoient pas physiquement. Certaines organisations s'efforcent de multiplier les chances que les collaborateurs se rencontrent ; elles agissent sur la disposition des locaux et des espaces de pause, facilitent les activités extraprofessionnelles communes, créent des occasions de rencontres entre services (formations, événements internes). Elles organisent également des contacts entre services physiquement éloignés : par exemple des visites croisées entre les opérateurs de deux usines dont l'une approvisionne l'autre, de façon à ce que, lors des contacts par téléphone ou par mail qui suivront, les interlocuteurs aient le sentiment de parler à une vraie personne. Ou encore, dans certaines usines, on peut trouver sur le pupitre des opérateurs une fiche avec le nom et le téléphone de ses divers interlocuteurs dans l'organisation, accompagnés des photos de ces personnes. Ces efforts valent bien sûr pour de grandes organisations. Les plus petites, où les gens se connaissent, n'ont pas ce handicap, ce qui rend chez elles la coopération un peu plus facile. Bien entendu, toutes les options qui viennent d'être évoquées ne sont qu'un ensemble de gadgets si l'attitude de la direction n'incite pas à la coopération.

Le brassage des collaborateurs et la polyvalence

Un autre facteur qui aide les personnes à coopérer est le fait qu'elles connaissent le travail de l'autre et sont ainsi à même de comprendre ses problèmes. Il y a plusieurs façons de favoriser ce facteur. L'une d'elle est liée aux parcours professionnels des collaborateurs. Certaines organisations s'attachent à faire tourner plus ou moins rapidement les opérateurs sur plusieurs postes. Cette rotation permet une meilleure compréhension mutuelle entre les divers ateliers ou services. Dans des organisations où les individus font carrière, des parcours diversifiés sont aménagés pour les cadres, qui passent de responsabilités fonctionnelles à des responsabilités opérationnelles, et vice versa. Cette mobilité ne suffit certes pas à supprimer les fréquentes divergences entre fonctionnels et opérationnels, car chacun est pris par les enjeux de son poste présent, mais elle peut contribuer à les atténuer. D'autant que ces mouvements sont créateurs de liens personnels, de réseaux, qui concourent à la meilleure connaissance mutuelle des collaborateurs.

Résumé

- Le manager doit s'efforcer de canaliser les conflits, de limiter les effets de la compétition entre les collaborateurs. L'accent qu'il peut mettre sur la qualité des relations et l'équité de ses arbitrages sont à cet égard déterminants.
- Il peut stimuler la coopération interne en jouant sur la logique des intérêts des collaborateurs : objectifs adéquatement fixés, sanctions-récompenses. Ce dispositif peut s'avérer nécessaire, mais il ne suffit pas. La bonne volonté des collaborateurs en la matière dépend aussi de la logique des sentiments. Les valeurs qui imprègnent la culture de l'organisation et l'exemple qui est donné par le manager sont déterminants. Les mesures favorisant les rencontres entre les collaborateurs de tous départements ou métiers, les parcours transversaux des individus facilitent également cette coopération.

Conclusion

Nous avons vu, au cours de ce chapitre, que le conflit et la coopération entre les individus s'expliquent par deux logiques qui guident les comportements humains : la logique des intérêts et la logique des sentiments, pures ou étroitement imbriquées avec la logique des valeurs. Selon la logique des intérêts, les conflits sont dominants mais centrés sur un objet (conflits « réalistes »). La coopération peut advenir, mais elle est fragile, et nécessite des conditions pas toujours faciles à réunir. Selon la logique des sentiments, la coopération comme les conflits peuvent se rencontrer. Les conflits sont alors « irréalistes », chargés d'affects et potentiellement plus violents. Les situations réelles sont le plus souvent à comprendre comme une combinaison de ces deux logiques.

Les groupes ont tendance à renforcer la coopération entre leurs membres au prix d'une plus grande conflictualité avec l'extérieur.

Les organisations, du fait qu'elles se fondent autour d'une action collective, sont la source de nombreux antagonismes. Ces antagonismes sont essentiellement régis par la sphère des dispositifs organisationnels, ces derniers prédisposant les collaborateurs à des stratégies de coopération ou de conflits internes. Le manager d'une organisation peut jouer sur ces dispositifs pour limiter les antagonismes, mais il ne peut espérer les éliminer. La culture de l'organisation est un autre déterminant fort des comportements coopératifs ou conflictuels.

Le manager d'une organisation dispose donc de quelques leviers pour à la fois canaliser les conflits et stimuler la coopération interne. Ils sont résumés dans le tableau 6.2.

Tableau 6.2 : Les leviers du manager pour réguler les conflits et stimuler la coopération dans l'organisation

	Logique des intérêts	**Logique des sentiments (éventuellement associée à celle des valeurs)**
Dispositifs organisationnels	Objectifs adéquats, système de sanction-récompense (primes, promotions). Pondération des performances individuelles par les performances collectives dans les systèmes d'appréciation ; inclusion de paramètres comportementaux.	Gestion des ressources humaines facilitant la mobilité interne du personnel, la polyvalence. Circulation de l'information décloisonnée. Dispositifs d'arbitrage des conflits reconnus par les collaborateurs.
Culture		Valorisation du collectif, du projet global de l'entreprise. Encouragement du traitement ouvert des conflits. Recrutement de profils aptes à la coopération aux postes clés ; amélioration des qualités de leadership de l'encadrement. Exemplarité de la direction générale (cohérence actes/discours).
Jeux individuels	*Idem* dispositifs organisationnels.	Facilitation de la constitution de rencontres et de réseaux informels.

Activités

Exercice 1

Trouvez, dans la vie quotidienne, des situations où deux protagonistes (ou plus) ont intérêt à coopérer. Existe-t-il parmi elles des cas où les trois conditions énoncées à la section 1.1. ne sont pas réunies (relation de long terme, communication entre les parties, confiance réciproque) ?

Exercice 2

Constituez deux équipes, se concertant dans des pièces séparées. Chaque équipe dispose de deux cartes, l'une de couleur verte et l'autre de couleur jaune. Une partie consiste pour les équipes à présenter en même temps à l'arbitre, *via* l'un de leurs représentants, une des deux cartes. Suivant ce qui est présenté, elles gagnent ou perdent de l'argent. Il y a six parties, l'objectif de chacune étant de maximiser les gains. Dans les deux premières parties, le barème est le suivant :

- Si deux cartes jaunes sont présentées, chaque équipe gagne 600 euros.
- Si une carte jaune et une carte verte sont présentées, l'équipe qui a présenté la carte verte gagne 1000 euros et l'autre perd 1000 euros.
- Si deux cartes vertes sont présentées, chaque équipe perd 300 euros.

Lors des parties n° 3 à 5, les gains ou les pertes sont doublés. Lors de la dernière partie, les gains ou les pertes sont encore doublés.

Observez les stratégies des deux équipes. On peut jouer la série de parties selon deux variantes :

- Variante 1 : pas de communication entre les équipes, si ce n'est que chacune sait ce que l'autre a joué lors de la partie précédente.
- Variante 2 : communication autorisée entre un ambassadeur de chaque équipe, à l'issue de la partie 1 et à l'issue de la partie 5. Après chaque partie, chaque équipe sait ce que l'autre a joué dans la partie précédente (*idem* variante 1).

Cas d'application

Le cas suivant se situe dans une entreprise moyenne. Il analyse le dysfonctionnement dans son processus de gestion, dû à un défaut de coopération entre divers acteurs.

L'entreprise ZYX Diffusion compte environ 200 employés. Elle exerce, entre autres, une activité d'import-export pour des biens de consommation courante de faible technicité. Elle fait fabriquer ces produits en Asie, pour des raisons de coût, et les revend essentiellement en grande distribution en France. Un des problèmes récurrents lié à cette activité est le niveau des stocks, toujours trop élevé. Ce problème préoccupe le

PDG. En analysant la composition de ce stock, on constate que l'excédent a deux causes principales : une coordination souvent imparfaite entre les approvisionnements et les livraisons, et le poids des fins de séries. Un premier examen a permis de saisir quelques causes factuelles de ces phénomènes.

Une réunion semestrielle se tient entre le responsable commercial et le responsable logistique, accompagnés chacun de quelques collaborateurs. On y cale un calendrier d'activité, en fonction en particulier des demandes prévues des gros clients. De ce fait, le service logistique, qui est en charge également du pilotage de la sous-traitance, peut prévoir le calendrier de la production, compte tenu du fait que cette dernière arrive d'Asie en containers, par bateau. En règle générale, ce système permet à l'entreprise d'être au rendez-vous pour des événements commerciaux classiques et prévisibles (par exemple Noël), mais ne lui permet pas de s'adapter aux imprévus (forte hausse ou baisse de la demande, globalement ou sur certains articles, déplacements dans le temps de certaines campagnes promotionnelles), d'autant que les deux services se parlent peu : peu de contacts informels entre eux, et locaux situés chacun à une extrémité des bâtiments. Certes, le service commercial est censé avertir au jour le jour la logistique des changements par rapport au calendrier prévu, mais cette procédure n'est pas très bien suivie, et le service logistique n'a pas non plus le réflexe d'aller chercher l'information. Quant aux fins de série, elles sont souvent négligées : les commerciaux ont tendance à privilégier systématiquement les nouveautés et font la sourde oreille en ce qui concerne les consignes leur demandant de faciliter l'écoulement des stocks anciens. Ce problème a été évoqué lors des dernières réunions semestrielles, mais les retombées ont été minces. Certes, la situation ne va pas sans soulever des récriminations. Le PDG interpelle de temps à autre le responsable logistique sur le niveau des stocks. Ce dernier se plaint alors de ce que les commerciaux ne se soucient pas du problème, qu'ils ne cherchent qu'à toucher leurs primes (calculées sur le chiffre d'affaires), sans se préoccuper des problèmes occasionnés en amont. Ce à quoi le responsable commercial rétorque généralement, d'une part, que le service logistique s'y prend mal, d'autre part, que les temps sont difficiles, que les clients deviennent de plus en plus exigeants et que la tâche des commerciaux est de plus en plus délicate. Quand ce genre d'échange a eu lieu en comité de direction, il s'est terminé par une injonction du PDG à ses deux cadres de mieux collaborer et les choses en sont restées là, jusqu'à la fois suivante.

Un examen plus approfondi de la situation permet de mieux comprendre ce qui rend possibles ces comportements. Le PDG de l'entreprise en est le fondateur et l'actionnaire majoritaire. Il est entouré d'un comité de direction, composé d'un directeur commercial, d'un directeur marketing, d'un directeur logistique et d'un directeur administratif et financier. Ce dernier n'est pas quelqu'un de métier ; il est l'ancien responsable informatique à qui ont été confiées progressivement des responsabilités plus élargies. Il a peu de poids dans les discussions et ne peut y faire valoir la logique de la gestion (contrôle de gestion, trésorerie). Cette faible influence peut être attribuée à l'esprit général de la maison et de son PDG, orientés vers la vente ; peut-être également un collaborateur plus qualifié pourrait-il gêner le PDG qui souhaite ne pas divulguer au sein de l'entreprise les données liées au haut de bilan ni partager ses prérogatives dans ce domaine. Le style de management du PDG, qui est aussi celui en vigueur un peu partout dans la maison, peut être qualifié de paternaliste. Il n'y a pas si longtemps, l'entreprise était plus petite et l'ambiance y était familiale. Le PDG connaissait tout le monde et était au courant de tout ce qui se passait ; les consignes, les éventuelles mises au point étaient faites de façon informelle, les sanctions en cas d'insuffisance peu sévères. Avec l'accroissement de taille de l'entreprise, le PDG a cherché à passer à un système plus formel de management par objectifs mais il n'est pas allé jusqu'au bout de cette idée. Les objectifs existent sur le papier mais leur suivi n'est pas systématique, les conséquences en cas de non-respect sont faibles, bien que parfois spectaculaires (« coups de gueule » du PDG, sans suite). Ces objectifs ne confèrent pas aux collaborateurs du PDG de véritables responsabilités, et le devenir dans l'entreprise de chacun d'eux reste avant tout lié à « sa cote », à la relation affective qu'il entretient avec lui. Ce même mode de management est fréquent dans les échelons inférieurs de la hiérarchie. Il est plus infantilisant que responsabilisant. Non que cet état de fait soit voulu consciemment par le PDG puisque celui-ci déplore le manque d'esprit de responsabilité de ses collaborateurs, mais son style de management reflète sans doute ses propres réticences à se remettre en cause, ses défenses psychiques personnelles et facilite le développement de mécanismes identiques chez ses collaborateurs.

De ce fait, chacun s'efforce de faire son travail, sans se sentir appelé à prendre en charge une problématique plus globale, puisque c'est le rôle du chef ou du PDG. Par ailleurs, chaque chef a reconstitué autour de lui une petite famille et l'intérêt pour ce qui se passe au sein des autres est limité. L'entreprise a toujours fonctionné de cette façon, sauf peut-être au tout début, ce qui n'a d'ailleurs pas donné de mauvais résultats. Pour les assistantes chargées des relations au jour le jour avec les sous-traitants asiatiques, par exemple, bien travailler c'est bien faire arriver le nombre prévu de containers dans le port de Marseille, puis dans l'entrepôt, en temps voulu et avec le contenu planifié, ce n'est pas d'ajuster des flux à une demande ; elles ont donc plus urgent à faire que d'aller de temps en temps voir le service commercial. Il faut dire aussi qu'elles n'aiment pas trop s'y rendre, car elles estiment qu'elles n'y sont pas toujours bien reçues. Les commerciaux, quant à eux, ont le sentiment d'être l'élite de l'entreprise, ceux qui la font vivre. Le PDG lui-même, racontent-ils, a commencé tout seul en allant vendre des produits, et son entreprise est tournée vers la vente comme son nom même l'indique. Les autres services entretiennent un complexe d'infériorité, voire, disent les commerciaux, une jalousie vis-à-vis d'eux. Lorsqu'on est chef des ventes et qu'on a donc sur les épaules la lourde responsabilité de faire vivre l'entreprise, il est parfois excusable d'oublier de faire passer une information au service logistique ; il y a plus urgent, ce n'est pas là que réside de toutes les façons, la noblesse du métier. Et puis, ces assistantes logistiques, elles posent parfois des questions qui ne les regardent pas… Quant aux deux chefs de service, ils entretiennent des rapports polis mais distants. Au niveau du comité de direction, personne n'ignore que les collaborateurs du PDG se parlent peu. En outre, chacun d'eux sait bien que c'est surtout le responsable commercial qui a l'oreille du PDG.

Cela peut conduire à une analyse complémentaire mais un peu plus cynique de ces comportements. Le directeur commercial bénéficie de cette position d'influence sans doute parce que le PDG est très sensible au commercial et qu'il se sent donc en affinité avec lui. Mais on peut aussi considérer qu'il est à ce poste parce qu'il a su jusqu'à présent très bien négocier avec les gros clients (certaines centrales d'achat de la grande distribution), ce qui lui a valu de l'avancement, un salaire confortable et cette position d'influence dans la maison. Son départ, dans l'esprit du PDG, aurait un impact direct et important sur le chiffre d'affaires de la société ou, du moins, il y aurait un risque qu'il y en ait un. Comme le directeur commercial est un technicien de la vente avant d'être un manager, et comme les temps sont difficiles, il n'est pas très armé pour demander à ses commerciaux de soigner les fins de série, de collaborer avec la logistique, car son principal outil de management est l'intéressement au chiffre d'affaires. Lui-même, dans ses rapports avec ses gros clients qui deviennent plus délicats, ne va pas trop se soucier des stocks, alors que ce qui fait sa position dans l'entreprise devient difficile à préserver. Enfin, partager l'information en temps réel avec le service logistique pose un autre problème : cela nécessiterait de disposer de prévisions bien à jour, d'une bonne remontée d'informations des commerciaux. Or, tel n'est pas le cas, bien que le PDG et les autres services le croient. Les commerciaux sont en effet focalisés sur la vente et le chef des ventes comme le responsable commercial ne sont pas très systématiques ni incisifs dans leurs relances sur ces questions. D'une manière générale d'ailleurs, si un commercial fait de bons chiffres, il est difficile de le contraindre à faire beaucoup de « paperasse », pour reprendre le mot des intéressés.

De son côté, le service logistique doit surmonter plusieurs handicaps. D'une part, son responsable sait qu'il a moins d'influence sur le PDG que le responsable commercial. D'autre part, le service n'a pas toujours été sans faille dans son fonctionnement. Le responsable logistique a recruté, il y a un an, un nouveau chef d'entrepôt qui y remet petit à petit de l'ordre. Les données réelles sur les stocks commencent à devenir plus fiables. Par ailleurs, un échange d'informations en temps réel avec le service commercial pour ajuster les flux rendrait le travail du service logistique plus délicat, et les risques de se faire rappeler à l'ordre par le PDG augmenteraient. En effet, de toute façon il est difficile d'organiser un flux de marchandises flexibles, avec un système de production par lots containérisés et acheminés par bateau. Le risque serait alors le relèvement des coûts d'approvisionnement, paramètre clé suivi par le PDG. Il n'est pas certain que ses efforts éventuels pour rendre plus flexibles les flux de marchandises lui vaudraient de la reconnaissance, s'ils devaient occasionner un dérapage des coûts. En outre, la réorganisation des stocks entraînerait celle d'une partie de son service, avec le risque que de nouveaux cafouillages apparaissent dans le fonctionnement de ce même service.

Comment se caractérisent les jeux individuels des deux chefs de département ? Que cherchent-ils à gagner ou à éviter ? Par quels moyens ?

Quels dispositifs organisationnels les poussent à ne pas coopérer l'un avec l'autre ?

Quels éléments de la culture maison les poussent à n'entretenir qu'une faible coopération ?

Comment les comportements des membres des deux départements sont-ils influencés par leur groupe d'appartenance ?

Quel est le rôle du PDG dans cette situation ?

Que conseilleriez-vous au PDG pour améliorer le niveau des stocks ?

Chapitre 7

Le pouvoir et le leadership

Objectifs du chapitre

À l'issue de ce chapitre, vous devriez être capable de :

- **distinguer les différentes voies permettant à quelqu'un de modifier le comportement d'autrui : pouvoir, autorité légitime, autorité personnelle, charisme ;**
- **comprendre le rôle, dans ces différentes voies, des caractéristiques des individus concernés et des phénomènes de groupe ;**
- **situer comment ces voies interviennent dans les organisations et comment les caractéristiques des organisations les façonnent ;**
- **en tirer les conséquences sur la façon d'exercer des fonctions de direction.**

Il est très tentant pour la plupart d'entre nous de vouloir peser sur le comportement d'autrui. Nous avons en effet besoin des autres, ne serait-ce que d'un point de vue pratique, pour satisfaire bon nombre de nos envies, atteindre une grande proportion de nos buts. Or, ces autres-là ont leurs propres priorités, qui n'ont souvent rien à voir avec les nôtres… D'où un problème probablement aussi vieux que l'humanité : comment faire en sorte que les autres agissent selon notre propre souhait s'ils ne le font pas spontanément ? Ce problème n'est pas facile à résoudre, bien au contraire, dans le contexte d'une organisation. Son dirigeant souhaite que les collaborateurs agissent dans le sens qu'il juge pertinent. Il le souhaite d'autant plus que les enjeux sont souvent forts, que les conséquences en cas d'échec peuvent être lourdes, pour le dirigeant comme pour les collaborateurs. Les collaborateurs sont parfois tentés de résister à ces pressions restreignant leur liberté parce qu'ils jugent inadapté ce qu'on leur demande de faire ou injuste ce qu'on leur demande d'accepter. Ils souhaitent donc, eux aussi, modifier le comportement des autres, et en particulier celui de leurs dirigeants.

L'organisation est le lieu par excellence où chacun, qu'il le veuille ou non, se trouve pris dans des jeux où il exerce et subit des pressions visant à modifier le comportement des autres. On ne peut pas comprendre ce qui s'y passe si l'on néglige cette dimension. Cette compréhension est d'un intérêt particulier pour ceux qui exercent des fonctions de direction ou se destinent à le faire.

Le but de ce chapitre est d'identifier les diverses façons de modifier le comportement d'autrui et d'en expliquer les mécanismes, puis de situer comment elles interviennent dans les organisations et d'en tirer des conséquences pour l'exercice des fonctions de management.

Dans ce chapitre, nous aborderons donc successivement :

— Comment les caractéristiques des individus (dirigeants et dirigés) influent sur les mécanismes de pouvoir et de leadership.

— Comment les phénomènes de groupe influent sur ces mécanismes.

— Comment les différentes façons de peser sur le comportement d'autrui interviennent dans l'organisation et ce qui les rend possibles dans ce contexte.

— Quelles sont les conséquences pour le dirigeant quant aux divers styles de direction possibles ou souhaitables.

Concepts clés

Les éléments de base

Comment modifier le comportement d'autrui ?

Trois grandes logiques orientent les actions des individus (voir Weber au chapitre 1, encadré 1.1), et sont le plus souvent mêlées dans une situation donnée :

- **La logique instrumentale** (rationnelle en finalité). L'individu agit en fonction des intérêts qu'il s'est donnés.
- **La logique des valeurs** (rationnelle en valeur). Il agit en fonction de ce qu'il croit être légitime ou de son devoir.
- **La logique des sentiments** (affectuelle). Il agit en fonction de ce que lui dictent ses affects.

Ces différentes logiques se retrouvent dans les façons de modifier le comportement d'autrui. Les mots « pouvoir », « autorité », « leadership » prennent des significations différentes suivant le contexte d'utilisation — langage courant ou travaux scientifiques. Nous donnerons ici des définitions qui ne prétendent pas réconcilier tous ces usages ; elles visent avant tout à distinguer ces diverses façons et ces diverses logiques, parce que cette distinction permettra ensuite de se repérer utilement dans les organisations.

Prenons l'exemple du dirigeant d'une entreprise. Il dispose de quelques leviers concrets vis-à-vis de chacun de ses collaborateurs : il peut augmenter leur rémunération, les promouvoir à des postes plus élevés, leur donner des moyens pour faire un travail plus intéressant ou, au contraire, il peut aller jusqu'à les licencier, dans le cadre de la loi ; la situation lui est en principe favorable. Ce n'est pas toujours le cas : un employé possédant une compétence très pointue et rare peut, dans une certaine mesure, dicter sa loi ; les employés regroupés peuvent faire grève, etc. Un premier aspect à envisager est donc celui des rapports de force. Dans une organisation, la force physique n'est pas le principal atout ; ce dernier réside plutôt dans les ressources que l'on contrôle et qui sont recherchées par d'autres. Nous appellerons **pouvoir** cette position favorable dans des rapports de force.

Mais le rapport de force ne suffit pas. Les individus obéissent également parce qu'ils estiment que cela est dans l'ordre des choses, en fonction de la culture dans laquelle ils baignent. Dans notre exemple, la légitimité du dirigeant tiendra au fait que c'est lui qui risque son argent dans l'entreprise et que, en vertu du système économique en vigueur, cela lui donne le droit de commander, ou bien encore qu'il a été nommé pour le représenter par celui qui risque son argent. Il sera donc légitime, sauf aux yeux de ceux qui refusent le système capitaliste en vigueur. À cela peut s'ajouter, dans certaines entreprises, une culture valorisant l'ordre et la hiérarchie ; il est alors normal et louable de faire preuve d'esprit de discipline. Bien sûr, les sources de légitimité peuvent varier, comme nous le verrons, mais il en existe toujours dans une organisation. Nous appellerons **influence morale** le fait de modifier le comportement d'autrui en jouant sur son système de valeurs. Nous appellerons **autorité légitime** la capacité à se faire obéir par autrui liée à une position sociale qu'on détient et qui est jugée légitime par les intéressés.

Il existe enfin une troisième voie pour notre dirigeant ; ses collaborateurs peuvent avoir envie de le suivre, parce que c'est lui, avec sa personnalité. Cette attirance peut comporter plusieurs facettes. Il peut disposer d'une sorte d'ascendant psychologique sur les autres : on dit parfois de quelqu'un qu'il « en impose », c'est-à-dire qu'il inspire le respect ou une certaine crainte sans qu'un rapport de force soit à l'origine de ces effets. Nous appellerons **autorité personnelle** cette capacité à se faire obéir spontanément par les autres. Ce dirigeant peut également être aimé par ses collaborateurs, de par son charme personnel, ou bien du fait de ses qualités humaines, ou encore parce qu'il sait rendre le travail intéressant, lui donner un sens. Nous nommerons **charisme** la capacité à se faire aimer et à mobiliser les énergies des collaborateurs. Dans tous ces cas, le dirigeant utilise également une influence pour modifier le comportement des autres ; nous appellerons **influence affective** le fait de modifier le comportement d'autrui en jouant sur ses sentiments.

Bien entendu, les trois aspects sont généralement à l'œuvre de manière très imbriquée dans toute situation sans que les personnes impliquées en soient toujours conscientes (voir tableau 7.1). C'est même souvent l'un des ressorts du pouvoir et de l'influence que d'agir masqués.

Tableau 7.1 : Les moyens de modifier le comportement d'autrui

	Logique d'action chez les individus visés	Stratégie
Pouvoir	Intérêts	Contrôle de ressources clés, recherche de rapports de force favorables
Autorité légitime	Valeurs	Se rendre légitime, influence morale
Autorité personnelle, charisme	Sentiments	Donner envie d'être suivi, influence affective

Les différents types de dirigeants

L'imbrication de ces éléments de base n'empêche pas que puissent exister des styles très différents de dirigeants, en politique ou dans les organisations. Leur façon de modifier le comportement des autres peut faire appel à ces éléments avec des dosages très variés. Chaque dirigeant procède à son propre dosage, qui peut d'ailleurs évoluer au fil de sa vie. Nous distinguerons ici deux types très contrastés, qui forment les deux pôles d'un continuum entre lesquels la plupart des dirigeants se situent.

Le premier de ces types est le Prince, décrit par Machiavel dans l'Italie de la Renaissance (1513, 1962 pour une traduction française). Soyons réalistes, écrit-il en substance. Les hommes sont mus par leurs intérêts (« les honneurs et la richesse ») et par la crainte de plus fort qu'eux. Ils sont le plus souvent faibles et versatiles. Alors, qu'on le veuille ou non, le Prince qui veut se maintenir au pouvoir doit agir de telle manière qu'il se ménage toujours une position de force et des alliés qu'il maîtrise. La guerre, l'extermination d'opposants ne constituent pas un plaisir sadique ; ce sont des outils, des coups que l'on joue dans un froid jeu d'échecs, à bon escient et quand cela est opportun. La force ne suffit pas, cependant ; il ne faut pas choquer les coutumes des populations, ne pas être méprisable à leurs yeux, faute de quoi le Prince risque d'être renversé. Il est même souhaitable d'être aimé de ses sujets, mais, dit Machiavel, ce n'est pas toujours possible. S'il faut choisir, il conseille d'être craint plutôt que d'être aimé, en évitant seulement d'être haï d'eux. Et, pour ne pas être haï, il suffit de ne leur prendre ni leurs biens ni leur femme, c'est-à-dire, une fois encore, de ne pas attenter trop directement à leurs richesses et à leur honneur.

À l'opposé se situe le leader. Un bon exemple en est Martin Luther King. Sans armes ni position sociale au départ, il a réussi à fédérer une bonne partie de la communauté noire américaine, dans les années 1960, dans une lutte non violente pour l'égalité des droits civils entre Noirs et Blancs. Les conquêtes de la communauté noire à cette époque peuvent, en bonne partie au moins, être attribuées à son action. Pour cela, il a essentiellement utilisé son charisme, son exemplarité, influençant ainsi le système de valeurs et les affects de ses compatriotes. Nous nommerons **leader** celui ou celle qui dirige en jouant principalement sur le système de valeurs et les affects d'autrui pour l'entraîner derrière soi. Le **leadership** est la capacité d'être leader. Ces concepts sont génériques et regroupent les capacités à accéder à la fois à l'autorité légitime, à l'autorité personnelle et au charisme. L'outil principal est l'influence, qu'elle soit morale ou affective. L'exemple que nous avons pris (Martin Luther King) est une figure positive de l'histoire récente. Il ne faudrait pas en conclure que le leadership est nécessairement positif ; il peut servir à toutes les fins. Hitler également fut un leader talentueux, même si son pouvoir a joué un rôle croissant au fil de sa carrière. Plus généralement, le leadership peut être plus ou moins respectueux de la liberté de pensée d'autrui. Quand il ne l'est pas, l'influence qu'il exerce devient de la manipulation. Nous nommerons **manipulation** le fait d'exercer une influence sans respect de la liberté de pensée d'autrui, la fin (convaincre) justifiant les moyens. La manipulation n'hésite donc pas, en particulier, à recourir à des mensonges.

Le tableau 7.2 résume la façon dont ces deux types privilégient l'une ou l'autre voie pour modifier le comportement d'autrui. Ce qui est décrit comme fondamental est la clé de voûte de chaque position et reflète d'ailleurs très souvent le moyen par lequel les personnes de ces types ont accédé à leur position de dirigeant. Ce tableau permet de rappeler que les trois grandes voies sont très souvent présentes dans un cas donné, et que c'est le dosage qui varie.

Tableau 7.2 : Deux types contrastés de dirigeants

	Le Prince (selon Machiavel)	Le leader
Pouvoir	Fondamental	Utile, voire nécessaire, mais provient essentiellement des deux autres moyens
Autorité légitime	Nécessaire	Fondamentale
Autorité personnelle, charisme	Peuvent être utiles, mais on peut s'en passer si les deux autres moyens sont bien maîtrisés	Fondamentaux

DÉFINITIONS

L'**autorité légitime**, qui est la capacité de modifier le comportement d'autrui du fait d'une position sociale considérée comme légitime par cet autre, se distingue de l'**autorité personnelle**, capacité à se faire obéir par d'autres en vertu d'un ascendant psychologique sur eux. Le **charisme** permet de se faire aimer des autres et de mobiliser leur énergie.

Le **leadership** est la capacité générale à entraîner les autres derrière soi (regroupe l'autorité légitime, l'autorité personnelle et le charisme). Un **leader** est un dirigeant qui s'appuie en priorité sur son leadership.

Influence affective : capacité à modifier le comportement d'autrui en jouant sur ses sentiments.

Influence morale : capacité à modifier le comportement d'autrui en jouant sur son système de valeurs.

Manipulation : influence exercée dans un esprit où la fin (convaincre) justifie les moyens ; non-respect de la liberté de pensée d'autrui, mensonges éventuels, etc.

Pouvoir : rapport de force permettant de modifier le comportement d'autrui.

1. Le rôle des caractéristiques individuelles

Quand quelqu'un dirige les autres, plutôt en Prince ou plutôt en leader, des individus sont impliqués, en tant que dirigeant et en tant que dirigés. Dans cette section nous allons étudier les caractéristiques individuelles qui influent sur les mécanismes de pouvoir et de leadership.

En vertu d'une logique des intérêts, il est assez facile de comprendre pourquoi des individus cherchent à acquérir du pouvoir sur d'autres et pourquoi ils doivent parfois se plier aux volontés de plus forts qu'eux ou de ceux qui possèdent les ressources dont ils ont besoin. Les conduites s'analysent comme celles de stratèges, de joueurs dans des jeux qui sont des métaphores du combat : échecs, poker, jeu de go, etc. Les qualités de celui qui veut exercer un pouvoir sont la finesse d'analyse, la ruse et la stratégie.

En vertu de la logique des valeurs et de celle des sentiments, qui sont souvent très étroitement mêlées, il existe d'autres raisons de chercher à peser sur le comportement des autres, et d'autres stratégies pour y parvenir. Nous aborderons trois thèmes :

— le regard de la psychanalyse sur ce qui pousse les individus à rechercher une maîtrise des autres ou, au contraire, à se soumettre à eux ;

— la puissance potentielle de l'autorité légitime sur les individus ;

— les qualités individuelles du leader.

1.1 Le besoin d'être chef et le besoin de chef

1.1.1 Le besoin d'être chef

Il existe trois types de motivations : le besoin de réalisation de soi, le besoin d'appartenance et le besoin de pouvoir (Mc Clelland, 1970). Quelle serait donc l'origine de ce besoin de pouvoir ? Quels sont les déterminants personnels et inconscients de cette dynamique personnelle axée sur le pouvoir ? Telles sont quelques-unes des questions auxquelles la psychanalyse a proposé des réponses, réponses qui seront évoquées à travers la théorie freudienne des pulsions, complétées par les apports spécifiques d'Adler et de Fromm, sur la volonté de puissance et le besoin de pouvoir comme défense contre le sentiment d'insécurité et d'infériorité. Le pouvoir est, chez ces auteurs, un terme générique pour nommer la maîtrise sur les autres.

- Selon les différentes théories pulsionnelles, on trouve plusieurs moteurs aux motivations du pouvoir. Dans sa première théorie, qui oppose pulsions sexuelles et pulsions du moi, S. Freud considère la recherche de pouvoir comme étant destinée à renforcer le moi. Dans la deuxième théorie, qui oppose pulsions de vie à pulsions de mort, la place du pouvoir est moins clairement attribuée (cf. *Au-delà du principe de plaisir*, 1920). C'est finalement dans son ouvrage *Malaise dans la civilisation*, publié en français en 1973, que Freud apporte une réponse un peu plus explicite aux désirs de pouvoir. L'analyse associe narcissisme (pulsions de vie) et destruction (pulsions de mort) pour aboutir à la prise de pouvoir. Freud écrit que « la pulsion de destruction liée au plaisir narcissique montre au moi l'accomplissement des anciens désirs de toute-puissance ».
- Si l'on se penche sur l'analyse du pouvoir selon certains des disciples de Freud, on trouve des explications plus poussées des moteurs du pouvoir. Ainsi, dans *La compensation psychique de l'état d'infériorité des organes* (1907), A. Adler a interprété la volonté de puissance comme une réponse à l'existence d'un sentiment d'infériorité. Ainsi, plus on se sent inférieur, plus on aura tendance à compenser ce sentiment en affirmant sa puissance par un processus de « surcompensation ». La recherche de pouvoir serait une sorte de « formation réactionnelle » visant à compenser des sentiments d'infériorité cachés.
- De son côté, Erich Fromm a cherché à définir ce qui caractérise le « caractère autoritaire ». Parmi les traits communs déterminants, il note la stéréotypie, l'adhésion rigide aux valeurs de la classe dominante, le souci de domination, la peur d'être lésé et le désir de maintenir la dominance et la moralité de son propre groupe. Fromm a insisté dans *La peur de la liberté* (publié en 1963 en français) sur l'importance des déterminants socioculturels et économiques dans cette recherche de pouvoir.

- Mais finalement, aussi bien Adler que Fromm ou encore Sullivan (1955) insistent sur cette idée que le besoin de pouvoir serait une défense contre le sentiment d'insécurité et d'infériorité. Ils insistent aussi sur le fait que la recherche de pouvoir se présenterait comme une défense compulsive contre l'angoisse et la dépréciation de soi. La recherche de pouvoir constituerait donc une réaction à un certain type de frustration.

Dans tous les cas, la psychanalyse ne dit pas que ceux qui exercent un pouvoir sont nécessairement touchés par les mécanismes décrits ci-dessus ; elle explique seulement le besoin psychique de maîtrise sur les autres, voire la dépendance que l'on peut entretenir à cet égard. Il est donc possible d'être chef sans devenir dépendant de ce que cette position procure, mais la psychanalyse avertit sur les puissants mécanismes inconscients dans lesquels l'individu peut se trouver piégé quand il occupe cette position.

1.1.2 Le besoin de chef

De même que commander, obéir ne témoigne pas nécessairement d'une vulnérabilité psychique. Cette vulnérabilité se manifeste quand l'individu a besoin d'un chef ou quand il ne parvient pas à conserver son autonomie de décision face à des demandes d'autrui. Deux explications complémentaires sont possibles dans ces cas.

D'une part, le chef peut agir comme un surmoi de substitution. L'individu peut sentir qu'il n'est pas capable de contrôler lui-même ses pulsions ; une autorité extérieure forte peut alors lui permettre de faire régner dans son comportement un ordre qu'il ne se sent pas apte à établir lui-même. L'autorité parentale joue ce rôle pendant la période de l'enfance et de l'adolescence. L'adulte est supposé ne plus en avoir besoin mais la plupart des individus gardent au fond d'eux-mêmes la nostalgie de cette période. D'autant que, d'autre part, cette figure parentale était protectrice ; elle l'était le plus souvent au sens physique du terme mais aussi au sens psychique. Elle épargnait d'avoir à se confronter avec de nombreuses décisions qui sont nécessaires quand on conduit soi-même sa vie. L'état d'adulte autonome suppose de supporter l'angoisse parfois forte liée à ces décisions. Avoir un chef, c'est, sur certains points au moins, se trouver déchargé de décisions. Avoir besoin psychiquement d'un chef, c'est, entre autres, chercher à se protéger contre l'angoisse de la décision.

Rares sont ceux d'entre nous qui n'ont pas à obéir à un chef, à un moment ou à un autre de leur vie, par nécessité ou pour apprendre un métier. Cela ne signifie pas que notre surmoi est faible ou que nous nous protégeons par là contre les angoisses de l'état d'adulte. La psychanalyse nous avertit simplement de ce qui se joue en nous lorsque naît le besoin psychique d'avoir un chef.

L'important n'est d'ailleurs pas tant, pour le commun des mortels, d'éviter les pièges de l'état de chef ou de subordonné, qui sont ici décrits : ce commun des mortels y tombe fatalement de temps à autre. Ce que la psychanalyse lui suggère, c'est au moins de ne pas en être dupe, ce qui permet de ne pas en être prisonnier durablement.

Ce sont ces penchants qui ouvrent la voie aux dérives totalitaires de la relation de pouvoir ou de leadership, tant chez le dirigeant que chez un nombre suffisant de dirigés. Le libre arbitre et la dignité des individus sont alors oubliés. La manipulation devient prépondérante. Le phénomène ne vaut pas qu'en politique ; il peut toucher également les organisations, comme nous le verrons plus loin, même si la violence physique pure y est le plus souvent interdite.

1.2 La puissance potentielle de l'autorité légitime sur l'individu

Au sortir de la Seconde Guerre mondiale, beaucoup d'esprits ont été frappés par les déclarations de certains nazis lors du procès de Nuremberg, en 1945. Ils disaient en somme : « Je n'ai fait qu'obéir. » Se pouvait-il que l'Holocauste ait pu être perpétré non pas par des monstres pathologiques mais par des hommes ordinaires, exécutant simplement des ordres ? Si l'on ne pouvait exclure la logique des intérêts et des rapports de force, il semblait, devant l'énormité des faits, que d'autres phénomènes étaient en jeu. Pour mieux les comprendre, Stanley Milgram a mis au point, en 1974, une expérimentation qui est restée célèbre, et qui a été médiatisée par une mise en scène fidèle en 1980 dans le film *I comme Icare* d'Henri Verneuil (voir encadré 7.1). La question est de savoir jusqu'à quel moment précis un individu est susceptible de suivre des instructions le conduisant à torturer des êtres humains ? Pour mesurer la force de l'obéissance, et les conditions qui la font varier, il faut lui opposer un facteur puissant allant dans le sens de la désobéissance. Dans cette expérience, c'est l'aspect moral, l'inacceptabilité de la souffrance d'autrui qui constitue cet obstacle.

Étude 7.1

La méthode expérimentale de Milgram (1974) sur la soumission à l'autorité

L'expérience met en jeu un participant « naïf » qui joue le rôle du moniteur, et un compère qui joue le rôle de l'élève. Ces deux acteurs reçoivent des ordres d'un éminent chercheur. Pour obtenir un vaste échantillonnage de la population, provenant de diverses origines sociales, un communiqué fut diffusé dans la presse locale demandant des participants volontaires pour participer à une étude sur la mémoire et l'apprentissage, moyennant un dédommagement forfaitaire de 6 $. L'expérience s'est déroulée dans un laboratoire de l'université de Yale, ce qui devait pouvoir légitimer l'expérience aux yeux des participants. Le chercheur portait une blouse grise et gardait une expression sévère. Le rôle de l'élève fut tenu par un homme qui avait suivi un entraînement spécifique. La plupart des observateurs se sont accordés à le trouver sympathique. Au début de l'expérience, le chercheur présente l'expérience comme le test d'une méthode d'apprentissage par punition. Un tirage au sort truqué est effectué pour déterminer qui, du participant et du compère, jouera quel rôle. Le sujet est toujours désigné comme le moniteur. Après le tirage au sort, le chercheur mène le sujet et l'élève dans une salle contiguë où l'élève est sanglé sur une sorte de chaise électrique et connecté à des électrodes.

Le moniteur lit des couples de mots, puis l'élève doit les reconstituer à partir du premier mot. (C'est la phase d'apprentissage.) Un tableau de commande comporte trente manettes s'échelonnant de 15 volts à 450 volts (avec des intervalles de 15 volts). Chaque groupe de quatre manettes est annoté « choc léger », « modéré », « fort », « très fort », « intense », « extrêmement intense », « attention choc dangereux », puis « XXX ». Il s'agit d'un simulateur de chocs (donc qui ne produit pas réellement d'électricité).

Avant de commencer l'expérience, le chercheur procède à un choc témoin, en faisant tester au moniteur l'intensité d'un choc de 45 volts, ceci de façon à rendre plus crédible l'expérience.

Chaque fois que l'élève se trompe, selon les ordres du chercheur, le moniteur doit lui administrer une punition sous la forme d'un choc électrique d'intensité graduelle, c'est-à-dire en augmentant la puissance d'un niveau à chaque erreur commise. Le moniteur doit annoncer à haute voix le voltage du choc (prise de conscience du choc). Lorsque le moniteur a l'air d'hésiter, le chercheur le relance ; pour cela, il dispose de quatre incitations « croissantes » : « Continuez, s'il vous plaît », « L'expérience exige que vous continuiez », « Il est absolument indispensable que vous continuiez », « Vous n'avez pas le choix, vous devez continuer ». Les réactions de la victime sont déterminées à l'avance : en fonction de l'intensité des chocs, les plaintes du sujet deviennent plus insistantes. 15 volts : « Aïe ! » ; 165 volts : « Aïe, laissez-moi partir ! » ; 210 volts : « Aïe, monsieur le moniteur ! Sortez-moi d'ici ! J'en ai assez. Je ne veux plus continuer l'expérience » ; 330 volts : (Cri d'agonie intense et prolongée) « Mon cœur me fait souffrir ! Vous n'avez pas le droit de me garder ici, laissez-moi partir… »

La mesure d'évaluation de l'obéissance d'un sujet est le choc maximum qu'il administre avant de refuser de continuer. À la fin de l'expérience, on procède à un debriefing : on apprend aux participants que l'élève n'a subi en fait aucun choc électrique. Le moniteur a une réconciliation amicale avec l'élève suivie d'une discussion avec l'expérimentateur. L'expérimentateur (le chercheur) rassure les participants obéissants en leur disant que d'autres participants éprouvent une tension et un conflit identiques.

Avant de commencer son étude sur la soumission à l'autorité, Milgram a consulté des psychiatres ; ils lui ont confié que seul 1 individu sur 1 000 serait susceptible d'infliger à un autre, qui ne leur a rien fait, un choc électrique de 450 volts. Une enquête auprès d'experts psychiatres a de surcroît montré que, dans la population générale, seuls 1 % à 2 % des individus sont des névropathes sadiques capables d'aller au bout de l'expérience, c'est-à-dire d'administrer sans motif personnel des chocs électriques de 450 volts à un individu. Milgram a aussi interrogé des étudiants, en leur demandant de se mettre à la place des participants (qui tiennent le rôle de moniteurs dans l'expérience) ; les étudiants interrogés ont déclaré qu'ils ne dépasseraient en aucun cas l'intensité de 210 volts.

Milgram s'attendait donc à ce que les participants cessent d'obéir et cessent d'administrer des chocs assez vite. Or, les données dévoilent que le niveau moyen de choc administré est de 368 volts et que 65 % des moniteurs sont allés au terme de l'expérience (450 volts). Les résultats de cette expérience sur la soumission à l'autorité ont démontré qu'on peut obéir à une personne en raison de son statut d'autorité : dans le cas des travaux de Milgram, l'obéissance à une autorité fondée sur le statut de scientifique se fait, alors même que les consignes semblent, dans cette expérience, totalement inconcevables. L'ensemble des résultats obtenus pourrait laisser penser que les participants de Milgram étaient des pervers psychopathes. En fait, les enregistrements vidéo et les questionnaires post-expérimentaux ont montré que les sujets se soumettent à l'autorité *pour la science*, mais qu'ils sont extrêmement nerveux, qu'ils transpirent, qu'ils se mordent les lèvres : en d'autres termes, ils souffrent de la situation et de la punition qu'ils administrent, néanmoins ils se soumettent à l'autorité et obéissent.

Cette conclusion est corroborée par des variantes de l'expérience que Milgram a ensuite mises sur pied. En particulier, les participants obéissent nettement moins bien quand quelqu'un d'autre, sans statut particulier, remplace le chercheur chevronné comme donneur d'ordre.

Les sources de prestige et de légitimité varient suivant les cultures et les époques. En ce qui concerne le prestige de la science, l'expérience valait pour l'Amérique du Nord des années 1970 ; toutefois, le mécanisme qu'elle met en évidence dépasse le cadre spatio-temporel dans lequel elle s'est produite. Les individus ont une tendance forte à se conformer aux instructions de ceux qui, dans leur société, représentent une autorité légitime. Selon une vision critique de la société et des organisations (voir section 3.3.2), cette soumission est en bonne partie liée aux vulnérabilités psychiques, au besoin de chef évoqués dans la section précédente.

1.3 Les ressorts individuels du leadership

Les leaders possèdent-ils des caractéristiques propres ? Le repérage de traits personnels qui font un leader a constitué tout un volet de recherches théoriques. R. M. Stogdill a procédé à une revue de la littérature (*Personal Factors Associated with Leadership : A Survey of the Literature*, publié en 1948) ; il a repéré plus de cent études, rien qu'entre 1904 et 1948, dans lesquelles les auteurs comparent leaders et non-leaders en fonction de leurs caractéristiques physiques, de leurs traits de personnalité (estime de soi, agressivité, sympathie) et de leurs compétences (intelligence, créativité). Il note la constance du stéréotype historique en matière de caractéristiques physiques : le leader efficace serait traditionnellement grand, fort, doté d'un physique « dominateur ». À partir de ces travaux, on pourrait penser qu'il suffit de cumuler certaines caractéristiques physiques pour être un meneur efficace ; or, il est clair qu'il n'en est rien. Ces études, basées sur la recherche de qualités qui seraient communes aux différents leaders, se sont soldées par un échec : en effet, d'une part, les chercheurs n'ont pu s'entendre sur les traits qui distingueraient les leaders et, d'autre part, l'histoire est truffée de contre-exemples (cf. Napoléon ou Hitler qui étaient de petite taille). La seule chose qui paraisse certaine, c'est que le leader d'un groupe possède souvent plusieurs traits personnels qui le distinguent de l'ensemble des autres membres du groupe, mais ces traits varient en fonction des types de groupes. Ces traits correspondent le plus souvent aux valeurs, aux attentes et aux objectifs des groupes.

Il n'existe d'ailleurs pas une seule façon d'être un leader. Dans la définition du leadership que nous avons donnée précédemment, trois capacités coexistent : la capacité à se rendre légitime, la capacité à se faire obéir naturellement et la capacité à mobiliser les énergies en suscitant la sympathie. Il est clair que les sources de légitimité, les façons de toucher les individus varient selon les cultures ; il est clair également qu'un leader peut jouer sur certains de ces aspects plus que sur d'autres. Pour prendre l'exemple de grands leaders politiques, Gandhi, De Gaulle, Kennedy ne jouaient pas sur les mêmes registres.

Il est possible malgré tout de proposer quelques constantes, qui semblent s'imposer à tout candidat leader. Sur le plan de la légitimité, le leader a finalement peu de marge de manœuvre. Il doit incarner les valeurs les plus fortes du groupe ou de la société qu'il conduit. Il doit être bien né si la légitimité se situe dans le rang héréditaire, militaire courageux si elle réside dans les armes, saint si elle naît de la religion. Son exemplarité, au moins apparente, est nécessaire. Sur le plan de l'autorité personnelle et du charisme, deux points communs semblent se dégager des recherches :

- **La vision.** Les leaders attirent et stimulent les autres par une vision passionnante de l'avenir de leur organisation ou de leur groupe social.
- **La transmission de la vision.** Il ne suffit pas d'avoir une vision ; les leaders savent aussi communiquer leur vision et la faire partager. C'est là sans doute que réside le côté parfois inimitable des grands leaders.

Étude 7.2

« I have a dream… »

Ainsi débute l'un des passages les plus fameux d'un discours de Martin Luther King. Il fut prononcé à Washington, en 1963, devant plusieurs centaines de milliers de personnes, durant une manifestation pour l'égalité des droits entre Noirs et Blancs aux États-Unis. King parlait du rêve qu'il faisait d'une société où tous les hommes vivraient dans la dignité et le respect, où les enfants noirs et les enfants blancs se donneraient la main et pourraient grandir avec les mêmes droits. Les mots « I have a dream » furent répétés neuf fois dans le discours, comme un leitmotiv, pour introduire des facettes différentes de cette société souhaitée. Associés à la conviction profonde, à la détermination et à l'émotion contenue de l'orateur, ils ont marqué les esprits au point que ce discours est resté célèbre.

Les chefs d'entreprises utilisent également cette posture, avec un contenu adapté. Jack Welch, légendaire patron de General Electric jusqu'en 2000, avait intitulé l'un de ses messages aux actionnaires et aux employés, dans les années 90 : « My dream for General Electric ». Pour être opérant et mobilisateur, le rêve ne doit pas être une chimère ; il doit être un état souhaitable, accessible seulement après qu'on a surmonté des obstacles, un défi.

La plupart des patrons de grandes entreprises s'attachent aujourd'hui à communiquer sur un « dream », une vision de leur entreprise à moyen terme, suffisamment attrayante pour que les employés trouvent un sens à leur investissement dans l'entreprise. Cette vision n'est pas seulement financière, elle touche généralement aux valeurs qui régissent les rapports humains, à la noblesse et à l'utilité sociale des métiers et missions exercés. Mais la qualité de leader transparaît seulement quand le dirigeant donne aux collaborateurs le sentiment de vivre profondément ce qu'il propose et qu'il suscite ainsi leur adhésion.

Résumé

- Il existe des motivations psychiques au besoin d'être chef ou d'avoir un chef. Si elles ne sont pas contrôlées, elles peuvent conduire aux dérives totalitaires des relations de pouvoir et de leadership.
- L'autorité légitime dans une société donnée peut être un levier très puissant pour modifier le comportement d'autrui.
- Il n'y a pas de qualités universelles du leader ; ce dernier est avant tout adapté à des contextes culturels. Toutefois, il se doit d'apparaître exemplaire par rapport aux valeurs qui sont source de légitimité dans une culture donnée. Il doit être également capable de proposer une vision pour l'entité qu'il dirige et surtout de la transmettre à ses membres en suscitant leur adhésion.

2. Les phénomènes de groupe et d'influence

Reprenons l'expérience de Milgram. Dans une autre variante, afin de mesurer l'influence du groupe en matière d'obéissance ou de désobéissance, Milgram mit en place trois moniteurs, chargés d'administrer ensemble les décharges électriques, et non plus un seul. Mais parmi les trois, deux étaient des compères et un seul était réellement en situation d'expérience. Les compères refusaient d'obéir à partir d'un certain voltage : l'un des compères arrêtait à 150 volts et le second à 210 volts. L'autre participant refusait alors de continuer dans 36 cas sur 40. Ainsi, l'attitude face à l'autorité change lorsque le participant n'est plus seul : le degré d'obéissance à l'autorité chute. Les groupes introduisent des phénomènes spécifiques qui viennent principalement jouer sur les processus d'influence. Le leadership est donc concerné au premier chef puisque l'influence est son outil principal. Ces phénomènes de groupe privent le leader du monopole de l'influence sur les individus. Il doit donc les comprendre et en tenir compte.

Trois formes principales d'influence se dégagent dans les travaux sur ce thème : la normalisation, le conformisme et l'innovation sociale. Les deux premiers aspects illustrent différentes formes de soumission, alors que le troisième expose des situations dans lesquelles les participants ont la possibilité de refuser cette soumission.

Dans cette section, nous nous intéresserons à ces trois formes d'influence au sein d'un groupe :

— la normalisation ;

— le conformisme ;

— l'innovation sociale.

Réduction de l'incertitude et affirmation de soi constituent les deux fonctions essentielles qui interviennent dans chacun de ces processus d'influence. Si l'on se conforme à l'avis des autres, c'est que l'on ressent que le savoir qu'ils détiennent pourra être utile. Ainsi, l'accord ou le consensus qui s'établissent entre les individus ou les groupes servent à valider les opinions et les jugements individuels, tout en réduisant les incertitudes ; cela satisfait le besoin que les perceptions individuelles et leur compréhension de la réalité correspondent à la réalité acceptée par tous. En outre, l'accord ou le consensus servent à accroître l'estime et donc l'affirmation de soi *via* la reconnaissance de ses jugements par autrui.

2.1 La normalisation

La normalisation exprime la pression qui s'exerce sur les membres d'un groupe en vue d'adopter une position acceptable par tous (voir chapitre 1, section 4.3.1). Elle entraîne la convergence des opinions et l'adhésion à un compromis, qui s'opèrent par un rapprochement des positions, évitant ainsi le conflit (voir encadré 7.3) . La normalisation peut avoir lieu chaque fois qu'un groupe est confronté à un problème auquel personne ne peut apporter de réponse *a priori* et que les membres du groupe interagissent pour trouver une solution commune. Soulignons aussi que le désir de s'intégrer dans un groupe d'appartenance ou de référence ou la crainte d'en être exclu peuvent inciter à normaliser le système de valeurs et les conduites.

Étude 7.3

L'effet autocinétique de Sherif (1936)

À la faveur d'une étude sur la perception, M. Sherif a installé un groupe de participants dans une pièce où régnait l'obscurité la plus complète. Sur l'un des murs était projeté un point lumineux de façon intermittente. Après chaque apparition, il demandait aux participants d'apprécier et de mesurer l'importance du déplacement de ce point. En réalité, le point demeurait immobile. Ce que l'auteur mesurait, c'était l'illusion dite autocinétique. Dans un premier temps, les participants répondaient par écrit, individuellement ; cela leur permettait d'établir leurs propres normes de référence. Dans un deuxième temps, ils étaient informés des estimations de l'ensemble des membres du groupe ; cela permettait d'établir la norme du groupe, chaque individu pouvant alors évaluer l'écart entre ses estimations et celles du groupe.

Plus l'expérience avançait, plus les individus se comportaient de façon proche de la norme du groupe, plus la norme du groupe se resserrait. Ainsi, dans une situation d'incertitude, l'absence de conviction fait que la confiance en soi s'affaiblit et que l'on tend à adhérer aux normes du groupe. Collectivement, les membres du groupe interagissent pour trouver une solution commune.

Cette propension d'un groupe à la normalisation peut être utilisée par un de ses membres pour en prendre la tête et s'affirmer comme son leader.

2.2 Le conformisme

La fonction de conformisme a été définie au chapitre 1 (section 4.3.1). À la différence de la normalisation, qui implique la recherche collective d'une norme commune, la conformité suppose une majorité et une minorité, une inégalité de statut, des meneurs et des influençables. L'influence sociale a souvent été assimilée à la conformité, alors que la conformité n'est qu'une des formes possibles du processus d'influence. La fonction sociale de la conformité est de réduire les déviations, de faire partager les buts et les critères de la conduite proposée par la majorité.

Les expériences de Solomon Asch (1946 ; 1951) ont cherché à mesurer l'effet de cette pression à la conformité fondée sur une majorité et une minorité (voir encadré 7.4). La majorité est attachée à la règle et toute l'interaction sociale visera à imposer ses vues à la minorité. Par un système de sanctions ou de valorisations, les individus minoritaires sont conduits à accepter les règles de la majorité. Le conformisme a alors pour fonction de réduire le conflit en éliminant la déviance. Ainsi, la conformité n'est pas nécessairement basée sur le pouvoir, mais bien souvent sur l'existence de normes dominantes et sur le fait que les individus acceptent le système de comportement que ces normes privilégient ; en fait, les individus adhèrent aux croyances et aux actions des membres du groupe, car ces normes sont perçues comme correctes, appropriées, valides et socialement désirables, puisqu'elles émanent de la majorité. En ce sens, tout leader aura intérêt à savoir trouver des alliés qui lui facilitent la tâche de rallier l'ensemble d'un groupe à une même position.

Étude 7.4

Expérience de Asch (1956) sur le conformisme

L'expérience menée par S. Asch en 1956 est la démonstration classique de l'effet d'une majorité sur le jugement des individus. Cette expérience a été conçue pour des groupes de 7 à 9 personnes avec un seul participant « naïf » et de nombreux compères. La tâche consiste à comparer trois lignes à une ligne étalon et à identifier parmi les trois lignes celle qui correspond au modèle proposé.

Lorsque les participants sont seuls, ils ne se trompent presque jamais. Si, en revanche, on les place dans un groupe, dont la majorité fait exprès de se tromper unanimement en indiquant un segment trop long ou trop court — les compères donnant unanimement une réponse inexacte pour 12 essais parmi les 18 —, on note alors un taux de près de 37 % d'erreurs commises par les participants « naïfs ». Ils sont donc influencés par la réponse majoritaire et se rallient à cette réponse, bien qu'elle soit contraire à l'évidence…

2.3 L'innovation sociale : moteur des contre-pouvoirs

L'innovation s'oppose au conformisme, dans la mesure où l'influence est le fait d'une minorité ; l'innovation suppose de la part de cette minorité une volonté, résolue et appuyée sur une certitude, de conduire le groupe vers une position qui est en contradiction avec le modèle proposé par la norme majoritaire. Claude Faucheux et Serge Moscovici (1967) se sont intéressés à l'innovation sociale ; celle-ci se manifeste lorsque « l'influence exercée par une minorité oriente le comportement d'une majorité en lui faisant adopter un modèle de réponse qui rende caducs les règles et codes sociaux prédominants ou qui infléchisse dans sa direction la production de ces règles et codes ». Les individus, ou sous-groupes minoritaires, peuvent exercer une influence sur la majorité à condition de disposer d'une solution de rechange et de s'efforcer activement de se faire reconnaître par un comportement consistant, c'est-à-dire en présentant leur point de vue de manière résolue, avec assurance, et en s'engageant avec conviction. Moscovici, Lage et Naffrechoux, en 1969, ont démontré, à l'aide d'une nouvelle série d'expériences, le rôle des « minorités actives » pour expliquer le fait que, dans le devenir historique des sociétés, des idées, des perceptions, des attitudes nouvelles parviennent à se diffuser, voire à devenir dominantes dans l'opinion, sans pour autant être imposées par un pouvoir fort (voir encadré 7.5).

On peut trouver une illustration de ce phénomène dans une organisation d'un type particulier : le système judiciaire, et en particulier les jurys de cours d'assises. Le film *Douze hommes en colère,* réalisé en 1957 par Sydney Lumet, explique ce phénomène, en mettant en scène un juré, isolé au départ, qui réussit à persuader tous les autres que leur certitude est sans fondement. Pour réaliser cette modification des normes du groupe, cet individu minoritaire adopte une attitude « consistante » en revendiquant le droit au doute et en faisant progressivement accepter la possibilité de l'existence d'un « doute valable ». Il finit par faire basculer l'opinion de l'ensemble des autres jurés et peut ainsi sauver la vie de l'accusé.

Cette situation de contre-pouvoir peut s'appliquer dans le contexte de l'organisation, lorsque l'on veut réussir à convaincre alors que l'on est *a priori* minoritaire dans une situation donnée. L'essentiel est alors de savoir choisir une stratégie consistante et de s'y tenir.

Étude 7.5

L'innovation sociale : expérience de Moscovici, Lage et Naffrechoux (1969)

Dans cette étude, il s'agissait de présenter à des groupes de sujets non informés du but de l'expérience un carré de couleur, situé dans la gamme des « bleus », et de leur demander d'identifier la couleur du carré. En conditions normales, tous les participants identifient sans difficulté la couleur bleue du carré. Cette expérience a été conçue pour des groupes de six personnes ; dans une partie de ces groupes, les expérimentateurs plaçaient deux compères chargés d'affirmer que le carré était « vert ». Dans le cas du groupe contrôle, sans compères, on a noté que les participants estimaient dans 0,25 % des cas que la couleur était « verte ». Dans le cas où les compères étaient inconsistants, les participants étaient encore peu nombreux (1,25 % des cas) à fournir la réponse « vert ». Enfin, dans les situations dans lesquelles les compères avaient une position consistante, les participants donnaient un nombre de réponses « vert » plus important (8,4 % de réponses « vert » dans le cas d'une position consistante des sujets minoritaires). L'influence manifeste de cette « minorité » dissidente et active sur les réponses des autres restait faible mais réelle.

Les conséquences pour le leader sont claires : de même que le Prince a besoin d'alliés pour asseoir son pouvoir, le leader a besoin d'alliés pour asseoir son influence. En particulier, il a besoin de relais d'influence au sein du groupe ou de l'organisation qu'il dirige. Si ces relais agissent par la normalisation et le conformisme, ils renforcent les positions établies. S'ils stimulent l'innovation sociale, ils peuvent être des auxiliaires du changement (voir encadré 7.6). Dans tous les cas, la qualité d'impact du leader sur chacun des individus qu'il dirige ne suffit pas. Cet impact lui-même est façonné par les jeux d'influence au sein du ou des groupes dans lesquels ces individus s'insèrent.

Application 7.6

De l'usage de l'influence dans le groupe par un manager

Dans cette grande entreprise de BTP, le chef d'un bureau d'études se propose d'introduire dans son service un nouveau logiciel. Cinq techniciens sont concernés. Le problème est qu'ils sont réticents, car ce logiciel exige une refonte assez radicale de la façon dont ils travaillent. Le chef de service ne peut imposer frontalement sa volonté. Ces techniciens font dans l'ensemble consciencieusement leur travail et il souhaite éviter le conflit avec eux… « Je vais devoir les persuader de s'en servir. Ils ne sont pas chauds, ça bouscule leurs habitudes, mais ils ne se rendent pas compte que cette nouvelle façon de travailler présente aussi des avantages pour eux. J'y arriverai petit à petit. Je vais commencer par Untel ; je vais l'envoyer en stage, il rencontrera des gars d'autres départements, qui font le même travail que lui. Il va se rendre compte que d'autres professionnels trouvent ça bien. Si lui est convaincu, ensuite, ça ira plus vite ici. Les autres collègues vont voir que ça marche ; petit à petit, il va les convaincre lui-même. Un ou deux autres vont suivre, puis les derniers suivront pour ne pas rester en arrière. »

Résumé

- Les membres d'un groupe peuvent être fortement influencés par les opinions qui s'échangent entre les membres.
- Une opinion, valeur, croyance prévaudra d'autant plus qu'elle constitue une norme du groupe ou d'un sous-groupe.
- Le leader ne peut influencer directement chaque individu ; il doit tenir compte des jeux d'influence au sein du ou des groupes qu'il dirige.

3. Dans les organisations

On retrouve, dans les organisations, les trois grandes formes d'action sur le comportement d'autrui que nous avons définies au début de ce chapitre : pouvoir, autorité légitime, autorité personnelle/charisme. Dans l'organisation aussi, les chefs sont des Princes ou des leaders, à des degrés divers.

Dans cette section, nous allons décrire comment ces diverses formes sont mises en œuvre et ce qui les rend possibles dans le contexte d'une organisation. Nous rendrons compte ensuite du débat sur la nature positive ou négative des phénomènes de pouvoir et de leadership dans les organisations. Nous traiterons donc successivement :

— le pouvoir dans l'organisation ;

— le leadership dans l'organisation ;

— le débat autour du pouvoir et du leadership : direction ou domination.

Si l'on se reporte à la représentation de l'organisation comme un système de trois sphères, présenté au chapitre 2 (section 2.2), ces formes d'action sur le comportement d'autrui sont liées à des parties diverses de ce système. Le pouvoir se forme à partir des dispositifs organisationnels et s'exprime au travers de la sphère des jeux individuels ; l'ensemble de ce qui concerne le leadership est conditionné par la sphère culturelle.

3.1 Le pouvoir dans les organisations

On doit à Michel Crozier (1963) et Michel Crozier et Erhard Friedberg (1977) une description très fine du pouvoir dans les organisations en tant que position dans des rapports de force. Nous ne sommes plus au temps des princes italiens dont traitait Machiavel. La force physique, les armées ne pèsent plus dans ces rapports de force, mais d'autres moyens les remplacent.

3.1.1 Le pouvoir, une question de ressources

Le pouvoir sur quelqu'un est donné par le contrôle d'une ressource dont ce quelqu'un a besoin ou par la maîtrise d'un risque, d'une incertitude qu'il craint. Le pouvoir n'est pas un état en soi, il est le produit d'une situation et des enjeux qu'elle recèle pour les uns et les autres. Tout le monde détient au moins quelques ressources, même si leur répartition n'est pas toujours égale. Les dirigeants en possèdent, mais les employés aussi.

L'expertise est une de ces ressources quand elle permet de maîtriser un aléa, une incertitude qui compte pour d'autres (voir encadré 7.7). Par exemple, un vendeur d'élite permet de minimiser l'incertitude clé dans une entreprise qu'est le chiffre d'affaires. Il est généralement très bien payé et l'on regardera à deux fois avant de le licencier. La détention d'information est également une ressource, surtout s'il dépend en partie de l'individu de la donner ou non à d'autres. La capacité d'ouvrir des portes, d'assurer de bonnes relations avec des interfaces importantes pour l'organisation (clients, gouvernement, etc.) en est une autre. La bonne volonté des employés est un ressource précieuse, car elle est indispensable pour faire face aux aléas, à ce qui n'est pas prévu dans le strict contrat de travail. La direction de l'organisation dispose de ressources également, allocation de moyens ou de gratifications, capacité de fixer certaines règles du jeu, de sanctionner. Ainsi se nouent entre les divers acteurs au sein de l'organisation, entre direction et employés mais aussi entre employés ou catégories d'employés, des rapports de force. Il appartient ensuite à chacun de monnayer ses ressources, d'être plus ou moins fin stratège, pour atteindre ses propres buts : servir au mieux l'organisation et atteindre ses objectifs, ou encore accéder à un revenu ou à une position sociale plus élevés, disposer d'un meilleur confort de travail ou d'horaires commodes, de moyens pour faire un travail intéressant, etc. Qu'on le veuille ou non, nous disent Crozier et Friedberg, chacun est pris dans ces jeux de pouvoir. Même s'il ne cherche pas à maximiser ce pouvoir, il est amené à en jouer pour se défendre des intrusions des autres.

3.1.2 Le pouvoir, une question d'imprévisibilité

Pour Crozier et Friedberg, si le détenteur d'une ressource est complètement prévisible, il n'a pas de pouvoir. Prenons l'exemple de M. X, ouvrier ; supposons qu'à l'inverse de ses collègues il soit toujours prêt à rester plus tard le soir pour terminer les travaux qui n'ont pu être achevés dans la journée. Il rend ainsi un service important à son contremaître. Ce dernier sait pourquoi : Mme X est au chômage, et le couple est aux abois pour payer les traites de sa maison. M. X est prévisible, il a besoin de faire des heures supplémentaires, on sait qu'il n'a pas vraiment le choix, il n'a pas de pouvoir sur son contremaître, même s'il lui rend un fier service. Il ne peut donc pas monnayer autant qu'il le souhaiterait cette disponibilité de soirée. Maintenant, supposons que Mme X retrouve un travail stable. M. X n'est alors plus obligé de rester le soir, il peut le faire, mais « s'il

Application 7.7

Des tensions dans l'usine, surprenantes au départ, mais finalement logiques

Cet exemple devenu classique a permis à Michel Crozier à la fois de mettre au point et d'illustrer sa façon d'analyser les organisations. Dans cette usine, il y a trois catégories d'acteurs. Les ouvriers de production, les chefs d'atelier, supérieurs hiérarchiques des premiers, et les ouvriers de maintenance, qui ne dépendent pas des contremaîtres mais d'une autre direction dans l'usine. On peut s'attendre au premier abord à ce que, si tensions il y a, elles se situent entre les ouvriers de production et leurs supérieurs hiérarchiques. Or, c'est là qu'elles sont les moins fortes. C'est au contraire entre les contremaîtres et les chefs d'atelier qu'elles sont les plus vives. Elles sont d'ailleurs assez médiocres aussi, bien qu'exprimées moins ouvertement, entre les ouvriers de production et les ouvriers de maintenance. Crozier (1963) enquête auprès des uns et des autres ; il propose une explication en reconstituant les versions données par chaque catégorie. Nous sommes dans une entreprise où les possibilités de promotion et d'avancement sont très codifiées et où la sécurité de l'emploi est forte. Les chefs d'atelier ont donc peu de pouvoir sur les ouvriers de production ; ils ont surtout des responsabilités d'administration de la production. Les relations entre ces deux populations sont donc assez neutres, comme entre deux mondes à part. Par contre, la seule grande incertitude dans cet univers où tout est bien réglé, ce sont les pannes de machine. Elles peuvent coûter du salaire et du stress aux gens de la production. Et cette incertitude, ce sont les ouvriers de maintenance qui en ont la clé ; de leur promptitude d'intervention dépend la remise en route rapide de la production. Ils se sont d'ailleurs employés à faire disparaître certains plans de machines pour éviter que les chefs d'atelier ou les ouvriers de production ne se piquent de les suppléer en cas de besoin. Ainsi, ils peuvent imposer leur rythme de travail aux autres secteurs. L'enjeu n'est d'ailleurs pas que pratique ; les ouvriers de maintenance se considèrent comme l'élite de l'usine (ils sont plus qualifiés que les autres ouvriers) et c'est parmi eux que se recrutent les leaders syndicaux. Pourquoi l'animosité envers cette « élite » est-elle plus forte chez les chefs d'atelier ? Parce que, répond Crozier, les ouvriers de production ont à vivre au quotidien avec la maintenance ; ils sont bien obligés de ménager des relations correctes avec eux, même si celles-ci sont souvent en leur défaveur. Les chefs d'atelier n'ont pas cette proximité ; en outre, ils voient leur portion déjà restreinte de pouvoir largement annihilée par le pouvoir de fait de la maintenance.

L'histoire ne s'arrête pas là : au-dessus dans la hiérarchie, les rapports de rivalité sont identiques entre le directeur-adjoint chargé de la production et l'ingénieur dirigeant la maintenance. Ce dernier, pour tenir ses hommes, favorise leurs stratégies visant à se poser comme l'élite. Ce faisant, il accroît également son propre pouvoir dans l'équipe de direction comme le chef du service incontournable. Qui plus est, Crozier a visité plusieurs usines de la même entreprise, réparties dans d'autres régions françaises ; il a constaté que la structure des relations au sein de l'équipe dirigeante était assez voisine partout. Les variantes dues aux personnalités des acteurs existent, mais elles sont finalement assez peu nombreuses. Une même configuration de culture et de dispositifs organisationnels tend donc à produire des relations de pouvoir et des jeux individuels assez semblables…

le veut bien », « cela va dépendre... » : il acquiert ainsi un pouvoir certain sur son contremaître. Pour peu que les pressions de la direction sur ce contremaître se fassent plus fortes, ce sera au tour du contremaître d'être prévisible ; il aura des aléas de production dans la journée, il pourra encore moins qu'auparavant se permettre de ne pas tenir les objectifs et il n'aura que M. X pour y remédier, et ce dernier l'aura compris. Pour rééquilibrer le rapport de force, le contremaître devra se rendre plus imprévisible, c'est-à-dire s'ouvrir d'autres choix : réduire les aléas de la journée ou la pression de sa direction, trouver d'autres bonnes volontés potentielles, etc.

Le corollaire de ce constat est que les acteurs ont intérêt à se préserver des marges de liberté, mais aussi qu'ils ont souvent intérêt à une certaine opacité. Un élément d'une bonne stratégie est souvent de ne pas dévoiler sa stratégie. Ce qui affaiblit M. X, dans la première partie de l'histoire, ce n'est pas qu'il soit aux abois pour payer sa maison, c'est que son contremaître le sache...

C'est une des raisons pour lesquelles, lors d'une enquête au sein d'une organisation, les personnes interrogées ne dévoilent pas spontanément tout ce qui s'y joue.

3.1.3 La règle, un outil de pouvoir s'il peut y être dérogé

Il découle de ce qui précède que l'ensemble de règles en vigueur dans une organisation est rarement appliqué à 100 %. D'une part, il existe beaucoup de règles dans une organisation ; leur exécution ne peut pas être contrôlée avec la même intensité pour toutes, faute de moyens, et elles ne revêtent pas toutes la même importance pour un supérieur hiérarchique. Ce dernier sera donc plus exigeant sur le respect de certaines d'entre elles, à la limite en échange d'une certaine tolérance des manquements aux autres. D'autre part, une règle donne du pouvoir à celui qui est chargé de la faire appliquer s'il est imprévisible, c'est-à-dire si les collaborateurs savent que son zèle peut varier. Un supérieur hiérarchique, on l'a vu, a besoin de la bonne volonté de ses collaborateurs. En particulier dans des univers où il a peu de pouvoir de sanction-récompense, sa monnaie d'échange de cette bonne volonté peut être trouvée dans une relative indulgence quant au respect de certaines règles. Ce donnant-donnant de faveurs plus ou moins « hors contrat » est fréquent dans les relations hiérarchiques, en particulier entre agents de maîtrise et opérateurs.

3.1.4 Le pouvoir, pas nécessairement une question de niveau hiérarchique

Enfin, il découle également de ce qui précède que la position de supérieur hiérarchique ne donne pas nécessairement le pouvoir. Tout d'abord, un même niveau hiérarchique donne accès à des ressources très variables suivant les organisations. Ensuite, il arrive que le niveau hiérarchique donne accès à des ressources fortes : allocation de moyens, décision sur les promotions de collaborateurs, habilitation à fixer des règles. Mais tout dépend alors des ressources que détiennent les subordonnés : maîtrise d'aléas dans le cours du travail, expertise, relations, informations. La position hiérarchique est un élément qui donne du pouvoir, il n'est pas une garantie de pouvoir. Plus généralement, la sphère des dispositifs organisationnels (les règles et la hiérarchie en étant deux éléments importants) ne détermine pas précisément la répartition du pouvoir. Elle joue le rôle de cartes qui sont distribuées, avantageant certains joueurs par rapport à d'autres, répartissant inégalement les atouts mais jamais unilatéralement. Cette sphère structure le jeu, elle n'en impose pas les péripéties. Un pouvoir du dirigeant est incontestablement de distribuer ces cartes, mais dans la mesure où il a les mains libres pour le faire. Même dans sa façon de distribuer les cartes, il fait l'objet de pressions de la part des joueurs. La sphère des dispositifs organisationnels détermine les jeux individuels, mais l'inverse est aussi vrai. Les jeux de pouvoir sont des jeux avec la règle, mais ils sont aussi des jeux où le but est de fixer les règles. Par exemple, décider que l'on va passer d'un système de primes liées à l'ancienneté à un système de primes liées à des résultats peut orienter significativement les comportements au sein d'une organisation. Mais, pour éviter de bloquer l'entreprise avec une grève, la direction peut décider d'un compromis qui n'ira pas aussi loin qu'elle le souhaiterait dans ce sens. Ou encore, l'organigramme de certaines entreprises reflète plus les partages de territoire entre leurs principaux dirigeants qu'une stratégie opérationnelle.

3.1.5 Les jeux individuels : une expression des luttes de pouvoir

La sphère des jeux individuels est la conséquence et l'expression de ces phénomènes de pouvoir. Ces jeux où chacun poursuit ses propres buts peuvent être plus ou moins développés en fonction de la culture et de la cohésion de l'organisation. Comme nous l'avons vu au chapitre 2 (section 2.2), ils sont néanmoins toujours présents. Selon R. Miles (1980), quatre conditions permettent leur développement : la rareté des ressources, le manque de clarté des objectifs à long terme, l'instabilité de l'environnement externe et/ou l'imminence de changements dans l'organisation. S'il est dangereux pour un dirigeant de négliger ces phénomènes, ce l'est aussi pour un observateur, consultant ou chercheur, qui veut comprendre une situation au sein d'une organisation. Il serait cynique de réduire la vie des individus dans l'organisation à ces jeux, mais il serait angélique de les nier.

3.2 Le leadership dans les organisations

Nous avons vu précédemment dans ce chapitre (section 1.3) que le leadership se fonde certes sur des qualités individuelles mais que ces dernières sont largement fonction du contexte social dans lequel évolue le leader. L'organisation détermine donc en grande partie son type de dirigeant, et en particulier la forme de leadership de ce dernier. C'est dans la sphère culturelle de l'organisation que se situent ces déterminants.

3.2.1 La sphère culturelle, déterminant des formes de leadership

Le leader (voir définition en début de chapitre) joue à la fois sur l'influence morale et sur l'influence affective : l'autorité légitime d'un côté, l'autorité personnelle et le charisme de l'autre.

Nous avons vu (section 1.3) que l'influence affective passe par la capacité à transmettre une vision mobilisatrice pour les collaborateurs. La culture de l'organisation joue ici un rôle fondamental. Cette vision conduit en général à un renouveau de l'organisation, mais elle doit apparaître comme une mise à jour des valeurs fondamentales, et non comme leur reniement. Par exemple, Jack Welch a bouleversé beaucoup d'habitudes chez General Electric, son passage a transformé l'entreprise, mais sa vision était fondée sur des valeurs inattaquables dans une entreprise de ce type : l'efficacité concrète, l'esprit d'entreprise, le profit. La manière de transmettre cette vision, le style de management du leader doivent être cohérents (voir encadré 7.8), mais ils sont opérants dans un contexte culturel donné. Un grand leader ne pourrait l'être dans n'importe quelle organisation.

Application 7.8

Deux PDG, deux styles

Cette entreprise industrielle est un acteur mondial dans son métier. Ses résultats sont régulièrement bons. Elle est dirigée par M. Lebrun, un PDG qui y a fait une bonne partie de sa carrière, y ayant débuté comme jeune cadre. Il est réputé pour diriger l'entreprise d'une poigne de fer. Les cadres ont en mémoire la façon dont il peut remettre en place vertement un collaborateur en réunion ou le licencier, quels que soient ses mérites passés, s'il enfreint une règle de base de l'entreprise, notamment en matière de fidélité du reporting. Beaucoup de dossiers passent sur son bureau et il semble connaître son entreprise sur le bout des doigts. Si ce PDG est craint, comme un bon Prince selon Machiavel, il n'est cependant pas haï, comme le recommande le même Machiavel. Au contraire, ses collaborateurs lui reconnaissent une grande connaissance du métier (il a fait ses preuves sur le terrain) et une grande compétence stratégique (les résultats de l'entreprise sont là pour l'attester). M. Lebrun est donc totalement légitime, il inspire le respect et l'admiration. Le professionnalisme dans le métier est une valeur forte. Il s'agit d'un univers très masculin, où l'autorité et les rapports de force sont vécus comme faisant partie de la vie des affaires, voire comme des moyens d'y prouver sa valeur personnelle. La vision que M. Lebrun propose pour l'entreprise est celle d'un acteur de premier rang qui s'affirme sur le plan mondial tout en étant fidèle à ses valeurs de base : efficacité dans le métier, rigueur, esprit d'entreprise. Cette vision ne peut qu'être bien reçue. Notre référence à Machiavel ne doit pas laisser penser que M. Lebrun n'est que Prince ; il est également leader, capable d'entraîner les collaborateurs derrière lui, en se fondant plutôt sur l'autorité légitime et l'autorité personnelle.

Dans cette grande entreprise de loisirs, les collaborateurs parlent du PDG en l'appelant par son prénom, Gérard. Il est très populaire parmi eux ; on peut dire qu'il est aimé plutôt que craint. Certes, il a montré qu'il était capable de se défaire de collaborateurs avec qui il avait un différend, d'imposer des mesures de rigueur quand il le fallait. Mais ce n'est pas cela que les collaborateurs retiennent en priorité. Gérard incarne l'idée qu'on peut travailler en se faisant plaisir, parce qu'on est là pour faire rêver les clients, parce qu'on peut, grâce à ce métier, voyager, découvrir des horizons nouveaux. Gérard est accessible, il est un complice dans cette aventure que chacun vit. La vision qu'il propose, c'est précisément ce mode de vie, cette philosophie de la vie de travail. Qui plus est, il est admiré pour ce qu'il a fait : bâtir sur ces bases une grande entreprise, contre vents et marées. De ce fait, il est certes le complice, mais il est en même temps le patron. Ce PDG est un leader qui s'appuie beaucoup sur son charisme. Il ne faudrait pas croire pour autant qu'il n'use pas de son pouvoir pour diriger l'entreprise, mais ce dernier demeure un auxiliaire de son charisme. La culture de cette entreprise, son métier rendent logique ce profil de PDG, au moins dans les premiers temps de l'entreprise. Les valeurs fortes y sont de l'ordre du ressenti, de la qualité de vie, des relations chaleureuses entre les gens.

La légitimité est un des pré-requis du leader. Ce dernier, nous l'avons vu, doit être exemplaire par rapport aux valeurs qui fondent sa position. La variété des styles de direction s'explique en bonne partie par la variété des sources de la légitimité de l'autorité. Weber a même montré (voir chapitre 2, section 4.1) comment l'organisation type de l'ère moderne, et ses manières de contraindre les individus, découlaient d'un type de légitimité de l'autorité, dite rationnelle-légale. Depuis Weber, un ensemble de travaux a mis en évidence divers facteurs influant sur ces sources de légitimité.

3.2.2 Le poids des cultures nationales ou ethniques

Plusieurs recherches ont été menées, principalement dans les vingt dernières années, pour comprendre l'impact des cultures nationales ou ethniques sur les formes d'organisation (voir chapitre 2, section 2.3). Elles ont en particulier révélé des différences en matière de relation à l'autorité et de statut du supérieur hiérarchique. On ne peut en déduire que toutes les organisations d'un même pays seront identiques de ce point de vue — ce qui ne résisterait pas à l'observation de la réalité —, mais que des tendances sont à l'œuvre, rendant plus probables et plus fréquents certaines attitudes et certains comportements. Nous mentionnerons à titre d'illustration le travail de Philippe d'Iribarne, intitulé *La logique de l'honneur* (1989). D'Iribarne a étudié le fonctionnement des relations hiérarchiques au sein d'unités industrielles en France, aux États-Unis et aux Pays-Bas. Il en a conclu que ces relations sont imprégnées de la culture nationale, elle-même fortement marquée par l'histoire. Les Français sont sensibles à la logique de l'honneur, qui est aussi une logique de rang social, survivance de l'Ancien Régime : chaque rang ne doit obéissance qu'au rang plus élevé et il serait humiliant d'obéir à des personnes de rang égal ou inférieur. D'où le prestige et les marques symboliques attachées souvent aux niveaux hiérarchiques ; d'où également la force de l'autorité hiérarchique quand elle est jugée légitime, et sa fragilité quand elle est exercée par quelqu'un de rang jugé illégitime. Dans des unités comparables en taille et en activité, il n'en va pas de même dans les deux autres pays. Aux États-Unis les relations entre niveaux hiérarchiques sont plutôt fondées sur le contrat, aux Pays-Bas sur la recherche de consensus. De ce fait, les marques de prestige associées au niveau hiérarchique seront plus faibles dans ces deux pays, supérieur hiérarchique et collaborateur ayant plus le sentiment d'être égaux, au-delà du rôle qu'ils jouent dans l'organisation. Le débat reste ouvert sur la nature et le degré d'influence de ces particularités nationales ou ethniques. Les travaux sur le sujet s'accordent cependant sur le fait qu'elles existent, notamment en matière de relation à l'autorité.

3.2.3 Le poids des évolutions macrosociales contemporaines

Les évolutions macrosociales contemporaines font évoluer les sources de légitimité de l'autorité telles qu'avait pu les définir Weber et telles qu'elles avaient fondé les organisations dominantes du XXe siècle.

Depuis les années 1960-1970, une révolution de l'autorité a eu lieu. Les détenteurs du pouvoir ont perdu de leur influence dans bon nombre d'institutions sociales : Église, État, école et famille. Ainsi, le pouvoir légitime des figures de l'autorité — le représentant de l'État, le prêtre ou l'instituteur, sans oublier le père de famille — s'est totalement transformé. Ce pouvoir, en perdant de sa légitimité, a laissé place à une plus grande tolérance à de nombreux égards : affaiblissement des tabous sexuels, rapports plus égalitaires entre hommes et femmes, assouplissement des normes sociales, remplacement progressif du sentiment d'appartenance à une classe sociale par celui d'appartenance territoriale, dissolution des croyances et pratiques religieuses. Cette mutation, en touchant l'ensemble de la société, a entraîné une dissolution des repères sociaux : perte des valeurs collectives, remplacement des normes par de nouvelles mœurs, variables selon les groupes et les contextes.

Prenons l'exemple de l'autorité de l'État, qui était parfaitement reconnue en France dans les années 1950-1960. On a assisté depuis la fin des années 1960 à un retrait symbolique et à une perte d'autorité de l'État en général et de ses représentants en particulier. Cette transformation de l'État s'est accompagnée de modifications de l'intervention publique ; on a ainsi vu la mise en place de cellules de médiation, d'actions d'accompagnement diverses, comme l'intégration des « grands frères » pour encadrer la vie des jeunes des banlieues, les agents d'ambiance ou encore les médiateurs de quartiers, amenés à gérer des situations de négociations et de compromis variés. Ainsi, l'autorité de l'État ne passe plus par des manifestations du pouvoir et des démonstrations de sa puissance, mais plutôt par une intervention déléguée et régulatrice de plus en plus affirmée.

Si l'on s'arrête un instant sur la transformation spectaculaire de l'autorité familiale, on notera que les jeunes de mai 68, devenus parents, ont cherché à ne pas utiliser le pouvoir des adultes sur les enfants, à ne pas jouer de leur autorité. Cette attitude a entraîné une crise de l'autorité parentale. Pour le juriste Jean de Munk (2000), le concept durkheimien d'autorité fondé sur le conformisme moral ou la vision wébérienne d'une autorité légale rationnelle se sont épuisés dans les années 1960. Nous sommes, selon lui, entrés dans un nouveau modèle dit « rationnel négocié ».

Il en résulte que la figure du chef dans l'organisation d'aujourd'hui n'est plus investie automatiquement de la même autorité. Son autorité de statut ne lui est plus aussi facilement due ; elle peut intervenir à la condition que son détenteur se soit montré légitime, eu égard aux valeurs directrices du groupe. La mission de l'autorité évolue également. Elle tend non pas à fixer toujours plus de règlements prescriptifs, mais plutôt à fixer des limites tout en indiquant les principes, les objectifs et les références à respecter dans les négociations entre les individus, dans les négociations entre les groupes, que ce soit au sein d'une organisation ou dans la société.

3.3 Direction ou domination : le débat autour du pouvoir et du leadership

Le pouvoir et l'action sur le comportement d'autrui peuvent être vus de façon plus ou moins positive, en particulier dans le contexte des organisations. Le but de cette section est de présenter les diverses positions dans ce débat. Celles-ci se différencient par la primauté qu'elles attribuent aux différentes façons de modifier le comportement d'autrui (pouvoir, autorité légitime, autorité personnelle/charisme).

3.3.1 Paradigme réformiste : la direction comme fonction légitime

Une grande partie des opinions et des écrits sur les phénomènes de pouvoir et de leadership peut être plus ou moins critique mais ne remet pas en cause les sources de légitimité de l'autorité dans notre société. Ces opinions et ces écrits peuvent donc se ranger dans un paradigme réformiste (c'est-à-dire visant à la transformation et l'amélioration par des voies légales, voir figure 7.1). Notre système politico-économique est ce qu'il est, ses lois confèrent des droits et des devoirs, qui eux-mêmes produisent des rapports de force au sein des organisations. L'influence affective, le charisme notamment, joue un rôle bénéfique de renforcement de l'autorité qui n'est pas absolument nécessaire mais qui apporte un plus indéniable. La littérature la moins critique se concentrera plutôt sur ce qui fait un bon manager et un bon leader, mettra en valeur ses mérites, l'impact bénéfique de son action sur le développement des collaborateurs. Le projecteur sera placé sur les entreprises où il fait bon travailler. La fonction de direction est à la fois nécessaire et noble. Les ouvrages faisant l'apologie des grands patrons d'entreprise sont à ranger dans cette catégorie.

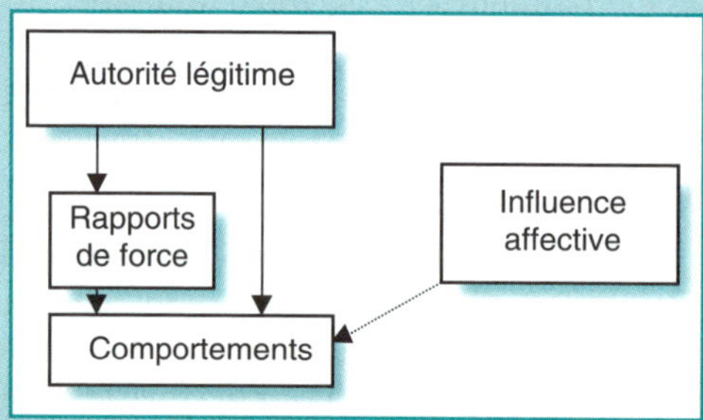

Figure 7.1. Pouvoir et autorité dans le paradigme réformiste.

S'il existe des dérives perverses ou malhonnêtes, elles sont à considérer dans ce paradigme comme des anomalies regrettables, des imperfections du système. Un premier niveau de critique portera sur ces dérives. Citons par exemple la dénonciation du harcèlement au travail, combinaison pernicieuse de rapports de force et d'influence affective (Marie-France Hirigoyen, *Le harcèlement moral*, 1998).

Un second niveau de critique, plus fondamental, renvoie au fond à la position de Machiavel sur le plan politique, et à celle de Crozier et Friedberg dans les organisations. Les rapports de force gouvernent les comportements. Il existe cependant une sphère culturelle fondant la légitimité et rendant possible l'influence affective, et cette sphère vient tempérer les rapports de force (voir figure 7.2).

Nous sommes toujours dans le paradigme réformiste, car la légitimité de l'autorité reste vue comme un phénomène autonome, non directement déterminé par des rapports de force.

3.3.2 Paradigme critique radical : les organisations comme lieux de domination

La critique devient radicale quand elle s'attaque aux sources mêmes de la légitimité de l'autorité, en déniant qu'elle constitue une sphère indépendante des rapports de force. Ce paradigme est radical au même sens qu'une partie de la sociologie a pu être qualifiée de radicale (voir chapitre 1, section 1.3). Il procède d'une vision de la société comme

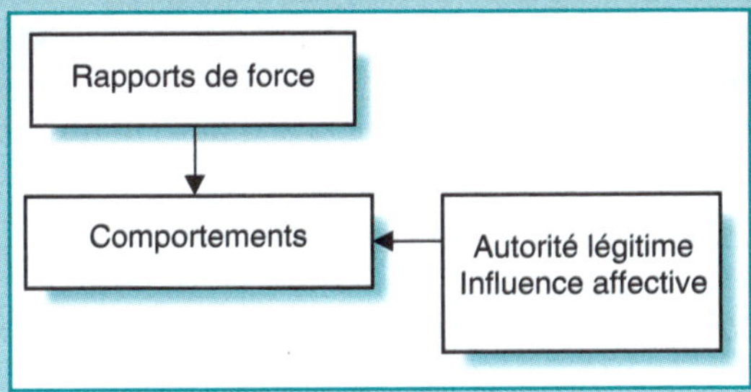

Figure 7.2. Pouvoir et autorité dans le paradigme réformiste (variante).

lieu de conflits, alors que le paradigme précédent procède d'une vision de la société comme ensemble ordonné. Ces conflits ont pour résultat, dans ce second paradigme, la domination de catégories sociales sur d'autres. Le phénomène vaut pour la société dans son entier, mais il est agissant, à plus petite échelle, dans les organisations.

Dans sa version la plus simple, les rapports de force gouvernent (voir figure 7.3), et la légitimité de l'autorité n'en est qu'une traduction. Marx et Engels (1845, 1982 pour une traduction française), au XIXe siècle, popularisèrent cette façon de voir la société.

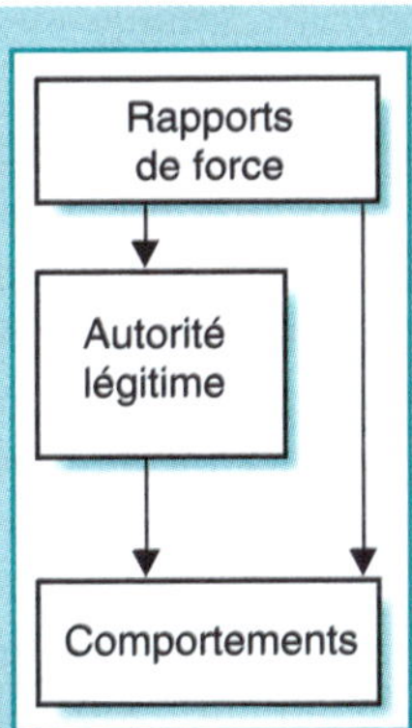

Figure 7.3. Pouvoir et autorité dans le paradigme critique radical.

Une partie de la littérature sur les organisations contemporaines dépeint ces dernières comme des lieux de domination crue. Des sociologues ont montré comment les nouvelles formes d'organisation affaiblissent les capacités de résistance collective des opérateurs (Borzeix et Linhart, 1988), renforcent les contrôles et la contrainte des collaborateurs (Courpasson, 2000). Christophe Dejours (1995) souligne la souffrance endurée par des employés aujourd'hui, souffrance due à la contrainte et à la peur qu'elle occasionne. Il fait un parallèle avec le système nazi, soulignant que la discipline et la soumission n'ont pu suffire : « Ce qui fait leur force, c'est non pas la discipline seule mais son dépassement par le zèle. » L'auteur analyse cette notion de zèle comme étant un ingrédient nécessaire à l'efficacité d'une organisation du travail. Il insiste en montrant aussi que, sous l'emprise de la peur, la plupart de ceux qui travaillent se révèlent capables de déployer des trésors d'inventivité pour améliorer leur production, tout en faisant tout pour mettre leurs voisins dans une position désavantageuse. Selon Dejours, cette peur était le moteur essentiel du système nazi. Elle demeure aujourd'hui, à ses yeux, un moyen de direction.

Une autre version de ce courant critique reconnaît à la sphère culturelle un fort pouvoir d'influence dans le phénomène de domination. Il y a renforcement mutuel des rapports de force et des mécanismes d'influence (voir figure 7.4), qu'ils touchent à la légitimité de l'autorité ou à la mobilisation des affects *via* le leadership.

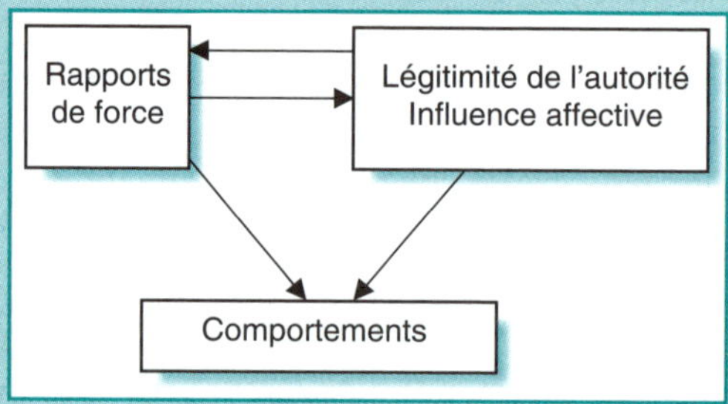

Figure 7.4. Pouvoir et autorité dans le paradigme critique radical (variante).

Dans cette vision, la culture devient idéologie (voir chapitre 2, section 2.2.2), elle n'a pas de crédibilité en soi, elle est ce qui permet de maintenir légitime un certain état des rapports de force. Le leadership devient un outil d'emprise sur les individus, exploitant les vulnérabilités psychiques que nous avons décrites précédemment (section 1.1). Les travaux utilisant ce regard sur les organisations font également référence aux systèmes totalitaires mais en insistant sur leurs stratégies de manipulation des consciences et d'influence sournoise. Ils pointent la façon dont les directions d'organisations mettent en œuvre des techniques similaires pour modifier le comportement des collaborateurs. Le coté négatif de l'organisation tient à la fois à ce qu'il favorise la domination des groupes sociaux les plus puissants, mais aussi à ce qu'il aliène l'individu. Dans cette perspective donc, le Prince a au moins sur le leader l'avantage d'avancer à découvert… Eugène Enriquez écrit par exemple, au début d'un article (1989) : « Jamais dans l'histoire… l'individu n'a eu une telle place. Nous assisterions enfin au retour massif de l'individualisme et au dégagement du sujet humain du carcan collectif… Cette étude va développer un argument contraire : jamais l'individu n'a été aussi enserré dans les filets de l'organisation (en particulier des entreprises) et aussi peu libre de son corps, de sa pensée, de sa psyché. » Sur cette emprise psychique de l'organisation, on peut lire également les psychosociologues Amado (1988), Pagès *et al.* (1979).

Résumé

- Les mécanismes du pouvoir dans les organisations sont analysables comme des rapports de force entre des acteurs dont chacun possède des ressources lui donnant du pouvoir sur les autres. Le pouvoir n'est pas un attribut en soi, il est le fruit d'une situation organisationnelle et d'une habileté stratégique. La position hiérarchique peut être une aide mais en aucun cas une garantie de pouvoir.

- Le leadership, par-delà les qualités individuelles des leaders, naît des caractéristiques culturelles de l'organisation, qui définissent à la fois la légitimité du leader et les valeurs auxquelles la vision qu'il propose doit être fidèle.
- Il est possible de regarder les phénomènes de pouvoir et de leadership de manières très diverses, comme des outils d'une fonction légitime de direction ou comme des outils de domination.

4. Les conséquences pour le manager

Le manager, dans sa fonction de direction d'une équipe ou d'un ensemble plus vaste, devra jouer avec les diverses façons de peser sur le comportement d'autrui que nous avons étudiées dans ce chapitre. Prince ou leader par vocation, il ne pourra en négliger complètement aucune. La question, déjà ancienne, est de savoir s'il existe une ou des façons de diriger meilleures que d'autres. De nombreux travaux ont été publiés sur ce qu'on appelle généralement les styles de leadership, qui seraient mieux nommés ici, compte tenu du vocabulaire employé, styles de direction.

Dans cette section, nous aborderons :

— une expérience fondatrice dans les recherches sur l'impact du style de direction sur un groupe ;

— une revue de travaux portant sur les divers styles de direction et leurs performances dans les organisations.

4.1 Une expérience fondatrice

La recherche initiale de Kurt Lewin, Ronald Lippitt et Ralph White, conduite en 1927, est la première à avoir appréhendé les effets de différents styles de direction. Cette étude fut tout d'abord menée auprès d'enfants de 10-11 ans dans le cadre d'une activité extrascolaire, mais les résultats sont aisément transposables au monde de l'entreprise. Pour cette expérience, les chercheurs ont réparti les enfants en quatre groupes. Quatre leaders (adultes) ont été entraînés à adopter l'un des trois styles caractéristiques : autocrate (ordres nombreux allant souvent à l'encontre des vœux des enfants), démocrate (suggère des façons d'agir, donne des conseils techniques, aide à organiser le groupe afin de le faire devenir « relativement autonome ») ou laisser-faire (aucune participation active du leader). Chaque groupe était encadré par un chef pendant un cycle de six semaines, avec une rotation des styles de chefs à chaque nouveau cycle.

On observe un impact clair du type de direction sur le fonctionnement interne du groupe. Le style autocrate a permis une productivité maximale mais aussi une forte dépendance au chef (si le chef partait, le travail s'arrêtait). Les enfants étaient soumis, passifs, parfois agressifs. Le style démocrate a permis une grande créativité et la plus grande originalité dans le travail. Les enfants étaient amicaux ; c'est avec ce style que le chef était le plus aimé des enfants. Le style laisser-faire a donné une autonomie totale aux enfants, mais a engendré une faible productivité.

Il est à noter que l'on retrouve ici, dans les deux premiers types, la figure du Prince et la figure du leader définies au début de ce chapitre. Un leader n'est pas nécessairement démocrate, mais le style démocrate est un des styles possibles pour un leader.

4.2 Les styles de direction

À la suite de cette première étude sur les styles de direction, un certain nombre d'autres études ont produit une liste de cent cinquante comportements des chefs, tels que féliciter les employés ou planifier le travail. Les comportements identifiés se rapportent à deux dimensions essentielles : la prise en considération des membres du groupe et la réalisation de la tâche elle-même. Ces deux dimensions sont distinctes mais non exclusives : un dirigeant peut être plus particulièrement centré sur l'une des deux dimensions, mais il peut également relier les deux dimensions.

Plusieurs typologies de dirigeants ont été proposées, parmi lesquelles les cinq types de leadership de Blake et Mouton (voir encadré 7.9).

Étude 7.9

Les cinq types de leadership d'après Blake et Mouton (1969)

Autocrate : intérêt élevé pour la production et faible pour les relations humaines. Le leader planifie, contrôle et dirige en tenant compte exclusivement de la production. Il exige une obéissance absolue, contrôle tous les résultats car il considère l'employé comme paresseux. Il a recours aux punitions et appuie son autorité sur les règlements, les normes et les procédures.

Compromis : leader qui cherche à ménager la chèvre et le chou, en fixant des objectifs faciles à atteindre et en tentant de convaincre ses employés plutôt que de leur donner des ordres.

Intégrateur : intérêt élevé pour la production et élevé pour les relations humaines. Le seul leader qui suscite l'engagement véritable du personnel pour réaliser les objectifs en créant un climat de confiance et en encourageant l'initiative. Il implique les employés dans les décisions de planification et de contrôle du travail.

Laisser-faire : intérêt faible pour la production et faible pour les relations humaines. Non-engagement de la part du leader, qui prend peu de décisions ; il retire les bénéfices sans s'impliquer.

Social : intérêt faible pour la production et élevé pour les relations humaines. Le climat et l'ambiance sont prioritaires ; le leader semble se désintéresser de la productivité ; il exerce peu de contrôle et souhaite surtout plaire au groupe.

Le débat sur le style de direction qu'il convient d'adopter est fourni. On peut prévoir qu'il n'est pas près de cesser, car il est lié à la vision que l'on a de la nature humaine. Douglas Mc Gregor (1960) a bien résumé le problème. On peut faire, écrit-il, différentes hypothèses sur l'attitude des employés et sur l'attitude qu'il convient d'adopter à leur égard. Selon la théorie X, les hommes détestent le travail ; ils font tout pour l'éviter et ne travaillent qu'en réponse à la pression, voire à la menace. L'être humain, selon

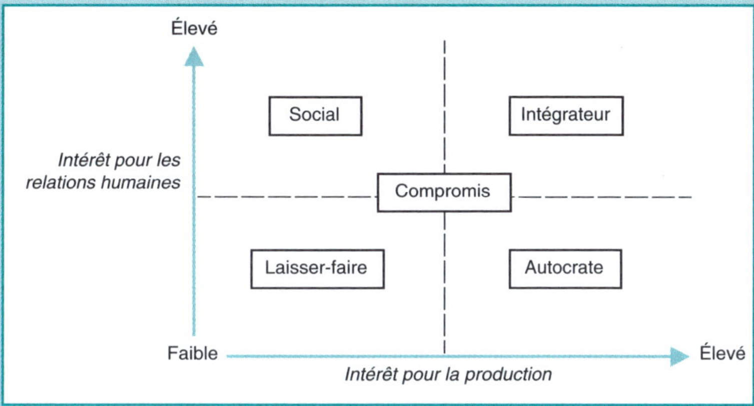

Figure 7.5. Les cinq types de leadership.

cette théorie, préfère être dirigé, veut éviter toute responsabilité, montre peu d'ambition et désire la sécurité par-dessus tout. À l'inverse, selon la théorie Y, l'effort physique et mental dans le travail sont aussi naturels que le jeu. Les hommes ont des capacités de créativité et d'ingéniosité. Les menaces et les contrôles ne sont pas les seuls moyens d'amener les employés à contribuer aux objectifs de l'entreprise. Selon cette théorie, au contraire, dans de bonnes conditions de travail, l'homme recherche les responsabilités.

La théorie adoptée par le dirigeant se révèle à travers son usage de l'autorité. Dans le cadre de la série d'hypothèses X, le manager se comportera en Prince ; il utilisera surtout une autorité formelle, fondée sur la directivité dans l'attribution du travail, le contrôle, le recours à la punition et à la récompense. Par contre, dans le cadre de la série d'hypothèses Y, le manager cherchera à être un leader ; il fera plutôt l'effort d'intégrer les attentes individuelles et les objectifs organisationnels pour faire en sorte que les employés soient convaincus du lien entre les deux. Il encouragera et valorisera l'initiative et la créativité.

Une façon de départager les deux théories est de recourir à la notion de management situationnel. Il y a des situations plus adaptées à tel ou tel style de direction. Tannenbaum et Schmidt (1958 ; 1973) ont aussi mis en évidence la notion de « leadership adaptatif ». Pour eux, c'est la combinaison d'une série d'attitudes et de comportements, situés sur un continuum allant de l'autocratie à l'autogestion, qui, en fonction de telle ou telle situation, sera la plus efficace. Ainsi, le manager devra adapter son style de leadership aux groupes et aux situations.

Le modèle proposé par Hersey et Blanchard (1977) implique lui aussi que le leader devra savoir modifier son comportement au fur et à mesure de l'évolution de la maturité de ses subordonnés. Ces auteurs insistent sur la nécessité de s'adapter à la réalité et au contexte. Depuis les années 1980 et dans un monde de plus en plus turbulent et imprévisible, la littérature a tendance à recommander ce leadership adaptatif aux managers.

Résumé

- Les styles de direction peuvent avoir un fort impact sur le climat et la production d'un groupe.
- Ils peuvent se classer suivant leur position sur deux dimensions : intérêt pour les relations humaines et intérêt pour la réalisation de la tâche.
- Le débat quant au meilleur style reste ouvert ; on tend de plus en plus à privilégier un style adaptatif, qui sait épouser les situations.

Conclusion

Il existe plusieurs façons de peser sur le comportement d'autrui : pouvoir, autorité légitime, autorité personnelle/charisme. Leur dosage varie dans chaque façon de diriger, caractérisée de deux façons opposées, celle du Prince (selon Machiavel), fondée sur le pouvoir, et celle du leader. Les individus peuvent être mus par un besoin psychique d'être chef ou par un besoin de chef. S'ils ne sont pas contrôlés ces besoins ouvrent éventuellement la voie à des dérives totalitaires du pouvoir et du leadership.

Les qualités des individus expliquent en partie ces relations de pouvoir et de leadership. Toutefois, ces qualités ne prennent leur importance que dans un contexte donné. Les groupes dans lesquels évoluent les individus sont une source non négligeable d'influence. Le dirigeant ne peut influencer seul ses collaborateurs ; il a besoin de relais au sein du ou des groupes qu'il dirige.

Le pouvoir dans l'organisation est conditionné par les ressources que chacun détient. Une ressource donne du pouvoir sur quelqu'un quand elle permet le contrôle d'une incertitude qui importe pour cette autre personne. Les dispositifs organisationnels structurent des jeux de pouvoir, mais le pouvoir n'est pas concentré dans les mains de la direction ou de la hiérarchie. Il est réparti en fonction des incertitudes et des ressources des uns et des autres et de leur habileté.

Les sources du leadership, autorité légitime, autorité personnelle, charisme, sont conditionnées par la culture de l'organisation, et notamment ses valeurs directrices. Elles sont influencées également par la culture nationale ou ethnique de l'organisation et par les évolutions macrosociales.

Un débat de fond existe quant à la nature de l'exercice du pouvoir et du leadership dans les organisations : suivant la vision que l'on a du social, cet exercice peut être considéré comme un outil légitime ou comme un instrument de domination.

Un manager doit être conscient des diverses façons de modifier le comportement d'autrui. Il existe des styles variés de direction, valorisant plus l'une ou l'autre de ces façons. Le débat sur le meilleur style est loin d'être clos. La tendance aujourd'hui est de prôner un style adaptatif, sachant s'adapter aux situations.

Le Prince

Le leader

	Niveau de l'individu (qualités requises chez le manager)	**Niveau du ou des groupes dirigés** (ce que le manager doit faire)	**Niveau de l'organisation** (ce que le manager doit faire)
Pouvoir	Qualités de stratège, habileté dans le jeu	Limiter sa dépendance aux autres (ses incertitudes), se ménager des ressources pour peser sur les autres, se ménager des alliés	Limiter sa dépendance aux autres (ses incertitudes), se ménager des ressources pour peser sur les autres, se ménager des alliés *(Sphères des dispositifs organisationnels et des jeux individuels)*
Légitimité, autorité de statut	Exemplarité	Trouver des relais d'influence dans le ou les groupes	Comprendre les valeurs fortes qui prévalent dans l'organisation et s'y conformer ; prétendre les amender, les renouveler, non les abolir *(Sphère de la culture)*
Autorité personnelle, charisme	Capacité d'élaborer une vision, de l'incarner et de la transmettre	Trouver des relais d'influence dans le ou les groupes	Comprendre les valeurs fortes et adapter la vision proposée aux collaborateurs, adapter son style de management *(Sphère de la culture)*

Figure 7.6. Trois voies pour peser sur autrui et trois niveaux d'action.

Activités

Cas d'application

Dans l'organisation où Olivier est chargé d'études, les managers sont de plus en plus nombreux et cela crée une mauvaise ambiance de travail, qui a des effets négatifs sur l'efficacité des uns et des autres.

Olivier explique la nouveauté du mode de fonctionnement :

> *Dans mon service, il y a six mois, un nouveau directeur a été nommé. Trouvant que les chefs n'étaient pas assez nombreux, il a créé une nouvelle ligne hiérarchique pour diriger les chefs actuels. Il les a nommés managers. Avant, il y avait quatre chefs, maintenant il y a trois managers et six chefs. Du coup, la hiérarchie est plus nombreuse que les simples chargés d'études comme moi. Le nouveau chef a été formé au boulot de manager par des stages. Du coup, il applique à la lettre tout ce qu'il vient d'apprendre. Il ne connaît pas le domaine dans lequel on travaille ; sa seule façon de gérer, c'est de contrôler le temps passé et de comptabiliser les jours de récupération. Lorsqu'il a mis au point sa stratégie, il a parcellisé les tâches et fractionné le travail. Par exemple, l'un des chargés d'études écrit le cahier des charges, un autre est responsable de collecter les données, un autre fait les traitements statistiques, un quatrième va rédiger le rapport… Quatre personnes différentes, supervisées par quatre chefs, font maintenant le travail qui, auparavant, était fait par un seul ! Dernière nouveauté du chef, il a ajouté un système de planning mensuel. Chacun doit inscrire ce qu'il fait demi-journée par demi-journée. Comme il y a des projets qui durent dix minutes, genre passer un coup de fil, ou une réunion qui dure une heure, je passe mon temps à faire le calcul des tâches, et pendant le temps passé à faire ce calcul, mes projets n'avancent pas.*
>
> *Le but du directeur était d'obtenir une meilleure productivité. Le service avait, à ses yeux, l'image d'un repère de fainéants.*
>
> *Maintenant, l'ambiance est pesante et la démotivation complète. Mes collègues réagissent en prenant des temps partiels. Il n'y a plus aucun échange intellectuel entre nous, ce qui est bizarre car nous sommes tous des intellos. Je travaille sept heures trente par jour, et j'ai quinze jours de RTT par an. Je gagne 2 500 euros par mois. Même si mes collègues et moi nous ne sommes pas satisfaits de l'ambiance, même si le travail ne nous intéresse plus autant qu'avant, en raison du découpage des tâches et de la supervision permanente, nous n'avons pas envie d'aller voir ailleurs.*

Dessinez le schéma suivant pour représenter au mieux la situation de l'organisation choisie. On peut donner des tailles différentes à chacune des sphères en fonction de l'influence relative. Des traits sous forme de flèches de grosseurs différentes, de façon à indiquer l'intensité de l'influence, doivent relier les sphères. Les sphères de l'encadrement et des employés peuvent se décomposer en plusieurs parties.

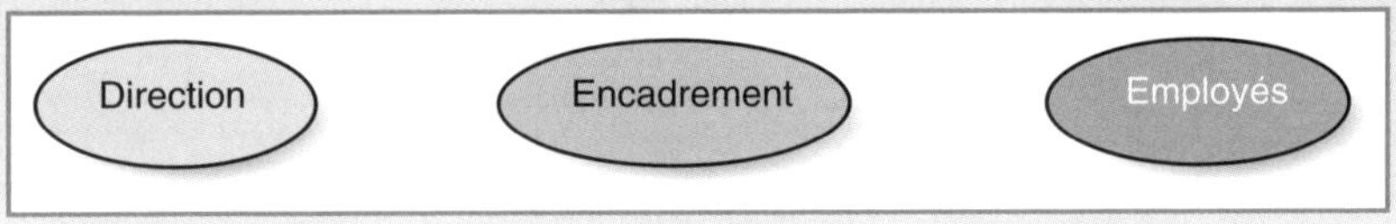

Quelles sont les stratégies habituelles des différents partenaires dans l'organisation, compte tenu de leurs intérêts particuliers et de leurs objectifs spécifiques ?

Que pensez-vous de la situation d'Olivier ? Analysez son point de vue du service.

Qu'auriez-vous fait à la place du nouveau directeur ?

Montrez quels choix d'organisation sont à la base des changements introduits, et quels sont les liens entre ces choix et les comportements des chargés d'études.

Quelles relations conviendrait-il de modifier et dans quelles proportions pour introduire un éventuel changement bénéfique et acceptable pour tous ?

Chapitre 8

L'autonomie et la délégation

Objectifs du chapitre

À l'issue de ce chapitre, vous devriez être capable de :

- **définir les concepts d'autonomie et de délégation ;**
- **cerner les enjeux et les limites de la délégation et de l'autonomie ;**
- **comprendre pourquoi un salarié souhaite disposer de plus ou moins d'autonomie ;**
- **imaginer comment, dans un contexte précis, mettre en place une délégation vertueuse et une autonomie adaptée.**

La délégation est devenue un sujet prioritaire pour les managers. En effet, si les salariés ont toujours fait preuve d'autonomie dans leur travail, ce n'était pas formellement exigé ni reconnu avant que la mondialisation de la concurrence n'impose une généralisation à tous les niveaux de l'excellence et de la réactivité par rapport aux évolutions du marché. Il s'agissait d'arrangements locaux, qui permettaient une régulation sociale dans laquelle les managers obtenaient que leurs subordonnés atteignent les objectifs de production, en échange d'une certaine liberté sur les façons de procéder (Terssac, 1992). Dans une organisation de tradition taylorienne la question de la délégation se limitait donc le plus souvent aux niveaux supérieurs de la hiérarchie et ne concernait que des aspects très restreints, en particulier les montants de dépense autorisés.

Aujourd'hui l'intensification perçue de la concurrence, l'élargissement des contraintes de production autour d'exigences simultanées de coûts, de délais, de qualité, de variété et de service, le tout avec des équipements plus sophistiqués et plus fragiles qu'auparavant, semblent requérir une plus grande réactivité de la part de tous les acteurs de l'entreprise (Zarifian, 1988 ; 1993 ; 1995). Il faut donc que chaque salarié dispose d'une marge d'autonomie suffisante pour réagir rapidement aux changements qui constituent le vécu quotidien des organisations.

Mais les mêmes conditions font aussi que les dirigeants ont du mal à laisser la bride sur le cou des salariés, craignant des initiatives pouvant nuire à la réussite de l'entreprise. D'où un élan contradictoire de la part des dirigeants, qui, tout en prônant une plus grande autonomie, développent parallèlement un fort contrôle et une pression à l'efficacité, sans laisser réellement de liberté pour y parvenir. On tombe alors dans des situations d'injonction paradoxale pour les subordonnés, qui sont plus pénibles à vivre que de simples situations de prescription.

Cela complique grandement le travail des managers qui doivent doser délégation et contrôle, favoriser l'atteinte de la performance, sans pour autant brider l'autonomie des individus, dont on attend créativité et implication. Il devient donc nécessaire de savoir quoi et comment déléguer, ce qui suppose de comprendre l'impact de l'autonomisation sur les attitudes et les comportements des personnes.

En effet, face à cette demande pressante de dirigeants qui ont compris que l'on obtient plus de quelqu'un qui se détermine lui-même, le salarié est pris dans une double contrainte : une aspiration à la réalisation de soi dans son travail et une prise de conscience du poids du fardeau de l'autonomie sur ses épaules, souvent sans réelles contreparties financières.

Par ailleurs, la multiplication des arrestations de dirigeants met aussi le doigt sur la qualité et la réalité de la délégation. Ce n'est que face au juge que se démêle alors la question de la responsabilité. Un salarié est-il responsable uniquement parce que son manager a signé une délégation ? Quelles sont les conditions réelles d'une bonne délégation ?

Si la délégation comporte un aspect très positif qui va dans le sens d'un plus grand respect de la personne à qui l'on confie des missions intéressantes, elle peut aussi se révéler manipulatoire, quand il s'agit de faire porter aux autres le poids de ses responsabilités.

Dans ce chapitre, nous aborderons donc successivement :

— Comment l'autonomie se pilote au niveau des organisations.

— Le pilotage de la délégation.

— Les enjeux de l'autonomie pour l'individu.

Concepts clés

DÉFINITIONS

L'autonomie, du grec, *autos* : soi-même et *nomos* : la loi, signifie au sens propre se donner ses propres maximes d'action.

On peut distinguer deux types d'autonomie :

- **L'autonomie psychique.** Elle consiste à être capable de penser par soi-même, pour s'orienter dans la vie. Elle revient à se départir de deux types d'influences, celle des instincts et celle des autres personnes.
- **L'autonomie d'action.** Elle renvoie à la capacité d'agir de façon libre, compte tenu des contraintes de la société. Cela suppose de disposer d'une marge de manœuvre permettant de faire des choix entre plusieurs alternatives, sans pour autant empiéter ni sur la liberté des autres, ni sur les règles communes.

Appliquée au monde du travail, l'autonomie d'action est forcément réduite, encadrée dans des limites strictes, mais évolutives. Elle consiste à donner une certaine marge de

Appliquée au monde du travail, l'autonomie d'action est forcément réduite, encadrée dans des limites strictes, mais évolutives. Elle consiste à donner une certaine marge de manœuvre aux subordonnés, notamment dans la réflexion sur leur propre travail, dans une visée parfois combinée de meilleure réactivité et de réponse à des aspirations nouvelles. Dynamique par sa nature, elle conduit les managers à redéfinir en permanence le périmètre d'activité de leurs équipiers.

La **délégation**, dont l'autonomie est le pendant, consiste à confier une partie de ses responsabilités à un subordonné. Plus on délègue, plus on accorde d'autonomie. Cependant, pour être efficace, la délégation suppose que les personnes concernées disposent au préalable d'une autonomie psychique, c'est-à-dire d'une capacité de penser leur travail par elles-mêmes, en se défaisant des visions toutes faites. Cela implique qu'une délégation réelle soit susceptible d'engendrer de la créativité et de l'innovation.

L'autonomie entretient des relations complexes avec la prescription, le pouvoir et le contrôle : elle apparaît quand la prescription est impossible ou inefficace. Mais elle est alors le plus souvent prescrite elle-même, dans le sens où l'on exige de l'individu qu'il fasse preuve d'autonomie, ce qui le plonge dans une injonction paradoxale. Elle ne s'oppose pas totalement au contrôle, mais en exige une modification pour ne pas tomber dans la contradiction. On peut rencontrer des situations où l'autonomie et le contrôle sont tous deux très forts, et des situations où les deux sont plus faibles. Ce qui change, c'est la nature et la fréquence du contrôle, ainsi que les conséquences tirées des informations issues du contrôle. En effet, il semble paradoxal de superviser de près quelqu'un à qui l'on demande d'être autonome. Cela risque d'annihiler son envie d'être autonome. Se sentir surveillé n'incite pas à croire que l'on peut prendre des décisions par soi-même. C'est une simple question de bon sens, qui rejoint les raisons pour lesquelles on laisse de l'autonomie aux individus, en particulier des raisons de coûts d'encadrement. Pourtant, la délégation d'autonomie entraîne une nécessité de contrôler, en particulier pour éviter des dérives et pour parvenir à une bonne coordination des actions autonomes. Ainsi, le contrôle d'individus plus autonomes prendra des formes différentes de la supervision directe : informations nécessaires à un autocontrôle, délimitation précise et redéfinie régulièrement du champ d'action, enregistrement des actes, mais aussi, plus incidemment, forte socialisation, sensibilisation aux objectifs économiques, etc.

L'autonomie : un idéal contemporain

L'autonomie est une valeur dominante aujourd'hui dans l'ensemble de la société occidentale, portée notamment par la philosophie des droits de l'homme qui stipule que tout être humain est libre, détenteur d'une série de droits liés à cette liberté. L'éducation d'un enfant dans nos sociétés a le plus souvent pour objectif de faire de lui une personne autonome. Le rôle des parents consiste à donner suffisamment confiance à leur enfant pour qu'il développe peu à peu son autonomie, chemin médian entre deux extrêmes : la peur de l'action et le risque démesuré.

La philosophie nous enseigne que l'autonomie est plus qu'une simple liberté parce qu'elle relève de la raison. Être autonome, selon le philosophe allemand du XVIIIe siècle Emmanuel Kant, qui a le plus contribué à définir ce concept, consiste en effet à user de sa raison pour édicter des lois que l'on suivra. Ainsi autonomie et liberté diffèrent en ce que la liberté est ce qui reste une fois les lois établies, tandis que l'autonomie consiste précisément à établir les lois. Or, il ne s'agit pas pour chaque homme autonome d'édicter ses propres lois sans prendre en compte la liberté de ses voisins. Être autonome selon Kant, cela consiste aussi à être capable d'agir en respectant la morale, c'est-à-dire en s'obligeant soi-même à suivre une règle d'action généralisable à toute autre personne. C'est ce qu'on appelle suivre **l'impératif catégorique**. Il ne s'agit donc en aucun cas d'agir sans contrainte, mais au contraire d'être capable d'intégrer les contraintes dans sa prise de décision. Ainsi, l'être autonome est celui qui, ayant fait la part des choses, peut alors s'engager sur une position qui lui est propre et qui le représente dans le monde. En ce sens, l'autonomie entretient une relation étroite avec l'identité de la personne, au sens où l'identité signifie continuité et reconnaissance de ses actes. L'enfant, une fois devenu homme, construit une identité singulière, qui le différencie des autres et qui lui permet de se reconnaître dans sa pensée et dans ses actes. L'autonomie est ce qui permet de s'engager en son nom, de dire « je », d'être responsable de ses actes et de ses pensées.

L'autonomie, tant psychique que physique, constitue donc bien, en Occident, un idéal à atteindre pour tout être humain en tant qu'il possède une raison. C'est l'aboutissement logique de l'éducation d'un enfant à qui l'on apprend progressivement à être autonome dans la société. Cet idéal, inculqué par la philosophie des Lumières, est encore bien présent dans nos esprits aujourd'hui.

Quelques concepts voisins

La compréhension de ce qu'est l'autonomie au sens politique du terme — par exemple, l'autonomie d'un pays — nous amène à distinguer cette notion de celles de dépendance et d'indépendance. Le citoyen autonome n'est ni complètement **dépendant**, ni complètement **indépendant** ; il est plutôt dans une relation d'**interdépendances multiples**. Il dépend en grande partie des autres pour prendre ses décisions, mais c'est à lui de les prendre : il n'est donc pas uniquement dépendant. L'indépendance serait la situation dans laquelle il pourrait agir absolument seul, ce qui est rare dans la société, mais encore plus dans une entreprise. L'interdépendance, au contraire, constituerait la situation dans laquelle chacun dépend de chacun, pour des aspects différents.

La place de l'autonomie dans le monde du travail

Bien que très valorisée dans la société, l'autonomie se développe difficilement au sein des organisations pour deux raisons.

D'une part, le contrat de travail suppose une subordination. En échange d'une rémunération, le salarié est censé obéir aux ordres de son employeur, pour autant qu'ils restent dans le triple cadre du contrat, du droit du travail et des conventions collectives. L'autonomie de l'homme pourrait donc être mise entre parenthèses dans le cadre du travail. Elle s'arrêterait à la liberté de contracter avec un employeur, liberté toute relative en période de fort chômage par exemple. Certains salariés ne se sentent ainsi pas responsables de leurs actes dans le cadre de l'organisation, pensant qu'ils n'agissent que sur ordre, qu'ils sont dans un état dit « agentique », dans lequel ils ne prennent pas de décisions qui les engagent personnellement.

D'autre part, l'organisation du travail suppose un certain degré de formalisation qui encadre l'autonomie des salariés en établissant des règles et des niveaux hiérarchiques. Ainsi sont définis des missions ou des postes de travail qui prédéterminent ce qu'un salarié a le droit et le devoir de faire, compte tenu de sa position.

Dans tous les cas, l'autonomie des individus ne disparaît pourtant pas dans l'organisation. Cependant, elle peut être soit favorisée, soit fortement combattue. Dans le premier cas, on parlera d'une **autonomie déléguée** et, dans le second, d'une **autonomie volée** (Valeyre, 1998) ou **conquise**. L'autonomie conquise n'est pas forcément néfaste aux objectifs organisationnels. Elle peut au contraire servir à détourner des règles inopérantes pour mieux satisfaire les objectifs de production (Terssac, 1992). On retrouve cette distinction, appliquée à différents champs d'application de l'autonomie, dans le tableau 8.1 de la section 1.1.4.

1. L'autonomie dans l'organisation : un enjeu difficile

L'autonomie est de plus en plus présente aujourd'hui dans le discours des managers. Mais qu'en est-il réellement au sein des organisations ? Quelles sont les difficultés que rencontre le déploiement de la délégation comme principe d'organisation du travail ? Et, avant tout, à quelles pratiques fait référence la notion d'autonomie ? Tels sont les sujets abordés dans cette première section.

Trois points seront successivement abordés :

- les domaines de développement possible de l'autonomie ;
- l'autonomie des divisions ou des filiales ;
- les interactions entre la délégation et les trois sphères de l'organisation (dispositifs organisationnels, sphère culturelle et jeux d'acteurs).

1.1 La typologie des autonomies dans l'organisation

Il est utile de présenter une typologie des formes que peut prendre l'autonomie dans une organisation, de façon à bien préciser de quoi il est question dans chaque manifestation d'autonomie.

Il faut opérer trois distinctions importantes entre autonomie de moyens et autonomie sur les fins, autonomie procédurale et autonomie de gestion, autonomie conquise et autonomie déléguée.

1.1.1 Autonomie de moyens, autonomie sur les fins

L'autonomie de moyens consiste à être libre de procéder comme bon vous semble pour parvenir à atteindre les objectif de production : elle porte par exemple sur les décisions de répartition du travail entre équipiers, ou sur l'ordre des tâches à effectuer. Selon le niveau de précision des objectifs donnés, il peut ainsi être possible de décider quels objectifs sont prioritaires, dans quel ordre servir les clients, etc. À la limite, elle remplace les procédures de travail, qui indiquent le « comment faire ». C'est déjà une autonomie très importante, malgré sa moindre valorisation dans les représentations collectives. Par exemple, les techniciens d'un service après-vente d'un grand fabricant de photocopieurs ont toute liberté pour organiser leurs rendez-vous quotidiens, du moment qu'ils respectent le délai d'intervention promis au client. Ils se connectent à l'ordinateur central qui leur indique les appels reçus et le type d'intervention à mener. Ils indiquent alors quel client ils ont choisi de servir. Auparavant, ils devaient appeler le chef d'équipe après chaque intervention pour lui demander chez qui ils devaient aller ensuite. Ils ont gagné en autonomie de moyens.

L'autonomie quant au choix des fins à poursuivre semble plus noble dans la mesure où elle rejoint la notion d'autonomie politique et où on imagine les salariés participant à l'élaboration de la stratégie de l'entreprise. Elle touche aussi à la faculté pour les salariés de participer à la définition des règles. Il ne s'agit plus dans ce deuxième cas de détermination des objectifs en tant que tels, mais de participation à la détermination des règles auxquelles on obéira, dans une perspective très kantienne. Cette autonomie se rencontre par exemple dans les cercles de qualité qui aboutissent à la détermination de nouvelles règles de production. Ce sont les opérateurs qui élaborent ensemble les règles qu'ils s'engagent à suivre par la suite.

1.1.2 Autonomie procédurale, autonomie de gestion

L'autonomie procédurale est présente lorsque les opérateurs ont une marge de manœuvre dans la réalisation du travail. Ils peuvent par exemple quitter leur poste lorsque cela leur semble nécessaire ou procéder à la maintenance à leur convenance.

L'autonomie de gestion est d'un autre ordre : il s'agit pour les opérateurs de participer à la gestion de leur unité de travail, en termes de contrôle de gestion, mais aussi de gestion du personnel. Dans certains services, les salariés se chargent ainsi de réaliser leurs tableaux de bord, de déterminer ensemble les tableaux de congés, de fixer les plannings de rotation de postes, en s'arrangeant collectivement, sans que le supérieur intervienne.

Il va de soi que l'autonomie d'action dans l'organisation ne peut être absolue, même dans les situations particulières que sont les **coopératives** ou les entreprises autogérées. En dehors de ces situations, elle est toujours prise dans des contraintes de production, de commercialisation, trop complexes pour laisser un homme seul décider de tout ce qu'il doit faire. Elle ne peut donc qu'être **locale**. Mais en cela elle ne diffère pas sensiblement de la notion générale d'autonomie dont nous avons vu qu'elle incluait un respect de contraintes internes et externes. Il nous semble important pourtant de souligner que, contrairement à certains, nous pensons que l'autonomie en entreprise peut dépasser la simple autonomie de moyens et s'atteler à des fins locales et partielles, notamment à travers la **participation** des salariés à la définition et à l'amélioration des procédures, mais aussi à travers la gestion locale des éléments de gestion des ressources humaines que nous avons cités.

1.1.3 Autonomie conquise, autonomie déléguée

Enfin, l'autonomie peut être soit volée à l'organisation par les subordonnés, soit déléguée par le manager (Valeyre, 1998).

L'autonomie peut-être volée, officieuse, parallèle aux règles prescrites. Nous dirons « conquise ». Dans ce cas, elle relève de la problématique de l'opposition entre travail prescrit et travail réel. Par rapport à une procédure de travail écrite, prescrite au salarié, celui-ci va dévier pour procéder à sa façon, le plus souvent parce qu'il considère que sa façon de faire est plus efficace et que le respect de la règle ne lui permettrait pas de parvenir au résultat demandé. Il ne s'agit donc pas le plus souvent de comportements délinquants, mais au contraire d'un zèle apporté dans son travail. Ainsi, par exemple, des techniciens connaissant bien leur travail décident de déroger aux règles de sécurité pour assurer une meilleure productivité et satisfaire les clients. Il arrive aussi que l'autonomie conquise ne serve pas les intérêts de l'organisation, mais permette aux opérateurs de se donner un peu de liberté par rapport à des règles qui les oppressent.

L'autonomie peut aussi être **déléguée** officiellement, accordée par les supérieurs hiérarchiques, valorisée, voire exigée, dans une visée de performance, selon des principes d'organisation particuliers, parce qu'on estime qu'elle est source de satisfaction et/ou de productivité.

Ces deux principes ne sont pas exclusifs l'un de l'autre. On peut rencontrer des situations dans lesquelles il y a un peu d'autonomie déléguée et beaucoup d'autonomie conquise, ou le contraire. Chaque situation d'entreprise peut se caractériser par un mélange particulier de ces deux types d'autonomie.

1.1.4 Typologie générale de l'autonomie dans les organisations

Que l'autonomie soit conquise ou déléguée explicitement, elle porte sur plusieurs types d'activités dans l'entreprise qui relèvent des deux premières distinctions, allant d'une simple liberté de parole ou de mouvement à une intervention plus ou moins importante dans la gestion même de son activité, en passant par le droit d'intervenir sur les façons de faire.

Nous avons relevé une dizaine de champs d'application de l'autonomie dans l'organisation, qui, croisés avec les deux façons d'obtenir de l'autonomie, donnent vingt types d'autonomie (voir tableau 8.1).

Ce tableau permet de repérer des situations d'autonomie et de les qualifier facilement.

Tableau 8.1 : Typologie des domaines d'application de l'autonomie : exemples de comportements (d'après Alexandre-Bailly, 2001)

	Autonomie conquise	Autonomie déléguée
Liberté de déplacement	Arrangements entre collègues pour aller rencontrer l'équipe de l'aciérie et régler les problèmes directement	Encouragement à aller dans les services proches pour faciliter le travail
Liberté de parole/respect	Relations personnelles entre certaines personnes permettant de diffuser les messages	Organisation de réunions d'échange d'expérience
Choix des horaires et des postes	Échanges officieux la nuit qui permettent de se libérer pour d'autres tâches	Encouragement au libre choix des horaires et à l'autogestion des rotations sur les postes
Absence de surveillance	Arrangements locaux avec le chef de poste	Modification des rôles de l'encadrement de premier niveau
Autonomie procédurale	Négociation tacite avec le chef de poste pour faire comme on le souhaite et ne pas suivre la consigne	Marge de liberté laissée sur les moyens

Tableau 8.1 : Typologie des domaines d'application de l'autonomie : exemples de comportements (d'après Alexandre-Bailly, 2001) (suite)

	Autonomie conquise	Autonomie déléguée
Modification/élaboration des règles	Négociation syndicale, soutenue par une épreuve de force locale	Cercles de qualité aboutissant à la rédaction de nouvelles règles
Autonomie/cadences	Faire varier son rythme de travail : travailler moins vite quand on le souhaite, mais plus vite que la cadence officielle quand c'est nécessaire	Décisions en équipe sur les rythmes de travail en fonction des urgences et des autres tâches
Autonomie face aux incidents	Risques personnels, pour résoudre les problèmes tout seul	Valorisation de la réactivité, traçage, reprise en équipe
Auto-organisation/ autonomie de gestion	Impossible	Libre choix collectif des congés, recrutement par les équipes, partage de primes, etc.
Autonomie dans la gestion de sa carrière	Par démission, et candidature externe, ou alors par réseau personnel	Choix de progression et de formations, évolution interne ou externe à l'entreprise, aidée par le management

1.2 L'autonomie des unités

Quel est le rapport entre l'autonomie des filiales ou des divisions de l'organisation, et celle des personnes ? S'agit-il de la même chose ? Donner une autonomie de gestion, voire de définition d'objectifs à une unité, une division ou une filiale présente deux avantages principaux, qui sont exactement les mêmes que ceux des équipes autonomes.

Premièrement, cela permet de donner du pouvoir aux responsables de divisions ou de filiales et donc d'augmenter leur satisfaction, tout en les préparant à d'autres responsabilités.

Deuxièmement, cela permet d'être plus efficace que si l'on centralisait tous les pouvoirs : gain de temps, meilleure spécialisation, plus grande implication, etc.

Pourtant, cela comporte aussi un revers. En effet, l'on sépare clairement les divisions entre elles, leur donnant de fait des cultures différentes… Si bien qu'il devient très facile de les vendre par appartement.

Seule une politique active d'intégration globale, associée à une déclinaison permanente des valeurs du groupe organisationnel, peut combattre ce type de risque si la direction souhaite maintenir un cap commun et piloter l'ensemble de ses activités, sans que les divisions se marchent sur les pieds. Comme dans le cas des individus, il faut allier pilotage et contrôle, faute de quoi l'efficacité recherchée disparaît. Le degré d'autonomie des filiales comme des divisions dépend alors des facteurs de contingence propres à l'entreprise.

Étude 8.1

L'autonomie et le contrôle dans les organisations en réseau

La question de l'autonomie des co-traitants ou des sous-traitants dans une organisation en réseau est un cas particulier de celle de l'autonomie des parties de l'organisation. Le principe de la structure en réseau consiste à partager entre plusieurs entités juridiquement et capitalistiquement indépendantes les étapes de la chaîne de valeur ajoutée d'un produit ou d'un service. C'est fréquemment le cas dans l'industrie de la chaussure de sport ou dans l'industrie automobile. Les entités sont donc par définition autonomes les unes par rapport aux autres et les chefs de chaque entreprise n'ont que des relations commerciales avec leurs homologues. Néanmoins, la question du pilotage et du contrôle du réseau reste un véritable enjeu pour son noyau. Il s'agit de trouver des modalités de contrôle et de pilotage qui permettent de « guider » l'autonomie des entités, soit par des normes de qualité, soit par des éléments de culture liés au produit et à la marque.

1.3 Les caractéristiques de la structure délégative

Une organisation qui souhaite développer des pratiques de délégation, parce qu'elle a identifié qu'il s'agissait d'un facteur de compétitivité, se trouve confrontée à un certain nombre de défis et de difficultés que l'on peut regrouper selon chacune des sphères organisationnelles (voir chapitre 2, section 2.2).

Les dispositifs organisationnels se doivent d'être compatibles avec le développement de l'autonomie. La sphère culturelle doit valoriser des attitudes constructives dans un climat de confiance. En ce qui concerne enfin les jeux d'acteurs, la mise en place de pratiques de délégation peut être confrontée à de fortes résistances.

1.3.1 La cohérence des pratiques de gestion

En matière de structuration de l'organisation, une première condition pour que l'autonomie des collaborateurs ait des chances de se déployer réside dans la mise en cohérence des pratiques de gestion avec le but visé.

En ce qui concerne l'organisation du travail, il est impossible de déployer l'autonomie des personnes dans un cadre qui définit des postes de façon rigide. Qui dit délégation dit définition de périmètres de fonction souples, adaptés au degré d'autonomie de chacun. Ainsi, l'une des premières réformes à mettre en œuvre consiste à casser les définitions de postes pour passer à une logique de classification liée aux personnes. Cela suppose un énorme travail de diagnostic, de définition de compétences, puis de négociation quant à la hiérarchie des positions dans l'entreprise et aux salaires attenants, tout en respectant les conventions collectives. À l'inverse, le passage d'une grille de classification fondée sur les qualifications à une gestion par les compétences permet de déployer l'autonomie dans la mesure où les opérateurs valident des compétences. C'est ce qu'a vécu le groupe Usinor à la suite de son accord de gestion par les compétences, signé en 1990. Chaque opérateur occupe une situation de travail qui correspond à ses compétences, et il est rémunéré pour cela. Cela permet aux managers de motiver leurs subordonnés à se développer continuellement, au lieu qu'ils restent « coincés » dans une définition de poste, en attendant de pouvoir accéder à une autre.

Cela implique ensuite un système d'actualisation des définitions de fonction fondé sur des entretiens d'appréciation et sur des audits réguliers, prenant notamment en compte l'évolution des métiers. C'est ce qui se passe régulièrement au sein du groupe Usinor, devenu Arcelor en 2001, à la suite d'une fusion.

Un second point important concerne les modalités de contrôle de l'activité. Il est nécessaire d'adapter les modes de contrôle à l'évolution de l'autonomie des personnes, en passant notamment à des systèmes d'autocontrôle, puis de confrontation des points de vue entre pairs et entre personnes de niveaux hiérarchiques différents.

Il s'agit ensuite de repenser les politiques salariales en fonction de ce qui est demandé aux salariés. Sur quels critères accorder des augmentations ou des primes ? Qui est en mesure de les accorder ? Dans de rares organisations (voir encadré 8.2), le développement de l'autonomie va jusqu'à l'autofixation de son salaire compte tenu des résultats de l'entreprise. Dans d'autres, cela passe par une décentralisation très poussée des décisions d'attribution de primes. Ainsi, dans certains groupes industriels, le chef d'équipe décide des primes à attribuer à ses coéquipiers ouvriers.

D'une façon générale, le développement de l'autonomie entraîne la nécessité de se défaire des pratiques élaborées à une époque taylorienne, qui pourraient entrer en contradiction totale avec l'injonction d'autonomie. Il faut au contraire mettre en place la possibilité de faire évoluer en permanence la structure organisationnelle en prenant parallèlement en compte les besoins d'adéquation à la demande des clients et l'évolution des personnes. Le développement de l'autonomie des collaborateurs bute souvent sur le fait qu'au bout d'un moment ils aspirent à être reconnus pour le travail de meilleure qualité qu'ils produisent. Ils demandent alors des évolutions de carrière et des augmentations de salaire. Or, le contexte même dans lequel on choisit de demander aux opérateurs d'être autonomes empêche le plus souvent de les récompenser par ce qu'ils demandent : il y a moins de niveaux hiérarchiques, donc moins de postes pour des promotions, et l'intensité de la concurrence entraîne la nécessité de contrôler les coûts, au premier rang desquels intervient la masse salariale. La solution réside dans l'agrandissement permanent du périmètre dévolu à chacun, sans pour autant attribuer de promotions officielles, sous forme de passage de grades.

La question devient alors de savoir s'il est possible de rétribuer des salariés plus impliqués par la seule possibilité de se réaliser dans leur travail, ou s'il n'arrive pas un moment où le système s'épuise de lui-même. À ce moment-là, le levier culturel devient primordial.

1.3.2 Une culture de la coopération, de l'exemple et de la confiance

La mise en place d'une organisation dans laquelle les salariés peuvent développer leurs initiatives implique le plus souvent un changement culturel. Il ne suffit pas de mettre au point les bons outils de gestion, encore faut-il que les personnes soient convaincues de la possibilité et de l'intérêt de déployer leur autonomie dans leur travail. Or, le plus souvent, les cultures ont plutôt mis en avant la nécessité d'aller tous dans le même sens, de suivre les directives.

Comme pour tout changement organisationnel, cela implique que les dirigeants eux-mêmes soient porteurs des valeurs d'autonomie et acceptent de perdre un peu de pouvoir pour le redistribuer. Cela implique ensuite que cette culture de l'autonomie se diffuse dans l'ensemble de la chaîne hiérarchique de façon à ce que tous soient persuadés de ses bienfaits.

Cela ne peut se faire que par l'exemple répété en permanence, la mise en avant des initiatives des subordonnés, leur reconnaissance, leur publication. Il existe des instrumentations possibles, comme des concours d'idées nouvelles, l'utilisation de la communication interne pour valoriser des innovations venues du terrain. Mais, par-delà ces outils, c'est surtout la confiance que le manager place dans chacun de ses subordonnés qui est source d'un esprit de coopération qui se perpétue. Derrière cette confiance, il y a la connaissance de chacun, le dialogue, la progressivité des responsabilités qui lui sont données et la reconnaissance accordée.

La culture ainsi diffusée est celle d'une reconnaissance réelle des différences individuelles et de leur richesse pour l'organisation, tout en conservant un fort sens économique de la nécessité de coopérer dans le même sens. Ainsi, dans telle grande organisation qui avait pour souci de développer les initiatives, des formations à l'économie du secteur étaient dispensées aux ouvriers, de façon à ce qu'ils intègrent dans leurs décisions de production des notions de coûts ou d'économie pour l'entreprise.

1.3.3 Les jeux d'acteurs officialisés ?

Un des problèmes majeurs auxquels est confrontée l'organisation lorsqu'elle décide de mettre en place une délégation généralisée réside dans la réaction des acteurs concernés par le développement officiel de leur autonomie.

En effet, même dans la structure la plus prescriptive, les acteurs font constamment preuve d'autonomie, à la fois pour augmenter leur pouvoir ou limiter celui que les autres ont sur eux (Crozier et Friedberg, 1977), mais surtout pour que le travail réel puisse se faire (Terssac, 1992). En effet, les règles ne pouvant pas tout prévoir, il est impératif que les acteurs fassent preuve d'autonomie pour assurer les résultats attendus. Or, ce type d'activité ne dépend que de leur bon vouloir et ils le monnaient en conséquence. Les acteurs négocient avec leur supérieur hiérarchique direct une reconnaissance de leur autonomie professionnelle en échange de son déploiement. Se manifeste alors une sorte de lutte dans laquelle les acteurs, en échange de l'atteinte des résultats, se voient reconnaître une véritable identité professionnelle. Par exemple, des opérateurs dans un atelier forcent leur contremaître à les regarder jouer aux cartes en début de poste, pour ensuite réaliser les objectifs en moins de temps que prévu, mais à leur façon. En acceptant leur jeu, le contremaître leur signifie qu'il reconnaît leur compétence (Terssac, 1992).

Ce schéma, issu de la théorie de la régulation conjointe (Reynaud, 1989), permet de comprendre pourquoi les opérateurs en font plus que ce qui leur est demandé. L'autonomie déployée ici a pour avantage de leur fournir la reconnaissance de leur identité. C'est un enjeu d'importance.

Se pose alors immédiatement la question de savoir ce qui peut motiver les mêmes acteurs à faire preuve d'autonomie lorsque leurs supérieurs le leur demandent officiellement, témoignant ainsi par avance qu'ils reconnaissent leurs capacités, sans qu'il y ait besoin d'un combat pour cela. Que leur reste-t-il à gagner ? N'ont-ils pas au contraire beaucoup à perdre dans le fait de livrer directement leurs secrets de fabrication. Dans ce cas, ils risquent de perdre des atouts dans le jeu d'acteurs et de se retrouver sans éléments de négociation.

Selon ce point de vue, la question de la mise en autonomie est donc confrontée à la résistance des acteurs pour qui ce nouveau jeu est dangereux, inquiétant. Cela implique de réfléchir à de nouveaux éléments de négociation à mettre dans la balance, de façon à reconstituer un jeu qui en vaille la chandelle pour tous les acteurs. Or, la plupart des anciennes organisations tayloriennes qui développent l'autonomie le font pour des raisons économiques. Elles ont donc des difficultés à rémunérer plus leurs salariés. Si la solution n'est pas dans la rémunération, elle peut se trouver dans une autre forme de rétribution. Par exemple, on pourrait reconnaître aux acteurs le droit de gérer eux-mêmes leurs évolutions de carrière, en les informant davantage sur les possibilités de formation et de mutation et en acceptant leurs choix (Alexandre-Bailly, 2001). Il existe certainement d'autres pistes, différentes selon les contextes et les individus.

Application 8.2

L'autonomie des individus appliquée à la SEMCO

Dans son ouvrage intitulé *Maverick* (1993), du nom anglais des chevaux sauvages, Ricardo Semler raconte comment il a repris la direction de l'entreprise familiale SEMCO, située au Brésil, en y créant un haut niveau d'autonomie de tous les salariés. Cette entreprise spécialisée dans l'électroménager a été révolutionnée par son nouveau patron, de telle sorte que chacun puisse apporter sa créativité au travail.

Ainsi, les définitions de poste ont été supprimées, les horaires de travail ont été libérés, chacun pouvant venir et repartir à l'heure qui lui convenait. Les salariés ont eu le droit de s'habiller comme bon leur semblait.

Le succès de ce changement a été tel que l'entreprise a connu une forte croissance, et que son jeune patron a pu néanmoins s'absenter deux mois par an, pour s'adonner à son sport favori, la croisière au long cours, sans être dérangé pendant ce temps.

Un symbole de cette autonomie instituée a de quoi marquer les esprits : à la SEMCO, chacun est libre de déterminer son salaire et de décider s'il mérite une augmentation. La seule contrainte consiste à écrire son salaire dans un registre mis à la disposition de tous. Ce système fonctionne sans abus, ou réclamations.

Résumé

- Le développement de la délégation comme principe organisationnel est un sujet délicat. Il existe des niveaux et des types de délégations très différents les uns des autres, ce qui implique de toujours préciser à quel type d'autonomie on fait appel et quels sont les champs qui en restent exclus.
- Par ailleurs, la mise en place de dispositifs de délégation se heurte à des résistances du double fait de l'existence de pratiques culturelles opposées à l'autonomie et de jeux d'acteurs défensifs face à une invasion par l'organisation formelle de sphères relevant jusque-là de rapports de force favorables aux subordonnés.

2. Les aspects interindividuels de l'autonomie et de la délégation

Le fait d'accorder plus ou moins d'autonomie à un collaborateur ne peut se décider abstraitement, indépendamment du contexte, de la tâche à effectuer et des personnalités du délégant et du délégataire. C'est le premier point abordé dans cette partie : la relation duelle.

Pour limiter les risques afférant à l'autonomisation des personnes, le moyen le plus couramment employé est celui de la constitution de petites équipes autonomes ou semi-autonomes. Leur fonctionnement est analysé dans le deuxième point.

L'analyse de ces équipes conduit enfin à réfléchir à la possibilité de supprimer l'autorité hiérarchique dans le contexte d'une organisation.

Nous examinerons ainsi successivement

— le phénomène de relation duelle ;

— le fonctionnement des équipes autonomes ;

— la suppression éventuelle de l'autorité hiérarchique.

2.1 La délégation de personne à personne

La délégation concrète de tâches et de missions à un subordonné se heurte à un certain nombre de difficultés qui peuvent être modélisées selon la théorie de l'agence (voir encadré 8.3) : le supérieur hiérarchique a peu de garanties au départ que son subordonné s'acquittera convenablement de sa tâche, il va donc avoir tendance à limiter la délégation.

Pour qu'un manager accorde une réelle autonomie à son collaborateur, trois conditions sont alors nécessaires :

- Le manager lui-même doit être convaincu des bienfaits de l'autonomie et doit être capable de lâcher prise.
- Le collaborateur doit démontrer un niveau d'autonomie adéquat, tant dans ses compétences que dans sa personnalité.
- Le manager doit gérer la prise d'autonomie et l'atteinte du résultat escompté.

Nous examinerons ces trois points successivement.

2.1.1 Le rôle essentiel du manager

Il existe de nombreux freins qui empêchent un manager de croire aux bienfaits de l'autonomie. Parmi ceux-ci, le plus important est sans doute la peur de perdre son pouvoir sur ses collaborateurs, de les rendre indépendants de lui. Blanchard *et al.* (1990) relèvent toutes les raisons qui poussent à rationaliser le fait de ne rien déléguer :

- **Le souci de la légitimité technique.** Le plus souvent, on est nommé manager lorsque l'on a été un bon professionnel jusque-là. Abandonner la partie « technique » du travail représente un deuil difficile à assumer, un plaisir auquel il faut renoncer. De plus, continuer à se charger de la partie technique empêche de se mettre véritablement

Étude 8.3

L'autonomie selon la théorie de l'agence

La **théorie de l'agence** est une théorie économique qui permet de rendre compte de la relation qui existe entre un **principal** qui donne un mandat à réaliser à un agent, et cet agent, appelé le **mandataire**.

Le problème du principal réside dans le fait qu'il ne peut entièrement contrôler le travail de l'agent et qu'il doit donc soit lui faire confiance, soit mettre en place un dispositif de contrôle qui lui permette de piloter au maximum l'activité de son agent.

Se poser la question de l'autonomie amène aussi à se poser la question de l'ignorance dans l'organisation : on confie à quelqu'un ou à un ensemble constitué une tâche à accomplir, qu'il réalise de façon autonome, et pour laquelle on ignore comment il va s'y prendre. Comment la confiance à l'égard du « mandataire » — pour reprendre la terminologie issue de la théorie de l'agence — va-t-elle se construire ? Une vision particulière du mandataire en organisation nous est donnée par J. Girin (1995), qui montre que, souvent, le mandataire n'est pas un homme ou un groupe de personnes mais un ensemble composite, associant à la fois des hommes, des objets, des espaces physiques, des machines, des documents, etc., autant de ressources humaines, matérielles et symboliques. La confiance dans le mandataire ne se construit donc pas uniquement au regard des personnes mais au regard de cet ensemble (ou **agencement**) : par exemple, on délègue à un expert, qui dispose de tel ou tel matériel, et dont le travail s'appuie sur des process plus ou moins définis. La qualité du matériel, la pertinence des process vont tout autant entrer dans la confiance que le mandant aura à l'égard du mandataire que les formations, les histoires des personnes, leur plus ou moins grande habitude à travailler ensemble. De même, la performance du mandataire sera d'autant meilleure que les personnes auront eu l'habitude de mobiliser ce matériel, sauront prendre du recul par rapport aux process. La confiance se construit au regard des différentes ressources de l'agencement, et des relations qui existent entre elles.

au management, tâche nouvelle et difficile à aborder. Les nouveaux managers ont souvent l'impression qu'ils ne seront pas légitimes aux yeux de leurs troupes s'ils ne leur montrent pas à quel point ils maîtrisent mieux qu'eux leur travail.

- **Le besoin de se rendre indispensable.** Les managers peuvent aussi avoir l'impression que le fait de ne pas déléguer contribue à les rendre indispensables, car ils sont les seuls à savoir ce qui est nécessaire pour l'organisation. Cela les conforte dans leur ego et les rassure quant à l'impossibilité de les licencier.
- **Le souci de rapidité.** Un manager peut se dire que cela ira plus vite s'il fait le travail lui-même plutôt que de passer du temps à expliquer à un collaborateur ce qu'il attend.
- **La difficile acceptation des idées différentes.** Le problème principal réside surtout dans la difficulté à accepter le point de vue des autres sur un domaine au sujet duquel on a ses propres idées. Le fait de déléguer une tâche implique que le délégataire la fera

à sa façon, ce qui peut inquiéter considérablement un manager préoccupé des résultats de son service. De fait, l'autonomie implique l'abandon du *one best way* et provoque un surcroît d'incertitude dans un milieu qui n'en est déjà pas exempt. C'est pourtant précisément la possibilité d'abandonner la notion de maîtrise qui est intéressante dans le fait de donner de l'autonomie aux collaborateurs, car elle provoque un changement de paradigme, qui seul pourra permettre de faire face aux enjeux nouveaux de la production. Il faut prendre en compte le niveau d'autonomie psychique du manager lui-même et en particulier quelques attitudes fondamentales vis-à-vis d'autrui : sa capacité à faire confiance à l'autre ou à se défier *a priori*, systématiquement, son ouverture aux autres, son mépris plus ou moins important pour ceux qui ne sont pas au même niveau.

- **L'absence de compétences propres à la délégation.** Ce dernier élément concerne la maturité et l'expérience du manager, dans le sens de sa capacité à évaluer le niveau d'autonomie de chaque collaborateur et la possibilité de lui déléguer ou non tel ou tel point. En ce sens, l'histoire du manager est importante : a-t-il déjà vécu des situations dans lesquelles il a accordé trop d'autonomie et où cela s'est mal passé ? A-t-il lui-même bénéficié d'une latitude croissante dans ses différentes fonctions, de la part de ses managers passés et actuels ? Ce point renvoie également à l'importance du contexte organisationnel, et notamment à la culture de délégation et à son organisation.

À l'inverse, quatre arguments jouent pour convaincre les managers des bienfaits de l'autonomisation de leurs collaborateurs :

- **Le gain en temps et en qualité.** Un manager qui délègue tout ce qu'il peut déléguer gagne du temps pour se consacrer à son propre travail et notamment pour encadrer convenablement ses équipes. Le plus souvent, quand un manager est débordé, doit travailler tard le soir et emporter du travail le week-end, c'est parce que, sans vraiment s'en rendre compte, il a accepté de prendre en charge la résolution des difficultés que ses subordonnés ont rencontrées. C'est ce que Blanchard (1990) appelle « récupérer les singes des autres et avoir à s'en occuper ». Celui qui refuse de prendre soin des singes peut au contraire se consacrer à piloter la gestion des singes par les autres.
- **La possibilité de former ses collaborateurs.** C'est aussi l'occasion pour le manager de former ses collaborateurs en leur confiant de plus en plus de responsabilités et de préparer sa succession et celle de ses subordonnés.
- **La nécessité de faire confiance.** Un manager qui refuse de déléguer envoie à ses collaborateurs le message plus ou moins explicite qu'il ne leur fait pas confiance. Cela peut les entraîner assez rapidement dans un cercle vicieux dans lequel ils perdent réellement confiance en eux-mêmes, ou méprisent le manager pour ce sentiment. Dans tous les cas, il en résulte une motivation plus faible. Il existe aussi des personnalités qui trouvent leur motivation dans le fait de démontrer au contraire à leur manager qu'ils sont dignes de confiance. Mais leur action peut être entravée par un manager défiant qui ne leur donne pas les moyens de travailler correctement et qui ne les contrôle pas à bon escient.
- **La motivation et la créativité.** À l'inverse, le manager qui délègue entre dans un cercle vertueux dans lequel les collaborateurs se montrent de plus en plus autonomes, si bien

que la délégation va grandissant, jusqu'à une modification du périmètre du poste (Savel *et al.*, 2000). Dans ces cas positifs, la motivation intrinsèque (voir chapitre 5, section Concepts clés) des collaborateurs augmente et il y a de grandes chances que les résultats du service s'améliorent du fait combiné d'une plus grande implication et d'une plus grande originalité des travaux effectués, chacun y mettant vraiment du sien.

Ainsi, le degré d'autonomie réel dans un service dépend avant tout des attitudes du manager et de l'atmosphère qu'il génère.

2.1.2 L'initiative du collaborateur

Quelles que soient les difficultés et les ambiguïtés attachées à l'autonomisation, c'est au salarié de se montrer autonome dans son travail. Les freins personnels qui peuvent l'en empêcher seront évoqués dans la section 3.3 de ce chapitre. Ce qui est examiné ici, c'est le mode de fonctionnement de la prise d'initiative.

Si l'autonomie ne peut constituer une injonction, faute de quoi elle se dénature, alors, une fois le contexte souhaitable créé, la véritable action autonome ne dépend que du collaborateur concerné. On entend souvent dire que telle personne est autonome et telle autre moins. L'autonomie est un des items de la plupart des grilles d'appréciation du personnel. Or, lorsque quelqu'un a été mal noté sur ce point, son manager se contente de lui dire qu'il faut qu'il soit plus autonome. Le collaborateur se demande alors ce que le manager a voulu dire. Comment faire pour être plus autonome ? Le résultat de ce type d'entretiens est que le collaborateur se met à craindre de solliciter son manager de peur d'apparaître trop dépendant, et prend des initiatives qui ne sont pas toujours heureuses. Il ne faut pourtant pas confondre le fait d'être un collaborateur autonome avec celui de ne pas demander d'aide quand on en a besoin. Cette confusion a une double origine :

- **Une origine historique.** À la suite des travaux précurseurs d'Elliot Jaques sur la hiérarchisation des salaires, de nombreuses techniques d'évaluation de poste incluent le niveau d'autonomie en le définissant comme proportionnel au temps que passe le collaborateur à travailler sans faire appel à son supérieur hiérarchique (Jaques, 1961, 1963 pour une traduction française). Selon cet auteur, moins un salarié fait appel à son chef, plus il est autonome, plus il doit être payé.
- **Une origine pratique.** Le manager qui se voit contraint d'évaluer le niveau d'autonomie de son collaborateur sans plus de précisions ne se réfère, dans le meilleur des cas, qu'au nombre de fois où celui-ci vient le voir, faute de disposer d'une définition claire de l'autonomie, pourvue de critères et de niveaux plus objectifs. Ceux-ci sont extrêmement rares dans les organisations : ils n'existent que dans celles où des référentiels de compétences ont été élaborés avec des applications concrètes correspondant à chaque fonction, définies pour chaque niveau d'autonomie. Lorsque le manager dispose d'une grille qui précise que le premier niveau d'autonomie d'un ouvrier consiste à savoir conduire sa machine tout seul, que le deuxième niveau consiste à savoir la régler et que le niveau le précédemment consiste à faire des propositions quant à la production à sortir compte tenu de l'état des machines et des demandes urgentes des clients, il n'a plus autant de difficultés à situer son collaborateur sur la grille. Il lui suffit de se remémorer des actes précis de son collaborateur pour le noter.

Une fois les niveaux d'autonomie précisés dans chaque contexte, il reste à comprendre quelles sont les conditions qui permettent à un collaborateur de faire preuve de bonnes initiatives dans son travail. Cela suppose que quatre conditions soient réunies (voir figure 8.1) :

- Le collaborateur doit avoir les moyens de prendre des initiatives, en termes de temps, de budget, mais surtout de compétences dans le domaine où il est autonome. Cela relève de la formation formalisée mais surtout des apprentissages réalisés sur le terrain et conceptualisés par chacun. Cela signifie que la compétence se construit peu à peu, au fur et à mesure de l'exposition, plus ou moins pilotée par le management, aux différentes facettes du métier. Cela suppose aussi un bon niveau d'implication dans son travail et une envie d'améliorer ses compétences en permanence.
- Il doit avoir envie d'atteindre les résultats nécessaires. Seul un désir personnel peut conduire à s'engager pleinement dans son acte de travail (Chatzis *et al.*, 1999), à chercher des solutions face aux événements qui émergent, à inventer de meilleures façons de faire. Ce désir relève de sa propre motivation ; il peut s'agir d'un goût pour la technique, d'un perfectionnisme, d'un professionnalisme, d'une envie de se faire remarquer par la hiérarchie afin de progresser, etc. Mais ce désir ne peut émerger que s'il n'est pas sans cesse balayé par les mauvaises réactions de l'entourage, la non-prise en compte des idées, leur non-reconnaissance, etc.
- Il doit comprendre les enjeux de son action et savoir quel est l'impact de son travail sur les autres parties de l'organisation, sur l'atteinte des objectifs finaux. Cela lui permet d'orienter ses actes, de leur donner du sens, de les ajuster à ceux des autres, de définir ses priorités.
- Il doit avoir confiance en lui-même, soit qu'il possède une personnalité déjà confiante, soit que le manager la lui ait renforcée par une reconnaissance manifeste. Sans estime de soi, il est difficile de s'engager personnellement dans son travail, de se révéler aux yeux des autres de cette façon.

Si ces quatre conditions sont réunies, le collaborateur peut prendre des initiatives à la mesure de ses capacités et de son équilibre psychique. Reste alors à piloter ces initiatives.

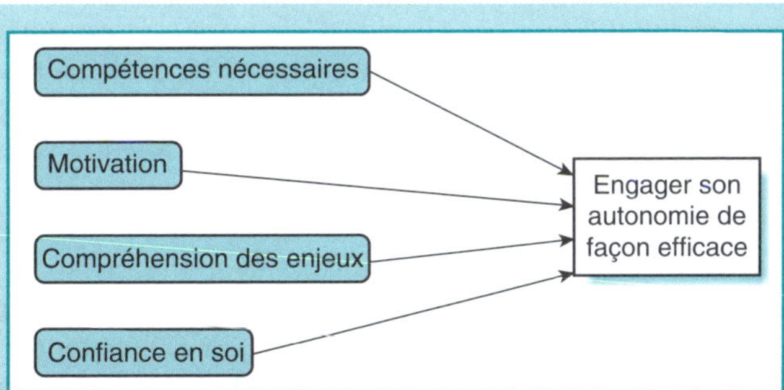

Figure 8.1. Les conditions de la prise d'initiative.

2.1.3 Le pilotage de la délégation

Il ne suffit pas d'éclaircir les enjeux d'une activité, de donner confiance, de fournir les compétences et les moyens, encore faut-il piloter dans le temps les actions déléguées à son subordonné, de façon à les ajuster en fonction de ses capacités et de leur évolution (Picq et Retour, 2001).

Cela suppose de mettre en place un dispositif de suivi et de contrôle qui relève des principes du management par objectifs :

- Fixer des objectifs clairement perçus et les faire accepter. Si un collaborateur se fait sa propre idée de son métier et de ses fonctions, son manager doit veiller à ce que son travail corresponde bien à ce qu'il attend de lui, en fonction de la place qu'il occupe dans l'équipe ou dans le service. Sinon, chaque collaborateur travaillera à ce qui lui semble important et les objectifs du service ne seront pas atteints. Un point essentiel dans le déploiement de l'autonomie consiste à tracer le cadre dans lequel chacun peut exercer son autonomie sans empiéter sur celle des autres et nuire au bon fonctionnement de l'organisation.
- Déterminer à l'avance, ensemble, les étapes de réalisation, de façon à pouvoir suivre les réalisations et faire le point régulièrement à des moments prévus à l'avance.
- Contrôler la réalisation des objectifs fixés et les réajuster en fonction du degré d'autonomie démontré par le collaborateur. Plus un collaborateur se développe, plus on peut élargir et enrichir son poste, en lui confiant une part croissante de gestion de son activité, mais sans jamais abandonner le contrôle, ce qui revient aussi à signifier clairement que la responsabilité finale est du ressort du manager. C'est son rôle fondamental.

Ainsi, le pilotage constant de la délégation à chacun contribue à augmenter la confiance entre le manager et le collaborateur, ce qui conduit peu à peu à autonomiser le collaborateur le plus possible compte tenu du contexte et des personnes. Cela peut aussi amener à limiter certains aspects de l'autonomie accordée lorsque le manager constate que le collaborateur est en recul à un moment donné ou qu'il a atteint ses propres limites.

Le rythme d'autonomisation de chacun doit être respecté de façon à ce qu'il n'y ait pas d'angoisse liée à un trop grand saut dans le vide. Cela implique, pour le manager, d'être situationnel (Hersey et Blanchard, 1989), c'est-à-dire de repérer où en sont les collaborateurs dans leur degré de maturité tant professionnelle que psychologique. La maturité professionnelle comprenant la compétence, la motivation et le désir d'assumer ses responsabilités ; la maturité psychologique comprenant quant à elle l'amour propre, l'estime de soi et la confiance en soi. L'idée du management situationnel revient à respecter une progression suivant le schéma suivant : le manager est par nature plus ou moins centré sur la tâche ou sur la relation interpersonnelle. En fonction de son propre style de management et de la maturité de son subordonné, il va tenter de lâcher prise de plus en plus, tant dans la directivité que dans le soutien, pour aller vers une véritable délégation. Mais dès que l'organisation se retrouve sur une nouvelle activité ou dans une situation de changement, le cycle repart pratiquement de zéro et le travail de lâcher prise doit reprendre.

On peut donner une vision plus concrète de la progressivité de la délégation à travers les quatre étapes proposées par Thierry Picq et Didier Retour (2001) :

1. Laisser le choix de la méthode de travail, mais en imposant les moyens et les objectifs.
2. Laisser le choix de la méthode, puis le choix des moyens, mais au sein d'une enveloppe budgétaire déterminée.
3. Instaurer un dialogue sur le montant de l'enveloppe budgétaire.
4. Instaurer un dialogue sur la détermination des objectifs.

Ces quatre étapes permettent de donner une autonomie d'abord centrée sur les moyens puis sur les finalités du poste. Par cette progressivité dans la délégation, les salariés prennent confiance à la fois en eux et en leur manager. Ils se sentent pilotés et peuvent avancer à leur rythme vers une plus grande autonomie, sans risque de rejet majeur. Ceux qui ne souhaitent pas aller plus loin peuvent s'arrêter à un stade donné, mais savent qu'ils pourront changer d'avis ultérieurement. Finalement, dans ce management à la mesure du niveau d'autonomie de chacun, la figure du manager change totalement et se personnalise.

Ce cadrage individuel permet de s'assurer que la délégation est bien répartie et que le service va dans le bon sens, mais il est insuffisant pour insuffler une dynamique étendue de responsabilisation dans le service. Il faut alors aborder le pilotage de l'autonomie collective d'une équipe.

2.2 Piloter des équipes autonomes

En dehors des aspects de délégation directe de personne à personne, les managers sont aussi amenés à insuffler un vent d'autonomie au sein de leurs équipes. Le problème est différent, car il implique de regarder ce que les caractéristiques des groupes génèrent en matière d'autonomie, de dépendance ou d'interdépendance.

Toutes les tentatives actuelles d'autonomisation des équipes, par exemple les « unités élémentaires de travail » chez Renault (Renault, 1996) ou les équipes de l'usine NUMMI aux États-Unis (Pfeffer et Veiga, 1999), se réfèrent plus ou moins explicitement aux travaux de l'école socio-technique anglo-américaine sur les groupes semi-autonomes (Emery, 1993a ; Emery, 1993b ; Herbst, 1976 ; Thorsrud, 1975), expérimentés principalement en Europe du Nord, dans le mouvement de démocratie industrielle fort bien représentée par l'usine Udewalla de Volvo (Auer et Riegler, 1990). C'est pourquoi nous proposons ici un développement sur les principes de l'école socio-technique.

2.2.1 Les groupes semi-autonomes de production

Inspirée à la fois par la systémique (Van Bertalanffy et Chabrol, 1975), la psychanalyse kleinienne (Klein, 1947), et les études sur les petits groupes (Bion, 1965), l'école socio-technique anglaise a montré que le fait de donner à un petit groupe une autonomie d'organisation dans son travail avec des objectifs collectifs permet d'atteindre à la fois de meilleurs résultats économiques et une meilleure satisfaction sociale. En effet, non seulement le groupe va s'organiser de la meilleure façon possible compte tenu du système technique en place, mais surtout les individus vont se trouver protégés de leurs angoisses liées à l'autonomisation par la présence rassurante du petit groupe, qui fait office de mécanisme de défense. Avec le temps, un groupe auto-organisé accroît son périmètre d'autonomie et contribue à améliorer en continu les résultats de l'organisation. Ce fonctionnement est décrit dans un article célèbre sur la taille du charbon, résumé dans l'encadré 8.4.

Application 8.4

Les longs fronts de taille dans l'extraction du charbon (Trist et Bamforth, 1951)

Trist et Bamforth, de l'école socio-technique anglaise, ont attiré l'attention sur les conséquences économiques, sociales et psychologiques d'un modèle d'organisation relevant du taylorisme. Le mode de travail traditionnel dans la mine était le suivant : de petits groupes stables de trois à cinq personnes exploitaient chacun une portion de front de taille relativement courte, en extrayant le charbon manuellement. Ces petits groupes s'auto-organisaient et passaient des contrats avec la direction. Après guerre, quand les directions se sont avisées de mécaniser la production, espérant ainsi augmenter la productivité, elles ont modifié du même coup l'organisation du travail. Les machines permettaient d'attaquer de longs fronts de taille et des équipes d'environ quarante personnes furent formées. Les résultats furent médiocres. Les mineurs éprouvèrent de grandes difficultés morales dans cette nouvelle organisation. L'individualisme, l'absentéisme, les conflits se développèrent. On comprit alors que l'ancienne organisation avait des vertus psychologiques importantes. La cohésion du petit groupe permettait aux mineurs de supporter la pénibilité et le stress du métier. Elle leur permettait aussi d'échapper à l'anonymat d'une grande collectivité. Leur autonomie de manœuvre leur laissait la possibilité d'adapter leur rythme de travail aux conditions rencontrées, à leur fatigue du moment. Enfin, le petit groupe menait une tâche de A à Z, alors que les roulements établis dans la nouvelle organisation conduisaient les mineurs à effectuer des morceaux de tâche. Ayant perdu tous ces avantages, les mineurs s'étaient retrouvés sans moyens d'atténuer les désagréments d'un travail très dur. Ensuite, des innovations organisationnelles permirent de revenir à des équipes de plus petite taille, plus autonomes et plus polyvalentes, ce qui a accru la variété des tâches et la solidarité entre mineurs. D'où des résultats meilleurs tant au niveau de la satisfaction qu'à celui de la productivité.

Ainsi, un groupe semi-autonome est un groupe qui prend en charge plus que la simple production d'un bien ou d'un service. S'y ajoutent, selon les cas, la maintenance, la relation au client, la gestion y compris celle du personnel, l'autocontrôle, voire le choix des objectifs à poursuivre (Roy *et al.*, 1998). Dans le contexte actuel, ces groupes sont composés de salariés polyvalents susceptibles de tourner sur les différents postes de travail, de façon à ce qu'ils soient toujours en état de fonctionnement.

Ces systèmes d'organisation n'ont été que très peu appliqués en dehors de l'Europe du Nord, essentiellement pour des raisons culturelles. En effet, il semble difficile dans des cultures plus latines de diminuer le poids de la distance hiérarchique et de combattre les valeurs individualistes.

Pourtant, depuis la fin des années 1980, on assiste à un renouveau des équipes semi-autonomes, inspirées du modèle japonais, qui paraissait alors plus efficace (voir encadré 8.5). Les idées développées aujourd'hui relèvent à la fois de la meilleure connaissance du terrain qu'ont les opérateurs, mais aussi de la plus grande efficacité de ce type d'organisation qui combine motivation et polyvalence. Dans des contextes où le temps de travail et les coûts ont été réduits, les quelques personnes qui restent dans une équipe donnée doivent pouvoir s'organiser pour faire face en permanence à des exigences toujours plus grandes et rarement totalement compatibles entre elles.

Application 8.5

Application contemporaine de l'organisation en groupes semi-autonomes

En 1983, l'entreprise de sous-traitance automobile FAVI, située en Picardie, met en place une organisation en groupes semi-autonomes sous forme de mini-usines consacrées chacune soit à un constructeur soit à un produit.

Chaque mini-usine est responsable du processus de fabrication, des contrôles qualité, de la maintenance, du réglage et du démarrage des machines, en relation directe avec les clients et avec les fournisseurs. Chacune est dirigée par un leader, ancien opérateur ou technicien, formé à l'animation pendant deux ans. Ces leaders peuvent faire appel à une série d'experts qui viennent les appuyer sur demande. Leur rôle est d'accompagner la prise d'autonomie des collaborateurs, en animant la démarche qualité, en les aidant dans leurs initiatives. Au fur et à mesure de la montée en autonomie des opérateurs, les leaders prennent en charge un plus grand périmètre de gestion, se consacrant de plus en plus au recrutement, à la gestion du personnel et à la prospective sur les évolutions de la demande. Cet enrichissement des tâches des leaders s'accompagne d'une augmentation de salaire individualisée et proportionnelle. Les opérateurs quant à eux bénéficient, grâce à l'intéressement et à la participation, de seize mois de salaire (en 1994).

L'objectif est de mieux satisfaire le client, en maintenant les prix de vente au même niveau, d'où la recherche constante d'améliorations de la productivité, grâce à un budget formation représentant 10 % de la masse salariale. Les opérateurs sont ainsi formés aux nouveaux outils, mais aussi à l'écoute du client, à l'animation de réunions, etc. Autant d'outils qui leur servent à gérer eux-mêmes non seulement le processus de production, mais aussi les relations commerciales.

Les résultats économiques de cette réorganisation ont été sensibles : effectifs triplés en dix ans, 40 % du chiffre d'affaires réalisé à l'export, le tout sans aucune augmentation des prix en dix ans.

Il convient de pénétrer à l'intérieur du fonctionnement de ces équipes pour comprendre ce qui s'y passe réellement et comment l'efficience est obtenue. Il y a deux faces à la médaille de l'autonomie des groupes. Il existe d'un côté une véritable dynamique, de l'autre une menace de sclérose.

2.2.2 Une dynamique riche

L'intérêt des équipes semi-autonomes réside non seulement dans la plus grande autonomie laissée dans le travail mais surtout dans la nécessité de dialoguer en permanence pour qu'il y ait ajustement aux situations et aux autres. Ainsi, la division du travail est considérablement réduite. Les collaborateurs ont la possibilité de penser leur travail et de comparer leurs points de vue, d'essayer de convaincre les autres du bien-fondé de leurs idées, dans une perspective assez proche de celle défendue par le philosophe allemand contemporain Habermas à travers le concept d'« agir communicationnel » repris par les chercheurs du LATTS, dans leur ouvrage portant sur l'autonomie au travail (Chatzis *et al.*, 1999). Selon cette équipe, conduite par Philippe Zarifian, l'autonomie au travail met en mouvement une capacité à interagir avec les autres membres de l'équipe face à un aléa qui survient dans le travail, à les convaincre du bien-fondé de son analyse et de sa proposition d'intervention. Il s'agit donc d'un comportement qui met en jeu des capacités de conviction et pas seulement de réflexion.

Cela permet à chacun de trouver une identité à travers le regard des autres, de s'impliquer pleinement et de pouvoir mesurer l'impact de ses actes. Cela permet aussi de générer une culture de l'entraide, du partage, source d'une atmosphère plus agréable que l'isolement ou la concurrence.

Ainsi, les équipes autonomes, qu'il s'agisse d'ouvriers de l'industrie ou d'ingénieurs et de managers placés en équipe projets, connaissent un enrichissement de leur travail, non seulement du fait de se voir confier des tâches de réflexion et de gestion, mais surtout par la confrontation aux points de vue souvent différents des autres et la contribution collective à des résultats supérieurs à la normale.

Cela génère une motivation importante, ainsi qu'une satisfaction à la fois professionnelle quant à la qualité du travail et personnelle quant à l'atmosphère de l'équipe. Pourtant, ce fonctionnement vertueux ne se rencontre pas dans tous les cas.

2.2.3 Une surveillance mutuelle qui remplace le contrôle

La grande difficulté des équipes semi-autonomes censées être créatives et réactives est que leur raison d'être est la nécessité d'une extrême efficience ; il y a donc une forte pression sur l'équipe, qui peut se traduire rapidement par des comportements de surveillance mutuelle visant à s'assurer que chacun contribue autant que les autres et que personne ne se laisse porter par le système. Si l'un des équipiers ne joue pas le jeu, tombe malade ou s'implique moins, les autres doivent soit compenser, soit l'amener à faire plus. Cela entraîne un regard parfois désagréable et suspicieux sur les autres, allant jusqu'à un refus d'entrer dans ce type de fonctionnement pour éviter de se fâcher avec ses compagnons. De fait, dans certains cas, la mise en autonomie peut être perçue comme une démission du chef qui reporte ses responsabilités sur les épaules des équipiers : à eux de faire travailler les autres.

Lorsque les collaborateurs acceptent le fonctionnement en équipe autonome, ils ne renoncent pas pour autant facilement à leurs avantages acquis, si bien que la négociation interne à l'équipe sur l'affectation plus ou moins temporaire à telle ou telle place est très serrée. Pourquoi occuper telle place qui est plus fastidieuse qu'une autre alors que l'on possède les compétences nécessaires pour tenir en permanence la place intéressante ? Difficile alors d'organiser une discussion interne à l'équipe qui fasse émerger la nécessité de former des remplaçants sur chaque place, alors même que chacun protège ses intérêts. Les dérives de la surveillance mutuelle ne peuvent être évitées que si l'on construit une culture forte, qui valorise les bienfaits individuels du travail en équipe, du don de ses compétences au profit du bien-être global. Dès qu'un individu n'y croit pas et change de comportement, il s'exclut lui-même du groupe. Si bien que ceux qui veulent rester sont au moins obligés de faire comme s'ils acceptaient les règles du jeu.

Pourtant cette culture forte n'annihile pas toutes les différences individuelles, puisque le but recherché est de favoriser l'expression des différences pour une plus grande richesse d'analyse et de pratiques. Ainsi, des divergences apparaissent en permanence dans le groupe et les confrontations de points de vue, en apportant une richesse créative, modifient aussi les identités de chacun. Les divergences ont alors tendance à s'accroître, d'où la nécessité de réfléchir aux moyens de continuer à travailler ainsi, moyens organisationnels et de gestion du personnel, en termes de salaires, de possibilités de promotion, etc. (Marty *et al.*, 1983).

2.3 De la nécessité des responsables

La plus grande difficulté, quand il est question de groupes autonomes, est de savoir si un groupe peut être réellement autonome ou s'il a besoin d'une personne en position de décision pour pouvoir fonctionner dans le long terme.

Dans les expériences d'Europe du Nord, la place de chef est tournante, chacun l'occupant à son tour. Ainsi, la fonction existe, elle permet d'organiser, d'arbitrer, de faire le lien avec l'extérieur. Mais elle n'est pas personnelle. Chacun doit y passer. Ce type de choix est intéressant, car il démontre la nécessité d'avoir une fonction distincte de celle des autres. Mais on peut se demander si tout le monde est qualifié pour occuper ces fonctions temporaires de direction. Les qualités managériales ne sont pas innées et il faut donc prévoir des formations idoines.

Dans les groupes plus récents, la fonction de chef, qu'elle porte ou non un nom classique se référant à la hiérarchie, est le plus souvent rétablie, et cela pour deux raisons principales. Il s'agit d'une part d'éviter de diluer trop les responsabilités et donc de les attribuer clairement à une personne. Mais surtout, le rôle du responsable d'une équipe semi-autonome consiste à s'assurer que l'équipe reste semi-autonome et fonctionne positivement sans tomber dans les travers du contrôle mutuel permanent. Il s'agit de veiller à la qualité de la coopération, de souffler sur la flamme de la contribution et d'apporter un soutien à l'équipe, notamment dans ses relations avec le reste de l'organisation. Autrement dit, le supérieur hiérarchique change de statut. De surveillant, il devient facilitateur, ce qui ne se fait d'ailleurs pas toujours sans difficultés.

Enfin, dans la mesure où chacun présente des niveaux d'autonomie différents, variables selon les périodes et les objets, le rôle du responsable consiste aussi à piloter chaque individu de façon à ce qu'il évolue en cohérence avec son niveau à un moment donné. Finalement, le paradoxe des équipes autonomes, c'est que, contrairement aux idées reçues, elles ne sont pas égalitaires. Elles peuvent être démocratiques, mais pour être efficaces, elles doivent respecter les différences et les accompagner. Quitte à ce que le leader ne soit pas en position hiérarchique et soit une fonction tournante.

Résumé

- Le développement de comportements autonomes dépend autant des managers que de leurs subordonnés et rencontre de nombreux freins malgré ses avantages indéniables.
- Les groupes semi-autonomes, en particulier, permettent l'augmentation conjointe de l'efficacité et d'une atmosphère de travail satisfaisante, malgré leurs aspects parfois inquiétants.
- L'autonomie n'implique jamais l'absence de supérieur hiérarchique ; au contraire, elle nécessite une modification du rôle de chef.

3. L'individu et l'autonomie

Si l'autonomie constitue un enjeu important pour l'organisation, elle l'est surtout pour l'individu à qui l'on donne la possibilité d'en user. En effet, conçue comme une sorte d'équilibre atteint à la maturité psychique, elle comporte autant d'aspects attirants que de risques effrayants. Il est donc temps à présent de se concentrer sur la capacité et la volonté d'un individu à faire preuve d'autonomie, en s'appuyant notamment sur certains apports de la psychanalyse.

Nous étudierons successivement :

— les avantages de l'autonomie pour l'individu ;

— les stades d'autonomie de l'individu dans l'organisation ;

— les freins à l'autonomie.

3.1 L'autonomie : un eldorado ?

L'autonomie peut se concevoir comme un état de bonne santé de la personnalité. En ce sens, elle est très attirante tant sur le fond que pour les possibilités de carrière qu'elle engendre.

3.1.1 La maturité psychique

Si l'autonomie constitue l'aboutissement de l'éducation, alors on peut considérer qu'une personne est autonome psychiquement quand elle s'est constituée une personnalité équilibrée, c'est-à-dire lorsqu'elle dispose d'un moi capable d'arbitrer entre les exigences des autres instances et celles de la réalité. Cette conception quasi clinique de l'autonomie permet de comprendre pourquoi, dans certains cas, une personne ne pourra ou ne voudra pas faire preuve d'autonomie, quand bien même son manager lui en donnerait la possibilité.

Cette habileté à vivre dans le monde réel se caractérise en particulier par une capacité à tolérer l'ambivalence. Le sujet équilibré est capable de voir le bien et le mal dans toute situation, sans trancher en faveur de l'un ou de l'autre, et, surtout, sans cliver ces deux aspects. Opérant une synthèse entre les aspects positifs et négatifs, il peut se déterminer librement sans être la proie de figures paralysantes, sans se blesser au contact des autres et de la réalité.

Cela entraîne une capacité à reconnaître et à valoriser les différences. L'individu autonome est celui qui a à la fois un sentiment de son identité et une conscience de la possibilité d'existence de celle des autres. Autrement dit, un être autonome accepte les différences et les ressemblances avec d'autres êtres autonomes. Il y a ici une notion de respect que l'on trouve déjà dans la formulation de l'impératif catégorique kantien. Penser de façon autonome revient à comprendre que d'autres êtres humains peuvent faire de même. Cela signifie accepter les différences, être tolérant et comprendre éventuellement ce qu'il y a à gagner par la différence. Cela implique donc de respecter la marge de liberté des autres, leurs manières d'être et de penser.

Selon une telle ligne d'analyse, pour être autonome, un sujet doit disposer d'une personnalité équilibrée, et l'autonomie devient alors un quasi-synonyme de bonne santé mentale. Cela n'est pas étonnant, si l'on considère, avec Kant, que l'autonomie est le propre de l'homme. Tout être humain normalement constitué est autonome dans sa pensée. Mais nous pouvons aussi en déduire que l'autonomie est remise en cause à chaque décision. En effet, chaque moment de la vie est le théâtre d'une lutte entre les différentes instances de la personnalité. Ainsi, chacun est susceptible de passer par des phases de plus ou moins grande autonomie, selon que la décision à prendre concernera des aspects sensibles de sa personnalité. Cela peut également aider à comprendre qu'il peut exister comme un cercle vicieux de la perte d'autonomie. En effet, dans tout comportement pathologique, il existe des bénéfices secondaires à ne pas se comporter normalement. Autrement dit, une pensée non autonome, ou hétéronome, peut constituer une solution viable pour un sujet qui cherche par là la moindre souffrance. Ainsi, celui qui a choisi longtemps d'être hétéronome aura du mal à perdre les bénéfices secondaires de l'hétéronomie — en premier lieu, l'état de paix apparente qu'il y trouve —, en attendant de sentir les bénéfices réels de l'autonomie.

Se placer en situation de dépendance peut en effet être considéré comme un mécanisme de défense du moi. Miller et Rice (1967) expliquent les situations de groupes qui se mettent sous la coupe d'un chef par l'anxiété qui habite les membres de ces groupes. L'absence d'autonomie psychologique n'est pas forcément synonyme d'un contrôle extérieur fort, mais peut, quel que soit le contexte organisationnel, entraîner l'adhésion à une autorité extérieure, perçue comme rassurante. Ainsi, l'autonomie, pour ces auteurs, est atteinte lorsque l'individu parvient à développer une plus grande maturité dans la compréhension et dans la gestion des limites entre son propre monde intérieur et les réalités de l'environnement extérieur.

Cette notion d'abandon volontaire de l'autonomie renvoie à la pensée de La Boëtie (1993), qui montre la tendance fréquente des peuples à se plier à l'autorité d'un tyran. Cela nous conduit à être sensible au refus d'autonomie de la part de certains acteurs de l'entreprise. Il y a des gens pour qui l'autonomie est dangereuse, car elle les prive d'un moyen de défense contre une angoisse. Il ne faut jamais oublier le caractère profondément intime de la relation d'un individu à son autonomie. Forcer à l'autonomie peut conduire à des situations invivables et parfaitement inefficaces, alors même que l'on croit bien faire.

Il convient d'insister particulièrement sur le caractère relationnel de l'autonomie et de l'hétéronomie : en situation d'hétéronomie, il peut y avoir prise de pouvoir de personnes dominatrices sur d'autres ; mais ces dernières sont toujours « responsables » de leur autonomie ou de leur hétéronomie, au sens où, *in fine*, leur pensée et leur comportement correspondent à leur fonctionnement psychique. Il y a donc rencontre entre un sujet potentiellement hétéronome et un sujet dominateur. La fragilité de l'équilibre psychique fait que chaque sujet est, plus ou moins, potentiellement hétéronome.

3.1.2 L'autonomie comme source de réalisation de soi

L'individu peut se sentir très attiré par les sirènes de l'autonomie. En effet, la possibilité de se réaliser par son travail, d'y trouver une reconnaissance de ses capacités professionnelles et donc une identité propre est un levier majeur pour de nombreuses personnes. Si, comme le défendait Marx, à la suite des travaux de Hegel, le travail est la voie d'accès à la pleine réalisation de soi (voir chapitre 5, section 1.1.2), alors le déploiement de l'autonomie dans le travail, en remettant en cause le taylorisme, apporte enfin la possibilité d'accéder à la pleine réalisation de son potentiel, et donc à un équilibre plus grand entre ses aspirations et ses réalisations. En effet, le fait de récupérer une partie de la réflexion sur son travail permet de se l'approprier, si bien que le produit de son travail devient un représentant de soi et témoigne de ses capacités professionnelles. C'est là le premier bénéfice de l'autonomie au travail, qui permet de projeter dans la réalité son identité et de la renforcer par allers et retours successifs, dialectiques, dans le monde des objets.

L'effacement progressif de la ligne de démarcation entre vie privée et vie professionnelle qui découle de l'engagement personnel dans son travail permet aussi au sujet de construire une cohérence dans son cheminement personnel, sans ligne de fracture.

La mise en autonomie, parce qu'elle ne peut être que progressive, permet de modifier en permanence l'horizon de sa croissance, d'où un élargissement de perspective source de motivation intrinsèque très forte.

Enfin, la possibilité d'imprimer sa marque dans son travail, mises à part les conséquences directes sur la reconnaissance et l'identité, permet de construire le sens que l'on donne à son action et confère par là même au travail un rôle pleinement développant. Ici encore, l'autonomie procure une motivation intrinsèque très forte de par la possibilité d'accéder au symbolique dans ses actes de travail (pour une définition plus précise du « symbolique » voir chapitre 5, section 1.3.1).

L'on retrouve l'ivresse inhérente au sentiment de liberté, sentiment d'élargir les possibles par une progression permanente, d'où un apaisement intérieur qui permet de faire face aux contraintes diverses qui ne manquent pas d'intervenir dans la vie quotidienne de travail.

3.1.3 L'autonomie comme condition d'une progression de carrière

Une autre facette de la prise d'autonomie concerne la possibilité de monter dans la hiérarchie. Dans la progression d'un manager, on considère que, pour lui confier plus de responsabilités, il faut que le futur promu fasse montre d'une grande capacité à bien utiliser son autonomie. Si bien que les ambitieux n'ont de cesse d'élargir leur périmètre décisionnel de façon à s'entraîner et à montrer qu'ils sont capables d'autonomie et donc dignes de progresser.

En ce sens, l'organisation qui laisse beaucoup d'autonomie à l'un de ses salariés lui montre qu'elle lui fait confiance et qu'elle envisage une relation de long terme avec lui. Ainsi, peu à peu, le fait de disposer d'autonomie peut devenir un signe positif dans l'entreprise, digne d'intérêt en soi.

Pourtant l'autonomie n'est qu'un état d'équilibre précaire et partiel. Il convient donc à présent d'examiner les étapes de développement qui conduisent à l'autonomie.

3.2 Les stades d'autonomie

Nous avons vu que, si l'autonomie psychique est un état d'équilibre de la personnalité, cet équilibre n'est pas au même niveau pour tous les aspects de la vie. De plus, il est fragile et instable, si bien que la même personne peut connaître des avancées sur certains points et des régressions sur d'autres.

On peut aller plus loin et constater qu'il existe en management des stades d'autonomie qu'il faut prendre en compte lorsque l'on tente de déléguer des responsabilités à un individu (Martin *et al.*, 1996). Ces stades peuvent même être considérés comme l'évolution quasi naturelle de la personne, à qui l'on délègue de plus en plus (voir figure 8.2). Ils dépendent bien évidemment de la personnalité et de l'histoire de chacun, mais il est possible de considérer que tout le monde passe par les étapes suivantes :

- **Dépendance.** À l'étape de la dépendance, la personne s'identifie à son supérieur hiérarchique et n'est pas capable de penser par elle-même différemment de lui.
- **Contre-dépendance.** Il peut arriver, lorsque l'on délègue de l'autonomie d'action à cette personne, qu'elle ne saisisse pas le sens de cette délégation et qu'elle en vienne à se rebeller contre l'autorité, confondant ainsi autonomie constructive et révolte pure et simple, opposition permanente. Ce stade est celui où l'on souhaite prendre une revanche, faire à sa façon, sans respecter le sens du travail collectif, et sans s'inscrire dans un raisonnement véritable.
- **Indépendance.** Le stade suivant est celui que l'on confond le plus souvent avec l'autonomie. La personne fait son travail seule, sans avoir besoin des autres. La difficulté de cette étape est de comprendre qu'une telle posture est insoutenable dans le cadre des organisations. Elle ne peut être que celle de l'expert qui n'a pas besoin d'interactions réelles avec les autres pour que le travail se fasse.
- **Interdépendance.** Il faut alors passer à la dernière étape, celle de l'interdépendance, dans laquelle chacun connaît sa position par rapport à celle des autres, sait quand il faut faire appel à quelqu'un et à qui. C'est surtout le stade où l'identité est suffisamment forte pour que la personne n'ait plus de difficultés à poser des limites réalistes. Ce n'est qu'à ce stade que l'autonomie devient efficace.

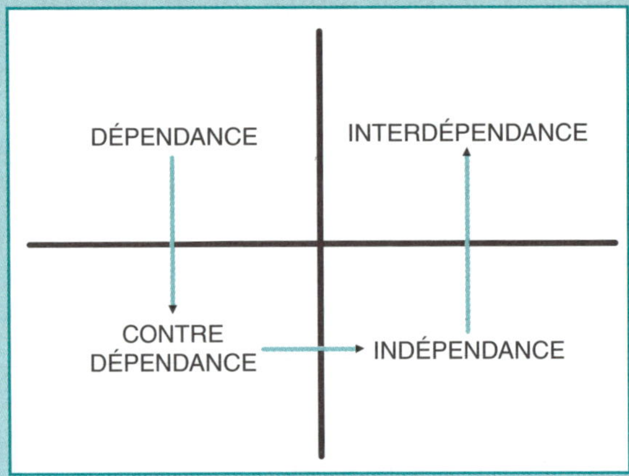

Figure 8.2. Les stades d'autonomie, d'après Martin *et al.* (1996).

Il est important de savoir diagnostiquer le stade auquel se trouve un individu, de façon à lui proposer une délégation adaptée à son niveau. C'est ce qu'on appelle le management situationnel, déjà évoqué à la section 2.1.3.

3.3 Les freins à l'autonomie individuelle

Il existe de nombreux freins qui empêchent une personne de rechercher ou d'atteindre un niveau d'autonomie satisfaisant. Il existe des freins liés au manque d'assurance de la personne et des freins politiques qui font rejeter la possibilité d'acquérir de l'autonomie.

3.3.1 Le manque d'assurance

L'autonomie peut poser des difficultés à certaines personnes, soit qu'elles ne se voient pas gravir les échelons hiérarchiques, soit qu'elles aient peur de prendre plus d'autonomie.

Nous avons vu à la section 3.1.1 que la dépendance peut constituer un mécanisme de défense de la personnalité. Certains salariés peuvent refuser de prendre l'autonomie qui leur est déléguée, par peur, souvent inconsciente, de se mettre en danger et de perdre une protection contre des angoisses qui les traversent. Ainsi, pour ceux qui ont pris l'habitude d'obéir, se trouver tout à coup dans une situation qui leur permet de prendre des initiatives et de faire à leur façon représente une nouveauté inquiétante. Comment être certain de bien faire si le patron n'est pas là pour guider l'action ? Cela peut être très effrayant de se retrouver sans repères et peut conduire à ne pas savoir gérer son autonomie, à la confondre avec une liberté totale et donc à marcher sur les plates-bandes des autres, quitte à désorganiser totalement les services.

C'est d'autant plus vrai dans des contextes qui ont connu des régimes tayloriens pendant très longtemps. Les salariés, qui ont été habitués à ne pas avoir d'autonomie au travail, peuvent avoir perdu le réflexe de penser par eux-mêmes à ce qu'ils ont à faire et se trouver dans des situations pour lesquelles ils n'ont pas les compétences requises ;

phénomène encore accentué par un manque de compétences techniques, courant chez ceux qui passent d'un travail très spécialisé à des missions plus larges.

Un autre risque est celui d'exposition de soi aux yeux de tous. En dévoilant sa personnalité à travers son travail, le salarié encourt le risque de se sentir jugé en tant que personne et non dans son simple rôle professionnel. Cela peut engendrer de grandes difficultés quand les résultats ne sont pas bien appréciés, en cas de résultats inégaux ou d'erreurs. La force de l'engagement investi comporte alors un revers qui réside dans la fragilité de celui qui se sent dévalorisé en tant qu'être humain parce qu'il n'a pas été assez efficace. C'est alors la personne entière qui peut se déprimer d'un coup face à un jugement perçu comme total. Cela est particulièrement vrai dans les cultures où le culte de la performance est si développé que chacun a des exigences très fortes par rapport à lui-même (Ehrenberg, 1998). On assiste à des dépressions qui font s'effondrer totalement ceux qui n'ont plus la protection du masque social fourni par le rôle professionnel. Ce risque est d'autant plus fort quand les procédures d'appréciation du personnel ne sont pas assez professionnelles, en particulier lorsque les personnes en situation d'évaluateurs ne sont pas formées à cela et se positionnent en juges tout-puissants.

Il convient donc d'insister sur l'importance d'instaurer et d'institutionnaliser un droit à l'erreur dans les organisations qui promeuvent l'autonomie. Ce droit à l'erreur constitue alors une barrière contre l'invasion de doutes sur ses propres capacités. Il revient au manager de prendre sur lui les erreurs de ses subordonnés, ce qui nécessite un encadrement précis de l'autonomie de chacun de façon à limiter l'impact des erreurs sur le bon fonctionnement de l'organisation. Ensuite, qui dit autonomie au travail dit mise en concurrence de plusieurs façons de faire, et donc possibilité de comparer les individus deux à deux. D'où, encore une fois, une problématique d'évaluation et de mise en concurrence, tacite ou explicite. Ce danger disparaît dans des cultures qui promeuvent la différence et l'échange, dans lesquelles chacun cherche à apprendre des autres pour progresser, mais il peut être très angoissant et générateur d'une mauvaise ambiance dans des étapes intermédiaires. Il faut donc veiller à ne pas attiser les jalousies, sauf à manipuler une culture de la compétition à outrance…

Lorsque les personnes surmontent ces freins, elles connaissent une augmentation de leurs responsabilités et découvrent alors le stress qui peut en découler. Cela engendre des risques pour leur santé mentale et physique, surtout dans le cas de personnes qui ne sont pas habituées au stress et qui ont donc beaucoup de difficultés à le gérer. Ici, il convient de limiter le poids des responsabilités, notamment par un partage au sein d'un petit collectif de travail (voir section 2.2).

Toutes ces réticences peuvent aussi rencontrer celles de la hiérarchie, qui n'est pas toujours à l'aise dans la délégation. Lorsqu'un manager doit passer d'un système dans lequel il décide presque tout à un système dans lequel on lui demande de déléguer les décisions, il peut freiner ce changement par peur de faire baisser les résultats de son service. Si lui-même n'a pas confiance dans les capacités de ses collaborateurs, s'il ne sait pas manager la délégation, alors il y a fort à parier qu'il enverra des messages contradictoires à son équipe, qui la paralyseront. Le salarié à qui on demande de faire preuve d'autonomie, et qu'on continue en même temps de surveiller pas à pas, sent bien qu'on ne lui fait pas confiance et peut, selon sa personnalité, soit se dévaloriser d'autant, soit dévaloriser le système qu'il trouve contradictoire et retourner à des pratiques anciennes plus rassurantes.

3.3.2 Les freins politiques

Cette attitude ambivalente de la part des managers n'est qu'un des aspects de ce que nous appellerons ici les freins politiques du développement de l'autonomie. Il en existe toute une série qu'il est essentiel de repérer si l'on veut mener à bien un déploiement de ces nouvelles pratiques managériales.

Le premier frein politique concerne l'essence même de l'autonomie dont on parle. Dans les contextes d'intensification de la concurrence, l'idée de déléguer plus et de faire appel à l'autonomie de tous les salariés peut apparaître comme une solution pour répondre le mieux possible aux attentes du marché. En conséquence, elle ne constitue le plus souvent qu'une mode managériale dont l'objet est d'atteindre de l'efficacité à court terme. Certains dirigeants recherchent par là une efficacité quasi magique, dans laquelle les individus autonomes agiraient automatiquement dans un sens favorable à l'entreprise, comme si le patron était dans la tête de chacun et se démultipliait. Pour ce faire, ils limitent la prescription mais intiment une injonction de réussite, et insistent sur la culture commune, de telle sorte que les salariés se comportent comme des clones. Poussée à l'extrême, cette attitude aboutit au fait de nier l'autonomie des personnes. Chacun doit décider de faire comme son patron voudrait qu'il fasse, sans réelle marge de manœuvre mais avec le poids de la responsabilité et de la culpabilité en plus.

Cette tension qui pousse à faire d'une certaine façon et pas d'une autre provoque chez les individus des réactions de défense, car elle menace de fait leur propre autonomie de pensée. Cela explique aussi un soupçon fréquent à l'égard de la délégation : si on demande à un salarié d'être autonome, ce n'est pas pour développer la créativité ou l'innovation, mais pour gagner du temps et de l'argent, en obtenant de chacun qu'il se comporte de lui-même comme un bon petit soldat, bien appliqué, qui en fait plus que s'il était surveillé en permanence, parce qu'il a l'impression d'avoir de la liberté (Beauvois et Joule, 1998). Ce soupçon est de plus souvent relayé par les représentants du personnel, qui veillent à ce que chacun s'y retrouve lors de changements managériaux.

De fait, le développement de l'autonomie a de quoi bousculer les équilibres en place, dans la mesure où il casse le principe intangible du taylorisme de division verticale du travail pour redistribuer autrement les cartes de l'organisation, et transformer tout salarié en professionnel. Or, — et c'est une limite importante aujourd'hui —, l'autonomie vient briser une composante fondamentale du contrat de travail dans le modèle classique d'organisation. Pour certains, le contrat de travail constitue une protection : le salarié endosse un rôle et accepte un lien de subordination. L'entreprise ne peut acheter la personne dans son entier, elle ne peut lui demander de s'engager corps et âme dans son travail, car il existe une limite intangible entre la vie privée et la vie professionnelle, qui est le propre de la bureaucratie moderne telle qu'elle a été définie par Max Weber. Cette coupure nette est perçue comme nécessaire dans un monde encore taylorien. Elle sert à protéger l'intégrité du sujet pour ne pas faire de lui un objet total de la gestion, un rouage de la machine, comme l'évoque si poétiquement la scène des *Temps modernes* dans laquelle Charlot, perdant la cadence, se fait happer par les rouages de la machine. Or, avec la prise d'autonomie, la coupure n'est plus si nette.

D'une façon générale, être plus autonome dans son travail revient à perdre le bénéfice de l'absence de responsabilité sur ce que l'on fait. Devenir plus responsable de son travail, c'est prendre en compte les finalités de celui-ci et par conséquent prendre à cœur sa réalisation. Lorsque l'on a conscience de n'avoir qu'un impact très limité sur les résultats de l'organisation, on hésite à prendre de l'autonomie et à s'investir du fait du risque lié à la responsabilité encourue. La prise de conscience de l'existence de ce type de sentiments doit conduire les managers à clarifier l'impact que chacun a sur le résultat global. Cela entraîne aussi parfois la nécessité de modifier les organisations de travail de façon à permettre à chacun d'avoir un impact bien défini.

Résumé

- L'autonomie au travail représente un enjeu considérable pour l'individu. Source de réalisation de soi, d'accession à un équilibre meilleur de la personnalité, à une motivation très forte, elle représente aussi le danger inhérent de s'exposer aux yeux de tous et de se sentir jugé dans sa personne entière. Cela explique la fréquente ambivalence rencontrée à son égard.
- Les personnes ont aussi besoin parfois d'être guidées sur certains points, de façon plus ou moins appuyée. De fait, l'autonomie n'est pas une qualité intrinsèque, mais un équilibre instable, atteignant des niveaux différents selon les personnes et les objets, pouvant reculer sur certains points et avancer sur d'autres.

Conclusion

Ce chapitre a abordé la question de l'autonomie dans les organisations en montrant ses avantages et ses limites. La grande difficulté consiste à modifier totalement les modes de management associés à cette mise en valeur des sujets.

À tout moment le développement de la délégation se heurte à un dilemme particulier, qu'il faut aborder chaque fois en tenant compte du contexte (voir figure 8.3).

Au niveau global de l'organisation, représenté par le cercle extérieur, la question du développement de l'autonomie renvoie à la problématique plus large de la volonté de maîtrise qui caractérise toute tentative d'organisation et qui vient toujours contrecarrer l'envie de donner des marges de manœuvre pour des motifs de réactivité ou de coûts.

À l'échelle du groupe, représenté par le cercle du milieu, le problème est de recréer une société civile qui fonctionne de façon vertueuse, dans le cadre d'un système organisationnel. Si bien que la prise d'autonomie oscille entre la surveillance mutuelle du respect des règles de fonctionnement propres au groupe et la défense collective des intérêts de l'équipe par rapport au reste de l'organisation.

Enfin, pour l'individu, dans le cercle central, la question qui se pose est celle de l'opposition entre l'envie de se réaliser dans son travail et la peur soit de se faire avoir par le système, sans réelle reconnaissance, soit de ne pas être capable d'autonomie.

Finalement cela renvoie à la valeur de l'autonomie dans les sociétés industrialisées, qui en ont fait peu à peu la valeur suprême, alors qu'elles sont structurellement en interdépendance à tous les niveaux, ce qui génère des tensions permanentes.

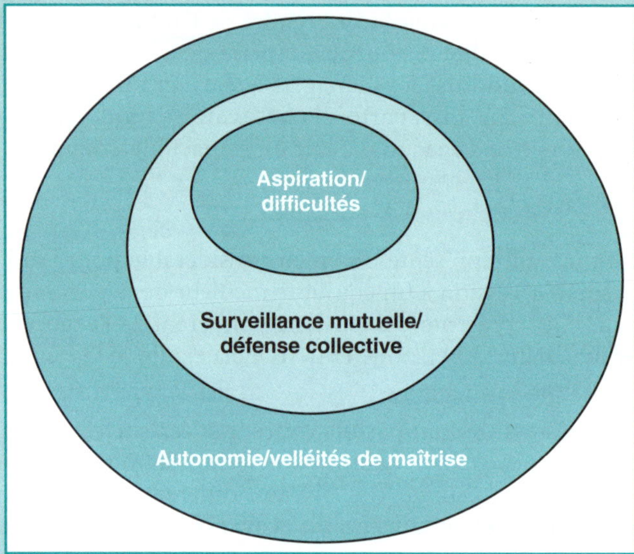

Figure 8.3. Schéma récapitulatif.

Activités

Exercice 1

Essayez de déterminer votre niveau d'autonomie personnelle dans la poursuite de vos études en répondant aux questions suivantes :

Quelles ont été les influences qui m'ont mené(e) à choisir ces études ?

Dans quelle mesure et pour quelles raisons ai-je choisi ce type d'études ?

Quels sont les éléments qui m'aident à choisir mes cours et mes options ?

Dans quelles conditions est-ce que je fais mon travail ?

Quels sont les éléments qui me freinent pour étudier ou rendre mes devoirs ?

Quels éléments est-ce que je me donne pour choisir mon premier poste ?

Quelle est ma démarche ?

Exercice 2

Votre équipe est composée de trois collaborateurs :

- Jean est titulaire d'un BEP d'électromécanique. Il a 57 ans, et 35 ans d'expérience dans la maison. C'est un excellent technicien, qui fait consciencieusement son travail. Il est toujours d'accord avec Paul, ce qui commence à vous causer des difficultés de management.
- Paul est le chef d'équipe. Il est astucieux. À 35 ans, il s'est fait tout seul et, jusque-là, vous étiez ravi de l'avoir fait progresser jusqu'à la maîtrise. Depuis quelque temps, suite à la mise en place du management par objectifs, il semble n'en faire qu'à sa tête et passe son temps à vous mettre en cause.
- Pierre, lui, ne vous pose pas de problèmes. Il est compétent, travaille bien. Pourtant, il a été absent pendant quinze jours pour se faire opérer et vous avez constaté que personne ne l'avait véritablement remplacé. Il ne partage pas ses dossiers.
- Vous-même, vous ne vous sentez pas vraiment en osmose avec cette équipe. Arrivé depuis peu, vous aviez l'habitude d'un vrai travail d'équipe dans vos fonctions précédentes. Vous avez besoin de partager pour sentir la dynamique avancer.

Décrivez à quel stade d'autonomie se trouve chacune des quatre personnes.

Quel style de management pouvez-vous adopter avec chacun de vos trois collaborateurs ?

Comment allez-vous vous y prendre pour faire avancer l'équipe ?

Cas d'application

Aligo est un cabinet de conseil en gestion du changement à l'organisation particulière. Contrairement à la plupart des cabinets concurrents, ses dirigeants ont créé leur entreprise dans l'idée de travailler dans une organisation plate, sans aucune hiérarchie. Partout ailleurs, la carrière consiste à changer de grade en passant de consultant junior à senior, puis manager et enfin associé. Il existe même souvent des grades intermédiaires. Le principe de cette hiérarchie est celui du « up ou out » : soit le consultant est capable en un ou deux ans de changer de grade, soit il sort du cabinet. Le stade suprême d'associé est couplé à un saut de rémunération du fait que la personne rapporte une forte part du chiffre d'affaires.

Chez Aligo, il n'y a que deux statuts : associé ou consultant. Par ailleurs, la division horizontale du travail est également absente : il n'y a pas d'assistante, chacun est responsable de la gestion de son agenda et de la production de ses documents.

Depuis sa fondation en 1990, la formule originale d'Aligo a connu un grand succès tant auprès des candidats qu'auprès des clients. Les consultants interrogés sur les raisons de leur venue dans ce cabinet différent affirment qu'ils apprécient non seulement l'ambiance détendue mais surtout la proximité entre débutants et expérimentés, qui permet aux plus jeunes d'apprendre rapidement et de prendre des responsabilités quand ils se sentent prêts, et aux plus expérimentés de transmettre leurs façons de faire.

Le résultat chez les clients est une grande qualité des missions, toujours faites sur mesure, sans méthode universelle appliquée *a priori*. Ils apprécient le contact et le travail de ces consultants impliqués et responsables.

Le cabinet a donc connu une forte croissance de son chiffre d'affaires et de ses effectifs (cent vingt personnes en 1995), recrutés au fur et à mesure pour assurer les missions vendues. En quatre ans, quatre consultants sont devenus associés et ont développé leurs missions chacun dans un secteur d'activité, regroupant autour d'eux cinq ou six consultants devenus experts de leur secteur. Ce sont des équipes informelles, mais elles se retrouvent toujours sur le même type de missions.

Nous sommes en 2000, le cabinet fête ses dix ans d'existence et les fondateurs sont heureux de constater que leur modèle fonctionne sans hiérarchie. Pourtant, le cabinet n'est plus ce qu'il était à ses débuts. Il ressemble de plus en plus à ses concurrents. Impossible de connaître chacun personnellement ; impossible de l'évaluer sur le terrain et de l'accompagner dans sa progression. Peu à peu, les jeunes embauchés se sentent perdus dans un système qui ne leur donne pas de repères clairs quant à leur évolution professionnelle. Certains se rapprochent d'un jeune associé et travaillent essentiellement avec lui, d'autres se demandent si le positionnement vendu n'est pas devenu un leurre.

Jean Magloire a 30 ans. Il est arrivé chez Aligo il y a quatre ans, après avoir travaillé quatre ans dans un grand cabinet américain. Il a été séduit par le discours et la personnalité d'un des fondateurs et, au moment où il s'apprêtait à quitter le conseil pour rejoindre l'industrie, il a choisi de continuer un peu sa route dans ce métier, pour vivre l'aventure d'Aligo et disposer de plus d'autonomie. Il se trouve aujourd'hui face à un dilemme : il n'est pas d'accord avec Paul Lejeune, un des récents associés, responsable de la mission de réorganisation d'un grand groupe industriel sur lequel il travaille depuis trois mois. Il a le sentiment que Lejeune ne dispose pas d'une vision objective des enjeux du client et qu'il a une attitude uniquement commerciale à court terme, souhaitant vendre des missions pour augmenter son chiffre.

Dans l'équipe de quatre consultants affectée à cette mission, il est le plus expérimenté et se sent aussi responsable du développement professionnel de ses équipiers. Pressentant un conflit important, il sent qu'il est nécessaire de se positionner : défendre sa vision des choses, quitte à partir ou à avoir l'impression de faire du mauvais travail tout en maltraitant un peu les plus jeunes.

Que va-t-il pouvoir faire ?

Vous analyserez ce cas en répondant aux questions suivantes :

Quel est le véritable système de délégation mis en place dans le cabinet ?

Quelles populations y sont attirées ?

Quels facteurs ont contribué à modifier la donne ? La taille est-elle la seule responsable ?

Quelle est la faille dans la structure ?

En quoi l'existence d'équipes sectorielles a-t-elle un impact sur l'avenir du cabinet ?

Quel peut être cet avenir ?

Que feriez-vous à la place de Jean Magloire ?

Chapitre 9

Le changement et les résistances au changement

Objectifs du chapitre

À l'issue de ce chapitre, vous devriez être capable de :

- **caractériser un changement organisationnel ;**
- **analyser un processus de changement ;**
- **identifier les sources possibles de la résistance au changement.**

Le « changement » est un phénomène auquel toute organisation semble confrontée, et ce de plus en plus souvent, voire, pour certaines, de manière presque permanente. Pourquoi une entreprise est-elle amenée à changer ? Il s'agit souvent, pour elle, de s'adapter à son environnement ou à son contexte interne : des effets de contingence liés à l'évolution de son environnement (économique, culturel), de sa taille, de son âge, etc., expliquent notamment certaines évolutions de sa structure. Une volonté d'innovation, voire des effets de mode ou de mimétisme engendrés par d'autres entreprises du même secteur, peuvent aussi amener une entreprise à évoluer : elle cherchera ainsi à introduire tel nouveau savoir ou démarche, tel outil de gestion (par exemple un nouveau système d'information), ou à faire évoluer sa culture (la rendre plus coopérative, l'axer davantage sur le client, etc.). Le changement peut aussi être lié à une raison externe à l'entreprise, et sera alors souvent d'autant plus brutal : c'est le cas, par exemple, lors d'une fusion-acquisition.

L'objectif, dans ce chapitre, est d'analyser les conséquences de ces changements sur les individus et leurs comportements, et de voir en quoi les individus sont aussi, en retour, à l'origine de certaines évolutions de l'organisation. À cette fin, la prise en compte de la façon dont un changement spécifique est appréhendé par l'individu, de la représentation qu'il s'en construit, est importante. Comment considère-t-il le changement en lui-même (inattendu, impossible, inutile, contraire à ses valeurs, nécessaire, etc.), et comment appréhende-t-il, à sa propre échelle, les conséquences de ce changement (avantages, risques, inconvénients, etc.) ? Quelle vision a-t-il du processus de changement et de son pilotage : un changement imposé ou plus négocié, un objectif et un sens clairement définis ou, au contraire, du flou ou des atermoiements ? Tous ces éléments contribuent à créer les attitudes et les comportements que les individus vont adopter (acceptation, résistance, blocage, etc.).

Il s'agira alors, que l'on se place du point de vue des acteurs du changement (pilotes, managers qui le mettent en œuvre) ou des individus qui le vivent, d'analyser comment les représentations du changement se construisent, pour identifier les différentes attitudes qui émergent, et pour mieux situer l'influence qu'il est possible d'avoir sur les comportements et, à travers eux, sur le processus en cours.

Dans ce chapitre, nous aborderons donc successivement :

— le changement à partir de modifications d'éléments organisationnels ;

— les différents mécanismes relevant de la présence de groupes et collectifs dans l'organisation, qui jouent sur les processus de changement ;

— la relation entre les individus et les changements dans l'organisation, qu'ils en soient à l'origine par leur évolution propre, ou qu'ils soient amenés à les vivre et parfois à les subir ;

— des éléments de réflexion portant plus spécifiquement sur le point de vue des acteurs chargés de conduire ou d'accompagner le changement.

Concepts clés

Différents regards sur le changement organisationnel

Le changement peut être analysé de différentes façons : l'une consiste à comparer deux états successifs, sans se préoccuper du cheminement qui conduit de l'un à l'autre ; on peut au contraire choisir de mettre l'accent sur le processus qui mène d'un état à l'autre.

Les premières recherches sur le changement organisationnel, qui comparaient deux états, *ex-ante* et *ex-post*, ont mis en avant le caractère systémique de l'organisation : lorsqu'un élément de l'organisation est touché par un changement, des répercussions se produisent pour d'autres éléments clés. Ainsi, dès 1951, Trist et Bamforth ont montré que l'on ne pouvait analyser les effets d'un changement technique sur la productivité du travail sans évaluer symétriquement les effets, voulus ou non, de ce changement sur l'organisation du travail (voir chapitre 8, section 2.2.1, pour une présentation détaillée de leur recherche).

Dans ces conditions, il est clair qu'un changement de dispositifs (structure par exemple) aura des conséquences sur la culture et/ou sur les jeux d'acteurs.

Aujourd'hui, les organisations vivent de nombreux changements, de nature et d'ampleur différentes, avec des temporalités et des rythmes variables. Il peut s'agir d'organiser un déménagement, de restructurer l'organisation dans son ensemble, de fusionner avec une autre entreprise, etc., ou, à une moins grande échelle, d'introduire une nouvelle technique d'information, de modifier l'organisation d'un service, etc. L'innovation y devient « ordinaire » (N. Alter, 2000) : les changements sont multiples, qu'ils se fassent dans la continuité, « à petits pas » (on parle alors de changement incrémental, inspiré du *kaizen* japonais, c'est-à-dire des petits changements continuels) ou de manière plus immédiatement visible. Plutôt qu'une comparaison entre deux états successifs, on s'intéresse alors souvent au passage d'un état à l'autre.

Mais leur multiplicité fait qu'il devient parfois impossible de dire si un changement donné a été réussi ou non, tant il se trouve entremêlé avec d'autres changements. De plus, la réussite d'un changement de grande ampleur n'est souvent jugée que plusieurs mois ou années après. Les indicateurs de réussite sont plus globaux, en termes d'augmentation de la « valeur » de la firme (valeur pour l'actionnaire, cotation en Bourse, etc.). Ce manque d'indications économiques sur la réussite d'« un » changement renforce le fait que les changements, qu'ils soient ponctuels ou durables, isolés ou entremêlés, sont souvent analysés au regard de leur impact sur les personnes : sont-ils discutés, adoptés, recueillent-ils « l'adhésion », ou, au contraire, sont-ils l'objet de « résistances » ?

La résistance au changement : origines et interprétations du concept

Le comportement d'un individu est souvent considéré par les instigateurs d'un changement comme un point clé et comme un « indicateur » de la réussite du changement en question. Si l'individu en est le facilitateur et le moteur, il contribue à donner aux pilotes du changement l'image d'une intégration positive de celui-ci ; au contraire, s'il est défiant et résistant, il apparaît comme pouvant perturber sa mise en œuvre, et évoque alors pour le pilote le risque d'échec du changement. Cela explique l'intérêt porté par les dirigeants des organisations aux phénomènes de « résistance » au changement qu'ils peuvent rencontrer.

À l'origine, le concept de « résistance au changement » a été mobilisé par Kurt Lewin. Dans ses travaux sur le changement social (Lewin, 1951), il définit la notion d'« état quasi stationnaire » : il s'agit d'un état d'équilibre (une situation stable), au niveau d'un groupe de personnes, entre des forces égales en grandeur et opposées en direction. L'état est « quasi » stationnaire car ces forces ne sont pas stables ni immuables, mais restent dans une marge d'évolution (marge de voisinage) qui, si elle n'est pas dépassée, ne rompt pas l'équilibre (voir figure 9.1).

En revanche, un important accroissement de forces opposées peut créer des tensions dans le groupe. C'est ce phénomène qui a été nommé par Lewin « résistance au changement ».

Le terme de « résistance » au changement a ensuite été élargi, pour désigner toute opposition (consciente ou parfois inconsciente) d'un individu ou d'un système (groupe ou organisation) à un changement. Face à un changement, l'ensemble du système organisationnel est en effet ébranlé : le changement vient parfois contrecarrer les régulations en place. Ces perturbations sont ressenties par les individus, et créent pour certains des sentiments de rupture et d'anxiété. Elles seront en tout cas l'objet d'évaluations conduisant à peser le pour et le contre d'un changement. M. Crozier et E. Friedberg (1977) insistent ainsi sur le fait que la résistance au changement est l'expression légitime d'une analyse rationnelle des risques encourus par les individus lors d'un changement.

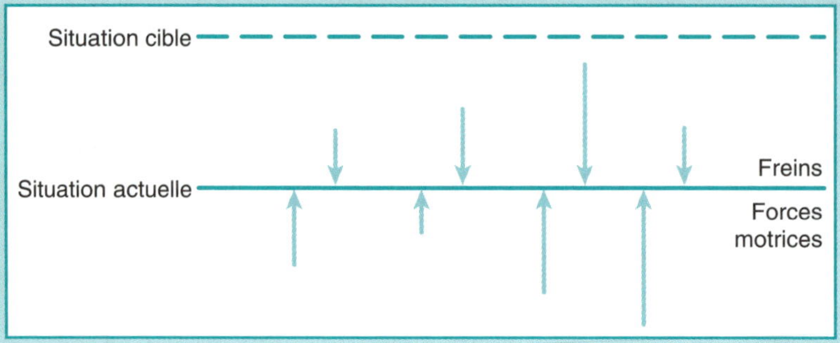

Figure 9.1. Schéma des forces, d'après K. Lewin.

Mais le choix du terme « résistance », pour désigner l'opposition d'un individu à un changement, doit être manié avec précaution. En effet, le terme véhicule la possibilité de désigner un bouc émissaire : en l'occurrence, ceux qui ne veulent pas changer, qui résistent, comme si un comportement de résistance était inéluctable en cas de changement. En fait, il manifeste la confrontation de deux logiques, celle de l'individu qui est touché par le changement, et celle du pilote du changement qui va souvent percevoir toute manifestation d'opposition comme un acte de résistance au changement proposé. Un des risques est alors que chaque partie (les pilotes d'une part, et les individus soumis aux changements d'autre part) utilisent la résistance au changement comme un alibi, les uns pour stigmatiser les « résistants », sans chercher à comprendre les raisons ni à réfléchir aux représentations du changement engagé, les autres pour se réfugier dans une attitude passive, voire de blocage, sans chercher à expliciter leurs interrogations et incompréhensions.

Le processus de changement : approche politique et approche endogène

Enfin, un autre élément important dans les réflexions sur le changement est la prise en compte de sa dimension temporelle. Un changement se vit dans la durée : il n'est pas un événement ponctuel à un moment donné, mais il demande à être progressivement approprié par les acteurs qui le vivent ; il est d'ailleurs souvent programmé en plusieurs étapes. En outre, un changement s'inscrit dans une histoire de l'organisation et dans un contexte, et il est nécessaire de le penser au regard de cette histoire. Dans le cas d'une fusion, on se demandera par exemple si l'histoire de l'organisation ne l'a pas amenée à des antagonismes forts, pour des raisons de concurrence ou de valeurs différentes, avec l'entreprise avec laquelle elle doit fusionner.

Andrew Pettigrew (1987) préconise, pour l'analyse d'un changement organisationnel, d'envisager : le contexte, à la fois interne et externe, le contenu du changement et son processus, et leurs interactions réciproques (voir figure 9.2).

Une analyse à partir du processus permet de mettre en avant des événements qui jouent un rôle sur la transformation de l'organisation. Deux visions du processus peuvent être

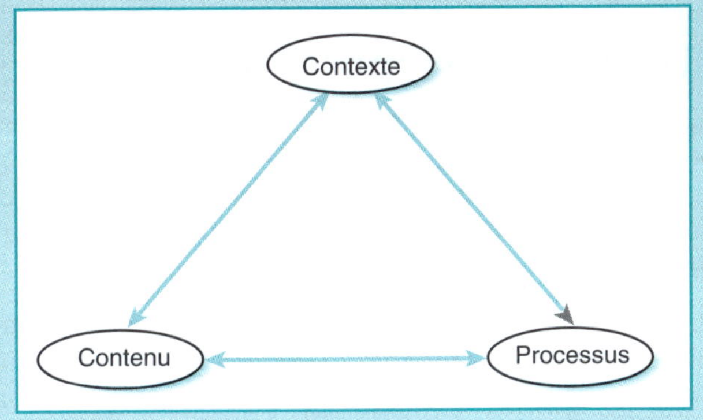

Figure 9.2. Analyser le changement organisationnel (d'après A. Pettigrew, 1987).

opposées : l'une, qualifiée d'endogène, dans laquelle le changement est considéré comme provenant de tous les acteurs de l'organisation, et où tout événement, même minime, peut être considéré ; l'autre, plus politique et managériale, qui met en avant le rôle spécifique des dirigeants de l'organisation, qui se fondent sur leur autorité légitime et leur pouvoir, pour impulser, à un moment donné, un changement spécifique (Courpasson, 1998). Cette dernière approche s'intéresse davantage à des moments clés, créant des inflexions marquantes dans le processus.

Mais, tout en portant un regard différent, ces deux visions se répondent, et montrent bien le caractère ambivalent du changement organisationnel (Perret, 1998) : déterminé dans ses grandes orientations par les dirigeants de l'organisation, il est pourtant plein d'imprévus et l'une des qualités d'un pilote du changement organisationnel est de prendre en compte la capacité transformatrice que possède en elle-même l'organisation.

DÉFINITION

On parle de **changement organisationnel**, pour désigner toute transformation touchant l'une des dimensions de l'organisation (structure, culture, personnes, système technique, système d'information, système de gestion, etc.). Une organisation est un système : l'impact en un point du système va retentir sur l'une des autres dimensions de l'organisation. Le changement peut porter sur les relations entre acteurs ou sur les routines et dispositifs de l'organisation qui structurent l'activité des individus.

La réaction d'un acteur à un changement peut être positive ou négative, et plus ou moins consciente. Une position de refus ou une manifestation d'incompréhension est qualifiée de **résistance au changement**. Le terme de « résistance » ne doit pas amener à considérer qu'il existe de fait une résistance à toute proposition de changement : il existe certes des dimensions inconscientes liées à l'approche d'un changement, mais ce qui est qualifié de « résistance » peut aussi être la manifestation d'une approche rationnelle de l'analyse du changement vu par l'acteur qui le vit, et se doit d'être analysée pour être comprise.

1. Agir sur l'organisation : possibilités et limites

Agir sur l'organisation signifie agir sur une ou plusieurs des trois sphères qui la constituent — les dispositifs, la culture, les jeux d'acteurs — sachant qu'un impact en un point du système qu'est l'organisation va retentir sur les autres. Le changement sera d'autant mieux intégré qu'il ne troublera pas la relative cohérence existant entre les trois pôles, ou que ces pôles évolueront plus ou moins vers une cohérence à terme.

La difficulté vient souvent du fait que, lors d'un changement organisationnel, l'apprentissage des nouvelles pratiques se fait à l'intérieur de l'ancienne organisation, et qu'il faut donc inventer des relations différentes alors que l'on est encore dans l'ancien système. Le changement gêne souvent les régulations antérieures du système (régulations interindividuelles, régulations individus-techniques-outils de gestion, etc.), ce qui pourra occasionner des résistances.

En outre, les trois pôles de l'organisation ont des vitesses d'évolution différentes, et l'implantation d'un changement pourra être freinée par l'évolution plus lente de l'un des pôles : la culture évolue lentement, alors que l'on modifiera plus rapidement une technique ou une structure ; mais est-ce que cette modification sera ensuite réellement intégrée dans la culture, et comment les jeux d'acteurs évolueront-ils ?

Dans cette section, les sources d'évolution de l'organisation seront analysées selon les trois sphères constitutives de l'organisation :

- les dispositifs ;
- la culture ;
- les jeux d'acteurs.

Une autre approche, transverse aux trois pôles, sera ensuite considérée :

- celle de l'apprentissage organisationnel, qui met l'accent sur les connaissances de l'organisation et leur rôle moteur dans l'évolution de cette dernière.

1.1 Le changement dû à une action sur les dispositifs organisationnels

Une première voie de changement, pour un manager, est d'agir sur les dispositifs de son organisation : il peut s'agir d'une action visant à modifier les relations entre acteurs (par exemple un changement de structure) ou, à plus petite échelle, d'une action consistant à modifier un élément de procédure ou de routine, par exemple un système d'information, un système de contrôle, etc.

1.1.1 En remaniant la structure de l'organisation

Un changement de structure amène généralement à modifier l'organisation sur une grande échelle. Même si elle porte au départ, de manière visible, uniquement sur les dispositifs, une telle action aura presque immédiatement des répercussions sur les relations entre acteurs dans l'organisation : les départements sont amenés à se réorganiser, les relations hiérarchiques sont modifiées, les collègues directs ne sont plus les mêmes, etc. Un exemple en est le passage, pour une entreprise, d'une structure fonctionnelle à une structure de type matriciel (on greffe alors sur la structure fonctionnelle existante un autre critère de différenciation structurelle, comme le produit, le projet, le critère géographique, voir figure 9.3). Dans ce cas, pour les individus, le changement se concrétisera dans le double rattachement hiérarchique (fonctionnel et projet), et ils feront donc face à toutes les difficultés du vécu avec deux chefs, à une double évaluation, à des collègues nouveaux, à un nouvel horizon temporel, etc.

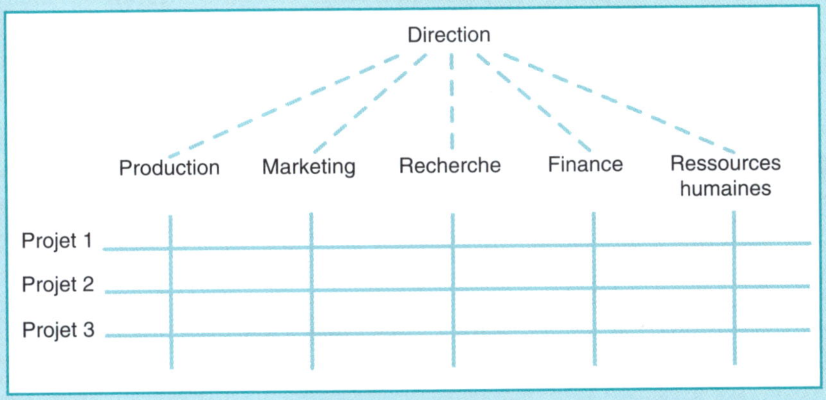

Figure 9.3. Le passage d'une structure fonctionnelle à une structure matricielle.

Certains changements portant sur la structure ne prennent pas en compte, dans un premier temps, les autres sphères de l'organisation qui risqueraient de freiner le mouvement. Le changement se traduit alors par une « crise » (c'est souvent le cas du changement dans une bureaucratie, voir Crozier, 1963). Une proportion importante des membres de l'organisation risque alors de s'opposer au changement provoqué, celui-ci devant être imposé dans des conditions parfois très difficiles à vivre pour les uns et pour les autres. Il se peut d'ailleurs que le changement dans de telles conditions ne réussisse pas à être instauré.

Les dispositifs sont aussi constitués d'outils (tableaux de bord, ratios, etc.), qui servent notamment à la prise de décision et à l'évaluation : les instruments de gestion. On peut également agir à travers eux.

1.1.2 À travers une action sur les instruments de gestion

Les comportements individuels dans les organisations sont partiellement structurés par les instruments de gestion (Berry, 1983). En effet, ceux-ci procurent une représentation de la réalité, laquelle permet aux managers d'agir et de décider. On choisira ainsi de lancer ou non une production en fonction d'un coût de revient, on se fondera sur un calcul du chiffre d'affaires pour décider de produire plus ou moins. Par ailleurs, ces instruments ont souvent un rôle d'évaluation et de contrôle : tel service sera jugé sur ses charges de personnel, sur des indicateurs de qualité ; tel vendeur sera évalué à partir de son chiffre d'affaires personnel ; telle personne faisant de la vente par téléphone sera évaluée au nombre de personnes dont elle a obtenu qu'on puisse les rappeler, etc. Un acteur, s'il est jugé localement à travers un indicateur, cherchera, du fait de la complexité qui l'entoure et de l'urgence nécessaire des décisions, à satisfaire cet indicateur.

On a donc souvent intérêt à modifier un instrument de gestion. Or, cela peut ne pas être simple. Les instruments de gestion sont généralement le fruit d'une construction longue, qui a conduit à cristalliser le résultat d'une négociation entre acteurs de l'organisation à un moment donné. Par ailleurs, ces instruments sont devenus partie intégrante d'habitudes et de pratiques professionnelles et culturelles (voir l'analyse de C. Riveline, développée dans l'encadré 9.1, passant en revue les différents niveaux sur lesquels est ancré un instrument de gestion). Un changement qui, soit met en cause un outil de gestion, soit veut amener à un comportement s'avérant en contradiction avec l'outil, est d'autant plus difficile à provoquer.

Les méthodes de changement qui portent directement sur les dispositifs (la structure et/ou les instruments de gestion) s'exposent à des résistances fortes du système, car elles ne prennent en compte les autres sphères (culture, jeux d'acteurs) que dans un second temps. Il peut s'agir d'un choix : provoquer une crise pour créer un électrochoc dans l'organisation, notamment dans des organisations rigides qui ont du mal à évoluer. Les autres sphères évoluent alors par contrecoup. Mais il est également possible d'agir directement à partir de ces autres sphères.

1.2 Le changement et la culture de l'organisation

L'évolution, voire le changement de culture, est un point souvent discuté, et considéré comme primordial lors d'un changement organisationnel. La culture renvoie en effet à la raison d'être de l'organisation et à des fondamentaux partagés par les différents acteurs, concernant aussi bien leurs représentations du travail et de l'action collective que le type de relations entre acteurs (voir chapitre 2, section 2.2). Or, le changement peut toucher à ces différents fondamentaux de l'organisation et, parmi les trois sphères dispositifs-culture-jeux d'acteurs, la culture est sans doute celle qui évolue le moins rapidement et le plus difficilement, car elle touche à des points directement ancrés chez les acteurs et qui concernent la raison d'être de leur participation à l'organisation, le fait qu'ils s'y sentent bien.

Néanmoins, l'existence d'une cohérence entre la culture et la nouvelle forme prise par l'organisation est souvent un pré-requis, un gage de la réussite d'un changement : en effet, une culture donnée peut ne pas être compatible avec le changement visé par les dirigeants de l'organisation. Ainsi, à l'époque de la diffusion dans les organisations des cercles de qualité, une étude réalisée par Chevalier (1991) avait montré que les entreprises où les cercles s'étaient développés présentaient des traits culturels s'accordant avec les hypothèses sous-jacentes à l'outil « cercle de qualité » : le sens de la rigueur et une orientation vers le travail de groupe. La cohérence entre le changement introduit et la culture de l'entreprise était un facteur d'intégration du changement.

Au-delà de cette nécessité de cohérence, la question fondamentale qui se pose ensuite est celle du changement de culture : si la culture constitue parfois un facteur bloquant, peut-on envisager de la transformer ? Les individus, dans l'organisation, agissent au regard de schémas de référence qui se sont construits progressivement. Pour qu'un

Étude 9.1

« Les mauvaises tonnes avant les bonnes »

C. Riveline a explicité un paradoxe, que lui ont soumis des dirigeants des Charbonnages de France.

Suite à la baisse du prix des hydrocarbures, de plus en plus de mines ont été fermées. Or, à chaque fermeture, on a été surpris de constater que de belles ressources, planes et régulières, n'avaient pas été exploitées, alors que les mauvaises, plus difficiles d'accès, avaient été extraites jusqu'à la dernière tonne. C. Riveline a montré que cette « hérésie économique » (il est plus facile et donc moins cher d'extraire les bonnes ressources que les mauvaises !) était due à l'utilisation d'un instrument de gestion : la « mesure quotidienne de la production ». Cette « mesure quotidienne » était importante pour la mine, car de nombreuses dépenses étaient fixes à court terme, et devaient être rentabilisées par un volume de production élevé pour que le coût de revient unitaire soit le plus bas possible. La production était donc surveillée avec soin chaque jour.

Le comportement de l'exploitant rationnel avait pour objectif de stabiliser la production quotidienne. Pour ce faire, une première équipe commençait à travailler dans les mauvaises ressources. Un point était ensuite fait à 14 h, au moment où démarrait la deuxième équipe. Si la production était suffisante, on terminait la journée sans changement, toujours en creusant dans les mauvaises ressources. En revanche, s'il manquait du tonnage, on travaillait l'après-midi dans les bonnes couches, faciles à exploiter, afin de rattraper le retard. La production était ainsi stabilisée, mais à un coût qui cumulait les frais de main-d'œuvre des mauvaises ressources et les frais d'équipement des bonnes. L'instrument de gestion qu'était la mesure quotidienne de la production était rationnel localement, au niveau de la mine, mais irrationnel du point de vue global de l'entreprise.

Quand les dirigeants se sont rendu compte de ce comportement irrationnel, il a été question de supprimer la mesure quotidienne de la production pour la remplacer par une mesure moins fréquente, hebdomadaire ou mensuelle. Cela aurait permis aux exploitants d'extraire en priorité les bonnes ressources et donc de réduire les effectifs du personnel.

changement radical de culture survienne, il faudrait que tous modifient en même temps leurs schémas de référence. Cela peut éventuellement se produire, notamment dans les cas où l'entreprise est dans une situation difficile, sa survie étant en jeu, et où l'importance de l'enjeu fait qu'un mode de raisonnement différent pourra s'imposer plus facilement (Thévenet, 1993).

Dans d'autres situations, quels sont les moyens qui peuvent être mobilisés pour faire évoluer la culture de l'organisation ? Signalons d'emblée que l'évolution est rarement radicale mais progressive. Néanmoins, le rôle de la direction et sa capacité à mobiliser, à faire passer le message, sont importants dans ces processus.

Étude 9.1 suite

Mais C. Riveline montre que cette volonté de changement a rencontré des résistances à plusieurs niveaux :

- **Au niveau technique.** La mesure de la production quotidienne étant automatique, il suffisait de compter les berlines extraites, et il paraissait étrange de supprimer un instrument de contrôle aussi simple et commode.
- **Au niveau des personnes.** La production de la veille était un sujet de conversation quotidien pour tous les ouvriers et cadres, une habitude de pensée ancrée dans leur pratique professionnelle.
- **Au niveau institutionnel.** La production journalière est un chiffre qui était souvent réclamé par les nombreuses tutelles administratives et politiques des houillères.
- **Au niveau de la culture professionnelle.** Chaque chef d'exploitation attachait, depuis ses débuts dans le métier, une importance privilégiée à la production journalière ; et ils avaient débuté dans les années 1950, époque où l'impératif était de maximiser la production quotidienne et où toutes les ressources étaient bonnes à prendre, avec des consignes du genre : « On n'abandonne jamais du charbon au fond ; là où la lampe passe, le mineur passe (sachant qu'une lampe traditionnelle mesurait 30 cm de haut) ».

On voit bien que, dans le cas des Charbonnages de France, le changement de comportement des exploitants était soumis à une modification de l'instrument de gestion et que la modification de l'instrument de gestion devait être compatible avec d'autres dimensions de l'organisation, et notamment avec celles renvoyant à la culture et aux jeux d'acteurs.

(D'après Riveline, 1991.)

En termes de message, les dirigeants peuvent notamment choisir d'utiliser en les valorisant des éléments culturels existants, ce qui permet progressivement d'en occulter d'autres (Thévenet, 1993). Par exemple, dans une organisation où l'expertise et la réalisation du travail bien fait sont des éléments de culture forts, un changement d'orientation en direction d'une plus grande prise en compte des impératifs clients s'appuiera sur l'importance accordée à la qualité dans l'organisation : passer de la qualité du travail bien fait à la qualité envisagée sous l'angle du client.

D'autres actions vont se situer à la fois dans la sphère des dispositifs et dans la sphère des jeux d'acteurs.

Concernant les dispositifs, le passage, par exemple, d'une structure très formalisée à une structure où l'autonomie, la prise d'initiatives vont être valorisées, crée un cadre favorable à l'apparition d'une culture laissant plus de place à la réactivité. On met alors en place un cadre susceptible de faire évoluer les personnes : des systèmes d'incitations financières à caractère collectif pour favoriser la coopération, ou des grilles d'évaluation qui tiennent compte de la prise d'autonomie des acteurs (voir chapitre 8, 1.3.1).

Concernant les jeux d'acteurs, une action au niveau des personnes elles-mêmes peut être entreprise : des formations, des embauches sur des profils différents, des actions de mobilité interne portant sur des personnes clés, soit parce qu'elles risquent de bloquer des évolutions (on parle parfois de « placards », même dorés, dans certaines organisations), soit parce qu'elles y sont favorables et que l'on souhaite leur donner des places plus visibles et permettant l'action. Enfin, des actions symboliques de la part de la direction pourront être des signes forts pour les salariés de l'évolution de l'organisation : l'entreprise d'un dialogue avec une catégorie particulière de personnel, la proposition d'une formation, une reconnaissance manifestée publiquement pour tel type d'action, etc. Ainsi, à son arrivée à la RATP en 1990, Christian Blanc a instauré un certain nombre de réformes destinées à asseoir en profondeur le changement de structure (passer d'une structure centralisée, avec neuf niveaux hiérarchiques, à une structure décentralisée comprenant seulement trois niveaux hiérarchiques) qu'il désirait mettre en place. Comme le montre A. David, qui a analysé ce changement (1995), certains éléments ont eu un impact symbolique fort : pour la première fois, les compétences des chefs de dépôts de bus et leur capacité de management ont été évaluées par un cabinet de conseil, un signe fort de l'accroissement à venir de leurs responsabilités dans l'organisation. Un autre changement, qui a joué à la fois en tant qu'évolution d'un dispositif et en tant qu'élément symbolique, est la dissociation entre grade et fonction : cette césure a introduit une souplesse dans l'organisation, engendré moins d'automatismes dans l'évolution des carrières, et mis l'accent sur les qualités requises des personnes choisies pour tel ou tel poste.

Les éléments symboliques, parce qu'ils touchent au sens perçu par les individus de l'évolution de l'organisation et de leur lien à cette organisation, qu'ils conduisent à des prises de conscience et à des remises en question, jouent souvent fortement sur l'évolution d'une organisation (voir aussi sur ce point l'exemple développé dans l'encadré 9.2).

1.3 Nouveaux jeux, nouveaux acteurs ?

Les évolutions des acteurs sont dues à des évolutions du cadre organisationnel, ce qui induit des modifications des relations de pouvoir, mais aussi des modifications de leurs missions, les conduisant à se projeter différemment dans l'organisation et à avoir une nouvelle conception de leurs rôles possibles.

1.3.1 De nouvelles relations de pouvoir

Prenons l'exemple de la mise en place d'une nouvelle structure : cela crée immédiatement une modification des responsabilités, la création de nouveaux postes, des changements au niveau de la ligne hiérarchique, etc. Autant de changements qui vont jouer sur les statuts individuels, modifier le positionnement de l'individu dans les différents collectifs auxquels il participe, et donc modifier sa place dans l'organisation formelle. Or, les relations de pouvoir telles qu'elles ont été analysées par exemple par M. Crozier et E. Friedberg (1977) (voir chapitre 7, section 3.1) se sont développées dans le cadre d'une organisation formelle donnée et ont acquis une certaine permanence. Donc, tout changement qui touche l'organisation va affecter les fondements de ces relations de pouvoir, à travers la restructuration des zones d'incertitudes. La phase du changement en elle-même est un moment où tout bouge, l'organisation formelle comme l'organi-

Application 9.2

Une association professionnelle veut faire évoluer sa culture

Les actionnaires d'une association professionnelle dans le domaine bancaire changent le mode de financement de l'association : auparavant fixe, le budget dépendra dorénavant du nombre de missions demandées par ses membres (ses clients) à l'association. Ce changement va inciter à faire évoluer la culture de l'organisation, en la centrant beaucoup plus sur les clients et l'obtention de commandes. Comment la direction a-t-elle obtenu cette évolution de la culture de l'entreprise ? Quelques actions symboliques fortes ont mis en avant la nouvelle orientation de la direction.

Un exemple d'action symbolique concerne l'affichage de l'emploi du temps des cadres. En effet, l'emploi du temps des cadres de l'association était affiché chaque semaine, ce qui montrait la nature et l'intensité de leur activité (avec notamment les missions clients). Or, il s'est trouvé qu'un jour une jeune embauchée, non cadre, a réussi à obtenir une mission auprès d'un client. La direction a alors demandé que cette mission soit également affichée, même si la personne n'était pas encore cadre et que son emploi du temps n'était pas affiché. Cette action symbolique était destinée à montrer l'importance prise par l'obtention de commandes : le fait d'aller chez les clients devenait dorénavant plus important que de se préoccuper de l'emploi du temps des cadres.

sation informelle, et où l'on ne peut généralement s'appuyer que sur les autorités légitimes formelles existantes, qui sont les seuls repères stables restant dans l'organisation

Les pilotes d'un changement organisationnel prêteront ainsi une forte attention aux personnes qui vont perdre du pouvoir et qui pourront, de ce fait, être bloquantes pour le changement, mais également aux personnes nouvelles qui vont gagner en termes de pouvoir et qui pourront, quant à elles, être motrices.

1.3.2 De nouvelles figures de l'acteur

Une autre forme d'action porte directement sur les rôles des acteurs : il s'agit de définir de nouvelles missions pour les individus. En effet, qui dit nouvelles missions dit nouveaux rôles et nouvelles fonctions, ce qui doit permettre aux individus de créer de nouvelles relations dans l'organisation. Une vision du changement qui, par exemple, tablerait uniquement sur des changements de personnes sans modifier les missions laisserait penser que les nouvelles personnalités introduites dans l'organisation seraient suffisantes (Bernoux, 1995). Or, les comportements sont aussi façonnés par les missions et leurs évolutions, et l'évolution des jeux d'acteurs dépendra également de choix réalisés par l'encadrement en termes de définition de rôles et de relations dans l'organisation.

On dépasse alors la notion de jeu qui permet de comprendre les stratégies des individus dans un cadre donné et connu de tous, pour réfléchir à l'apparition de nouvelles figures de l'acteur. En effet, en cas de changement organisationnel, le cadre évolue, de nouvelles connaissances entrent en jeu, les représentations se modifient, et l'on peut aboutir à une évolution de la façon dont les individus perçoivent leur position dans les collectifs de travail, et le sens de leur action. Dans ces cadres d'action modifiés, les métiers existants sont amenés à évoluer, les personnes elles-mêmes conçoivent des rôles nouveaux, font évoluer leur conception de leur activité. De nouvelles figures de l'acteur émergent alors (Hatchuel, 1992), à savoir la reconnaissance dans l'organisation d'un ensemble de savoirs, de procédures et de représentations de l'action (voir sur ce point l'exemple développé dans l'encadré 9.3). À terme, une figure d'acteur nouvelle pourra devenir un métier si elle est associée longuement à des compétences et des modes d'intervention spécifiques.

Application 9.3

Une innovation technologique – Le changement du métier du machiniste ou conducteur de bus à la RATP

Auparavant, le machiniste (le conducteur d'autobus) avait un travail solitaire ; la qualité du service consistait pour lui à assurer la sécurité et le confort des voyageurs, à se montrer aimable et à respecter les horaires. Le régulateur de la ligne était en contact avec le machiniste uniquement par téléphone radio, et régulait la ligne à partir des informations que lui donnaient les différents machinistes. Les nouveaux outils de repérage satellite du positionnement des bus ont modifié à la fois le travail du régulateur et celui du machiniste, car ils permettent à celui-ci comme à celui-là de visualiser la ligne et les positions des différents bus sur un écran. Le machiniste sait, à l'aide d'« encadrants », à quelle distance il se situe par rapport aux autres bus. Ainsi, maintenant, pour le machiniste, respecter les encadrants ne signifie plus conduire uniquement par rapport à la circulation, mais aussi par rapport à ses collègues. Il est amené à coopérer directement avec les autres machinistes, à choisir lui-même de ralentir son bus s'il s'aperçoit, par exemple, qu'il est trop près du précédent. Il n'a plus besoin de donner autant d'informations qu'avant au régulateur, et envisage différemment sa coopération avec lui. Les connaissances sont donc réparties différemment entre les acteurs ; ils peuvent en avoir une vision instantanée. Cela change les métiers existants et crée de nouvelles « figures d'acteurs » dans l'organisation.

(D'après A. Hatchuel, A. P. de Nobre Morais, F. Pallez, 1997.)

1.4 L'apprentissage organisationnel ou l'évolution des « routines » de l'organisation

Le changement peut aussi être envisagé de manière beaucoup plus fine dans l'organisation. Cet autre regard, s'il s'intéresse moins aux grandes inflexions du processus ou au pilotage du changement par les managers, va mettre au centre de l'analyse le rôle de tout un chacun dans la transformation d'une organisation (il renvoie en cela à une approche endogène du changement). C'est le cas des théories de l'apprentissage organisationnel, qui ont choisi d'analyser le changement à travers l'évolution des « routines » de l'organisation, et qui sont fondées sur les savoirs et les connaissances. Les acteurs interviennent comme porteurs de ces savoirs et comme étant capables ou non de les faire vivre dans l'organisation. L'action sur le changement aura alors lieu en amont, à travers la mise en place de conditions propices à l'apparition de l'apprentissage organisationnel.

1.4.1 Les connaissances organisationnelles au cœur de l'apprentissage

L'analyse du rôle des savoirs dans l'organisation (leur diffusion, leur mémorisation, leur évolution, etc.) prend une résonance importante dans le contexte actuel, où la connaissance est un capital de développement et d'innovation important pour les entreprises.

On distingue, en matière de connaissances dans l'organisation, d'une part les connaissances des individus, qui sont détenues par les personnes et seront perdues si ces dernières quittent l'organisation, et d'autre part les connaissances de l'organisation. Ces dernières sont des gisements de connaissances stockées dans des fichiers, des organigrammes, des procédures, des objets physiques, ou des éléments plus informels comme des croyances, des cadres de référence, des paradigmes, des codes, etc., autant de « routines » qui servent de références et d'indicateurs aux membres de l'organisation (Levitt et March, 1988). Pour que des connaissances soient « organisationnelles » et non uniquement liées à telle ou telle personne, elles doivent être ancrées dans des « théories » qui guident l'action (par exemple des grilles d'évaluation, des tableaux de bord, des accords implicites sur les niveaux de qualité exigés, etc.) (Argyris et Schön, 1978).

Un apprentissage dit « organisationnel » sera la modification de ces repères et théories de l'action, et renverra donc aux connaissances de l'organisation (voir un exemple dans l'encadré 9.4).

1.4.2 La séquence de l'apprentissage organisationnel

Les individus et leurs actions sont à la source de l'apprentissage de l'organisation. C. Argyris et D. Schön (1978) montrent que l'apprentissage organisationnel met en jeu la séquence suivante.

En premier lieu, les individus remarquent un décalage entre le résultat qu'ils attendent d'une action et celui qu'ils obtiennent : par exemple, une procédure est suivie pour réaliser un produit, et le produit contient un défaut.

Un apprentissage organisationnel se produit si ce décalage contribue à modifier les représentations que les individus se font de l'organisation, qui va ensuite être intégré dans les repères collectifs (dispositifs organisationnels, valeurs partagées, etc.) structurant l'action organisationnelle : pour suivre l'exemple précédent, la procédure sera modifiée.

L'action des individus, qui se réfère à ces repères et théories en usage dans l'organisation, va alors en être modifiée.

Réfléchir sur le changement à partir de l'apprentissage organisationnel consiste à analyser l'évolution des connaissances organisationnelles et leurs conséquences sur la vie de l'organisation. Mais on ne préjuge pas du caractère incrémental ou au contraire plus radical du changement.

Ainsi, C. Argyris et D. Schön montrent que l'on peut rester dans le cadre existant, les connaissances évoluant à la marge ; il s'agit alors d'un apprentissage en simple boucle (tel est par exemple le cas d'un produit défectueux, qui conduit à remanier quelque peu le processus de production mais sans repenser le système dans son ensemble). Une évolution où l'apprentissage conduit à changer de système de repères est nommée apprentissage en double boucle (tel sera par exemple le cas d'un changement de structure, comme le passage d'une organisation par métiers à une organisation par produits). On retrouve à travers cette distinction des « types » de changements évoqués précédemment (*kaizen*, changement plus radical, etc.).

1.4.3 Quelles actions pour favoriser l'apprentissage organisationnel ?

La réflexion en termes de connaissances amène ensuite à se poser la question de la capacité de l'organisation à apprendre. Argyris et Schön suggèrent de réfléchir à des mécanismes qui permettent d'« apprendre à apprendre », comme par exemple :

- les canaux de communication : forums de discussion et de débats, schémas formels et informels d'interaction ;
- les systèmes d'information : y compris les médias et les technologies ;
- l'environnement spatial, dans la mesure où il influe sur les schémas de communication ;
- les procédures et les routines qui guident l'investigation individuelle et interactive ;
- les systèmes de rétribution qui jouent sur la volonté ou non d'investiguer.

Il s'agit aussi de prendre conscience des nombreux obstacles à l'apprentissage organisationnel, et de tenter de les éviter : des raisonnements erronés, une inertie de l'organisation, le fait de surinvestir dans une expertise alors qu'elle est devenue inutile ou inadaptée pour l'organisation, la tendance naturelle à reproduire un comportement passé, etc., sont autant de pièges qui peuvent bloquer l'apprentissage organisationnel.

Application 9.4

La modification d'un outil de veille technologique

Dans une entreprise informatique, des instruments de veille technologique ont été mis en place pour repérer les différents concurrents ainsi que les innovations technologiques du secteur. Le système analyse les innovations par types de produits. Pourtant, une innovation arrive sur le marché sans qu'elle ait été prévue à temps par les dirigeants de l'organisation. La classification utilisée dans le cadre du système de veille, fondée sur l'état existant des produits, n'a pas conduit à prendre en compte l'importance d'un nouveau système utilisé par l'un des concurrents. Pour remédier à ce dysfonctionnement, l'organisation va modifier son système de veille technologique : ne plus partir des produits mais des composants, situés plus en amont dans la réalisation des produits, qui sont le premier objet des recherches et des innovations potentielles. Dans cet exemple, l'observation d'un décalage entre le résultat attendu et le résultat obtenu a conduit l'organisation à « apprendre », puisqu'elle a fait évoluer ses outils et ses repères communs d'action.

Résumé

- Dans l'idéal, un changement conduit à un état de compatibilité des trois sphères de l'organisation.
- On choisit souvent d'instaurer un changement dans une organisation en modifiant certains dispositifs, l'action étant alors relativement rapide. Mais ce choix peut provoquer une crise car les modifications ont des répercussions sur les autres sphères.
- L'évolution de la culture, même plus lente, est possible à travers des actions touchant notamment aux personnes de l'organisation (actions symboliques de valorisation de certains comportements, formations, recrutements, etc.).
- Les jeux d'acteur contribuent également au changement, soit par la modification des relations de pouvoir, soit en raison du fait que les missions elles-mêmes évoluent et que les acteurs se représentent différemment leur position et leur rôle dans l'organisation.
- La théorie de l'apprentissage organisationnel met en évidence l'importance pour l'organisation de réussir la transformation des connaissances et des idées nouvelles et pertinentes venues des individus, en connaissances communes « organisationnelles ».

2. Les groupes et le changement

Un changement dans l'organisation déstructure souvent les différents collectifs qui la composent. Il se trouve alors confronté aux forces portées par ces acteurs collectifs, mais il peut également les mobiliser. Dans cette perspective, on analysera l'influence de l'appartenance à des groupes pour des individus qui vont vivre un changement, et notamment :

- — En quoi les normes d'un groupe peuvent jouer sur les attitudes face au changement ?
- — Quelles sont les phases d'évolution d'un groupe face à un changement qui lui est proposé ?
- — Quel peut être le rôle d'« acteurs clés », leaders pour des groupes et collectifs de l'organisation ?

2.1 Normes de groupe et résistance au changement

L'importance de la fonction de normalisation existant dans un groupe a été évoquée au chapitre 1, 4.3. Des pressions s'exerçant sur les membres du groupe peuvent les conduire à adopter des attitudes communes.

C'est notamment K. Lewin qui, parmi les premiers, a mis l'accent sur les conséquences de cette fonction de normalisation pour le changement social, montrant notamment que l'une des sources de la résistance au changement était la crainte de s'écarter des normes de groupe. Il a testé cette hypothèse lors d'une recherche sur les changements d'habitudes alimentaires, aux États-Unis, pendant la guerre de 1939-1945 (Lewin, 1947).

2.1.1 L'expérience menée par K. Lewin

Du fait d'une pénurie de viande à cette époque dans le pays, l'administration américaine voulait inciter les consommateurs à modifier certaines habitudes alimentaires, en vue notamment de favoriser la consommation de mets ordinairement négligés ou dévalués, comme les abats. Les campagnes d'affiches, les prix réduits, les discours diététiques étaient manifestement sans effets sur le comportement des consommateurs. Lewin, consulté dans ce cadre, a mené plusieurs expériences. Il n'a pas cherché à provoquer un changement des habitudes alimentaires en abordant « l'individu en tant que tel », ni en utilisant une approche de masse par le recours à un média comme la radio. Selon lui, « tant l'approche de masse que l'approche individuelle placent l'individu dans une situation quasi privée et psychologiquement isolée face à lui-même et ses idées propres ». Dans les expériences menées, il va considérer les personnes comme membres d'un groupe en interaction et fait l'hypothèse que la « résistance » au changement tient à des facteurs affectifs et collectifs plutôt qu'à des facteurs rationnels et personnels, et notamment que l'une des raisons pour lesquelles les « changements portés par le groupe » s'opèrent plus facilement semble être le fait que « l'individu est peu disposé à s'écarter trop des normes de groupe ». Si ces dernières évoluent, l'individu peut lui aussi évoluer.

Il a donc imaginé de recourir à des réunions de groupe où les ménagères, responsables des achats quotidiens, abordaient ce problème de changement alimentaire et pouvaient envisager ensemble un essai. Il a par ailleurs réalisé une comparaison entre des groupes où un exposé était fait sans être suivi d'une discussion et des groupes où une discussion était instaurée. Il est apparu que les personnes conviées à une discussion s'impliquaient davantage qu'elles ne l'auraient fait à la vue d'une image ou à la lecture d'un texte ; elles s'exprimaient spontanément, posaient les questions dans leur propre langage, etc. Si l'idée d'essayer un produit se dessinait, elle ne venait pas d'une personne seule dans son coin.

L'enquête réalisée par la suite dans les quartiers où de telles réunions de groupe avaient été organisées, montra que, comparativement à d'autres quartiers, il y avait eu une évolution des comportements d'achat.

Kurt Lewin avait mis là en évidence une des sources de la résistance au changement : la crainte de s'écarter des normes communes, d'être en butte à la réprobation ou au ridicule. Et il en a conclu que, si la résistance au changement dépendait partiellement de la valeur qu'avait la norme de groupe pour l'individu, cette résistance devait diminuer lorsque l'on diminuait l'importance de la valeur de cette norme ou lorsque l'on modifiait le niveau de conduite perçu par l'individu comme une valeur sociale (Lewin, 1947). Ainsi, alors que l'on se serait peut-être attendu à ce que des individus isolés soient plus malléables que des groupes composés de personnes pensant de la même façon, Lewin a montré qu'il était plus facile de faire changer des individus constitués en groupe qu'un individu pris séparément.

2.1.2 Les applications dans l'organisation

Dans une organisation, cette dimension de l'évolution des groupes est à prendre en compte dans les cas où il existe des groupes constitués, porteurs de normes.

Deux questions peuvent notamment être posées :

- Comment instaurer le changement dans un groupe ?
- Le groupe est-il un échelon pertinent pour la diffusion d'un changement organisationnel ? Plus particulièrement : l'annonce et la discussion autour d'un changement se font-ils plus facilement en groupe ou au cours d'un entretien individuel ?

Pour instaurer le changement dans un groupe, il s'agit en premier lieu de trouver le ou les portiers (selon l'expression de Lewin, 1947), c'est-à-dire les personnes que le changement peut intéresser, et d'examiner ensuite les normes du groupe et leur possible évolution. Dans le cas décrit du changement des habitudes alimentaires, les personnes intéressées étaient les ménagères, c'est-à-dire celles qui prennent les décisions concernant l'alimentation du foyer, et qui ont été réunies pour l'expérience dans des groupes de discussion.

Quant au fait de savoir si un travail par groupes est pertinent pour lancer un changement, il dépend en grande partie de la force du phénomène de normalisation dans les groupes étudiés. Les discussions en groupe peuvent déboucher sur une attitude favorable au changement proposé, ou au contraire sur un renforcement de l'opposition. Il faudra alors faire des choix en ce qui concerne la composition des groupes de travail et l'orientation de la discussion, de façon à ce que celle-ci s'oriente vers la diminution des forces antagonistes au changement plutôt qu'elle ne cherche à convaincre directement du bien-fondé de l'introduction de ce changement.

Prenons comme illustration l'exemple d'une entreprise où il est question d'introduire des horaires de travail flexibles pour les assistants administratifs dans un service commercial : chacun pourrait arriver et partir à des heures différentes. Or, les assistants constituent un collectif de travail pour qui les rencontres informelles ont de l'importance et notamment celles qui se produisent lors de l'arrivée et du départ de l'entreprise, chacun étant dans la journée attaché à la gestion administrative d'une personne ou d'une équipe, et les bureaux étant relativement éloignés. Par ailleurs, les horaires fixes mettent tout le monde sur un pied d'égalité : vont-ils pouvoir être remis en cause ? Il apparaît alors que certaines personnes peuvent être sensibles à des horaires flexibles : les mères de famille qui doivent emmener leurs enfants à l'école le matin, ceux qui désirent partir tôt le soir parce qu'ils pratiquent une activité sportive, etc. Une discussion en groupe peut permettre de faire ressortir les avantages liés à la nouvelle formule, et faire que le groupe accepte peu à peu, collectivement, de tester ces nouveaux horaires de travail. La norme du groupe aura alors évolué : les « portiers » auront été les personnes qui peuvent y avoir intérêt, et la discussion aura peut-être fait évoluer le groupe pour que des intérêts collectifs se dégagent et que l'on réussisse à instaurer de nouvelles formes de rencontres informelles entre les assistants administratifs (instaurer l'usage de prendre un déjeuner en commun tel jour de la semaine, par exemple).

2.2 Les trois phases du changement dans un groupe

L'analyse faite par Lewin du groupe comme système constitué d'un champ de forces, qui peuvent être en tension et donc créer des résistances à l'évolution de ce système, le conduit à des préconisations sur l'évolution du système qu'est le groupe : pour modifier la structure du champ de forces, il faut augmenter ou diminuer l'une des forces.

Il présente pour ce faire un modèle d'explication du changement dans un groupe, en trois phases :

- La première étape va modifier, soit en l'augmentant soit en la diminuant, l'une des forces du système. Il s'agit de la « décristallisation » (*unfreezing*). Décristalliser signifie modifier peu à peu, notamment à travers des méthodes de discussion non directives, les habitudes existantes (Anzieu et Martin, 1968). La décristallisation doit conduire à diminuer la résistance au changement et mener à la rupture de l'équilibre existant, en créant une crise dans le groupe qui permet la modification des attitudes. Elle peut cependant conduire à un changement très éphémère. De plus, selon Lewin, le choix entre augmenter l'une des forces ou en diminuer une autre n'est pas neutre, car chercher à en accroître une produit dans le groupe un état de tension élevée (agressivité, conflit, ressenti d'une volonté de domination d'un individu sur le groupe, etc.), alors que chercher à aller dans le sens de la diminution va au contraire contribuer à réduire la tension interne et faciliter le changement.
- La deuxième étape est constituée par le déplacement vers un autre niveau d'équilibre, qui est fonction de la définition du nouvel objectif (définition de nouvelles relations entre acteurs, de nouveaux axes de travail, etc.).
- La troisième étape est la cristallisation (*freezing*) qui consiste à renforcer le nouvel équilibre atteint, en mettant en place, par exemple, de nouveaux outils, des règles d'évaluation différentes, en instaurant de nouvelles relations entre les acteurs, etc. Autant d'éléments qui cherchent à stabiliser le nouvel état du système auquel on a abouti.

Ces trois phases du changement sont très parlantes pour l'analyse du changement organisationnel, et la réflexion qu'elles portent a été élargie, dépassant la dynamique du petit groupe pour aller vers la dynamique de l'organisation dans son ensemble.

La phase *unfreezing*, dite de dégel ou de décristallisation, correspond à la prise de conscience de la nécessité ou de l'intérêt de changer. Il pourra s'agir de faire réaliser un audit qui montrera le mauvais positionnement de l'entreprise, pour créer un sursaut et une prise de conscience chez les individus. Le mouvement, *moving*, est la phase où l'on expérimente une nouvelle manière de faire, à travers des réunions et des groupes de travail par exemple. Enfin, la phase de cristallisation doit permettre de consolider les nouveaux comportements, par la modification, entre autres, des outils d'évaluation.

Dans le cas de la mise en place de nouveaux horaires de travail, la décristallisation consiste :

- En une mobilisation des forces motrices. Il faut montrer l'intérêt, pour l'entreprise, de la présence constante d'une personne dans le service, présence permise par la flexibilité des horaires.
- En une diminution des forces de résistance. Il faut faire ressentir l'intérêt personnel que l'on peut avoir à cette nouvelle organisation, et diminuer les résistances individuelles.

Ensuite, le mouvement est une réflexion autour de la mise en œuvre pratique de ces nouveaux horaires, la volonté de trouver d'autres formes d'existence du collectif (repas en commun, réunion hebdomadaire, etc.). Enfin, la cristallisation est une officialisation des choix des horaires au sein des équipes, se traduisant par l'achat d'une « pointeuse » ou la mise en place de plannings de présence.

Ces trois étapes ne sont pas nécessairement successives ; on peut les retrouver à différents moments d'un processus de changement. Ainsi, l'annonce d'un dialogue avec telle catégorie de personnes, quand elle suit celle d'un changement, peut avoir un rôle symbolique et constituer une forme de cristallisation, même si l'on n'en est encore qu'au début du processus de changement.

Être conscient de l'existence de ces trois phases est important pour le pilotage d'un changement : les connaître permet de les prévoir, et d'analyser le stade du changement auquel on se situe. Cette réflexion, utile pour penser l'évolution au sein d'un groupe, peut être transposée également à l'échelle de l'organisation dans son ensemble.

Un autre élément clé pour la dynamique d'un groupe est le rôle que joue un leader.

2.3 Le rôle du leader

Bon nombre de récits circulent dans les organisations, qui mettent en avant le rôle d'un fondateur, ou celui d'un dirigeant qui, reprenant une entreprise, a contribué à un nouvel essor : ils laissent l'impression d'individus miracles, d'acteurs qui, par leur charisme, leur personnalité, jouent un rôle important dans un processus de changement. De tels acteurs peuvent être qualifiés de « leaders » (voir chapitre 7).

Mais à quelles conditions ce rôle de leader, mobilisateur par son charisme et son exemplarité, peut-il s'exercer ? On sait en effet que telle personne, qui aura bien réussi dans telle entreprise, dans un contexte donné, ne connaîtra pas les mêmes conditions de réussite dans un autre contexte. Cette différence s'explique notamment par le fait qu'un leader n'existe qu'au regard d'un groupe donné : il correspond aux aspirations du groupe, il est reconnu pour des qualités importantes au regard de celui-ci (voir sur ce point le chapitre 7, section 1.3). On peut prendre l'exemple d'un groupe d'ingénieurs qui reconnaissent le leadership d'un chef d'équipe en raison de ses compétences techniques, avec lesquelles ils sont en phase, et dont la cohésion se défait lorsqu'un nouveau chef d'équipe, aux compétences managériales et commerciales avérées mais sans connaissances techniques, est nommé.

Proche du groupe, le leader est le mieux à même de comprendre ses attentes et de les traduire pour l'extérieur. Il faut donc relativiser l'impression de « miracle » liée à l'arrivée d'un acteur clé dans l'organisation (Bernoux, 1995) : il ne produit ce « miracle » que parce que les acteurs du groupe sont en phase avec lui, et c'est de l'alchimie entre les qualités de cet acteur clé et les attentes des membres de l'organisation qu'émerge l'évolution positive attendue. Si cette alchimie se produit, c'est parce que le groupe a confiance en son leader ou qu'il existe différentes formes de proximité — proximité technique, culturelle, familiale, etc. — entre le leader et les membres du groupe.

Prenons comme exemple le cas Bertrand Martin, appelé à la présidence de la filiale française du groupe suisse Sulzer, qui a déjà été évoqué au chapitre 5, section 3.3.3. Arrivé dans l'entreprise à un moment où la situation était critique, à la fois sur le plan économique (peu de commandes, des stocks importants, etc.) et sur le plan du « moral » interne, le plan de restructuration prévoyant des licenciements importants, il a demandé au personnel de créer des groupes de propositions, qui ont été soumises à toute l'entreprise, réunie au grand complet. Le décloisonnement, le débat, l'enthousiasme ont été les fruits de cet événement électrochoc, et nombre des propositions faites par les groupes ont été immédiatement appliquées. Bertrand Martin s'est ainsi trouvé en phase avec des attentes d'innovation et de mise en confiance qu'il a contribué à faire émerger.

Des approches récentes, comme celles de « l'intelligence émotionnelle » mettent aussi en avant l'importance de la capacité du leader à susciter des émotions positives chez ceux qu'il dirige (enthousiasme, joie, etc.) : les émotions ne sont plus reléguées à l'arrière-plan, mais utilisées pour motiver et guider l'action (Goleman *et al.*, 2002).

Résumé

- Le changement dans un groupe passe par une évolution des normes du groupe, ces dernières pouvant être à l'origine de résistances au changement.
- Trois phases caractérisent l'évolution d'un groupe : décristallisation, mouvement, cristallisation (Lewin, 1951), que l'on se situe à l'échelle du petit groupe (on peut alors réfléchir à l'évolution du groupe à travers des méthodes de discussion spécifiques) ou à l'échelle de l'organisation.
- Le rôle d'un leader est important, mais son leadership est indissociable de la nature du groupe sur lequel il s'exerce.

3. L'individu et le changement

La relation de l'individu au changement, à la transformation des organisations, peut être considérée selon deux perspectives :

— Tout d'abord, l'individu lui-même est porteur de changement, en raison de ses évolutions personnelles et des contradictions qu'il peut ressentir, lesquelles le conduisent à se transformer.

— Ensuite, une autre dimension de sa relation au changement est la façon dont il va percevoir et vivre un changement organisationnel qui, tout en ne provenant pas de son évolution personnelle, peut néanmoins correspondre à ses aspirations.

3.1 L'individu porteur de changement

Un individu n'est pas statique dans une organisation : à travers ses propres évolutions, il est lui-même porteur de changement. La dynamique d'un individu dans une organisation peut être analysée au regard de différents niveaux qui le caractérisent (biologique, cognitif, affectif, éthique, etc.). En effet, son évolution va affecter ces différents niveaux, et ce de façon plus ou moins rapide, plus ou moins inéluctable, de façon plus ou moins consciente.

Nous proposerons en premier lieu un rapide panorama des choix faits par une personne, dont l'influence se fait sentir à chacun de ces niveaux. Puis nous centrerons l'analyse sur le niveau cognitif, en montrant notamment comment des « dissonances cognitives » peuvent l'amener à évoluer.

3.1.1 Des choix de parcours

Un individu évolue, bien sûr, en âge et en expérience. Son parcours inclut généralement de la mobilité, à son initiative et à celle de l'entreprise, désireuse de créer à travers la mobilité une forme de dynamisme.

La relation des individus au changement est d'ailleurs très différente. Certains en ont déjà fait plusieurs fois l'expérience et sont plus habitués à ce type de situation. Ainsi, aujourd'hui, les aléas du marché du travail font que les plus jeunes ont souvent occupé plusieurs emplois, en CDD, et possèdent une expérience des évolutions et de la mobilité plus grande que celle de leurs aînés.

Ce qui caractérise également les évolutions personnelles des individus, c'est la volonté plus affirmée de maîtriser son parcours. Construire sa carrière au sein d'une ou de plusieurs entreprises, créer une cohérence dans ses différents choix professionnels, utiliser des formations pour se ménager des passerelles d'un poste à un autre, ne pas être passif dans sa relation avec les managers, etc., témoignent d'une détermination de plus en plus grande dans la conduite de sa trajectoire professionnelle.

Les évolutions selon le niveau « biologique » (par exemple l'âge, auquel on associe généralement l'expérience et la maturité), mais aussi les choix liés aux valeurs personnelles en ce qui concerne la relation à l'organisation, aux collaborateurs, aux supérieurs hiérarchiques jouent fondamentalement sur le parcours intra- et interorganisation. La dimension « cognitive », qui renvoie au raisonnement, est également très importante : grâce à elle l'individu peut se construire une représentation du « bon moment » pour quitter une organisation, pour chercher à évoluer, ou pour demander une augmentation de salaire, etc.

Une analyse intéressante sur le rôle de la dimension cognitive comme moteur de changement du point de vue individuel est celle fondée sur l'existence des « dissonances cognitives », c'est-à-dire des éléments cognitifs incompatibles qui sont susceptibles de pousser une personne à évoluer pour faire en sorte qu'ils deviennent compatibles.

3.1.2 Le rôle des dissonances cognitives

Les liens entre attitude et comportement ont été présentés au chapitre 1, section 2.3. En matière de changement, ce sont à la fois les incompatibilités entre attitude et comportement et les incompatibilités entre attitudes elles-mêmes qui produisent une dissonance, et peuvent amener les individus à changer pour la supprimer.

Cette théorie a notamment été développée par L. Festinger (1957), qui s'est intéressé à la dimension cognitive des attitudes. Selon lui, tout individu a une connaissance de soi plus ou moins approfondie et comportant des éléments plus ou moins cohérents entre eux. Il a analysé l'univers des personnes à travers l'ensemble des connaissances qu'ils ont sur eux-mêmes et sur autrui (les éléments cognitifs). L'hypothèse de L. Festinger est que l'existence d'une dissonance (contradiction entre éléments cognitifs) provoque une gêne chez la personne, qui va chercher, consciemment ou non, à réduire cette dissonance pour retrouver une consonance. Ici, la difficulté à prendre en compte est l'histoire de la construction de ces attitudes : en effet, faire en sorte de se sentir en harmonie avec son environnement actuel a pu coûter de nombreux efforts, et renoncer à cette harmonie préfigurerait d'autres efforts, ce qui peut être refusé par les individus.

Étude 9.5

Provoquer un changement d'attitude, selon Festinger et Baron

Selon Festinger (1957) et Baron (1983), on peut provoquer un changement d'attitude significatif chez quelqu'un en s'appuyant sur ses contradictions.

Sous l'effet d'un stimulus approprié, une récompense par exemple, il est possible de provoquer un changement de comportement qui fera à terme basculer l'attitude de la personne, mais à certaines conditions :

- Si la récompense apparaît comme insignifiante aux yeux du sujet, la contradiction entre attitude et comportement ne se manifeste pas et l'on n'assiste à aucun changement d'attitude.
- Si la récompense est très importante, et dépasse très largement le coût des conséquences négatives du changement, alors le comportement du sujet aura tendance à changer, compte tenu de l'enjeu. Mais son attitude évoluera peu car la justification de son choix sera uniquement liée à son intérêt, sans que ses convictions profondes soient mises en cause.
- Si la récompense dépasse juste le seuil de basculement spécifique au sujet, on observera chez lui un changement de comportement. Mais ce changement entraînera une forte « dissonance cognitive » (le nouveau comportement est contradictoire avec l'attitude). L'individu, comme pris dans un engrenage, éprouvera alors le besoin de réduire sa « dissonance cognitive » en changeant d'opinion. Et, dans ce cas, on observe généralement un grand changement d'attitude (revirement, conversion). En effet, la personne, pour justifier en quelque sorte son choix à ses propres yeux et à ceux des autres, va accumuler les raisons qui le justifient et en arriver à modifier radicalement son attitude. Ce faisant, elle rétablit sa « consonance » interne sur de nouvelles bases.

Le principe peut être énoncé autrement : lorsque l'on veut amener un individu à changer et à adopter une attitude favorable envers une activité qu'il déteste au départ, il faut exercer juste assez de pression pour qu'il agisse, mais pas assez pour qu'il puisse dire : « Je n'avais absolument pas le choix. » Cette situation devrait créer chez lui une dissonance cognitive, qu'il pourra réduire par la suite en modifiant dans le sens positif son attitude envers l'activité en question.

La théorie de Festinger permet souvent d'expliquer certains phénomènes après qu'ils se sont produits. Toutefois, elle ne permet pas de prédire comment un individu va réagir ou se comporter dans telle ou telle situation, parce qu'il a généralement le choix entre plusieurs façons de rétablir son équilibre cognitif.

Imaginons par exemple une personne qui adhère à une association anti-mondialisation, et qui, dans le même temps, est fortement attachée à son chef de service, lequel, quant à lui, critique fortement les organisations anti-mondialisation. Cette discordance de vues pourra entraîner une modification du comportement de la personne en question : peut-être va-t-elle chercher à convaincre son chef, peut-être va-t-elle chercher à changer de poste dans l'organisation. Ou bien elle cherchera à expliciter la dissonance pour tenter de la diminuer : son chef est âgé et ne peut pas comprendre ces nouvelles évolutions ; elle pourra aussi se dire que l'avis isolé d'une seule personne lui importe peu, etc. Une telle recherche de rationalisation sera moins porteuse d'évolutions de comportement que dans le cas précédent (voir encadré 9.5 pour un approfondissement de cette théorie).

Un autre moteur personnel de l'évolution, toujours par rapport à la dimension cognitive, est la différence qui existe pour un individu entre ses groupes d'appartenance et ses groupes de référence (voir chapitre 1, section 4.3). La volonté d'atteindre un groupe de référence peut en effet conduire les personnes à des évolutions qui retentiront sur l'organisation.

L'individu peut donc, par son comportement, contribuer aux évolutions de son organisation. Mais il se trouve aussi confronté à des changements qu'il n'a pas initiés, auquel cas il peut être amené à les favoriser ou au contraire à les freiner.

3.2 L'individu qui vit un changement

Pour l'individu qui vit un changement, la phase d'incertitude que celui-ci engendre génère à tout le moins, sinon une résistance, du moins une interrogation vis-à-vis de ce changement. Il s'agit ici d'analyser la relation de l'individu au contenu du changement, à son processus et à ses porteurs. Quelle importance attache-t-il à un changement du contenu de son travail, à l'introduction de nouvelles valeurs fondant l'activité de l'organisation ? Sa personnalité, son histoire, sa formation, etc., jouent mais compte également le regard qu'il porte sur le changement en soi et sur l'action des pilotes de ce changement (compréhension de l'utilité et de la nécessité de changement, jugement porté sur l'efficacité de l'action des dirigeants, sur sa transparence, etc.). L'individu pèse le pour et le contre. Il peut aussi percevoir le changement comme une rupture.

3.2.1 Une approche rationnelle-stratégique : peser le pour et le contre

L'opposition à un changement peut s'expliquer de façon rationnelle et logique (voir chapitre 1, section 1 sur la rationalité des individus). Chacun prend alors en compte toutes les dimensions qui vont varier lors du passage d'une situation à une autre, et fait une sorte de bilan des aspects positifs et négatifs du changement.

Pour mieux comprendre les impacts d'un changement sur un individu, il est important d'analyser en particulier les différentes dimensions des situations de travail dans lesquelles il se trouve (voir figure 9.4).

Un changement organisationnel peut en effet modifier plusieurs des éléments de sa situation de travail, et l'amener à évaluer le changement en termes de conséquences sur cette situation. Va-t-il perdre tel collègue avec lequel il appréciait de travailler ? Le changement correspond-il à ses valeurs ? Son statut (hiérarchique, position d'expert) est-il touché ? Etc.

Une telle approche a été formalisée par Strebel (1996), qui montre notamment les différences de point de vue entre cadres et employés vis-à-vis d'un changement : au-delà des modifications très visibles en termes de contribution et de rétribution, certains aspects implicites de la relation sont à prendre en compte. Certes, les tâches évoluent sur le papier, mais quelle sera l'attente réelle du supérieur hiérarchique ? Quelle reconnaissance va être obtenue ? Ces exemples montrent qu'en liaison avec ces dimensions formelles, nombre de dimensions informelles de la relation vont également être modifiées.

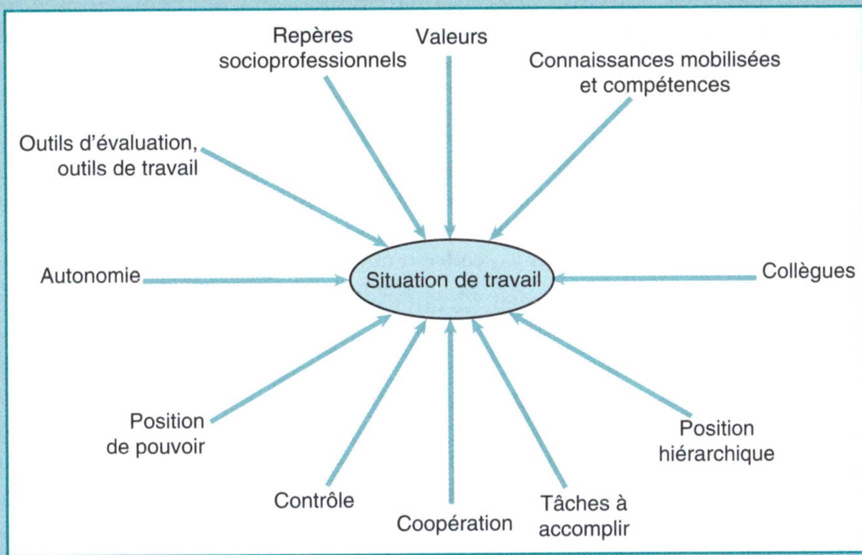

Figure 9.4. Les déterminants de la situation de travail d'un individu.

Dans cette perspective, la résistance au changement est analysée d'un point de vue rationnel pour l'acteur : aussi bien dans le cadre de la relation hiérarchique, que plus largement dans la situation de travail, tout changement peut créer des bouleversements. Prendre la mesure de ces modifications permet à l'individu de réaliser la mesure du changement qui va le toucher ; avoir ce même type de regard pour un pilote de changement lui permet de mieux comprendre des comportements qui, s'il est persuadé du bien-fondé du changement, peuvent lui sembler irrationnels.

Il se peut aussi que des comportements liés à l'inconscient des individus se manifestent, notamment quand le changement crée une rupture forte en ce qui concerne le cadre de vie des individus dans l'organisation.

3.2.2 Quand le changement est perçu comme une rupture

Un des points qui perturbe souvent la relation entre l'initiateur d'un changement et celui qui le vit est qu'il existe parfois peu de liens entre l'ampleur du changement dans l'organisation et l'ampleur du changement pour l'individu. Un changement mineur pour l'organisation peut représenter un changement majeur pour l'individu : le point de vue de celui-ci sur la situation est alors fondamental, et ce point de vue est construit par l'individu à partir d'éléments de la réalité tels qu'il les perçoit (nous sommes là dans une optique constructiviste où la réalité est considérée comme propre à chaque personne, comme étant une construction réalisée par chacun).

Une rupture de la « réalité » que s'est construite l'individu

Certains auteurs de l'école de Palo-Alto (voir la présentation de cette école de pensée au chapitre 4) se sont intéressés à l'intensité de la rupture qu'un changement peut provoquer chez un individu, et aux apprentissages nécessaires pour y faire face (voir notamment Gregory Bateson, 1977, 1990 pour la traduction française). Ils distinguent le changement de type 1, qui correspond à des modifications mineures ne modifiant pas le cadre d'analyse, du changement de type 2, qui nécessite un changement de cadre d'analyse. Dans ce deuxième cas, la construction d'une nouvelle définition de la réalité entraîne la nécessité, pour un individu, de changer sa compréhension de la relation aux autres. Ce changement de point de vue, nommé « recadrage » par P. Watzlawick (1975), est considéré comme une étape fondamentale pour l'accès à un changement de type 2. Il s'agit, relativement à une situation donnée, d'adapter aux « faits » concrets de cette situation un cadre d'analyse plus pertinent.

Prenons l'exemple d'une petite entreprise qui vient d'embaucher un nouveau commercial. Dans une organisation de petite taille, l'arrivée d'un nouveau collaborateur constitue un changement important. Comment va-t-il s'intégrer ? Les débuts sont difficiles. En effet, il est d'usage dans cette entreprise que les tâches d'accueil et de réception soient accomplies par tout le monde lorsque la personne qui en a la charge est absente. Or, le nouveau commercial laisse la sonnerie du téléphone sonner très longtemps, bien qu'il sache fort bien que la réceptionniste est momentanément absente. Ses collègues interprètent cet acte comme un signe d'arrogance qui manifeste la volonté de délimiter sa place (il veut montrer qu'il n'a pas à accomplir cette tâche), et un conflit prend naissance. Mais cette action peut tout simplement relever de l'ignorance (le commercial est nouveau), de la timidité (il ne se considère pas comme étant à la hauteur pour répondre car il ne connaît pas suffisamment l'entreprise). On peut prendre un autre exemple : après certains propos, telle personne sera considérée comme insolente, alors que l'on pourrait envisager, dans un autre cadre de signification, qu'elle aura dit ce qu'elle pense et réussi à faire avancer les choses… Ces deux exemples montrent que la perception des choses peut évoluer, uniquement parce que le cadre de signification se modifie d'un acteur à l'autre.

Dans une phase de changement, il est fréquent que certains cadres d'analyse deviennent inadaptés. Or, cela crée pour les individus des ruptures plus ou moins faciles à vivre, les recadrages étant parfois difficiles à réaliser et pouvant nécessiter l'intervention d'une personne extérieure (c'est souvent le rôle d'un *coach* que d'amener un individu à envisager une situation sous un autre angle). Il se peut d'ailleurs qu'une personne, pour différentes raisons, refuse cette reconstruction de « sa » réalité : motifs liés à l'anxiété ou à la nécessité de faire le deuil de sa vision des choses.

La rupture du rempart contre l'anxiété que constitue l'organisation

Un des rôles des systèmes sociaux est de contribuer à renforcer les mécanismes individuels de défense contre l'anxiété, grâce à leur stabilité et à leur cohérence. Une organisation, comme tout système social, peut donc être envisagée par certains individus avant tout comme un rempart contre l'anxiété ; le changement vient rompre cet équilibre, notamment s'il est flou et trouble, et si l'individu ne peut en contrôler les sources. Comme ils touchent l'organisation, les changements affaiblissent ses mécanismes de défense et provoquent en retour de fortes résistances. Ainsi, Elliot Jaques (1955, 1996 pour la traduction française) montre que des résistances au changement peuvent exister du fait d'une attache forte au système social existant.

Selon lui, toute institution, en plus de sa fonction traditionnelle d'atteinte des objectifs, possède des fonctions de nature inconsciente, non reconnues, qui se situent au niveau fantasmatique. Ainsi, pour les individus, une organisation représente un lieu de projection de pulsions ou d'objets internes qui, sinon, seraient une source d'anxiété. Consciemment ou inconsciemment, certains éléments de l'organisation (personnes, outils, structure, etc.), partagés avec d'autres personnes, sont donc des espaces d'identifications et de projections. Par exemple, certaines personnes peuvent devenir des boucs émissaires dans l'organisation, tout simplement du fait de cette nécessité de projection des pulsions (le directeur adjoint d'un service peut jouer le rôle d'un fusible qui saute quand des résistances au changement liées à ce type d'anxiété se cristallisent sur lui). La résistance à un changement vient alors du fait que « des groupes de gens se cramponnent inconsciemment à leurs institutions, parce que des changements dans les relations sociales menacent de perturber les défenses sociales existantes qui protègent contre l'anxiété psychotique » (Jaques, 1955).

Que les résistances proviennent d'une rupture trop forte de la réalité que s'est construite l'individu, ou d'une opposition due au fait que les fonctions de protection assurées par l'organisation sont menacées, le passage de la résistance à l'acceptation du changement (s'il se produit) demande souvent du temps, et l'on peut distinguer différentes étapes dans cette progression.

Des étapes personnelles nécessaires pour surmonter la rupture

Lors d'un changement qui le touche profondément, parce que son travail se modifie, que ses collègues sont mutés, que les valeurs portées par l'organisation changent, l'individu traverse différentes phases. La phase la plus critique est celle où, centré sur l'instant présent, il vit des moments de doute et des remises en question. La rupture est trop forte pour qu'il puisse adhérer à une représentation positive du changement et il peut devoir traverser un processus similaire au processus de deuil pour parvenir à une acceptation du changement. Par exemple, le départ d'un chef très apprécié, ou le changement de relations dans le travail peuvent provoquer des phénomènes qui ont pu être comparés à des processus de deuil. Ainsi, lors du pot de départ de telle personne, on voit parfois des larmes couler, et certains quitteront eux-mêmes l'entreprise peu de temps après, ne supportant pas que de nouvelles conditions de travail succèdent à des rapports professionnels antérieurs très appréciés.

À un tel stade de crise pour l'individu, un message managérial centré sur les nouveaux objectifs, la prise de risque, ou proposant un bel avenir organisationnel, tombera à plat, parce que le cheminement comparable au processus de deuil n'aura pas été fait.

L'étude des processus de deuil (Augagneur, 1995) a permis de mettre en avant plusieurs phases dans le cheminement d'une personne, parallèlement aux changements qui se produisent dans l'organisation. Au choc de départ succède une phase de déstructuration, puis une phase de restructuration. Ces étapes ont été mises en évidence par J. L. Roy (1997) qui s'est intéressé aux phénomènes de deuil survenant à la fin des projets dans les organisations (fin d'un projet industriel, qui peut être assimilée à la fin du tournage d'un film ou à la dernière d'une pièce de théâtre) : l'activité s'arrête, on quitte des collègues avec lesquels on a parfois travaillé pendant plusieurs années et avec qui on a vécu des moments intenses. Déni, révolte, culpabilité, dépression, puis apaisement et créativité sont autant de micro-étapes dans le processus de deuil.

- **Le déni.** Lors de la phase de départ, il peut y avoir une forme de « déni », de refus de comprendre (« Non, ce n'est pas possible »), qui crée une sorte de flottement, accentué par le vide lié au changement (la fin d'un projet, le départ d'une personne entraînent l'annihilation de relations fortes pour la personne). Tout paraît déstructuré, et un sentiment d'isolement et de solitude peut apparaître.
- **La révolte.** Le sentiment de déni peut se muer en colère, en révolte, qui seront peut-être vues comme des « résistances » au changement, mais qui sont des étapes logiques si l'on accepte de prendre en considération le fait que l'on est dans un processus de deuil.
- **La culpabilité.** Elle se manifeste par des remarques telles que : on aurait pu faire ou dire ceci ou cela qui aurait pu changer des choses, on aurait pu aller plus à fond sur tel projet… On peut même être amené à idéaliser la situation antérieure. L'issue est d'utiliser l'expérience acquise, en acceptant la responsabilité de ce que l'on a fait (Roy, 1997).
- **La dépression.** Fatigue, absence, idées noires, troubles du sommeil, etc., sont autant de signes d'une possible dépression. Cette phase, difficile à vivre, est une étape forte d'avancée dans le travail de deuil et de restructuration ; elle est parfois indispensable pour parvenir à une phase d'apaisement. Mais, en ce qui concerne l'organisation, elle peut se traduire par l'absentéisme, peu d'implication, des discours très négatifs, etc.
- **Le détachement.** La phase de reconstruction est entamée quand on se détache des anciens affects et que la réalité fait retour. Mais il se peut au contraire que l'on s'installe dans un monde où la situation disparue subsiste, un monde « fantasmatique et imaginaire ». Car la reconstruction peut conduire à l'apaisement et à une créativité nouvelle, tout autant qu'à l'enlisement dans une situation de culpabilité et à l'impossibilité de quitter les relations affectives associées à l'ancienne situation.

Pour l'entreprise, il s'agit de ne pas nier ce temps de reconstruction nécessaire aux personnes : reconstruire une énergie est aussi positif pour l'entreprise que pour la personne en question. Même si la reconstruction passe par des phases apparemment négatives (révolte, dépression, etc.), celles-ci sont des étapes indispensables au cheminement personnel.

Lors de ce cheminement se manifestent agressivité, ennui, peur, empathie, désarroi, etc. En effet, toute interaction sociale — et ce plus fortement encore dans le cadre professionnel — met en jeu un grand nombre d'émotions. L'important est alors, pour les personnes, de pouvoir les identifier et les nommer : c'est souvent une première condition, impérative, pour favoriser les processus de changement.

Les différentes réflexions menées jusqu'ici vont avoir une résonance particulière pour les acteurs qui cherchent à mener des changements, les pilotes, et tout le management intermédiaire chargé de sa mise en œuvre.

Résumé

- Les évolutions propres à un individu ont une influence sur l'organisation elle-même, notamment en termes de choix de parcours.
- Un moteur d'évolution individuelle relève notamment de la dimension cognitive, avec la volonté d'atténuer les dissonances existant entre certains éléments cognitifs et qui brouillent les liens entre attitude et comportement.
- Lorsqu'un individu est confronté à un changement, il peut développer deux grandes catégories de comportement qui sont susceptibles de créer des résistances au changement de nature différente: d'une part une analyse rationnelle du changement, où l'on pèse le pour et le contre ; d'autre part un sentiment de rupture, plus ou moins conscient, dû à la perte de ses repères personnels dans l'organisation.
- Le changement vécu comme une rupture par un individu peut l'amener à franchir des étapes comparables à celles du processus de deuil, pour recomposer sa vision de la réalité.

4. Le management du changement

Plusieurs catégories d'acteurs sont concernées par le pilotage et la conduite du changement. On distinguera :

- **Les décideurs ou pilotes du changement.** Ils sont les acteurs du changement au sens où ils vont donner les impulsions. Il peut s'agir d'un dirigeant, d'un groupe de personnes clés (comité exécutif), etc.
- **Les agents de changement** (qu'ils soient internes à l'organisation ou extérieurs). Ils sont ceux qui sont appelés pour mettre en œuvre un changement. Il peut s'agir du consultant ou de l'équipe interne, des managers chargés de la mise en œuvre, etc.

Le pilotage du changement repose sur un certain nombre de paradoxes (Thompson, 1967 ; Perret, 1998), qui en révèlent toute la difficulté.

On insiste parfois sur la nécessité de créer une rupture avec l'organisation antérieure. Or, comment créer une rupture tout en conservant une continuité, autrement dit une cohérence avec l'identité et la culture de l'entreprise ? Il est également important de prévoir et d'anticiper les différentes étapes du changement, mais comment faire une planification compte tenu des évolutions dues au jeu des acteurs dans l'organisation ? En outre, comment imposer certaines des étapes du changement, tout en demandant aux acteurs de se montrer responsables et autonomes dans le processus ? Enfin, le flou dans une situation de changement est source de rumeurs, d'anxiétés, etc. Pour y remédier, on cherche souvent à avoir une définition claire des objectifs d'un changement, l'élaboration d'une « vision ». Or, est-il possible de le faire, tout en sachant qu'il est impossible de maîtriser entièrement le processus, que le changement confronte à l'inconnu ?

Ces interrogations mettent l'accent sur les difficultés inhérentes au management d'un changement.

Nous verrons dans cette section quelques-uns des choix à réaliser en matière de pilotage du changement :

— les points clés du processus, c'est-à-dire le développement d'une vision, le choix du rythme du processus de changement, et le problème de sa diffusion à une grande échelle ;

— les éléments qui déterminent le choix d'une méthode de changement, et notamment son caractère imposé ou négocié, la nature des agents du changement mobilisés, et l'aspect plus ou moins permanent du changement dans une organisation.

4.1 Les points clés du processus

L'action des managers va notamment porter sur certains points clés du processus de changement : en premier lieu, définir des objectifs au changement mené ou encore en proposer une vision d'ensemble ; ensuite, choisir le rythme du processus de changement (étapes, événements clés) ; enfin, réfléchir aux modes de diffusion en interne d'un changement.

4.1.1 Objectifs et vision

Le cadrage général, les grandes étapes et la stratégie du changement sont maîtrisés par la direction générale. Cependant, il arrive que les objectifs n'apparaissent pas clairement, que ce soit volontaire ou non, aux yeux du reste de l'organisation. La question qui se pose donc aux pilotes du changement est celle de la clarté et de la transparence de leur action. Ils peuvent, pour des question stratégiques ou pour éviter de brusquer l'organisation, fixer des objectifs intermédiaires et ne pas exposer dès le départ les objectifs globaux. Les acteurs comprendront alors la logique de chaque étape du changement, mais pas la philosophie d'ensemble présidant à sa mise en œuvre. *A contrario*, les dirigeants peuvent choisir d'exposer la philosophie générale du changement, tout en laissant l'organisation dans le flou pendant quelque temps, ce qui favorisera les rumeurs et les extrapolations, mais laissera aussi les acteurs libres de construire leurs actions au regard des cadrages généraux proposés (David, 1995).

Dans les deux approches, il importe qu'existe une « vision » de la démarche de changement. Les membres de l'organisation doivent pouvoir mieux comprendre où elle va (en fonction de l'histoire de l'organisation), pour quelles raisons un changement y est mis en œuvre, et raccorder le changement au système symbolique de l'organisation (mythes fondateurs, héros, etc.). L'importance d'une telle recherche de sens est encore plus flagrante dans le cas du « changement en permanence » vécu dans certaines organisations : le fait que des projets multiples et parfois contradictoires se mettent en place, voire que certains changent en cours de route sans que l'on comprenne pourquoi, crée un vide de sens et peut amener à des comportements de résistance au changement, lesquels traduisent l'incompréhension, la perte de repères dans l'aventure organisationnelle. Les salariés peuvent ainsi se plaindre de ce que la direction change sans arrêt d'avis, de ce qu'ils se sentent obligés d'attendre le contre-ordre avant d'engager le changement demandé car celui-ci est inutile.

Comment faire pour créer ou maintenir un « sens » au changement mis en place ?

La vision peut se traduire par l'existence d'objectifs ou d'un cadrage clairs, mais aussi par des perspectives d'une autre nature. En effet, créer un sens ne signifie pas maintenir constant et stable l'objectif défini. Il est sûr que si son objectif est compris par les salariés, qu'il leur paraît important et ne subit aucune modification en cours de route, il est plus facile de donner un sens au changement. Mais si l'environnement est mouvant et que les objectifs doivent être fréquemment réajustés, il incombe alors à la direction de donner un sens au changement, d'en déterminer une « vision ».

Il est donc important que le processus de changement corresponde à une histoire qui puisse être racontée et qui rende légitimes les efforts faits par les individus qui y participent. Un des moyens de donner un sens au changement sera de le « théâtraliser » (Chavel, 2000). De manière un peu artificielle, on crée alors des personnages du changement (le dirigeant, quelques hommes clés), on favorise l'émergence d'un récit (par exemple les hauts faits ou les coups bas lors d'une opération brutale comme une fusion-acquisition) (sur ce point, voir encadré 9.6).

Des actions symboliques comme le lancement d'un journal interne ou les « grand-messes » qui réunissent un certain nombre de collaborateurs, les séminaires, le discours annuel du PDG, etc., entrent dans l'histoire du changement et par là dans celle de l'organisation.

Cette dynamique de construction du sens est liée aux temporalités du changement : des événements sont créés pour donner un sens au processus. On comprend dès lors l'importance accordée au rythme du changement.

Étude 9.6

Le rôle des récits lors d'un processus de changement

« L'une des activités fondamentales des dirigeants consiste à lier des événements entre eux, à souligner des relations de causes à effets, à oublier d'autres aspects des problèmes étudiés, bref à raconter ce qui est en train de se passer » (Christian et Boudès, 1998). Mettre en scène un changement conduit à mettre en avant l'action de certains acteurs ou l'irruption de certains événements et la diffusion de ces récits permet aux collaborateurs d'intégrer leur interprétation des choses et de renvoyer leurs actes à ce schéma global. Chaque acteur se sentira intégré s'il connaît les épisodes antérieurs du récit et s'il peut contribuer à construire les épisodes suivants. Aujourd'hui, un des rôles du management est de permettre cette contribution au récit, de la favoriser.

4.1.2 Étapes et rythme

Le choix des étapes dépend de la nature du changement. Lorsqu'il s'agit d'introduire un nouvel outil ou un nouveau procédé de travail, et ce à travers un pilotage fermé laissant peu de place à l'improvisation, les étapes du changement renvoient à un schéma relativement classique : le diagnostic, la conception, la mise en œuvre.

En revanche, si le cadrage fixé au départ est large (définition d'une nouvelle philosophie de gestion pour l'organisation : « être plus axé client », par exemple) et que le changement porte d'abord sur les relations entre acteurs, avec une réflexion sur un nouvel agencement (mise en place d'une nouvelle structure, par exemple), on compte sur les acteurs pour évoluer dans ce cadre et construire eux-mêmes de nouvelles routines de travail. Il s'agira alors surtout de créer un rythme dans le processus de changement (David, 1995). Ainsi, à la RATP, une nouvelle structure plus plate et décentralisée a été mise en place par Christian Blanc en 1990, associée à une nouvelle philosophie de gestion, centrée explicitement sur le client : « Le voyageur au cœur des préoccupations ». Mais comment le changement va-t-il ensuite prendre corps dans l'organisation ? Christian Blanc a lui-même présenté la gestion du temps comme un point clé : « La gestion des rythmes du temps me paraît l'instrument clé du pilotage du changement pour une organisation » (Préface à David, 1995).

Le choix des événements marquants, des moments de communication crée ainsi un rythme dans le processus de changement. Le changement peut être perçu comme trop rapide, les acteurs n'ayant pas le temps de se l'approprier, ou au contraire comme trop lent ; il est rythmé par des événements symboliques qui lui permettent de prendre corps peu à peu. Ces choix concernant le rythme du temps s'accompagnent également d'une réflexion sur les modalités de la diffusion du changement à grande échelle, au sein de l'entreprise.

4.1.3 Diffusion

Dans les grandes entreprises, en effet, la diffusion du changement à l'échelle de toute l'organisation est souvent difficile. Le risque existe d'une déconnexion entre la direction qui met en place le changement, et le reste de l'organisation. Les dirigeants peuvent alors s'appuyer sur des réseaux transversaux, à qui ils délèguent une partie de leur pouvoir. Il s'agira dans ce cas de repérer des modalités de diffusion, de créer un réseau d'accompagnement et de diffusion du changement.

Par exemple, des « réseaux d'entrepreneurs » ont été mis en place chez Thomson Multimédia, à l'arrivée du nouveau manager T. Breton en 1997. Ces réseaux jouent un rôle de relais, dans l'organisation, pour les décisions prises par le comité exécutif. Les entrepreneurs sont choisis en raison de leur compétence mais aussi pour leur aptitude à la communication et à des fonctions de leadership ; ils sont des supports pour la diffusion et la mise en œuvre des grands principes et des décisions définis au sommet hiérarchique, et sont réunis très régulièrement par le top-management.

L'exemple de Thomson témoigne de l'importance du rôle du management intermédiaire pour faire vivre le changement dans l'organisation. Cependant, l'encadrement peut aussi se trouver dans une position difficile, dans la mesure où il doit relayer des messages de la direction (flous, peu clairs, voire ambigus : que se cache-t-il derrière un changement annoncé, une restructuration se profile-t-elle ?) et faire face aux inquiétudes et aux demandes de prise de distance critique émanant de leurs collaborateurs. Un processus de changement nécessite que le manager mobilise son équipe et participe avec elle à la construction du sens pris par le changement au regard des valeurs de l'organisation. Le manager, pour être crédible vis-à-vis de son équipe, se doit souvent d'être critique vis-à-vis des décisions prises par la hiérarchie. Mais comment concilier cette volonté de sens critique et la nécessité d'une construction collective autour du changement ?

La transparence des actions de la direction, les valeurs d'engagement et de responsabilité, de *commitment* (« Je fais ce que j'ai dit que j'allais faire »), en donnant moins de prise à la critique, permettent de surmonter plus facilement cette contradiction : on donne en exemple, on s'appuie sur des actions phares, etc. Mais que faire quand la direction est très floue et donne l'impression de jouer un jeu ambigu ou hypocrite ? Il s'agit alors pour le manager de ne pas être une simple courroie de transmission de la direction, mais d'accompagner, s'il le peut, la construction d'un sens partagé autour des changements qui touchent l'organisation (Chavel, 2000). Il peut, par exemple, amener à comprendre comment un process qualité peut s'intégrer au travail de l'équipe et réellement l'améliorer, comment l'adoption d'une structure en *business units* va permettre d'intégrer des dimensions commerciales non prises en compte auparavant par l'équipe, qui raisonnait uniquement en termes d'expertises techniques, etc.

D'autres décisions renvoient à des choix de méthode de négociation et de mise en œuvre du changement.

4.2 Choisir une méthode de changement

Comment annoncer un changement ? Qui faire intervenir ? Le changement est-il exceptionnel pour l'entreprise en question, ou au contraire s'inscrit-il dans une succession de modifications telle que l'organisation finit par se demander quand elle atteindra une période de stabilité ?

Ces différentes questions renvoient à la méthode adoptée par un acteur pour lancer et piloter un changement.

4.2.1 *Entre changement négocié et changement imposé*

Des méthodes de changement organisationnel ont été développées, à différents moments et dans différents lieux, donc dans des contextes particuliers, à la fois sur les plans économique, culturel et historique. Elles mettent en avant des philosophies différentes, ainsi que des compréhensions diverses des comportements individuels (voir encadré 9.7).

Les différences seront notamment appréhendées selon le caractère plus ou moins directif du changement, et l'on caractérisera ici les deux extrêmes : le changement imposé, annoncé sans ou avec peu de négociations et discussions préalables avec les membres de l'organisation, et le changement à caractère négocié.

Ces deux aspects, changement imposé et changement négocié, se trouvent souvent mêlés dans un processus de changement, et cette opposition binaire sert surtout de modèle à la compréhension du processus. Outre les choix de la direction, le mode de changement dépend aussi des caractéristiques de celui-ci : périmètre, urgence, oppositions existantes, secret ou transparence, etc.

Du côté des individus, le changement négocié facilite l'expression des points de vue et des résistances ; il demande en revanche un engagement plus fort, une implication, et cherche à favoriser la responsabilisation des personnes. Le risque est qu'il apparaisse comme une stratégie de manipulation : le dirigeant peut être perçu comme cherchant à tout prix à obtenir un accord, en partageant des zones de pouvoir, en acceptant des modifications sur certains objectifs. La négociation peut être ressentie comme une manipulation mais il est parfois difficile de faire autrement !

Le changement imposé peut, quant à lui, être plus facilement accepté par des personnes qui ne souhaitent pas entrer dans un débat sur le changement en cours. Dans ce cas, le manager a recours à son autorité légitime, à sa position de dirigeant pour imposer le changement ; des possibilités de sanctions ou de récompenses pourront être couplées au changement. Les managers qui choisissent la voie du changement imposé peuvent également vouloir atteindre le côté rationnel-stratégique des individus : chercher à démontrer le bien-fondé d'un changement, pour l'entreprise mais aussi pour les individus, et ce en s'appuyant sur leur compétence, qu'elle soit technique, juridique ou économique. Une des conséquences de ce mode de changement sera le sentiment ressenti par certains d'être exclus du processus, ce qui pourra conduire à une opposition.

Étude 9.7

Quelques méthodes connues de changement organisationnel

Le développement organisationnel, une négociation des objectifs de mise en œuvre du changement

Une démarche de changement, développée dans les années 1970, est celle du développement organisationnel : cette méthode veut à la fois concilier les objectifs de l'organisation et les objectifs de ses membres, en leur procurant une plus grande satisfaction au travail. L'un de ses promoteurs, Richard Beckard (1975), en donne la définition suivante : « Le développement des organisations est une action planifiée concernant l'organisation dans son ensemble, mise en œuvre par le sommet de la hiérarchie pour améliorer l'efficacité de l'organisation et sa santé, grâce à des interventions programmées dans les processus de l'organisation, utilisant l'apport des sciences du comportement. » L'objectif est de comprendre les répercussions des actions sur toute l'organisation, et non d'avoir un regard trop partiel sur la résolution d'un problème limité. Il s'agira alors de définir un plan d'action sur le long terme, où les interactions, le caractère systémique de l'organisation sont placés au centre. Les unités de base d'action pour l'intervenant sont les groupes, le but ultime étant le changement des comportements et des attitudes en interne. Les groupes vont définir des objectifs, en adéquation avec le problème défini et les modes de résolution envisagés : l'idée fondamentale est que, plus les individus et les groupes participent à la définition des objectifs, plus il y a de chances qu'ils les atteignent.

Le développement social, à caractère négocié, qui recherche les acteurs porteurs

La méthode du « développement social », quant à elle, repose sur le repérage d'acteurs de terrain qui seront les porteurs du changement.

Cette méthode est fondée elle aussi sur l'intervention d'une personne extérieure à l'organisation, et va chercher à faire apparaître des groupes ou catégories d'acteurs internes à l'organisation, porteurs de ce développement. L'objectif pour les sociologues qui ont proposé et théorisé cette méthode (voir Piotet et Sainsaulieu, 1994), est de repérer les groupes acteurs à l'intérieur de l'organisation, qui ont une capacité d'innovation créatrice.

Le développement social des entreprises a longtemps reposé, entre autres, sur le rôle des syndicats. Avec la crise actuelle de la représentation syndicale, les objectifs des promoteurs du développement social sont de faire apparaître des configurations d'acteurs participatifs, sans qu'ils aient pour autant des responsabilités ou une représentation officielles spécifiques.

4.2.2 Le choix d'un intervenant

Que le changement soit imposé ou négocié, il est fréquent que certains membres de l'organisation(à divers niveaux) fassent appel à des intervenants extérieurs. Quelle en est la raison ? Ces intervenants extérieurs, généralement des consultants, vont apporter, à un moment donné, des ressources dont l'entreprise ne dispose pas en interne : qu'il s'agisse d'un apport d'énergie supplémentaire, au moment où tout le monde est englué dans les difficultés engendrées par le changement, ou de compétences supplémentaires (expérience, méthode, connaissance de techniques, etc.). Par ailleurs, leur statut d'extérieurs à l'organisation fait qu'ils ne sont pas impliqués dans les intrigues politiques internes, qu'ils ne jouent pas leur poste. Ils sont amenés à « mettre les mains dans le cambouis » de l'organisation, et il arrive parfois qu'ils prennent les « coups » — au sens figuré — que n'osent pas s'envoyer directement les membres de l'organisation.

D'ailleurs, le consultant, par sa simple présence, est déjà un changement : il en est le signe, il incarne la volonté de l'entreprise de se modifier et les moyens qu'elle emploie.

Le nombre des postures d'intervention est infini. Chaque entreprise de conseil a ses caractéristiques propres (domaines d'intervention privilégiés, réseaux, liberté plus ou moins grande laissée à ses consultants, etc.). Au-delà de l'influence de son entreprise d'attache, il est certain également que chaque individu a une conception différente de son métier, qui dépend entre autres de sa formation antérieure, de son expérience, de ses relations clients, etc.

Grosso modo, on peut distinguer deux grandes postures d'intervention, que l'on pourrait placer aux deux extrémités d'un continuum :

- **L'intervenant qui « fait avec ».** Il accompagne les pilotes du changement, dans les choix de lancement, ou de mise en œuvre, et qui reste souvent présent pendant un temps plus ou moins long du processus.
- **L'intervenant qui « fait à la place de ».** Appelé pour instaurer un changement (une nouvelle structure, un nouveau système d'information, etc.), il en met en place les bases avec ses propres méthodes et compétences. Il s'agira ensuite, pour les membres de l'organisation, de prendre le relais de cette action.

Où que l'on se situe sur le continuum, l'intervenant possède une compétence. Elle peut relever de sa science de l'intervention, de sa connaissance des méthodes de mise en œuvre d'un changement (gestion de projet par exemple), ou encore de sa qualification pour tout ce qui touche au contenu du changement (spécialiste des systèmes d'information, des démarches qualité, etc.).

Un autre type d'intervention, axé, lui, très directement sur l'individu, est le *coaching*, méthode de développement personnel qui se répand de plus en plus : elle consiste en un accompagnement personnalisé qui peut aider un individu à prendre la mesure de son positionnement dans l'organisation et de ses évolutions possibles. D'autres méthodes, comme celles du théâtre d'entreprise ou de l'intervention par le rire (voir encadré 9.8) veulent agir sur les individus et donner une place importante au débat et à la prise de recul par rapport à soi-même, en transposant les relations internes à l'organisation dans un autre cadre, celui du théâtre qui, étant extérieur à l'organisation, crée *de facto* une possibilité de distance.

Étude 9.8

L'intervention par le rire

Certaines interventions en organisation sont fondées sur le rôle du rire. C'est le cas du théâtre d'entreprise. Un acteur raconte (école de Paris, A. Lorgnier) qu'une entreprise, suite à une enquête de climat social dont les résultats étaient catastrophiques (au point que personne ne voulait les annoncer), lui a demandé de mettre en scène la remise des résultats de l'enquête. Il a également monté quelques scènes mettant en avant certains des problèmes soulevés au cours de l'enquête, dont l'existence lui avait été confirmée par des entretiens avec certains membres de l'entreprise. Le théâtre d'entreprise permet de porter la contestation sur la scène publique, et montre qu'elle intéresse les dirigeants. De plus, on rit plus facilement du comportement du comédien, qui est quelqu'un d'étranger, même si le nôtre est en fait très proche ! Le rire a en quelque sorte un effet de catharsis.

(D'après E. Bourguinat et A. Lorgnier, *Le Rôle du rire dans les organisations,* séminaire consacré à la vie des affaires, Annales de l'école de Paris, volume 4.)

Pour terminer la réflexion engagée sur les méthodes du changement, on s'interrogera sur son utilisation comme mode de management dans l'objectif de maintenir l'organisation dans un état de tension (positive) et de dynamisme.

4.2.3 Du changement au changement permanent : le changement devenu un mode de management ?

L'évolution d'éléments du contexte (grande rapidité de circulation de l'information, outils technologiques nouveaux, pressions économiques et sociales plus fortes, etc.) a pu conduire les entreprises à la nécessité de s'adapter beaucoup plus rapidement (les temps d'adaptation sont plus courts). Cette exigence peut donner, dans certaines organisations, une impression de « changement en permanence ». Il semble alors que le changement soit devenu une manière d'être, de penser dans l'organisation, un élément permanent de l'environnement des managers. Certaines entreprises vivent en permanence dans le changement, leurs salariés se trouvant alors dans un contexte de mutations et d'incertitudes quasi continuel, sources d'attraits mais aussi de difficultés quant au sens à donner ces évolutions, sans compter le stress qu'engendre l'instabilité.

Dans de tels contextes, le changement parait souvent inéluctable aux salariés : il faut changer parce que l'environnement change. Mais le « changement en permanence » est aussi utilisé comme mode de management : il permet d'instaurer un stress, une mise sous tension de l'encadrement, légitimée par l'existence de cette « nécessaire » réactivité face à un environnement changeant. Le stress étant un état de tension provoqué par des exigences ou des occasions extraordinaires, il peut être utilisé dans une perspective de management afin d'obtenir de plus grands efforts, une forte implication, une créativité stimulée, etc. Dans ces conditions, le changement n'est plus vécu comme une phase de transition après laquelle les choses redeviendront plus calmes, mais il devient un état permanent. Or le stress chronique peut être vécu très négativement, et avoir des effets inverses : baisse de motivation, absentéisme, etc. (On parle parfois de l'« explosion en vol » de certains salariés, qui ne supportent plus ces situations.) Par ailleurs, les individus peuvent se sentir leurrés, ayant accepté cette situation de stress pour une phase de durée limitée, en l'occurrence la phase de changement, et s'apercevant finalement que celle-ci s'est muée en un changement permanent.

Résumé

- La définition d'une vision est importante car elle permet de créer un sens au changement en le reliant à l'histoire de l'organisation. Différents moyens peuvent être mobilisés : une décomposition en objectifs, mais aussi des moyens plus indirects comme la mise en récit des hauts faits du changement, ou le déclenchement d'événements phares pour rythmer le processus.
- La réflexion sur les étapes et les événements clés permet de construire un rythme du processus de changement, en veillant à ce qu'il ne soit ni trop rapide ni trop lent.
- La réflexion sur la diffusion du changement est importante pour éviter une déconnexion entre la direction et le reste de l'organisation. Le management intermédiaire joue alors un rôle clé, devant contribuer à la diffusion du changement tout en manifestant une certaine indépendance de vue vis-à-vis des directives des pilotes.
- D'autres choix portent sur la méthode de changement : changement imposé ou changement négocié, choix des pilotes (en interne ou intervenant extérieur). Ils dépendent des circonstances qui ont conduit au changement mais également de la façon dont les dirigeants souhaitent impliquer les membres de l'organisation.
- Enfin, il arrive que, dans certaines organisations, le management du changement se transforme en une utilisation du changement comme mode de management pour mettre sous pression les membres de l'organisation. Il faut alors peser le pour et le contre du stress qui en découle.

Conclusion

Lors d'un changement organisationnel, la situation cible, visée par les acteurs du changement, n'est jamais exactement celle qui sera atteinte. Tout changement doit être analysé comme un processus, qui crée une alchimie parfois un peu mystérieuse entre un contenu, un système organisationnel, et des acteurs dont les attitudes évoluent (résistance, adaptation, deuil, etc.) et qui construisent leurs propres représentations du changement. Les paradoxes du pilotage du changement doivent prendre en compte ces incertitudes, voire s'appuyer sur elles pour créer une forme de pilotage à vue, tout en dessinant un cadre général et une vision, points de repères symboliques importants pour les acteurs de l'organisation.

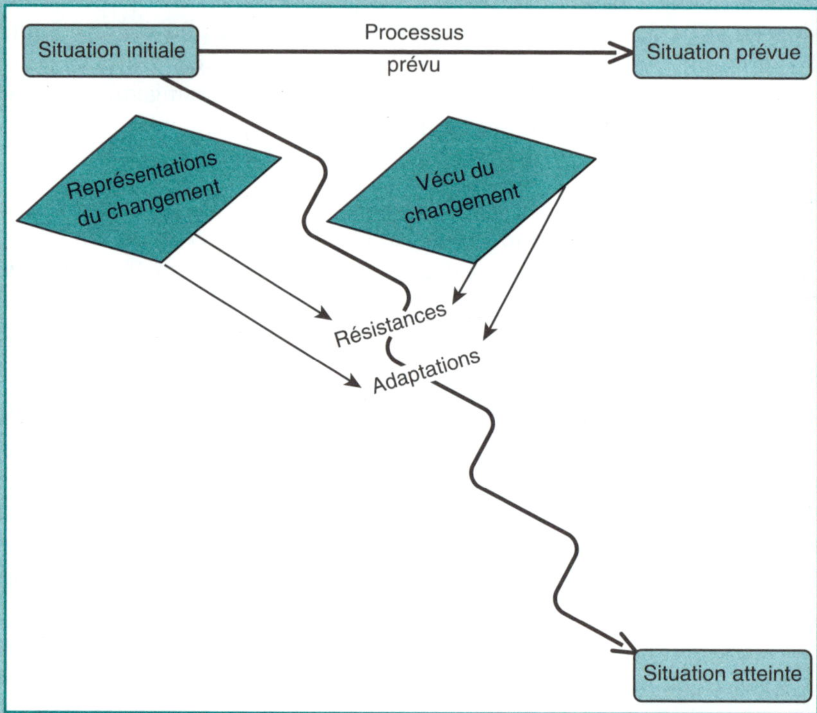

Figure 9.5. Schéma récapitulatif.

Cas d'application 1

L'entreprise Trecca, une petite entreprise d'insertion, créée en 1989, propose aux industriels des services de sous-traitance (manutention, ensachage). Elle compte six salariés permanents, et des salariés en insertion. Trecca connaît une croissance de son activité (de nouveaux projets sont engagés, l'entreprise est de plus en plus reconnue dans la région) et, pour mieux gérer cette croissance, elle est amenée à s'engager dans un processus de normalisation qualité et à se réorganiser. Soucieux de l'image de l'entreprise auprès de ses partenaires, ses responsables décident, en 1997, de s'engager dans un travail de mise aux normes pour l'obtention de la certification ISO. Le travail sur la qualité implique la mise en place de procédures et une clarté accrue vis-à-vis de l'extérieur et notamment des clients : « Écrire ce que l'on fait, faire ce que l'on écrit, et contrôler ce que l'on fait ». Une personne est embauchée, Jacqueline Pascal, pour organiser cette réflexion qualité.

Avant la réorganisation, l'entreprise fonctionnait plutôt bien, mais de manière assez informelle. Les attributions des tâches et les responsabilités de chacun étaient parfois floues, tout le monde faisant « un peu de tout », ce qui occasionnait parfois des difficultés de positionnement et des conflits.

La directrice, Claudine Paris, était assistée d'un responsable de production, Bernard Laffont, et d'un chargé d'affaires récemment recruté, Laurent Serrat, s'occupant de la prospection et du montage de nouvelles activités. Travaillaient également dans l'entreprise Juliette Letellier, secrétaire comptable, placée directement sous la responsabilité de Claudine Paris, et Annick Delaporte, chargée d'insertion.

Suite à la réorganisation, Bernard Laffont, dont le travail s'est trouvé directement touché par la volonté de mise aux normes, a préféré quitter l'entreprise. Après son départ, une réflexion sur l'organisation a été menée avec les personnes en place, dans la perspective de remplacer Bernard Laffont, mais sans que le nouveau collaborateur ait nécessairement le même profil et les mêmes responsabilités.

De ce travail de réorganisation est née la structure suivante, organisée en quatre pôles :

- un pôle production, dont Jacqueline Pascal est devenue la responsable ;
- un pôle gestion, dont le responsable est Laurent Serrat, et qui comprend également Juliette Letellier ;
- un pôle insertion, comprenant la responsable insertion, Annick Delaporte ;
- un pôle commercial, avec une personne nouvellement recrutée.

Ainsi, les tâches et responsabilités de chacun ont été repositionnées. Laurent Serrat, qui, dans l'une des activités qu'il avait contribué à créer, s'occupait jusque-là à la fois des devis, des bilans de production et de la facturation, ne s'occupe plus que de la facturation, les devis étant réalisés par le commercial, et les bilans production par le pôle production. Claudine Paris se voit délestée d'un certain nombre de tâches qu'elle assumait jusqu'alors, comme, par exemple, le contrôle des factures à payer, et nombre d'autres missions de terrain.

D'autres changements sont apparus, concernant les responsabilités de chacun et les relations hiérarchiques. C'est notamment le cas pour Laurent Serrat. Devenu responsable gestion, il s'est vu confier l'entière responsabilité de certaines tâches qu'il n'effectuait jusqu'alors que partiellement (comme le recrutement) et il supervise de nouvelles activités comme la facturation. Surtout, il est maintenant le supérieur hiérarchique direct de Juliette Letellier, dont les missions ne changent pas. Toutefois, une évolution de ses missions est prévue, notamment du fait de cette nouvelle collaboration avec Laurent Serrat. De plus, il apparaît que certaines tâches que Juliette Letellier réalisait précédemment (travail de conception de documents notamment) lui sont de moins en moins demandées car les nouvelles personnes embauchées maîtrisent l'outil informatique et réalisent souvent leurs travaux elles-mêmes.

Côté ambiance, les uns disent trouver mieux leurs marques et les limites de leur travail, mais remarquent que l'atmosphère est en revanche moins bon enfant qu'avant. Juliette Letellier, quant à elle, se sent parfois exclue et dit avoir l'impression de régresser, d'avoir moins de responsabilités. Il lui arrive de prononcer des phrases du style : « De toute manière, je n'en ferai maintenant pas plus que ce qui m'est demandé. » Alors qu'elle travaillait jusqu'ici directement avec Claudine Paris (elle venait souvent à tout propos dans son bureau pour lui demander un conseil ou un avis), elle dit maintenant que cette dernière ne s'intéresse plus à son travail.

Laurent Serrat également travaillait auparavant beaucoup en direct avec Claudine Paris puisque, initialement, il avait plus ou moins un rôle d'adjoint de direction. La nouvelle structure doit l'amener à prendre une certaine autonomie vis-à-vis de Claudine Paris (sur certains dossiers, il n'a théoriquement plus à lui demander son aval concernant le processus et peut se contenter de lui présenter le dossier une fois monté). Dans le même temps, il se trouve investi d'un rôle nouveau de management vis-à-vis de Juliette Letellier. Jacqueline Pascal a modifié ses relations de travail avec Juliette Letellier, passant davantage par Laurent Serrat pour toute demande de travail à Juliette Letellier.

Voici quelques réactions des principaux acteurs :

- Juliette Letellier : « Je ne me sens plus faire partie de l'équipe. Je ne suis plus qu'une simple exécutante. » Si on lui demande quels sont ses souhaits : « Je veux du créatif, évoluer.»
- Laurent Serrat se demande comment mieux positionner son rôle dans l'entreprise. Voici quelques-unes de ses réflexions : « Je dois asseoir vraiment ma fonction de management, devenir une référence reconnue pour Juliette, et notamment intervenir davantage dans son travail au quotidien. Je travaille peut-être encore trop en binôme avec Claudine Paris. Comment faire pour impliquer davantage Juliette ? »

Caractérisez la nature du processus de changement mis en œuvre dans l'entreprise.

Analysez les atouts et les risques du changement pour chacun des acteurs.

Identifiez différentes sources possibles de la résistance au changement, telle que la manifeste Juliette Letellier.

Caractérisez les conséquences du changement sur l'évolution du métier de Juliette Letellier.

Peut-on mobiliser la métaphore du processus de deuil pour mieux comprendre les réactions de Juliette Letellier ?

Proposez, en vous référant au chapitre 8, une analyse de la relation entre Laurent Serrat et Juliette Letellier.

Quelles propositions feriez-vous pour que la situation évolue ?

Cas d'application 2

L'entreprise Jouo s'occupe de la création de jeux vidéo. Créée à l'origine par trois jeunes gens passionnés d'image et d'informatique, elle a peu à peu grandi en taille, et compte aujourd'hui six salariés en CDI (informaticiens, graphistes, scénaristes, etc.). À sa tête, quatre associés, dont un gérant, chargé notamment des aspects financiers, juridiques et comptables. Les décisions stratégiques pour l'entreprise — recrutement de nouveaux salariés, lancement de nouveaux jeux, alliances, etc. — sont prises collégialement par les associés. Quatre jeux sont actuellement en préparation, sur des idées originales proposées par les associés. Pour chaque jeu, un *game designer* s'occupe de gérer la qualité globale du produit, son caractère de « jouabilité ». Il tranchera, par exemple, sur des questions du type : tel détail de programmation informatique, qui crée un nouvel obstacle pour le parcours du héros (dans un jeu d'aventures), est-il vraiment utile ? Tel affinement graphique est-il important ou demande-t-il trop de temps au regard du délai de sortie ?

La durée de développement d'un jeu est d'environ 18 mois. Or, la concurrence sur le marché est très rude, et des jeux similaires pourraient sortir entre-temps, rendant le projet obsolète. Les membres de l'entreprise sont très soudés, et travaillent parfois largement plus de dix heures par jour. L'ambiance de travail est intense, créative ; tous ont la sensation de partager une aventure. L'investissement financier dans les jeux, qui permet de faire vivre l'entreprise, est réalisé par de futurs producteurs, démarchés lors de la présentation de prototypes dans les salons internationaux. L'entreprise n'a pour l'instant sorti qu'un seul jeu, trois autres sont en préparation, qui demandent de nouveaux investissements et du travail supplémentaire. L'entreprise a besoin de nouvelles forces en main-d'œuvre (d'autres personnes sont intégrées à l'entreprise, mais avec des contrats à durée déterminée). Ces nouveaux emplois, ainsi que l'achat de matériel informatique supplémentaire, peuvent être financés car un grand groupe de l'audiovisuel a investi sur la réalisation d'un des jeux, qu'il trouve très prometteur.

Malheureusement, la filiale jeux vidéo de ce groupe est vendue, et les repreneurs ne poursuivent pas la même politique d'investissements. L'entreprise Jouo est alors contrainte à la cessation de paiement. Lors de la mise en cessation d'activité et du redressement judiciaire, une autre entreprise du secteur, l'entreprise Davina, se déclare intéressée par certains jeux en cours de conception, et propose d'embaucher, en CDD d'un an, l'équipe qui travaillait sur un jeu très original, le jeu Méga, à charge pour eux de poursuivre la réalisation du produit au sein de l'entreprise Davina. L'équipe est constituée de trois informaticiens programmateurs, deux infographistes et du *game designer*. Ils ont tous environ 25 ans, et sont passionnés par le jeu vidéo. Ils travaillent ensemble depuis au moins deux ans ; leurs relations sont fondées sur beaucoup d'implicite, une forte complicité ; toute nouvelle idée pour améliorer le jeu est discutée en équipe, les essais de programmation permettant d'améliorer la vitesse de progression des personnages sont testés tout de suite, et ils peuvent passer une bonne partie de la nuit à améliorer une séquence.

Davina est une entreprise de taille moyenne du secteur de l'audiovisuel (elle compte une centaine de salariés), elle mise beaucoup sur les produits nouveaux, et donc sur l'intégration de cette petite équipe innovante. Le directeur général de Davina prend lui-même en charge l'opération. L'entreprise fonctionne de façon matricielle, avec deux fonctions opérationnelles, conception et marketing, une fonction support, administration et ressources humaines, et un ensemble de projets, de plus ou moins grande ampleur, pour lesquels il existe un responsable désigné. Dans ces projets, des personnes qui sont également sous la responsabilité fonctionnelle soit de la direction conception, soit de la direction marketing, interviennent. Dans le projet de Jouo, les six membres de l'équipe vont être rattachés à la fonction conception. Le directeur général tient à préserver l'esprit qui régnait dans le groupe, fait d'implication forte et de créativité. Mais il lui apparaît important également, comme l'entreprise en a l'habitude, de faire intervenir dans le projet une personne de la fonction marketing, chargée d'évaluer le marché pour le jeu et d'influencer le projet en cours de conception pour qu'il réponde au mieux au marché.

L'équipe intègre donc l'entreprise, et une nouvelle personne, un responsable commercial, se joint au projet.

Au départ, les ex-Jouo se sentent un peu comme des Martiens dans le paysage de Davina : ils sont implicitement amenés à se plier à certaines habitudes de l'entreprise. Par exemple, arriver à 11 h du matin et partir régulièrement à 1 h du matin est une pratique qui détonne, ils adoptent donc petit à petit des horaires plus « normaux » au regard de l'entreprise. Mais le plus difficile est le travail avec la nouvelle personne de l'équipe. Plus âgé que les ex-Jouo, il est également passionné par le jeu vidéo. Mais sa compétence porte davantage sur les marchés existants, les produits similaires, et il lui arrive de mal comprendre l'acharnement avec lequel ses nouveaux collègues traquent un point de détail du programme, alors que la concurrence est rude et que d'autres boîtes sont sans doute prêtes à sortir des jeux concurrents. Ses remarques sont souvent mal acceptées par les ex-Jouo. Le *game designer* reste le responsable de l'équipe, mais il se sent parfois remis en question par le nouvel arrivant, qui a le soutien de la direction marketing. Des tensions se font sentir dans l'équipe. Un clash se produit notamment quand une décision du *game designer*, qui a demandé à l'un des informaticiens de retravailler un bout de programme, est remise en cause par le chargé marketing. Les informaticiens eux aussi acceptent mal que l'on remette en question la compétence et le mode de fonctionnement de leur équipe. On sent que petit à petit les uns et les autres prennent une distance vis-à-vis du jeu. Les discussions en aparté sont de plus en plus nombreuses, suspendues quand arrive, soit le *game designer*, soit le chargé marketing. La concentration sur le jeu n'est plus aussi intense.

Au bout de quelque temps, le *game designer* décide de démissionner. Le jeu est pratiquement terminé, mais l'ambiance est devenue morose et très éloignée de ce qu'il connaissait auparavant. Deux autres membres de l'équipe le suivent. Le jeu est pratiquement terminé et la finition sera faite avec d'autres personnes. Il va être très bien accepté sur le marché. Mais l'équipe innovante n'existe plus et ne monte pas d'autre projet dans le cadre de Davina.

Identifiez les grandes caractéristiques des organisations Jouo et Davina.

Quelles sont, selon vous, les difficultés rencontrées par Davina pour conserver l'esprit qui existait chez Jouo ?

Caractérisez le fonctionnement de l'équipe Jouo avant et après l'arrivée du responsable commercial engagé par Davina.

Comment pouvez-vous expliquer, à l'aide des éléments théoriques sur le changement dans un groupe, les difficultés rencontrées par l'équipe après cette arrivée ?

Quelles actions, selon vous, auraient pu prévenir la survenue de ces difficultés ?

Pour conclure

Les savoirs managériaux

Les théories proposées dans cet ouvrage, ainsi que leur déclinaison en grilles d'analyse, doivent permettre aux managers d'acquérir les méthodes de raisonnement qui les aideront à se poser les « bonnes questions » face à une situation complexe. Ces apports théoriques participent à la construction des savoirs qui vont être mobilisés par l'activité managériale. Or, les savoirs qui se diffusent dans l'organisation proviennent d'horizons très divers. Ils peuvent être véhiculés par des acteurs proches de l'organisation (chercheurs en management, consultants, etc.), mais également être construits en son sein — en réponse aux problèmes particuliers auxquels elle se trouve confrontée — ou encore avoir été adoptés, puis adaptés à partir d'autres organisations.

Pour conclure cet ouvrage, nous avons choisi de présenter une réflexion sur ces « savoirs managériaux » en posant les questions suivantes :

- D'où viennent les savoirs managériaux ?
- Un savoir managérial a-t-il un caractère universel (est-il valable en toute situation) ?
- Comment démêler parmi les évolutions du savoir managérial celles qui renvoient à des effets de mode de celles qui sont réellement nécessaires ?

Les savoirs mobilisés par les managers

Les savoirs managériaux sont d'une grande diversité. Différents critères permettent de les différencier. Nous avons choisi de retenir ici les critères susceptibles d'enrichir la réflexion sur la naissance et la diffusion de ces savoirs dans le monde des organisations.

Leur mode de construction

On peut différencier deux types de savoirs managériaux : les savoirs fondés sur la mobilisation d'une connaissance renvoyant à un autre champ théorique (techniques informatiques qui fondent les systèmes experts, statistiques qui fondent les contrôles qualité, recherche opérationnelle pour des outils de prise de décision, grille d'analyse du pouvoir renvoyant à la sociologie des organisations, etc.) et les savoirs expérimentaux, qui ont à l'origine un caractère de savoir-faire et qui sont souvent constitués par des types de raisonnement, des façons d'analyser une situation et de résoudre des problèmes.

Leur caractère tacite ou explicite (Polanyi, 1966 ; Nonaka et Takeuchi, 1995)

Certains savoirs ont un caractère explicite : ils peuvent être formalisés et donc facilement diffusés (une grille d'évaluation, par exemple). Les savoirs tacites, eux, ne font pas l'objet d'une argumentation construite et logique ; ils renvoient à l'expérience et leur transmission ne pourra se faire qu'à travers des apprentissages nécessitant la mise en présence des acteurs (un savoir-faire d'animation, par exemple).

Leur source

Les savoirs managériaux peuvent être nés dans l'organisation ou y avoir été importés. Dans une même organisation se trouvent mêlés des savoirs renvoyant à des innovations locales et des savoirs venus d'ailleurs. Ainsi, dans les années 1980, des démarches qualité nées au Japon ont été importées dans les entreprises françaises — notamment dans l'industrie automobile —, et à partir de là se sont diffusées dans d'autres types d'organisations, atteignant même dans les années 1990 des entreprises de service public.

Ces savoirs importés, après avoir vu le jour dans une situation donnée, s'en sont éloignés pour se retrouver mobilisés dans d'autres contextes, à l'intérieur d'organisations où existaient des savoirs managériaux construits localement. L'inscription de ces deux types de savoirs dans l'organisation se fait conjointement ; elle est donc difficile à démêler. Les savoirs managériaux importés se modèlent à l'aune de l'organisation dans laquelle ils sont mobilisés et s'y combinent avec ceux qui existaient préalablement.

La naissance du management rationnel et l'émergence des savoirs managériaux

Penser que les façons d'agir d'un manager dans une organisation s'appuient en partie sur des savoirs qui peuvent être formalisés et diffusés est une approche relativement récente. Elle doit être mise en relation avec l'apparition d'une classe spécifique d'acteurs, les managers, liée elle-même à la naissance des grandes entreprises et à celle des administrateurs au début du XXe siècle.

Au tournant des XIXe et XXe siècles, un phénomène capital infléchit l'évolution du contexte économique et contribue à l'apparition des premières théories sur l'organisation et le management : la taille des entreprises s'accroît, les premières grandes industries voient le jour. Parallèlement, le rôle opérationnel des fondateurs s'affaiblit et l'on assiste à un essor nouveau des fonctions d'administrateur et d'ingénieur. Ceux-ci s'installent aux commandes des entreprises et se font les promoteurs de la « rationalisation » de l'organisation. Cette nouvelle classe d'acteurs, épris de rigueur et de scientificité, va notamment contribuer à la promotion des idées du taylorisme et à la mise en place de l'organisation scientifique du travail. La volonté de constituer un corps de savoirs sur le management et les comportements dans l'organisation date de cette époque.

C'est donc à l'émergence de cette nouvelle classe d'acteurs que l'on doit l'existence des écoles de commerce et des diplômes universitaires de gestion. Ils s'emparent du pouvoir managérial et mettent sur pied un corps de savoir rationnel fondé sur des connaissances restées jusqu'alors à l'état de pratiques empiriques. De même, à l'origine, la gestion d'entreprise s'est développée à partir de l'idée que des modes de raisonnement spécifiques, des outils, des façons de problématiser les situations pouvaient permettre d'améliorer le fonctionnement des organisations. Cependant, la croyance de départ en des savoirs managériaux à caractère universel (valables en tout contexte et en toute situation) a été relativisée par la suite : un savoir, comme nous allons le voir, est toujours lié à un contexte particulier et véhiculé par des acteurs spécifiques.

Un savoir managérial est lié à un contexte et à des acteurs

On imagine parfois que tout savoir, parce qu'il est le fruit d'une construction scientifique, est universel et atemporel. Or, les analyses réalisées sur la construction des savoirs (en philosophie ou en sociologie des sciences notamment) mettent en avant l'importance du contexte de leur naissance et du rôle des différents acteurs qui vont les valider et les diffuser. À la base de tout nouveau savoir managérial, se trouve une innovation qui surgit de la conjonction de trois facteurs : besoins, opportunités techniques ou sociales, acteurs et dispositifs qui vont contribuer à le diffuser.

Le rôle du contexte

Armand Hatchuel et Benoît Weil (1992), qui ont étudié la naissance et la diffusion des systèmes experts comme outils d'aide à la décision, montrent que plusieurs éléments peuvent caractériser un savoir managérial, et que ces éléments dépendent à la fois du contexte et des acteurs qui l'ont mis en œuvre.

En premier lieu, un savoir est construit en référence à une « philosophie gestionnaire », laquelle dépend de l'évolution de l'environnement de l'organisation et de la façon dont les managers la traduisent : prise en compte du client, recherche de réactivité, de qualité, etc. Ensuite, le savoir est lié à la « vision sous-jacente des relations organisationnelles » de ses concepteurs : Quels acteurs sont censés, selon eux, mobiliser l'outil ? De quelle façon ? Avec quels autres acteurs ?

Enfin, lorsqu'il mobilise un support technique, le savoir dépendra également du « substrat technique » disponible, à savoir l'outil informatique, l'outil statistique ou — beaucoup plus simple — la feuille de papier support d'un tableau, le cahier de transmission, etc.

Ainsi, le *knowledge management* (gestion et mémorisation des connaissances dans une organisation) répond à une philosophie gestionnaire qui met en avant l'importance des connaissances de l'organisation, de sa mémoire et de son apprentissage, autant d'éléments qui sont des objectifs importants dans un contexte fortement concurrentiel et très évolutif.

Le *knowledge management* peut être mis en œuvre à partir de techniques de gestion de bases de données informatiques. Prenons l'exemple d'un cabinet conseil qui a mis en place ce type de gestion des connaissances. Les consultants du cabinet vont nourrir une base de données informatiques qu'ils pourront ensuite mobiliser dans leur action. La base qui regroupe tous les documents est structurée selon différentes entrées, comme par exemple : les offres proposées par le cabinet (comptes rendus de présentation, plaquettes, etc.), les « affaires » réalisées (propositions d'études, grilles d'entretien, comptes rendus, rapports, etc.), les comptes clients clés (renseignements sur les clients, contacts, etc.) ou les unités internes (CV des consultants, organisation du travail, etc.).

Par ailleurs, la vie de la base de données nécessite que chacun y entre les données qui le concernent. Elle repose donc sur la vision d'une coopération entre les acteurs : chacun, en entrant ses résultats, donne des informations aux autres, qu'il s'agisse de collègues du même niveau hiérarchique, de dirigeants ou de collaborateurs, et chacun attend en retour que les autres procèdent de la même façon. Sans une telle réciprocité, le système ne pourra pas perdurer.

Outre les évolutions de l'environnement, on voit que les représentations que les dirigeants et managers se font de l'organisation vont contribuer à faire émerger les savoirs. La « philosophie managériale » est donc portée par des acteurs spécifiques.

Le rôle des acteurs

Différents acteurs peuvent être à l'origine d'innovations managériales. Étrangement, en ce qui concerne la construction et la finition des savoirs managériaux, les chercheurs en gestion et management ne semblent pas exercer de rôle en amont (Girin, 1995). En effet, les temporalités de l'action et de la recherche ne sont pas les mêmes. Ce décalage s'explique par la nécessaire rapidité de mise au point et d'utilisation des savoirs managériaux, qui vont parfois trop vite par rapport aux méthodologies de recherche. Les chercheurs contribuent plutôt à la validation empirique et théorique des savoirs en émergence, à l'analyse de leurs conditions d'utilisation et de leur performance. Le rôle des praticiens et des consultants est en revanche déterminant, car leur temporalité est celle de l'action : ils créent, testent et accompagnent la mise au point des innovations managériales. Ils interviennent dans la naissance même du savoir ou dans l'adaptation à une entreprise donnée d'un savoir venu de l'extérieur.

À l'intérieur des organisations, les savoirs mobilisés peuvent par ailleurs entrer dans des jeux de pouvoir. Généralement, les types de savoirs managériaux dominants à un moment donné renvoient à des types d'acteurs eux aussi dominants à la même période. Les savoirs donnent du pouvoir aux acteurs qui les portent (phénomène démontré par Foucault, 1969). L'exemple du taylorisme cité précédemment met en évidence la montée en puissance des administrateurs, des « organisateurs » — entre autres les ingénieurs ou les bureaux des méthodes. Un exemple plus récent est celui des savoirs qui mettent en avant l'intérêt de l'actionnaire dans l'entreprise : c'est le cas de certaines techniques de finance et de contrôle. D'autres savoirs vont être axés sur la prise en compte des personnes et donneront une grande importance aux acteurs des ressources humaines, comme par exemple une démarche compétence.

Ainsi, le contexte et les acteurs présents lors de la naissance des savoirs managériaux sont loin d'être sans influence sur leur émergence. Ces savoirs sont intimement liés à la situation spécifique des organisations qui les ont vus naître. Dans ces conditions, quels sont les mécanismes qui rendent possible la diffusion des savoirs hors de leur contexte d'origine ?

La diffusion à grande échelle d'un savoir managérial

La diffusion à grande échelle d'un savoir managérial se fait à travers deux vecteurs :

- **Des acteurs, personnes ou groupements.** C'est le cas, entre autres, des cabinets de conseil, qui, outre leur rôle dans la conception des savoirs, vont contribuer à les repérer, à les construire, à les adapter à d'autres organisations.
- **Des dispositifs matériels.** Les savoirs sont explicités et diffusés dans des livres, des articles, des grilles d'analyse, etc.

Par ailleurs, des phénomènes de mode peuvent renforcer cette diffusion à grande échelle.

Plusieurs catégories d'acteurs jouent un rôle important dans la diffusion des savoirs managériaux

Le rôle moteur des grandes entreprises, notamment à travers les effets d'exemplarité, est primordial. Les dirigeants qui, au sein de ces grandes entreprises, veulent marquer leur passage, ainsi que les différents acteurs désireux d'utiliser les nouveaux savoirs pour soulever une vague de changement et faire ainsi évoluer le travail opérationnel (Midler, 1986), sont aussi des éléments moteurs importants.

Dans une sphère plus élargie de l'environnement des organisations, se positionnent des acteurs qui bénéficient d'une certaine légitimité ; cette légitimité peut être due à leur compétence, à leur savoir-faire, à leur aura, etc. Un premier ensemble regroupe les consultants et les chercheurs en position de conseil et d'expertise, dont nous avons évoqué le rôle lors de la naissance des savoirs managériaux. Il arrive aussi que ces acteurs aient un intérêt économique à utiliser et diffuser des savoirs managériaux. Ainsi, certains cabinets de consultants se spécialisent dans la diffusion de savoirs d'un type particulier et la mise en place des techniques qui en sont issues (par exemple, la démarche qualité ou les démarches de changement comme le *reengineering* qui s'est diffusé dans les années 1990). De même, certains chercheurs choisissent de travailler sur des thèmes qui portent sur des savoirs managériaux novateurs, car les entreprises acceptent de financer des études et des recherches sur ces thèmes.

Le rôle de l'écrit et de l'inscription matérielle

Outre le rôle des différents acteurs que nous venons d'évoquer, la diffusion est généralement facilitée si les savoirs ne se cantonnent pas au registre oral, mais se développent dans des écrits, sous la forme d'instruments de gestion (procédures, grilles d'analyse), d'objets, de livres, etc., dans tout ensemble de dispositifs se caractérisant par leur existence matérielle. Quand il prend la forme d'un tel dispositif, le savoir est figé dans un état donné jusqu'à son appropriation par une autre organisation ; en contrepartie, cette fixation lui permet d'être diffusé à grande échelle. Cette inscription du savoir managérial, cette mise en forme, demande un investissement particulier, que l'on peut qualifier d'« investissement de forme » (Thévenot, 1983). Ce type d'investissement ne s'apprécie pas uniquement en termes de coût financier, il s'évalue aussi en termes de temps de travail, de négociation, d'énergie dépensée. Le rôle des chercheurs et des consultants évoqués précédemment est très important dans la construction de ces investissements de forme. Des associations, des clubs de réflexion d'entreprises peuvent aussi y participer, à travers la rédaction d'articles dans les revues professionnelles.

Un investissement de forme ayant un fort degré de généralité est le *best-seller* par lequel est diffusé un nouveau savoir managérial ; des dispositifs de gestion ou des méthodes d'action y sont décrits, et, bien que le savoir y soit « figé », il est accessible à un grand nombre de lecteurs et donc de responsables d'organisations. Certains ouvrages sont restés célèbres. Ainsi, *Le Prix de l'excellence* (1983) de Peters et Waterman, consultants chez McKinsey, proposait une analyse des sources de performance des entreprises, et dégageait certains principes à l'origine de leur réussite (par exemple, « agir avant tout »,

« apprendre de ses clients », avoir une « structure simple et légère », etc.). Il s'agit là de préceptes relativement clairs, reposant sur des éléments attractifs et positifs, qui ont contribué au succès de l'ouvrage et au rôle de « gourous du management » qu'on a pu parfois attribuer à ses auteurs (voir Allouche et Schmidt, 1995). Dans le cas du *reengineering* (méthode consistant à introduire une nouvelle organisation du travail fondée sur des processus clés), un ouvrage écrit par G. Hammer et M. Champy (1993) a contribué à la diffusion de la méthode, grâce à la description d'entreprises ayant appliqué avec profit cette technique, à l'utilisation d'un langage simple et clair et à la présentation du *reengineering* comme incontournable dans certains types d'environnements (Lang, 1999). Certains auteurs évoquent les concepts de « mode managériale » et de mimétisme (Powell et Di Maggio, 1991) pour décrire ce type de diffusion.

Le rôle du mimétisme et des modes managériales

Comme les phénomènes de mode, il semble que les pensées managériales connaissent elles aussi des cycles de vie successifs : invention, lancement, croissance, déclin (Midler 1986, Thévenet 1985). Abrahamson (1996) montre que deux notions sont essentielles pour que des managers adoptent un savoir venu d'ailleurs : la rationalité et le progrès. Raisonnant par analogie, il met en parallèle l'univers de la pensée managériale et celui de la mode vestimentaire fondée elle sur les notions de modernité et de beauté. Si les notions qui fondent la mode sont différentes dans les deux domaines, les deux phénomènes semblent similaires. La notion de progrès, par exemple, pourra être illustrée par la satisfaction des clients, la flexibilité, la qualité, etc., des critères qui ne peuvent qu'attirer les managers et dont le refus serait une preuve d'antimodernisme aux yeux de leur communauté.

Si la prise en compte de ces phénomènes de mode permet d'expliquer l'apparition de nouveaux savoirs dans les organisations, il importe également de ne pas négliger l'influence du contexte. Une mode ne se développera que si le « terrain » des entreprises y est favorable, si l'environnement est réceptif, donc si le besoin d'évolution, de changement s'y fait sentir. Les modèles de gestion ne sont pas figés une fois pour toutes, ils doivent évoluer et les acteurs ou les mythes qui sous-tendent les phénomènes de mode sont un des facteurs permettant aux organisations de le faire.

En conclusion

L'ensemble des savoirs maniés par les managers se construit progressivement et évolue plus ou moins rapidement : certains deviennent très vite obsolètes, d'autres perdurent. Ils se diffusent dans le monde des organisations sous l'impulsion d'acteurs, mais également grâce à leur mise par écrit, à leur inscription dans des « objets » (outils, livres, procédures, etc.) ; ils peuvent aussi être portés par des phénomènes de mode managériale. Que les savoirs naissent dans une organisation ou qu'ils y soient importés à travers des simplifications et des phénomènes de mode, il est rare qu'ils ne laissent pas de traces. Même si l'utilisation éphémère semble être la règle — car il est nécessaire d'avancer —, on trouve souvent des restes de savoirs managériaux qui se combinent avec de nouveaux savoirs. Une organisation n'appuie pas en effet sur la touche *reset* lorsqu'une technique de management n'a plus le vent en poupe. La technique en question sera moins enseignée, moins utilisée, elle n'en aura pas moins eu des retombées dans l'organisation et aura contribué à son évolution. Ainsi, bien qu'ils aient été abandonnés sous leur forme initiale dans certaines entreprises, les cercles de qualité, dont la diffusion date des années 1980, ont permis un changement d'attitude des personnes, dans le sens d'une participation accrue à la vie de l'organisation, et ont souvent été recréés dans d'autres contextes et sous d'autres dénominations.

C. Midler (1986) parle de « sédimentation » pour décrire cet empilement des différents savoirs dans les organisations. Ces savoirs « empilés » structurent l'organisation et font partie des repères et référents collectifs mobilisés par ses membres. Bien qu'il puisse s'avérer plus ou moins cohérent, l'empilement des savoirs témoigne de l'ouverture de l'organisation à des approches variées du management, il fournit la preuve de son perpétuel devenir.

Bibliographie

Abrahamson E., « Management Fashion », *Academy of Management Review*, vol. 1, 1996, pp. 254-285.

Adams J. S., « Inequity in Social Exchanges » dans L. Berkowitz (ed), *Advances in Experimental Social Psychology*, New York, Academic Press, 1965.

Adler A., *La compensation psychique de l'état d'infériorité des organes*, Paris, Payot, 1956 (1907, édition originale allemande).

Adler N. J., *Comportement organisationnel, une approche multiculturelle*, Québec, Éditions Reynald Goulet, Inc., 1994.

Alderfer C. P., *Existence, Relatedness and Growth*, New York, Free Press, 1972.

Alexandre-Bailly F., *L'autonomie des individus dans l'entreprise : essai de conceptualisation et regard sur les pratiques*, Paris, Doctorat HEC, 2001.

Allouche J., Schmidt G., *Les outils de la décision stratégique*, Tome 2, Repères La Découverte, 1995.

Allport G. W., « The Historical Background of Modern Social Psychology », dans G. Lindzey, E. Aronson (eds), *The Handbook of Social Psychology*, London, Addison Wesley, 1968.

Alter N., *L'innovation ordinaire*, PUF, 2000.

Alvesson M., Willmott H., *Critical Management Studies*, London, Sage, 1992.

Alvesson M., *Organization Theory and Technocratic Consciousness*, Berlin, De Gruyter, 1986.

Amado G., « Cohésion organisationnelle et illusion collective », *Revue française de gestion*, 1988, n° 69, pp. 37-43.

Anzieu D., Martin J.-Y., *La dynamique des groupes restreints*, PUF, 1968.

Anzieu D., *Le groupe et l'inconscient*, Paris, Dunod, 1972.

Argyle M., *Bodily Communication*, London, Methuen, 1976.

Argyris C., Schön D.A., *Organizational Learning : A Theory of Action Perspective*, Addison-Wesley, 1978.

Argyris C., « L'empowerment ou les habits neufs de l'empereur », *L'Expansion Management Review*, sept. 1998, pp. 25-30.

Aristote, *La politique*, Paris, Denoël-Gonthier, 1980.

Arthur M. B., Rousseau D. M., *The Boundaryless Career : a New Employment Principle for a New Organizational Era*, New York, Oxford University Press, 1996.

Asch S. E., « Effects of Group Pressure Upon the Modification and Distortion of Judgments », dans H. Guetzhow (ed.), *Groups, Leadership, and Men*, Pittsburg, Carnegie, 1951.

Asch S. E., « Forming Impressions of Personality », *Journal of Abnormal and Social Psychology*, 1946, 41, pp. 258-290.

Asch S. E., « Studies in the Principles of Judgments and Attitudes. Determination of Judgments by Group and by Ego Standards », *Journal of Social Psychology*, 1940, 12, pp. 433-445.

Atlan H., *Entre le cristal et la fumée*, Paris, Éditions du Seuil, 1979.

Aubert N., Gaulejac (de) V., *Le coût de l'excellence*, Paris, Éditions du Seuil, 1991.

Aubert N., Gruere J.-P., Jabes J., Laroche H. et Michel S., *Management – Aspects humains et organisationnels*, Paris, PUF, 1991.

Auer P., Riegler C.-H., *Le post-taylorisme : l'entreprise comme lieu d'apprentissage du changement organisationnel,* 1990.

Augagneur M.-F., « Vivre le deuil », *Chronique sociale*, 1995.

Augendre M., « Un enjeu pour les organisations », *Sciences humaines (hors-série)*, n° 16, mars-avril 1997.

Axelrod R., *Comment réussir dans un monde d'égoïstes*, Paris, Odile Jacob, 1996.

Bales R. F., *Interaction Process Analysis : A Method for the Study of Small Groups*, Cambridge, Mass., Addison Wesley, 1950.

Barnard C., *The Functions of the Executive*, Cambridge, Mass. Harvard University Press, 1938.

Baron R. A., *Behavior in Organizations*, Newton, Massachusetts, 1983.

Bateson G. *et al*, *La nouvelle communication*, Paris, Éditions du Seuil, 1984.

Bateson G., *Vers une écologie de l'esprit*, Paris, Éditions du Seuil, 1990.

Bavelas A., « Communication Patterns in Task-Oriented Groups », *Journal of Acoustical Social American*, 22, 1950, pp. 725-730.

Bavelas A., « A Mathematical Model for Group Structures », *Applied Anthropology*, 1948.

Beckard R., *Le développement des organisations, stratégies et modèles*, Paris, Dalloz, 1975.

Berne E., *Games People Play*, New York, Grove Press, 1964.

Bernoux P., *La sociologie des organisations*, Paris, Collection « Points », Éditions du Seuil, 1985.

Bernoux P., *La sociologie des entreprises*, Paris, Collection « Points », Éditions du Seuil, 1995.

Berry M., *Une technologie invisible ? L'impact des instruments de gestion sur l'évolution des systèmes humains*, École Polytechnique, 1983.

Bertalanffy (von) L., *Théorie générale des systèmes*, Paris, Dunod, 1973.

Bettelheim B., *Le cœur conscient : comment garder son autonomie et parvenir à l'accomplissement de soi dans une civilisation de masse*, Paris, Robert Laffont, 1972.

Bion W. R., *Recherches sur les petits groupes*, Paris, PUF, 1965.

Blake R., Mouton J., *Les deux dimensions du management*, Paris, Éditions d'Organisation, 1972.

Blanchard K., Oncken W., Burrows H., *Les singes et le manager, l'art de la délégation*, Paris, InterÉditions, 1990.

Bollinger D., Hofstede G., *Les différences culturelles dans le management*, Paris, Éditions d'Organisation, 1987.

Boltanski L., Chiapello E., *Le nouvel esprit du capitalisme*, Paris, Gallimard, 1999.

Borzeix A., Linhart D., « La participation : un clair obscur », *Sociologie du Travail*, 1988, 1/88, pp. 37-54.

Bouchikhi H., « Living in and Building on Complexity : A Constructivist Perspective on Organizations », *Organization*, 1998, vol. 5(2), pp. 217-232.

Bourguinat E., Lorgnier A., « Le rôle du rire dans les organisations », Séminaire Vie des affaires, *Annales de l'École de Paris*, vol. 4, 1997.

Brabet J. (ed), *Repenser la gestion des ressources humaines ?*, Paris, Economica, 1993.

Breaugh J. A., Becker A. S., « Further Examinations of the Work Autonomy Scales : Three Studies », *Human Relations*, 1987, vol. 40, n° 6, pp. 381-400.

Brouwers I. *et al*, *Management humain et contexte de changement*, Paris-Bruxelles, De Boeck Université, 1997.

Bué J., Rougerie C., « L'organisation du travail : entre contrainte et initiative. Résultats de l'enquête Conditions de travail de 1998 », *Premières Synthèses de la DARES*, août 1999, vol. 32.1.

Burns T., Stalker G.M., *The Management of Innovation*, London, Tavistock, 1961.

Burrell G., Morgan G., *Sociological Paradigms and Organizational Analysis*, London, Heinemann, 1979.

Castoriadis C., « Pouvoir, politique, autonomie », *Revue de métaphysique et de morale*, 1988, vol. 1.

Cattell R. B., *La personnalité*, Paris, PUF, 1956.

Charue-Duboc F. (ed.), *Des savoirs en action – Contributions de la recherche en gestion*, L'Harmattan, Logiques de gestion, 1995.

Chatzis K., Mounier C., Veltz P., Zarifian P., *L'autonomie dans les organisations. Quoi de neuf ?*, Paris, L'Harmattan, 1999.

Chavel T., *La conduite humaine du changement*, Paris, Demos, 2000.

Chevalier F., *Cercles de qualité et Changement organisationnel*, Paris, Economica, 1991.

Christian D., Boudès T., « Il était une fois le changement », *Revue française de gestion*, n° 120, 1998.

Coase R. H., « La nature de la firme », *Revue française d'économie*, 1987, pp. 134-163 (1937, édition originale).

Cohen M., March J., Olsen J., « A Garbage Can Model of Organizational Choice », *Administrative Science Quarterly*, 1972, n° 17, pp. 1-25.

Cooley C.H., *Social Organization : A study of the Larger Mind*, New York, Scribner's, 1909.

Courpasson D., « Le changement est un outil politique », *Revue française de gestion*, n° 120, 1998.

Courpasson D., *L'action contrainte*, Paris, PUF, 2000.

Crozier M., *Le phénomène bureaucratique*, Paris, Éditions du Seuil, 1963.

Crozier M. et Friedberg E., *L'acteur et le système*, Paris, Éditions du Seuil, 1977.

Cyert R. M., March J., *A Behavioral Theory of the Firm*, New York, Prentice Hall, 1963.

Dany F., Livian Y.-F., *La gestion des cadres*, Paris, Vuibert, 1995.

David A., *RATP La métamorphose – Réalités et théorie du pilotage du changement*, InterÉditions, 1995.

Dejours C., *Souffrance en France : la banalisation de l'injustice sociale*, Paris, Éditions du Seuil, 1998.

Détrie J.-P. (ed), *Strategor : politique générale d'entreprise*, Paris, Dunod, 2000.

Dilthey J., *Le monde de l'esprit*, Paris, Aubier, 1947.

Dortier J.-F., Les mystères de la communication, Sciences humaines hors-série, n° 16, mars-avril 1997.

Drucker P., *Post-Capitalist Society*, Oxford, Butterworth-Heinemann, 1993.

Drucker P., *The Practice of Management*, New York, Harper and Row, 1954.

Dubar C., *La socialisation. Construction des identités sociales et professionnelles*, Paris, A. Colin, 1991.

Dubois P., Durand C., Chave D., Maître G.-L., *L'autonomie ouvrière dans les industries de série*, Lyon, Groupe de sociologie du travail, 1976.

Dumond J.-P., « Oblativité et rationalité instrumentale dans le travail de coopération », *Revue française de psychosociologie*, 1997, n° 7.

Dumont L., *Homo hierarchicus. Le système des castes et ses implications*, Paris, Gallimard, 1967.

Durkheim E., *Les règles de la méthode sociologique*, Paris, PUF, 1898.

Ehrenberg A., *La fatigue d'être soi*, Paris, Odile Jacob, 1998.

Emery F., « Characteristics of Socio-technical Systems » dans E. Trist, H. Murray (eds), *The Social Engagement of Social Science*, pp. 157-186, Philadelphia, University of Pennsylvania Press, 1993.

Emery F., « The Second Design Principle : Participation and the Democratization of Work » dans E. Trist, H. Murray (eds), *The Social Engagement of Social Science, vol. II : the Sociotechnical Perspective*, Philadelphia, University of Pennsylvania Press, 1993, pp. 214-233.

Enriquez E., « L'individu pris au piège de la structure stratégique », *Connexions*, 1989, 54-2.

Enriquez E., *L'organisation en analyse*, Paris, PUF, 1992.

Erikson E., *Adolescence et crise*, 1950 (trad. fr.), Paris, Flammarion, 1972.

Étude sur les changements d'organisation chez Volvo, Lyon, ANACT.

Everaere C., *Autonomie et collectifs de travail*, Lyon, ANACT, 1999.

Everaere C., « L'autonomie dans le travail : sens et contresens », *La GRH : autonomie et contrôle ; actes du 10e congrès de l'AGRH*, Lyon, 1999, pp. 469-480.

Eysenck H.J., *Personality, Genetics and Behavior*, New York, Prager, 1982.

Faucheux C., Moscovici S., « Études sur la créativité des groupes, tâches, structures, communications et réussite », *Bulletin du CERP*, tome 9, Paris, 1960.

Faucheux C., Moscovici S., « Le style de comportement d'une minorité et son influence sur les réponses d'une majorité », *Bulletin CERP*, 1967, 16, pp. 337-360.

Festinger L., *A Theory of Cognitive Dissonance*, Evanston, Illinois, Row, Peterson, 1957.

Flament C., *Réseaux de communications et structures de groupe*, Paris, Dunod, 1965.

Follett M. P., « Constructive Conflict », dans P. Graham (ed), *Mary Parker Follett Prophet of Management*, Boston, Harvard Business School Press, 1995 (1925, édition originale).

Fombrun C., « Structural Dynamics Within and Between Organizations », *Administrative Science Quarterly*, 1986, vol. 31, pp. 403-421.

Foucault M., *Les mots et les choses*, Paris, Gallimard, 1966.

Foucault M., *L'archéologie du savoir*, Paris, Gallimard, 1969.

Foucault M., *Surveiller et punir*, Paris, Gallimard, 1975.

Francfort I., Osty F., Sainsaulieu R., Uhalde M., *Les mondes sociaux de l'entreprise*, Paris, Desclée de Brouwer, 1995.

Freud A., *Le moi et les mécanismes de défense*, Paris, PUF, 1946.

Freud S., « Pulsions et destins des pulsions », *Métapsychologie*, Paris, Gallimard, 1968 (1915, édition originale).

Freud S., « Au-delà du principe de plaisir », *Essais de psychanalyse*, Paris, Petite Bibliothèque Payot, 1982 (1920, édition originale).

Freud S., « Pychologie des masses et analyse du moi », *Œuvres complètes*, Paris, PUF, 1921, pp. 5-81.

Freud S., « Le moi et le ça », dans S. Freud, *Œuvres complètes*, Paris, PUF, 1922, pp. 258-309.

Freud S., *Malaise dans la civilisation*, Paris, PUF, 1973.

Friedberg E., *Le pouvoir et la règle*, Paris, Éditions du Seuil, 1993.

Fromm E., *La peur de la liberté*, Paris, Buchet-Chastel, 1963.

Galambaud B., *L'initiative contrôlée ou l'art du manager*, Paris, Entreprise Moderne d'Édition, 1988.

Girard R, *Mensonge romantique et vérité romanesque*, Paris, Éditions du Seuil, 1961.

Girin J., Avant-propos, dans F. Charue-Duboc (ed)., *Des savoirs en action – Contributions de la recherche en gestion*, L'Harmattan, Logiques de gestion, 1995.

Godbout J., Caillé A., *L'esprit du don*, Paris, La Découverte, 1992.

Goleman D., *L'intelligence émotionnelle*, Paris, R. Laffont, 1997.

Goleman D., Boyatzis R., McKee A., *L'intelligence émotionnelle au travail*, Village Mondial, 2002.

Gollac M., « Les dimensions de l'organisation du travail : communication, autonomie, pouvoir hiérarchique », *Économie et Statistiques*, septembre 1989, n° 224, pp. 27-44.

Graham R., « The Role of Perception of Time in Consumer Research », *Journal of Consumer Research*, vol. 7, mars 1981, pp. 335-342.

Grosjean M., Lacoste M., *Communication et intelligence collective. Le travail à l'hôpital.*, coll. Le Travail Humain, PUF, 1999.

Guimelli C., « Pratiques nouvelles et transformation sans rupture d'une représentation sociale : la représentation de la chasse et de la nature », dans J.-L. Beauvois, R.-V. Joule, J.-M. Monteil (eds), *Perspectives cognitives et conduites sociales*, 2, Del Val, Cousset, 1989, pp. 117-141.

Guittet A., *L'entretien*, Paris, Armand Colin, coll. U, 1986.

Hall E. T., *La dimension cachée*, Paris, Éditions du Seuil, 1978 (1966, édition originale).

Hall E. T., *The Silent Language*, Garden City, New York, Doubleday, 1959.

Hammer M., Champy J., *Le reengineering – Réinventer l'entreprise pour une amélioration spectaculaire de ses performances*, Paris, Dunod, 1993.

Hannan M., Freeman J. « The Population Ecology of Organizations », *American Journal of Sociology*, 1977, n° 83, pp. 929-984.

Hatchuel A., Weil B., *L'expert et le système*, Economica, 1992.

Hatchuel A., Nobre Morais A. P. (de), Pallez F., « Des autobus bien tempérés », dans J.-C. Moisdon (ed), *Du mode d'existence des outils de gestion. Les instruments de gestion à l'épreuve de l'organisation*, Seli Arslan, 1997, pp. 192-215.

Hegel G. F., *Phénoménologie de l'esprit*, Paris, Aubier, 1992 (1807, édition originale).

Herbst P. G., *Alternatives to Hierarchies*, Leiden, Hollande, Martinus Nijhoff Social Sciences Division, 1976.

Hersey P., Blanchard K. H., *Management of Organizational Behavior; Utilizing Human Resources*, Englewood Cliffs (NJ), Prentice Hall, 1977.

Herzberg, F., *Work and the Nature of Man*, New York, The Mentor Executive, 1966.

Hirigoyen M.-F., *Le harcèlement moral : La violence perverse au quotidien*, Paris, La Découverte et Syros, 1998.

Hofstede G., *Culture's Consequences: International Differences in Work-Related Values*, Berverly Hills, CA, Sage, 1980.

Horckheimer M., Adorno T., *The Dialectics of Enlightment*, London, Verso, 1947.

Hull C. L., *Principles of Behavior*, New York, Appleton, 1943.

Hyman H. H., « The Psychology of Status, » *Archives Psychology*, n° 269, 1942.

Iribarne (d') P., *La logique de l'honneur*, Paris, Éditions du Seuil, 1989.

Jabes J. *et al.*, *The Vertical Solitude. Managing in the Public Sector*, Halifax, L'institut de recherches politiques, 1989.

Jakobson R., *Essais de linguistique générale*, Paris, Éditions de Minuit, 1963.

Jaques E., « Social Systems as a Defense against Persecutory and Depressive Anxiety », dans M. Klein (ed), *New Directions in Psychoanalysis*, London, Tavistock, 1955.

Jaques E., « Systèmes sociaux en tant que défenses contre l'anxiété », dans A. Lévy (ed), *Psychologie sociale, textes fondamentaux anglais et américains*, Paris, Dunod, 1996.

Jaques E., *Equitable Payment*, Paris, Hommes et techniques, 1961 (1963 pour la traduction française).

Jaques E., *Manuel d'évaluation des fonctions*, Paris, Éditions hommes et techniques, 1965.

Jodelet D., « Représentation sociale : phénomènes, concept et théorie », dans S. Moscovici (ed), *Psychologie sociale*, Paris, PUF, 1984.

Jung C. G., *Types psychologiques*, Genève, Librairie des universités, Paris (5e éd. Buchet-Chastel), 1967.

Kaes R., *Le groupe et le sujet du groupe*, Paris, Dunod, 1993.

Kant E., *Traité de pédagogie,* Paris, Hachette, 1981 (1883, édition originale ; traduit en français en 1886 par J. Barni, Éditions F. Alcan, Paris).

Kant E., *Fondements de la métaphysique des mœurs,* Paris, Flammarion, 1994 (1785, édition originale).

Keenoy T., Oswick C., Grant D., « Organizational Discourses: Text and Context », *Organization,* 1997, n° 4, pp. 147-157.

Kieser A., « Rhetoric and Myth in Management Fashion », *Organization*, vol. 4, n° 1, pp. 49-74, 1997.

King M. L., *A Call to Conscience : The Landmark Speeches of Dr. Martin Luther King,* C. Carson, K. Shepard (eds), New York, IPM/Warner Books, 2001. (Le discours cité au chapitre 3 est également consultable sur http//web66.coled.umn.edu/new/MLK/MLK.html).

Klein M., Riviere J., *L'amour et la haine*, Paris, Payot, 1968.

Klein M., *Essais de psychanalyse, 1921-1945,* Paris, Payot, 1947.

Klineberg O., *Les aspects du langage*, Bulletin de psychologie, Groupe d'étude de psychologie de l'université de Paris, 1966.

Knapp M. L., *Nonverbal Communication in Human Interaction*, New York, Holt, Rinehart et Winston, 1978.

Koffka K., *The Growth of the Mind*, New York, Harcourt Brace Jovanovich, 1925.

Kohler W., *The Mentality of Apes*, New York, Harcourt Brace Jovanovich, 1925.

Korzybski A, *Science and Sanity : An Introduction to Non-Aristotelian Systems and General Semantics*, Lancaster, Pa., Science Press, 1933.

Kourilsky-Belliard F., *Du désir au plaisir de changer*, Paris, Dunod, 1995.

La Boëtie E. (de), *Discours sur la servitude volontaire,* Paris, Payot, 1993.

Lalande A., *Vocabulaire technique et critique de la philosophie*, Paris, PUF, 1991.

Lang G., *Du mode d'existence des modes managériales – Étude d'un cas de reengineering,* Thèse de doctorat de l'École Polytechnique, 1999.

Lasswell H.D., « The Structure and Function of Communication in Society », dans L. Bryson (ed), *The Communication of Ideas*, New York, Harper & Brothers, 1948, pp. 37-51.

Laufer R., Paradeise C., *Le Prince bureaucrate*, Paris, Flammarion, 1982.

Laurent A., « The Cross-Cultural Puzzle of International Human Resource Management », *Human Resource Management*, vol. 25, n° 1, printemps 1986, pp. 91-102.

Leavitt H., Mueller R., « Some Effects of Feed-Back Upon Communication », *Human Relations*, 4 (1951), pp. 401-410.

Levi P., *Les naufragés et les rescapés,* Paris, Gallimard, 1995.

Levine R. A., *Culture, Behavior and Personality*, New York, Aldine, 1982.

Levitt B., March J.G., « Organizational Learning », *Annual Review of Sociology*, 1988.

Levy A., *Psychologie sociale, textes fondamentaux anglais et américains*, tome 2, Paris, Dunod, 1996.

Lewin K., *Field Theory in Social Science*, New York, Harper, 1951.

Lewin K, *Psychologie dynamique. Les relations humaines*, Paris, PUF, 1959.

Lewin K., *La psychologie dynamique*, PUF, Paris, 1964.

Lewin K., « Décisions de groupe et changement social », dans A. Lévy (ed), *Psychologie sociale, textes fondamentaux anglais et américains*, Dunod, 1996 (1947, édition originale).

Lewin K., Lippitt R., White R., « Patterns of Aggressive Behavior in Experimentally Created Social Climates », *Journal of Social Psychology*, 1939, 10, pp. 271-288.

Locke E. A., « Toward a Theory of Task Motivation and Incentives », *Organizational Behavior and Human Performance*, mai 1968, pp. 157-189.

Luft J., *Introduction à la dynamique des groupes*, Privat, 1967.

Machiavel N., *Le Prince*, Paris, Gallimard, 1962 (1513, édition originale).

Maddi S. R., *Personality Theories, a Comparative Analysis*, Homewood III, Dorsey, 1980.

March J. G., « Rationalité limitée, ambiguïté et ingénierie des choix », dans *Décisions et organisations*, Éditions d'Organisation, 1991.

Marcuse H., *One-Dimensional Man*, Boston, Beacon Press, 1964.

Martin B., Lenhardt B., Jarrosson B., *Oser la confiance – Propos sur l'engagement des dirigeants*, INSEP Éditions, 1996.

Marty M.-O., Sainsaulieu R., Tixier P.-E., *La démocratie en organisation : vers des fonctionnements collectifs de travail*, Paris, Librairie des Méridiens, 1983.

Marx K., Engels F., *L'idéologie allemande*. Paris, Éditions sociales, 1982 (1845, édition originale).

Maslow A, *Motivation and Personality*, New York, Harper and Row, 1954.

Mauss M., « Essai sur le don », *Sociologie et anthropologie*, Paris, PUF, 1950.

Mc Clelland D, *The Achieving Society*, New York, Van Nostrand Reynhold, 1961.

Mc Clelland D., « The Two Faces of Power », *Journal of International Affairs*, vol. 24, 1, 1970.

Mc Gregor D., *La dimension humaine de l'entreprise*, Paris, Gauthier-Villars, 1969.

Mendras H., *Sociétés paysannes, éléments pour une théorie de la paysannerie*, Paris, A. Collier (SIC), collection U, 1976.

Merton R., *Éléments de théorie et de méthode sociologique*, Paris, Plon, 1965.

Midler C., « Logique de la mode managériale », *Annales des Mines Gérer et Comprendre*, juin 1986.

Miles R., *Macro-Organizational Behavior*, Goodyear, 1980.

Milgram S., *Soumission à l'autorité*, Paris, Calmann-Lévy, 1974.

Miller E. J., Rice A. K., *Systems of Organization: Task and Sentient Systems and Their Boundary Control*, London, Tavistock, 1967.

Mintzberg H., *Structure et dynamique des organisations*, Paris, Éditions d'Organisation, 1982.

Mintzberg H., *Le manager au quotidien*, Paris, Éditions d'Organisation, 1984.

Mintzberg H., *Le pouvoir dans les organisations*, Paris, Éditions d'Organisation, 1986.

Montoussé M., Renouard G., *100 fiches pour comprendre la sociologie*, Paris, Bréal, 1997.

Moreno J.-L., *Les fondements de la sociométrie*, Paris, PUF, 1954 (publié en anglais sous le titre *Who Shall Survive?*, 1953).

Moscovici S., « L'ère des représentations sociales », dans W. Doise, A. Palmonari (eds), *L'étude des représentations sociales*, Neuchatel, Delachaux & Niestlé, 1986.

Moscovici S., Lage E., Naffrechoux M., « Influence of Consistant Minority on the Responses of a Majority in a Color Perception Task », *Socio-Communication*, 1969, 32, pp. 365-379.

Munk (de) J., « Les métamorphoses de l'autorité », *Autrement*, 2000, n° 198.

Myerson R., *Game Theory*, Cambridge, Mass., Harvard University Press, 1991.

Nelson R., Winter S., *An Evolutionnary Theory of Economic Change*, Cambridge, MA, Harvard University Press, 1982.

Nicholson N., « Le rôle de la personnalité », *L'art du management*, Village Mondial, 1997, nouvelle édition 2001.

Nonaka I., Takeuchi H., *The Knowledge-Creating Company*, Oxford University Press, 1995 (traduction française : *La connaissance créatrice*, De Boeck University, 1997).

Nuttin J., *Théorie de la motivation humaine*, Paris, PUF, 1985.

Pages M., *La vie affective des groupes, Esquisse d'une théorie de la relation humaine*, Paris, Dunod, 1972.

Pagès M., Bonetti M., Gaulejac V. (de), Descendre D., *L'emprise de l'organisation*, Paris, PUF, 1979.

Païtra J., *La société de l'autonomie, comment les comportements vont changer*, Éditions d'Organisations/Les Echos éditions, collection Tendances, Paris, 2000.

Pavlov I. P., *Conditionned Reflexes*, Londres, Oxford University Press, 1927.

Perret V., « La gestion ambivalente du changement », *Revue française de gestion*, 1998, n° 12.

Pervin L. A., *Current Controversies and Issues in Personality*, 2nd ed., New York, Wiley, 1984.

Peters T. J., Waterman R. H., *In Search of Excellence*, Harper and Grow, New-York, 1982 (*Le prix de l'excellence*, InterÉditions, Paris, 1983).

Pettigrew A., « Context and Action in the Transformation of the Firm », *Journal of Management Studies*, vol. 24 n° 6, 1987.

Pfeffer, J., Veiga J. F., « Putting People First for Organizational Success », *The Academy of Management Executive*, 1999, vol. 13, n° 2, pp. 37-48.

Piaget J., *Le jugement moral chez l'enfant*, Paris, F. Alcan, 1932.

Piaget J., *La psychologie de l'intelligence*, Paris, Colin, 1947.

Picq T., « Partager des valeurs pour créer de la valeur », *Management et conjoncture sociale*, été 2002, n° 615.

Picq T. et Retour D., « La délégation managériale, levier de la responsabilisation croissante », *Gestion*, 2001, vol. 25, hiver n° 4.

Piotet F., Sainsaulieu R., *Méthodes pour une sociologie de l'entreprise*, Presses de la fondation nationale des sciences politiques & ANACT, 1994.

Polanyi M., *The Tacit Dimension*, Londres, Routledge & Kegan Paul, 1966.

Porter L. W., Lawler E. E., *Managerial Attitudes and Performance*, Illinois, Irwin and Dorsey, 1968.

Powell W. W., Di Maggio P. J., *The New Institutionalism in Organizational Analysis*, Chicago, University of Chicago Press, 1991.

Raulet-Croset N., « Processus de structuration et émergence de la coopération », dans T. Froehlicher, S. Vendemini (eds), *Connivences d'acteurs, contrats, coopération inter-entreprises et métamorphose des organisations*, Nancy, Presses universitaires de Nancy, 1999.

Renault « Les U.E.T. de production », *Les dossiers du Progrès. Renault Fabrications*, Dossier n° 1 bis, 1996.

Reynaud J.-D., *Les règles du jeu ; l'action collective et la régulation sociale*, Paris, Armand Colin, 1989.

Riveline C., « Un point de vue d'ingénieur sur la gestion des organisations », *Gérer et comprendre*, décembre 1991.

Roethlisberger F. J., Dickson W. J., *Management and the Worker*, Cambridge, Mass., Harvard University Press, 1939.

Rousseau J.-J., *Du contrat social*, Paris, Garnier-Flammarion, 1966.

Roy J.-L., « De l'usage du deuil dans l'entreprise », *L'Expansion Management Review*, septembre 1997.

Roy M., Guindon J.-C., Bergeron J.-L., Fortier L., Giroux D., *Équipes semi-autonomes de travail*, Montréal, IRSST, 1998.

Saigne M., Trouillet M., Lavalette F., « Les cadres prennent de la distance », *Enjeux Les Échos*, n° 186, décembre 2002.

Sainsaulieu R. (eds), *L'entreprise, une affaire de société*, Paris, Presses de la Fondation nationale des sciences politiques, 1990.

Sainsaulieu R., *L'identité au travail*, Paris, Presses de la Fondation nationale des sciences politiques, 1977.

Sainsaulieu R., *L'entreprise, une affaire de société*, Paris, PFNSP, 1992.

Sapir E, « The Status of Linguistics as a Science », *Language*, 1929, 5, pp. 207-214.

Savel S., Gauthier J.-P., Bussières M., *Déléguer, voyage au cœur de la délégation*, Paris, Éditions d'Organisation, 2000.

Schachter S., *et al.*, « An Experimental Study of Cohesiveness and Productiving », *Human Relations*, août 1951, p.229-239.

Schein E., *Organizational Culture and Leadership*, San Francisco, Jossey-Bass, 1985.

Schermerhorn J. R., Chappell D. S., *Principes de management*, Québec, Village Mondial, 2002.

Senge P., *The Fifth Discipline*, New York, Doubleday/Currency, 1990.

Shannon C. E., Weaver W., *The Mathematical Theory of Communication*, Urbana, University of Illinois Press, 1949.

Sheldon W. H., Stevens S. S., *The Varieties of Temperaments*, New York, Harper, 1942.

Sherif M., « The Concept of Reference Group in Human Relations », dans M. Sherif, M.O. Wilson (eds), *Group Relations at the Crossroad*, New York, Harper, 1953.

Sherif M., *Intergroup Relations and Leadership*, New York, Willey, 1962.

Sherif M., *The Psychology of Social Norms*, New York, Harper and Bros, 1936.

Simmel G., *Le conflit*, Paris, Circé, 1999 (1908, édition originale).

Simon H., *Administration et processus de décision*, Paris, Economica, 1947.

Simon H., *Administrative Behavior, 2nd edition*, New York, MacMillan, 1957.

Skinner B. F., *The Behavior of Organisms*, New York, Appleton, 1938.

Smith A., *Recherches sur la nature et la cause de la richesse des nations*, Paris, Guillaumin, 1881 (1776, édition originale).

Srivasta S. et Paul F. Salipante J., « Autonomy in Work », dans L. Spray, *Organizational Effectiveness : Theory, Research, Utilization*, pp. 49-60, Kent, KenState University Press, 1976.

Stogdill R. M., « Personal Factors Associated with Leadership : A Survey of the Literature », *Journal of Psychology*, 1948, 25, pp. 35-71.

Strebel P., « Why Do Employees Resist Change ? », *Harvard Business Review*, mai-juin 1996.

Sullivan H. S., *Conceptions of Modern Psychiatry : The Study of Interpersonal Relations*, Londres, Tavistock, 1955.

Sutherland R. L., Woodward J., *Introductory Sociology*, New York, Lippincott, 1937.

Tajfel H., « La catégorisation sociale », dans S. Moscovici (ed), *Introduction à la psychologie sociale*, tome 1, Paris, Larousse Université,1972.

Tannenbaum A. S. *et al., Hierarchy in Organizations*, San Francisco, Jossey-Bass, 1974.

Taylor F., *Direction scientifique des entreprises*, Paris, Dunod, 1971 (1911, édition originale).

Terssac G. (de), *Autonomie dans le travail*, Paris, PUF, 1992.

Terssac G. (de), Maggi, B., « Autonomie et conception », dans G. de Terssac, E. Friedberg, *Coopération et conception*, pp. 243-266, Toulouse, Octares, 1996.

Terssac G. (de), Reynaud J.-D., « L'organisation du travail et la régulation sociale », dans *Les nouvelles rationalisations de la production*, Paris, CEPAD, 1992, pp. 169-187.

Thévenet M., *La culture d'entreprise*, Paris, PUF, 1993.

Thévenet M., « L'écot de la mode », *Revue française de gestion*, sept.-déc., 1985.

Thévenot L., « Les investissements de forme », *Conventions économiques*, PUF, Cahiers du centre d'étude de l'emploi, 1983.

Thomas W., Znaiecki F., *The Polish Peasant in Europe and America*, Boston, Richard G. Badger, 1918, 5 vol. ; 2° éd. 1927, New-York, Knopf, 2 vol.

Thomas C., *Suppression ou transformation des hiérarchies intermédiaires : une subtile alchimie*, Lyon, ISEOR, IAE de Lyon, E.M. Lyon, 1999.

Thompson J. D., *Organizations in Action*, Mc Graw Hill, New York, 1967.

Thorndike E. L., *Animal Intelligence*, New York, MacMillan, 1911.

Thorsrud E., « La démocratisation du travail et le processus de transformation de l'organisation », *Sociologie du travail*, juillet-septembre 1975, n° 3.

Trist E., « The Evolution of Socio-Technical Systems as a Conceptual Framework and as an Action Research Program », dans A. Van de Ven, W. Joyce (eds), *Perspectives on Organization Design and Behavior*, New York, John Wiley, 1982.

Trist E., Murray H., *The Social Engagement of Social Science*, Philadelphia, The University of Pennsylvania Press, 1990.

Triste E., Bamforth K., « Some Social and Psychological Consequences of the Longwall Method of Coal Getting », *Human Relations*, 1951, 4:3-38.

Turgeon B., *La pratique du management*, Montréal, Mc Graw-Hill, 1985.

Usunier J. C., *Commerce entre cultures*, Paris, PUF, coll. Gestion (tome 1), 1992.

Valeyre A., « Les formes d'autonomie procédurale dans le travail individuel, disparités sectorielles et déterminants organisationnels, cognitifs et marchands », *Travail et emploi*, mars 1998, vol. n° 76, pp. 25-36.

Vroom V., *Work and Motivation*, New York, John Wiley and Sons, 1964.

Watson J. B., Rayner R., « Conditioned, Emotional Reactions », *Journal of Experimental Psychology*, 1920.

Watzlawick P., Helmick-Beavin J., Jackson D., *Pragmatics of Human Communication. A Study of Interactional Pattern, Pathologies, and Paradoxes*, New York, W.W. Norton, 1967.

Watzlawick P., Weakland J., Fisch R., *Change. Principles of Problem Formation and Problem Resolution*, 1973 (traduction française : *Changements : paradoxes et psychothérapie*, Éditions du Seuil, 1975).

Weber M., *Essais sur la théorie de la science*, Paris, Presses Pocket, 1992 (1904, édition originale).

Weber M., *Économie et société*, Paris, Plon, 1995 (1922, édition originale).

Weick K. E., *The Social Psychology of Organizing*, Addison-Wesley, 1969.

Whorf B. L., *Language, Thought, and Reality : Selected Writings*, Cambridge, Mass., Technology Press of MIT, 1956.

Wiener N., *Cybernetics*, New York, John Wiley & Sons, 1948.

Woodward J., *Industrial Organization: Theory and Practice*, London, Oxford University Press, 1965.

Zarifian P., « L'émergence du modèle de la compétence », dans F. Stankiewicz, *Les stratégies d'entreprises face aux ressources humaines – L'après taylorisme*, Paris, Economica, 1988, pp. 77-82.

Zarifian P., *Quels modèles d'organisation pour l'industrie européenne ? L'émergence de la firme coopératrice*, Paris, L'Harmattan, 1993.

Zarifian P., *Le travail et l'événement*, Paris, L'Harmattan, 1995.

Zarifian P., *Objectif Compétence*, Paris, Liaisons, 1999.

Index

Imprimé en France par I.M.E. 25110 Baume-les-Dames